[改訂版]

日本で一番わかりやすい四柱推命の本

林秀靜《リン・シュウセイ》

PHP

改訂版によせて

四柱推命《しちゅうすいめい》は、中国で生まれ、すでに1000年以上の歴史があります。
その的中率の高さから、古来、「命理学《めいりがく》の王」とされています。
四柱推命は、従来、難解な占術だとされてきました。
その理由は、判断方法の種類が多く、占う人が途中で混乱してしまうからです。
私が日本流の四柱推命を知ったのは中学2年の頃でした。新書版の本を入手し、
クラスメート全員の生年月日を調べ、四柱推命ノートを作りました。

高校、短大とクラスメートを調べてみましたが、
半分は当たり、半分は当たっていないような気がして、
それ以上、四柱推命を真剣に学ぶ気にはなれませんでした。

ところが、1988年に運命の出合いが訪れます。
それは、台湾の鮑黎明《ほうれいめい》先生が書いた八字の本でした。命式《めいしき》、大運《だいうん》、通変星《つうへんせい》、
吉凶星《きっきょうせい》など、同じツールを使うのですが、判断方法が全く違いました。
何といっても的中率の高さに驚きました。そこから、中国伝統の命理学、相学《そうがく》、
風水学《ふうすいがく》、中医学《ちゅういがく》などの研究に没頭することになります。

その後、1991年から8年間、鮑黎明先生に師事し、
八字や紫微斗数《しびとすう》（宋初の道士・陳希夷《ちんきい》によって創始された占術）を学びました。

さらに、1999年から9年間、玉川学園漢方岡田医院（東京・町田市）にて疾病と生年月日時の関係について研究しました。そして、個人の運命や健康がどのように動いているかを突き止めることができました。

2009年に拙著を発刊したところ、多くの反響がありました。あれから10年以上が経ち、今日では、四柱推命の吉凶判断の基本、命式を身強・身弱に分ける判断方法はスタンダードになりました。拙著がきっかけで、日本に正しい四柱推命が広く伝わったのです。

このたび、『日本で一番わかりやすい四柱推命の本』の改訂版が発刊されることとなりました。これまでに10刷以上の版を重ね、多くの方々にご愛読いただき、読者の皆様に感謝いたします。

改訂版では、巻末の暦を増やしました。赤ちゃんや小さなお子さんの個性や才能などを知ることができます。

さらに多くの方々に楽しんでいただけると思います。

これからの不透明な時代に、個人の運命の流れを知ることのできる四柱推命は、実用的な占術だと思います。中庸とバランス、そして個人の幸せに多くの方々が目を向け、一人一人が真の幸福を享受することを心より願っています。

東京にて　林　秀静

2021年辛丑年　立夏

目次 ＊ 新版［改訂版］日本で一番わかりやすい四柱推命の本

PART 6 運の流れを見る

PART 7 性格を見る

PART 8 相性を見る

付録❶ 四柱推命に役立つ資料

付録❷ 干支暦〈1939〜2036〉

PART 1

四柱推命の基本

古くから、中国で占術の一つとして使われてきた四柱推命。
どんなものなのか、何がわかるのかなど、基本を説明します。
それらを知ると、より興味がわくことでしょう。

四柱推命ってどんなもの？

統計に裏づけられた的中率の高い占いです

四柱推命《しちゅうすいめい》とは、中国で生まれた占術の一つで、生年月日時から個人の宿命を判断する占いです。吉凶判断に大変優れていて、中国では、的中率の高さから〝占術の王〟といわれています。その技術は、今日まで継承されており、多くの統計に裏づけられた、的中率の高い、大変に優れた占術です。

日本には、江戸時代に中国から伝わり、儒者の桜田虎《さくらだこ》門《もん》により『推命書』が著されたのが最初です。その後、四柱推命という名前がつけられました。

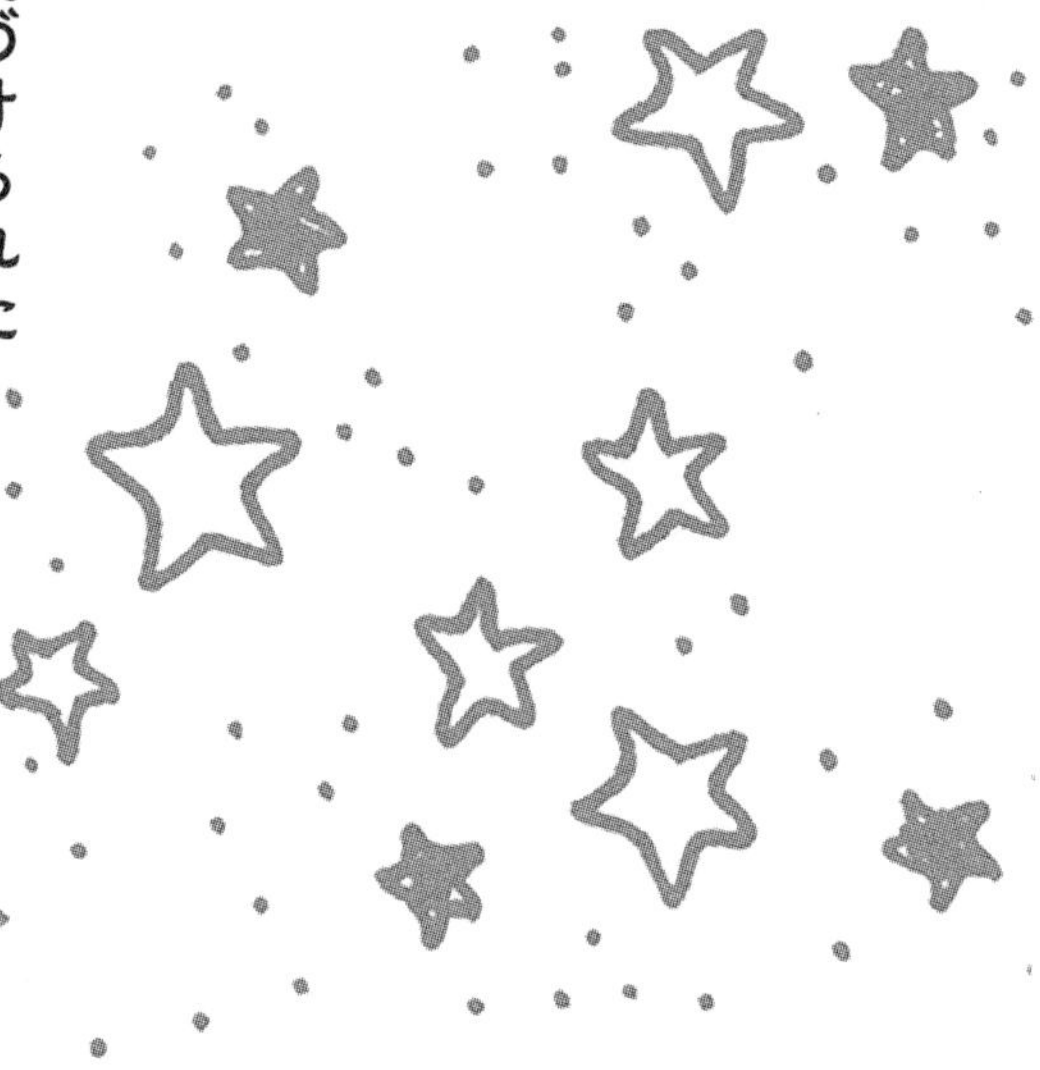

その由来は、生まれた年・月・日・時の4つの柱で宿命を推しはかることによります。

生年・月・日・時を8字に置き換えて占います

四柱推命の特徴は、干支暦《かんしれき》（十干十二支《じっかんじゅうにし》を用いた暦）を使うことです。生年・月・日・時を、干支暦で「十干」と「十二支」という記号に変換して、「個人の宿命図＝命式」を作ります。

年・月・日・時を上下段に分けると、4×2＝8つの欄ができます（左表）。

上段に十干を、下段に十二支を、一つずつ配します。つまり、個人の宿命は8字で表されることになります。

命式

生まれた時	生まれた日	生まれた月	生まれた年	
7	5	3	1	十干
8	6	4	2	十二支

命式が8つの文字で構成されることから、四柱推命のことを、中国では「八字《パーツー》」と呼びます。また中国の徐子平《じょしへい》という人の名をとり、「子平《ジーピン》」と呼んだりもします。

本書では便宜上、四柱推命という呼び名を使っていますが、内容や判断方法は、中国本来の正しい八字に基づいています。

十干と十二支は、10の干と12の支の総称

四柱推命では、干支暦を見ながら、生年・月・日・時を、十干と十二支に変換します。

十干……甲《きのえ》、乙《きのと》、丙《ひのえ》、丁《ひのと》、戊《つちのえ》、己《つちのと》、庚《かのえ》、辛《かのと》、壬《みずのえ》、癸《みずのと》の総称。

十二支……子《ね》、丑《うし》、寅《とら》、卯《う》、辰《たつ》、巳《み》、午《うま》、未《ひつじ》、申《さる》、酉《とり》、戌《いぬ》、亥《い》の総称。

十干と十二支の組み合わせは60通りあり、それを「六《ろく》十干支《じっかんし》」といいます。

60の組み合わせとその読み方は、156ページを参照してください。

十干十二支のことを略して「干支《かんし》」といいますが、日本ではたいてい十二支だけのことを指して「干支《えと》」と呼びます。指している意味が違うので注意しましょう。

四柱推命の考えのもとは「陰陽五行説」です

陰陽五行説《いんようごぎょうせつ》は、古代中国の根本理論となる思想です。

そもそも、陰陽説と五行説は別々の時代に発生しました。その後、戦国時代の斉《せい》の鄒衍《すうえん》によって陰陽五行説として完成しました。

◎陰陽説

中国では、五行説に先行して、陰陽説が普及したといわれます。

陰陽説は、月や星の動き、社会の動き、人間の活動や精神の働きなど、この世の森羅万象をまとめて解釈するために生み出された統一的な原理です。

あらゆるものは、陰と陽の二つの働きによって生成されています。陰と陽によって万物は栄枯盛衰している、とするのが陰陽説です。

陰と陽が象徴するもの

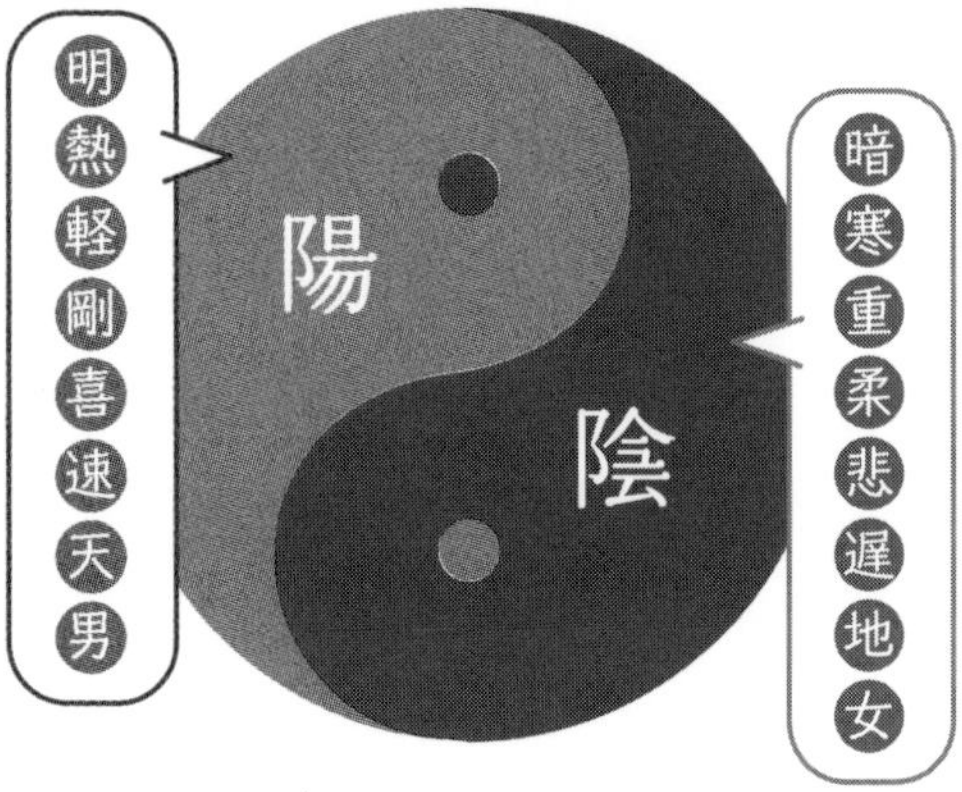

たとえば、太陽が陽であれば月が陰、昼が陽であれば夜が陰、といった具合に分けられます。

陽は積極的なものを、陰は消極的なものを象徴します。全てを二つに分けますが、対立しているのではありません。

万物は対照的な異なるもの同士（陰と陽）によって成り立っていますが、両者は互いに排除し合うものではなく、助け合い、協力し合うことによって成立している、ととらえます。

この区分法は、論理的で明快なため、中国思想の根本となりました。

◎五行説

五行説は、紀元前5〜4世紀に生まれました。

五行は、木《もく》、火《か》、土《ど》、金《こん》、水《すい》の五つを指します。

もともと行の意味は、〃めぐる・運行する〃ですから、五つのめぐるものという意味です。

同じもの同士、異なるもの同士の関係を解明したものが五行説です。

世の中の事象は多種多様です。

しかし、太陽と火、血液には赤色という色彩が共通しているように、一見異なるものの中に、ある類似性を持った現象があるものです。

そこに注目し、五つの系統に分類したものが五行説です。

五行には二つの法則があります

五行の五つの気は、お互いの関係に、よし悪しがあります。

法則❶ 五行の相生

五行が、お互いに助け合う関係にあることを、五行の相生《そうしょう》といいます。

よい影響を相手に与えたり、与えられたりし、働きを強めたり、お互いの力を生み出したりするような促進の関係のことです。

それは、次の通りです。

五行の相生

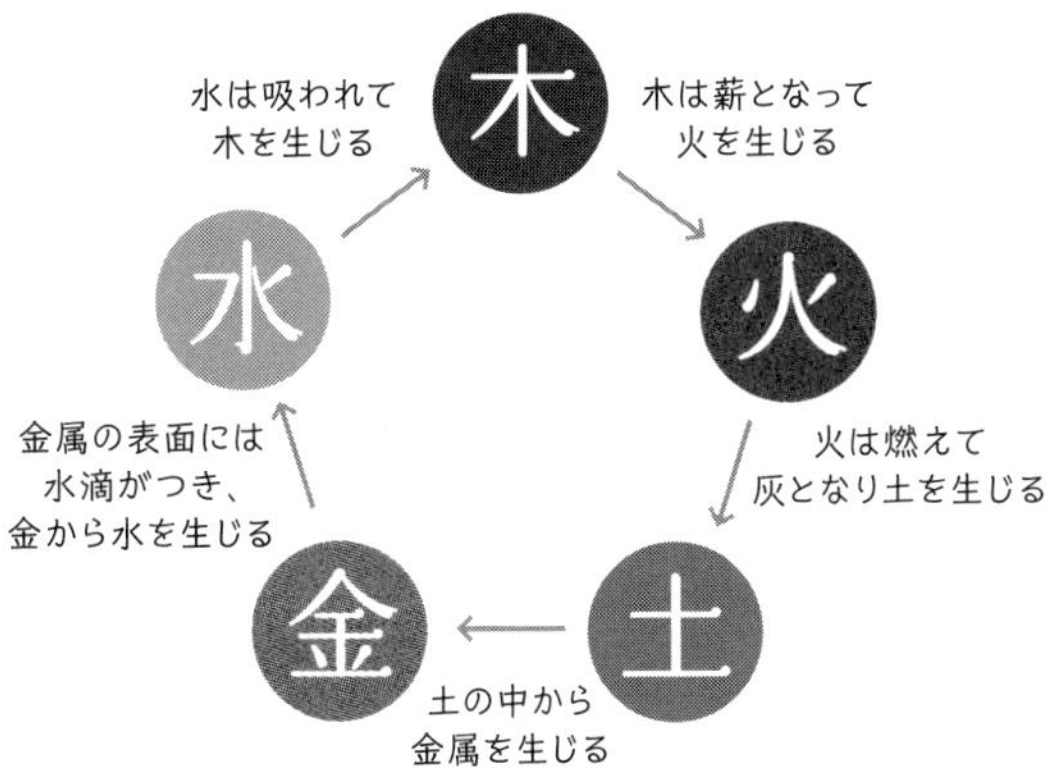
木
火
土
金
水
木は薪となって
火を生じる
火は燃えて
灰となり土を生じる
土の中から
金属を生じる
金属の表面には
水滴がつき、
金から水を生じる
水は吸われて
木を生じる

木生火《もくしょうか》……木は燃えて火を生み出すことから、木は火を生じます。

火生土《かしょうど》……火によって物質が燃え尽きると残るのは灰。灰は土気であり、火が土を生じます。

土生金《どしょうきん》……土の中で光るものは鉱物・金属。人は土を掘ることにより金属を手にすることができます。よって、土は金を生じます。

金生水《きんしょうすい》……湿度が高いときは、金属の表面に水滴ができやすいことから、金は水を生じると考えます。

水生木《すいしょうもく》……木気、すなわち植物は水によって養われていることから、水は木を生じます。

法則❷ 五行の相剋

五行が、お互いに攻撃し合う関係にあることを、五行の相剋《そうこく》といいます。

相手から自分の働きを抑えられたり、自分から相手の働きを抑えたり、お互いの力を消すような抑制の関係のことです。

それは、次の通りです。

木剋土《もくこくど》……木は土中に根を張り、土から養分を吸い取って成長します。このことから、木が土の気を損なうことになり、木は土を剋します。

土剋水《どこくすい》……水は果てなく流れようとしますが、土は水を吸い取り、せき止めます。水を抑えるのは土の力であり、土は水の気を損なっています。したがって、土は水を剋します。

水剋火《すいこくか》……水は火を消すことから、水は火を剋します。

火剋金《かこくきん》……金属は硬いですが、その金属を火は溶かしてしまいます。この性質から、火は金を剋します。

金剋木《きんこくもく》……高木・名木であっても、木は斧にかかると簡単に切り倒されてしまいます。したがって、金は木を剋します。

五行の相剋

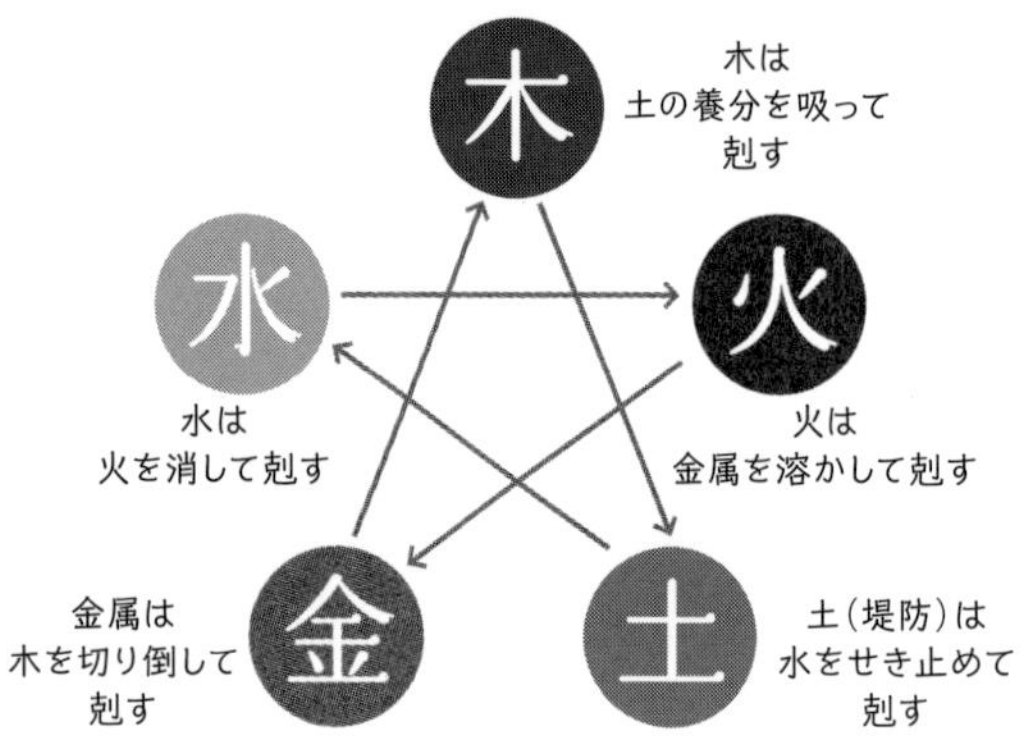

十干、十二支、五行、陰陽はお互いに結びついています

時代を追うごとに、十干十二支と陰陽五行説は結びついていきます。

もともと日を数えるための記号だった十干は、戦国時代に陰陽五行説と結びつき、単なる符号ではなくなりました。

十干十二支に五行の機能や性質が入ることで発展し、さまざまな暦法や暦術、方位を使った術などに形を変えていきました。

前漢時代、紀元前104年には、干支紀年法《かんしきねんほう》が制定されて、年にも十干十二支が配当されるようになりました。年月日時に十干十二支がつけられるようになり、それ以降、十干十二支や陰陽五行の法則は一層細かく応用されるようになります。

これらをまとめたものが左の表です。

十干、十二支、五行、陰陽、季節の関係

十干	十二支	五行	陰陽	季節	期間
甲《きのえ》《こう》	寅《とら》	木《もく》	陽	春	2月4日～4月17日
乙《きのと》《おつ》	卯《う》		陰		
丙《ひのえ》《へい》	午《うま》	火《か》	陽	夏	5月6日～7月20日
丁《ひのと》《てい》	巳《み》		陰		
戊《つちのえ》《ぼ》	辰《たつ》戌《いぬ》	土《ど》	陽	土用	4月18日～5月5日 7月21日～8月7日 10月21日～11月7日 1月17日～2月3日
己《つちのと》《き》	丑《うし》未《ひつじ》		陰		
庚《かのえ》《こう》	申《さる》	金《こん》	陽	秋	8月8日～10月20日
辛《かのと》《しん》	酉《とり》		陰		
壬《みずのえ》《じん》	子《ね》	水《すい》	陽	冬	11月8日～1月16日
癸《みずのと》《き》	亥《い》		陰		

注）各季節の終わりの18日間を土用とし、1年に4回ある。

四柱推命で何がわかるの？

先天的なあなたの本質がわかります

　四柱推命では、生年・月・日・時から個人の先天的な気質や体質、宿命の全体像などを知ることができます。

　たとえば、どのような先祖、両親のもとに生まれたのか、というような宿命で定められた事柄について知ることができます。つまり、父母、兄弟姉妹、配偶者、子供など家族との関係や、友人、目上、目下との間柄の吉凶（⬇PART8参照）などがわかります。

　また、あなたの人生を方向づける価値観（⬇PART3参照）が判明します。何に価値を見出すのかは人により違います。お金や財産なのか、社会的地位や権力なのか、学問や信仰なのか、夢やロマンなのかは、一人ひとりまるで異なります。自分や他人の価値観を知ることは、人を理解する近道です。個性がわかれば、友達、恋人、上司、部下との関わり方も見えてきます。

　また、あなたが生まれ持った性格（⬇PART3、4、7参照）、気質、体質、才能（⬇PART3、4参照）などがわかります。性格や突出した才能がわかれば、適した分野や職業の選択（⬇PART3参照）なども楽になります。

　それから、運のよい時期、悪い時期（⬇PART5、6参照）を知ることができます。運のよい時期は積極的に行動して大きな成果を上げることができますし、運の悪い時期は守りに徹すれば大きな失敗を避けることができるでしょう。

　さらに、さまざまな物事に対しても、自分にとって吉なのか凶なのかを判別することができます。

　吉運を呼び込む五行がわかるので、ラッキーカラーやラッキーアイテムを選ぶことで飛躍的に運はよくなり、大きな成果を得られます。

命式の各部分には、それぞれ意味があります

8字で表した表「命式」には、部分によってそれぞれ意味があります（各部分の名前は16ページで詳しく説明します）。まずは、天干《てんかん》と地支《ちし》を上と下に分けてみましょう。

天干は、表面に現象として表れてくるものを意味します。他の人から見て明らかにそうだと思われる性格、才能、人間関係、人生の明らかな成果・過失を表しています。地支は、表には表れないものを意味します。他の人から見てわからない隠れた性格、隠された才能、見えない人間関係など、内在するものを示しています。

では今度は、年柱《ねんちゅう》と月柱《げっちゅう》を右に、日柱《にっちゅう》と時柱《じちゅう》を左に、真ん中から左右に分けてみましょう。

右が人生の前半部分、左が人生の後半部分を表しています。たとえば、年干《ねんかん》に正官《せいかん》（地位の星）があれば、人生の初期は規則を守りきちんとした生活をします。時干《じかん》に食神《しょくじん》（喜びの星）があれば、人生の終期は遊んで呑気《のんき》に暮らすという具合に、命式の箇所から、人生を経過という観点で判断することができます。

また、年柱、月柱、日柱、時柱の4つの柱にも、8字が入る8つの欄にもそれぞれ意味があります。

これらのことを左の図にまとめました。

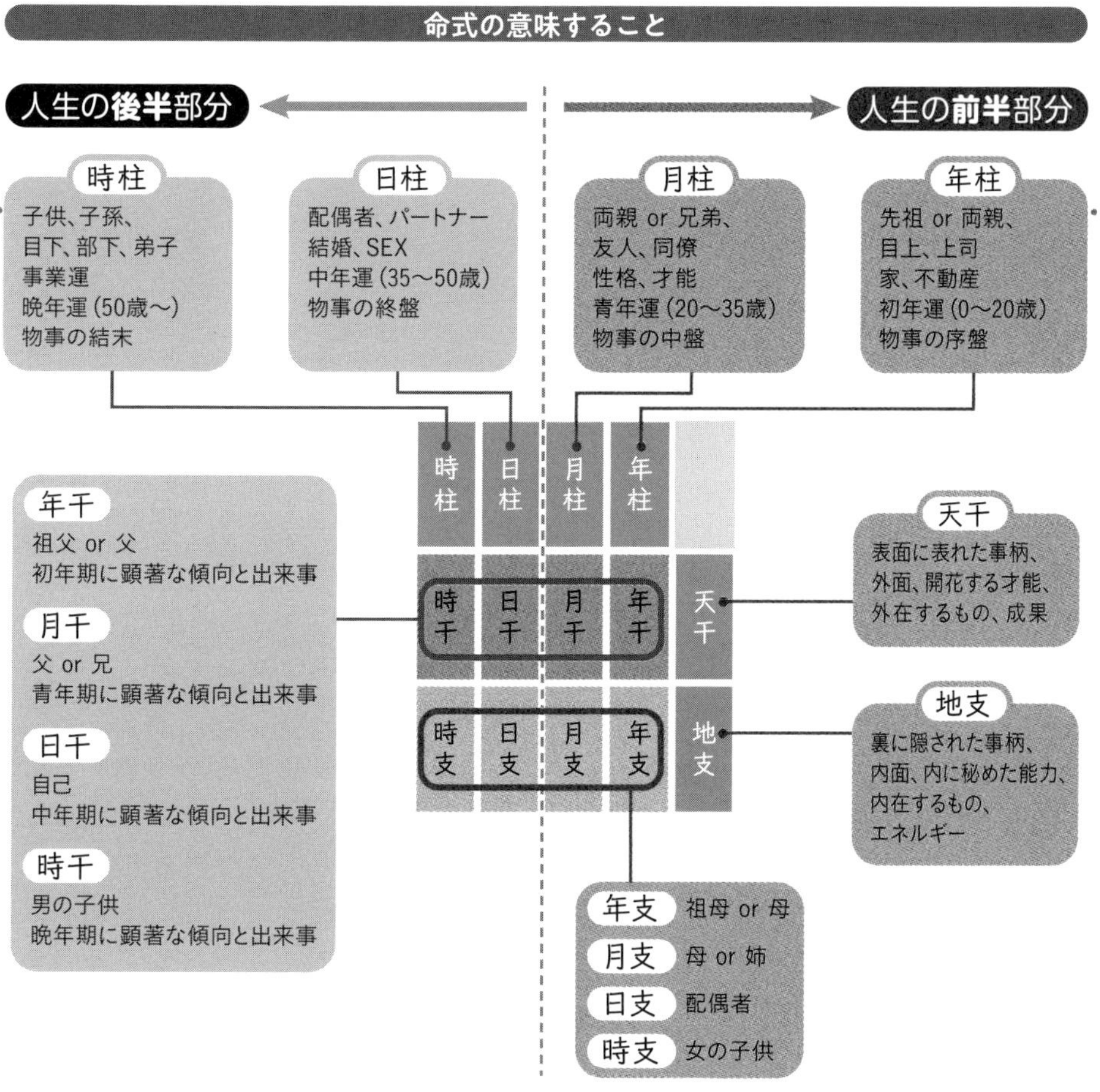

コラム――❶

中国式の四柱推命を身につけましょう

正しい四柱推命を知ることが大切です

中国の八字《はちじ》と、日本の四柱推命では、判断方法が全く異なります。日本で四柱推命をする人にも、このことはあまりよく知られていません。

難解な原書を読まなくても、今日、香港や台湾で発刊されている八字の本は内容がよくて、とてもわかりやすく書かれています。香港では一般の人にも広く受け入れられており、日本語と中国語の言葉の壁は意外に厚いものだと思います。

関西を中心に広まった日本式の四柱推命と、中国本来の八字との相違点を下の表にまとめました。具体的には、生年・月・日・時を干支に変換して命式を並べ、大運《だいうん》を出すまではほぼ同じ手順ですが、命式の判断方法そのものが中国本来のものと日本式ではずいぶん違います。

本書は、八字（中国式の四柱推命）を広く学んでもらうために書いたものです。

四柱推命と八字の相違点

日本式四柱推命	中国伝統の八字
◉出生時刻を重要視しない。三柱推命でもよしとする	◉正確な判断には、出生時刻は必須条件
◉部分的な判断が多い（通変星《つうへんせい》、吉凶星《きっきょうせい》*1、十二運《じゅうにうん》*2などで判断）	◉全体を見て判断する（日干の強弱、五行のバランスなどで判断）
◉吉凶判断ができない。運のよし悪しがわからない	◉吉凶判断ができる。運のよし悪しがわかる
◉1日の起点は23時。23時以降は翌日の干支になる	◉1日の起点は0時。子刻《ねのこく》を23〜0時（晩《おそ》子刻）と、0〜1時（早《はや》子刻）とに分ける
◉干合したら、必ず化す	◉干合したら、条件によって化す場合、化さない場合がある（25〜28ページ参照）
◉大運の歳運の区切りは数種類ある	◉大運の歳運の区切りは10年ごと
◉空亡《くうぼう》（天中殺《てんちゅうさつ》）*3を大凶とする	◉空亡（天中殺）は、ついた柱の意味を弱める
◉通変星の劫財《ごうざい》、傷官《しょうかん》、偏官《へんかん》、偏印《へんいん》を凶星とする	◉通変星の劫財、傷官、偏官、偏印は凶星とは限らず、大吉星ともなる
◉通変星の食神《しょくじん》、正財《せいざい》、正官《せいかん》、印綬《いんじゅ》を吉星とする	◉通変星の食神、正財、正官、印綬は吉星とは限らず、大凶星ともなる
◉十二運の長生《ちょうせい》、冠帯《かんたい》、建禄《けんろく》、帝旺《ていおう》を吉とする	◉十二運の長生、冠帯、建禄、帝旺は吉とは限らず、凶のこともある
◉十二運の死《し》、墓《ぼ》、絶《ぜつ》を凶とする	◉十二運の死、墓、絶を凶としない。吉のこともある

*1）四柱推命で「吉凶星（神煞《しんさつ》）」は枝葉に当たる部分なので、本書では触れないが、天乙貴人《てんいつきじん》や天徳貴人《てんとくきじん》などの吉凶星は、命式全体を判断できなくても誰でも使える平易な方法なので一般に広まっている。

*2）四柱推命で十二運（長生、沐浴《もくよく》、冠帯、建禄、帝旺、衰《すい》、病《びょう》、死、墓、絶、胎《たい》、養《よう》）は枝葉に当たる部分なので、本書では触れないが、十二運で吉凶を判断する方法が日本では広まっている。

*3）四柱推命で「空亡（天中殺）」は枝葉に当たる部分なので、本書では触れないが、空亡で運勢を判断する方法が日本では広まっている。

PART 2

命式の作り方

四柱推命で、あなた自身について知るためには、
まずはあなたの「宿命図＝命式」を作る必要があります。
その作り方を、順を追って説明します。

あなたの命式を作りましょう

四つの柱、八つの欄には名前があります

命式は四つの柱から構成されていて、それぞれに名前がついています。生まれた年を入れる柱を「年柱《ねんちゅう》」、月を入れる柱を「月柱《げっちゅう》」、日を入れる柱を「日柱《にっちゅう》」、時刻を入れる柱を「時柱《じちゅう》」といいます。

十干が入る上の段は「天干《てんかん》」、十二支が入る下の段は「地支《ちし》」といいます。さらに年柱の天干は「年干《ねんかん》」、地支は「年支《ねんし》」といい、これらをまとめると、下の表のようになります。

この名前は、四柱推命を学ぶうえで何度も出てくる言葉なので、ぜひ覚えましょう。

命式の各箇所の名前

時柱《じちゅう》	日柱《にっちゅう》	月柱《げっちゅう》	年柱《ねんちゅう》	
時干《じかん》	日干《にっかん》	月干《げっかん》	年干《ねんかん》	天干《てんかん》
時支《じし》	日支《にっし》	月支《げっし》	年支《ねんし》	地支《ちし》

年柱から順に空欄を埋めます

では早速、命式の作り方を❶から順に説明しましょう。

❶ 生まれた年から、年柱の「天干」「地支」を求める

159ページ以降にある干支暦を見て、あなたの年柱の天干と地支を記入します。ただし、次の2項目のどちらかに該当する人は、一つ前の年の干支を記入します。

- 1月生まれの人
- 2月生まれで立春（2月4日頃）より前に生まれた人

なぜならば、干支暦では原則として1年の始まりを二十四節気の立春《りっしゅん》とし、2月4日頃の立春から翌年の2月3日頃の立春前までを1年としているからです。

1977年4月30日2時43分、東京生まれの女性、Aさんを例に説明します。

干支暦の年柱の見方

1977年（昭和52年）丁巳

年柱の干支

月	月干支	節入り	1日	2日	3日	4日	5日	6日	7日	8日	9日	10日	11日	12日	13日	14日	15日	16日	17日	18日	19日	20日	21日	22日	23日	24日	25日	26日	27日	28日	29日	30日	31日
1月	辛丑	5日19時51分	戊午	己未	庚申	辛酉	壬戌	癸亥	甲子	乙丑	丙寅	丁卯	戊辰	己巳	庚午	辛未	壬申	癸酉	甲戌	乙亥	丙子	丁丑	戊寅	己卯	庚辰	辛巳	壬午	癸未	甲申	乙酉	丙戌	丁亥	戊子
2月	壬寅	4日07時34分	己丑	庚寅	辛卯	壬辰	癸巳	甲午	乙未	丙申	丁酉	戊戌	己亥	庚子	辛丑	壬寅	癸卯	甲辰	乙巳	丙午	丁未	戊申	己酉	庚戌	辛亥	壬子	癸丑	甲寅	乙卯	丙辰			
3月	癸卯	6日01時44分	丁巳	戊午	己未	庚申	辛酉	壬戌	癸亥	甲子	乙丑	丙寅	丁卯	戊辰	己巳	庚午	辛未	壬申	癸酉	甲戌	乙亥	丙子	丁丑	戊寅	己卯	庚辰	辛巳	壬午	癸未	甲申	乙酉	丙戌	丁亥
4月	甲辰	5日06時46分	戊子	己丑	庚寅	辛卯	壬辰	癸巳	甲午	乙未	丙申	丁酉	戊戌	己亥	庚子	辛丑	壬寅	癸卯	甲辰	乙巳	丙午	丁未	戊申	己酉	庚戌	辛亥	壬子	癸丑	甲寅	乙卯	丙辰	丁巳	
5月	乙巳	6日00時16分	戊午	己未	庚申	辛酉	壬戌	癸亥	甲子	乙丑	丙寅	丁卯	戊辰	己巳	庚午	辛未	壬申	癸酉	甲戌	乙亥	丙子	丁丑	戊寅	己卯	庚辰	辛巳	壬午	癸未	甲申	乙酉	丙戌	丁亥	戊子
6月	丙午	6日04時32分	己丑	庚寅	辛卯	壬辰	癸巳	甲午	乙未	丙申	丁酉	戊戌	己亥	庚子	辛丑	壬寅	癸卯	甲辰	乙巳	丙午	丁未	戊申	己酉	庚戌	辛亥	壬子	癸丑	甲寅	乙卯	丙辰	丁巳	戊午	
7月	丁未	7日14時48分	己未	庚申	辛酉	壬戌	癸亥	甲子	乙丑	丙寅	丁卯	戊辰	己巳	庚午	辛未	壬申	癸酉	甲戌	乙亥	丙子	丁丑	戊寅	己卯	庚辰	辛巳	壬午	癸未	甲申	乙酉	丙戌	丁亥	戊子	己丑
8月	戊申	8日00時30分	庚寅	辛卯	壬辰	癸巳	甲午	乙未	丙申	丁酉	戊戌	己亥	庚子	辛丑	壬寅	癸卯	甲辰	乙巳	丙午	丁未	戊申	己酉	庚戌	辛亥	壬子	癸丑	甲寅	乙卯	丙辰	丁巳	戊午	己未	庚申
9月	己酉	8日03時16分	辛酉	壬戌	癸亥	甲子	乙丑	丙寅	丁卯	戊辰	己巳	庚午	辛未	壬申	癸酉	甲戌	乙亥	丙子	丁丑	戊寅	己卯	庚辰	辛巳	壬午	癸未	甲申	乙酉	丙戌	丁亥	戊子	己丑	庚寅	
10月	庚戌	8日18時44分	辛卯	壬辰	癸巳	甲午	乙未	丙申	丁酉	戊戌	己亥	庚子	辛丑	壬寅	癸卯	甲辰	乙巳	丙午	丁未	戊申	己酉	庚戌	辛亥	壬子	癸丑	甲寅	乙卯	丙辰	丁巳	戊午	己未	庚申	辛酉
11月	辛亥	7日21時46分	壬戌	癸亥	甲子	乙丑	丙寅	丁卯	戊辰	己巳	庚午	辛未	壬申	癸酉	甲戌	乙亥	丙子	丁丑	戊寅	己卯	庚辰	辛巳	壬午	癸未	甲申	乙酉	丙戌	丁亥	戊子	己丑	庚寅	辛卯	
12月	壬子	7日14時31分	壬辰	癸巳	甲午	乙未	丙申	丁酉	戊戌	己亥	庚子	辛丑	壬寅	癸卯	甲辰	乙巳	丙午	丁未	戊申	己酉	庚戌	辛亥	壬子	癸丑	甲寅	乙卯	丙辰	丁巳	戊午	己未	庚申	辛酉	壬戌

Aさんは1977年生まれなので、まず、1977年の干支暦を見ます。Aさんの場合、4月生まれで2項目には該当しないため、1977年の干支「丁巳」をそのまま年柱に記入します。同じ1977年生まれでも、2項目に該当する場合は、1976年の干支「丙辰」を年柱に記入します。なお、1年の始まり（立春）はその年によって違うので、必ず干支暦で確認をしてください。

Aさんの年柱は、左のようになります。

Aさんの年柱

	年柱	月柱	日柱	時柱
天干	丁			
地支	巳			

それでは、あなたの年柱を記入してみましょう。

あなたの年柱

	年柱	月柱	日柱	時柱
天干				
地支				

＊これから、順を追って命式を完成させていきます。ステップが進むたびに、前のステップの結果を転記します。151ページの「命式フォーマット」をコピーして記入していけば、転記の手間が省けます。

次に❷へ進みます。

❷ 生まれた月から、月柱の「天干」「地支」を求める

干支暦を見て、あなたの月柱の天干と地支を記入します。ただし、左の項目に該当する人は、1つ前の月の干支を記入します。

その月の節入《せつい》りよりも、前に生まれた人

なぜならば、干支暦では月の起点は「節入《せつい》り」とされているからです。つまり、節入りを月の始まりとし、翌月の節入りの前までを1か月と見るのです。

それでは、引き続きAさんを例に、実際に月柱を埋めてみましょう。Aさんは4月30日生まれなので、まず、干支暦の4月の節入りを見ます。すると、5日の6時46分となっています。Aさんは、それより後に生まれていて、右の項目には該当しないため、4月の干支「甲辰」をそのまま月柱に記入します。

Aさんの月柱は、下のようになります。

同じ年の4月生まれでも、4月の節入り（5日の6時46分）より前に生まれた人は、月の干支が1つ前の月である3月の干支「癸卯」になり、全く別の命式になるので注意が必要です。

このように、月柱の干支は、まずその月の「節入り」を

Aさんの月柱

時柱	日柱	月柱	年柱	
		甲	丁	天干
		辰	巳	地支

干支暦の月柱の見方

1977年（昭和52年）丁巳

月	月干支	節入り	1日	2日	3日	4日	5日	6日	7日	8日	9日	10日	11日	12日	13日	14日	15日
1月	辛丑	5日 19時 51分	戊午	己未	庚申	辛酉	壬戌	癸亥	甲子	乙丑	丙寅	丁卯	戊辰	己巳	庚午	辛未	壬申
2月	壬寅	4日 07時 34分	己丑	庚寅	辛卯	壬辰	癸巳	甲午	乙未	丙申	丁酉	戊戌	己亥	庚子	辛丑	壬寅	癸卯
3月	癸卯	6日 01時 44分	丁巳	戊午	己未	庚申	辛酉	壬戌	癸亥	甲子	乙丑	丙寅	丁卯	戊辰	己巳	庚午	辛未
4月	甲辰	5日 06時 46分	戊子	己丑	庚寅	辛卯	壬辰	癸巳	甲午	乙未	丙申	丁酉	戊戌	己亥	庚子	辛丑	壬寅
5月	乙巳	6日 00時 16分	戊午	己未	庚申	辛酉	壬戌	癸亥	甲子	乙丑	丙寅	丁卯	戊辰	己巳	庚午	辛未	壬申
6月	丙午	6日 04時 32分	己丑	庚寅	辛卯	壬辰	癸巳	甲午	乙未	丙申	丁酉	戊戌	己亥	庚子	辛丑	壬寅	癸卯
7月	丁未	7日 14時 48分	己未	庚申	辛酉	壬戌	癸亥	甲子	乙丑	丙寅	丁卯	戊辰	己巳	庚午	辛未	壬申	癸酉
8月	戊申	8日 00時 30分	庚寅	辛卯	壬辰	癸巳	甲午	乙未	丙申	丁酉	戊戌	己亥	庚子	辛丑	壬寅	癸卯	甲辰
9月	己酉	8日 03時 16分	辛酉	壬戌	癸亥	甲子	乙丑	丙寅	丁卯	戊辰	己巳	庚午	辛未	壬申	癸酉	甲戌	乙亥
10月	庚戌	8日 18時 44分	辛卯	壬辰	癸巳	甲午	乙未	丙申	丁酉	戊戌	己亥	庚子	辛丑	壬寅	癸卯	甲辰	乙巳
11月	辛亥	7日 21時 46分	壬戌	癸亥	甲子	乙丑	丙寅	丁卯	戊辰	己巳	庚午	辛未	壬申	癸酉	甲戌	乙亥	丙子
12月	壬子	7日 14時 31分	壬辰	癸巳	甲午	乙未	丙申	丁酉	戊戌	己亥	庚子	辛丑	壬寅	癸卯	甲辰	乙巳	丙午

月	16日	17日	18日	19日	20日	21日	22日	23日	24日	25日	26日	27日	28日	29日	30日	31日
1月	癸酉	甲戌	乙亥	丙子	丁丑	戊寅	己卯	庚辰	辛巳	壬午	癸未	甲申	乙酉	丙戌	丁亥	戊子
2月	甲辰	乙巳	丙午	丁未	戊申	己酉	庚戌	辛亥	壬子	癸丑	甲寅	乙卯	丙辰			
3月	壬申	癸酉	甲戌	乙亥	丙子	丁丑	戊寅	己卯	庚辰	辛巳	壬午	癸未	甲申	乙酉	丙戌	丁亥
4月	癸卯	甲辰	乙巳	丙午	丁未	戊申	己酉	庚戌	辛亥	壬子	癸丑	甲寅	乙卯	丙辰	丁巳	
5月	癸酉	甲戌	乙亥	丙子	丁丑	戊寅	己卯	庚辰	辛巳	壬午	癸未	甲申	乙酉	丙戌	丁亥	戊子
6月	甲辰	乙巳	丙午	丁未	戊申	己酉	庚戌	辛亥	壬子	癸丑	甲寅	乙卯	丙辰	丁巳	戊午	
7月	甲戌	乙亥	丙子	丁丑	戊寅	己卯	庚辰	辛巳	壬午	癸未	甲申	乙酉	丙戌	丁亥	戊子	己丑
8月	乙巳	丙午	丁未	戊申	己酉	庚戌	辛亥	壬子	癸丑	甲寅	乙卯	丙辰	丁巳	戊午	己未	庚申
9月	丙子	丁丑	戊寅	己卯	庚辰	辛巳	壬午	癸未	甲申	乙酉	丙戌	丁亥	戊子	己丑	庚寅	
10月	丙午	丁未	戊申	己酉	庚戌	辛亥	壬子	癸丑	甲寅	乙卯	丙辰	丁巳	戊午	己未	庚申	辛酉
11月	丁丑	戊寅	己卯	庚辰	辛巳	壬午	癸未	甲申	乙酉	丙戌	丁亥	戊子	己丑	庚寅	辛卯	
12月	丁未	戊申	己酉	庚戌	辛亥	壬子	癸丑	甲寅	乙卯	丙辰	丁巳	戊午	己未	庚申	辛酉	壬戌

月柱の干支

確認し、正しい干支を記入してください。
それでは、あなたの月柱を記入してみましょう。

あなたの月柱

時柱	日柱	月柱	年柱	
				天干
				地支

次に❸へ進みます。

❸ 生まれた日から、日柱の「天干」「地支」を求める

同じく干支暦を見て、生まれた日の天干と地支を記入します。日柱は気をつけなければいけないことはないので、そのまま記入すれば大丈夫です。

Aさんは4月30日生まれなので、4月と30日の交差したところの干支「丁巳」を日柱に記入します。

Aさんの日柱は、下のようになります。

それでは、あなたの日柱を記入してみましょう。

Aさんの日柱

時柱	日柱	月柱	年柱	
	丁	甲	丁	天干
	巳	辰	巳	地支

干支暦の日柱の見方

1977年（昭和52年）丁巳

31日	30日	29日	28日	27日	26日	25日	24日	23日	22日	21日	20日	19日	18日	17日	16日	15日	14日	13日	12日	11日	10日	9日	8日	7日	6日	5日	4日	3日	2日	1日	節入り			月干支	月
戊子	丁亥	丙戌	乙酉	甲申	癸未	壬午	辛巳	庚辰	己卯	戊寅	丁丑	丙子	乙亥	甲戌	癸酉	壬申	辛未	庚午	己巳	戊辰	丁卯	丙寅	乙丑	甲子	癸亥	壬戌	辛酉	庚申	己未	戊午	51分	19時	5日	辛丑	1月
			丙辰	乙卯	甲寅	癸丑	壬子	辛亥	庚戌	己酉	戊申	丁未	丙午	乙巳	甲辰	癸卯	壬寅	辛丑	庚子	己亥	戊戌	丁酉	丙申	乙未	甲午	癸巳	壬辰	辛卯	庚寅	己丑	34分	07時	4日	壬寅	2月
丁亥	丙戌	乙酉	甲申	癸未	壬午	辛巳	庚辰	己卯	戊寅	丁丑	丙子	乙亥	甲戌	癸酉	壬申	辛未	庚午	己巳	戊辰	丁卯	丙寅	乙丑	甲子	癸亥	壬戌	辛酉	庚申	己未	戊午	丁巳	44分	01時	6日	癸卯	3月
	丁巳	丙辰	乙卯	甲寅	癸丑	壬子	辛亥	庚戌	己酉	戊申	丁未	丙午	乙巳	甲辰	癸卯	壬寅	辛丑	庚子	己亥	戊戌	丁酉	丙申	乙未	甲午	癸巳	壬辰	辛卯	庚寅	己丑	戊子	46分	06時	5日	甲辰	4月
戊子	丁亥	丙戌	乙酉	甲申	癸未	壬午	辛巳	庚辰	己卯	戊寅	丁丑	丙子	乙亥	甲戌	癸酉	壬申	辛未	庚午	己巳	戊辰	丁卯	丙寅	乙丑	甲子	癸亥	壬戌	辛酉	庚申	己未	戊午	16分	00時	6日	乙巳	5月
	戊午	丁巳	丙辰	乙卯	甲寅	癸丑	壬子	辛亥	庚戌	己酉	戊申	丁未	丙午	乙巳	甲辰	癸卯	壬寅	辛丑	庚子	己亥	戊戌	丁酉	丙申	乙未	甲午	癸巳	壬辰	辛卯	庚寅	己丑	32分	04時	6日	丙午	6月
己丑	戊子	丁亥	丙戌	乙酉	甲申	癸未	壬午	辛巳	庚辰	己卯	戊寅	丁丑	丙子	乙亥	甲戌	癸酉	壬申	辛未	庚午	己巳	戊辰	丁卯	丙寅	乙丑	甲子	癸亥	壬戌	辛酉	庚申	己未	48分	14時	7日	丁未	7月
庚申	己未	戊午	丁巳	丙辰	乙卯	甲寅	癸丑	壬子	辛亥	庚戌	己酉	戊申	丁未	丙午	乙巳	甲辰	癸卯	壬寅	辛丑	庚子	己亥	戊戌	丁酉	丙申	乙未	甲午	癸巳	壬辰	辛卯	庚寅	30分	00時	8日	戊申	8月
	庚寅	己丑	戊子	丁亥	丙戌	乙酉	甲申	癸未	壬午	辛巳	庚辰	己卯	戊寅	丁丑	丙子	乙亥	甲戌	癸酉	壬申	辛未	庚午	己巳	戊辰	丁卯	丙寅	乙丑	甲子	癸亥	壬戌	辛酉	16分	03時	8日	己酉	9月
辛酉	庚申	己未	戊午	丁巳	丙辰	乙卯	甲寅	癸丑	壬子	辛亥	庚戌	己酉	戊申	丁未	丙午	乙巳	甲辰	癸卯	壬寅	辛丑	庚子	己亥	戊戌	丁酉	丙申	乙未	甲午	癸巳	壬辰	辛卯	44分	18時	8日	庚戌	10月
	辛卯	庚寅	己丑	戊子	丁亥	丙戌	乙酉	甲申	癸未	壬午	辛巳	庚辰	己卯	戊寅	丁丑	丙子	乙亥	甲戌	癸酉	壬申	辛未	庚午	己巳	戊辰	丁卯	丙寅	乙丑	甲子	癸亥	壬戌	46分	21時	7日	辛亥	11月
壬戌	辛酉	庚申	己未	戊午	丁巳	丙辰	乙卯	甲寅	癸丑	壬子	辛亥	庚戌	己酉	戊申	丁未	丙午	乙巳	甲辰	癸卯	壬寅	辛丑	庚子	己亥	戊戌	丁酉	丙申	乙未	甲午	癸巳	壬辰	31分	14時	7日	壬子	12月

日柱の干支

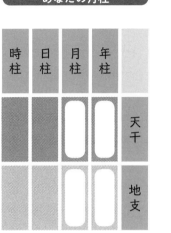

あなたの日柱

時柱	日柱	月柱	年柱	
				天干
				地支

次に❹へ進みます。

❹ 生まれた時刻から時柱の「天干」「地支」を求める

時柱は146ページの「出生時刻干支表」を見て記入します。

ただし、その前に確認することが二つあります。

まず、日本ではサマータイムが実施されていた期間があるので、その期間に生まれた人は出生時刻から1時間をマイナスする必要があります。

また、日本の標準時は兵庫県明石市ですから、それ以外の場所で生まれた人は出生時刻の修正が必要です。必ず146ページの「全国各地時差修正表」で確認して、正しい出生時刻を算出してください。

これで「出生時刻干支表」を見る準備が整います。

なお、本書では、この正しい出生時刻を算出するまで

の流れをチャートにしていますので（次ページ参照）、それを使うと簡単です。

それでは、引き続きAさんを例に、時柱の記入法をチャートに沿って説明しましょう。

Aさんの場合、❶は「No」なので❸へ進みます。❸も「No」なので❹へ進みます。

Aさんは、2時43分の東京生まれなので、「全国各地時差修正表」の「東京都」を見ると「+19′04″」とあります。Aさんの生まれた時刻にこれを足すと、3時2分4秒になります。これが、Aさんの正しい出生時刻です。

次に「出生時刻干支表」で、Aさんの日干「丁」と正しい出生時刻の3時2分4秒の交わるところを見ると、「壬寅」とあります。これが、Aさんの時柱の干支ですので、命式の時柱に記入します。

Aさんの時柱は、左のようになります。

Aさんの時柱

時柱	日柱	月柱	年柱	
壬	丁	甲	丁	天干
寅	巳	辰	巳	地支

正しい出生時刻を算出するためのチャート

1 あなたは以下のサマータイム※期間に生まれましたか？

昭和23年5月2日午前1時～9月12日午前1時
昭和24年4月3日午前1時～9月11日午前1時
昭和25年5月7日午前1時～9月10日午前1時
昭和26年5月6日午前1時～9月 9日午前1時

Yes → 2へ
No → 3へ

2 出生時刻から1時間マイナスします
→ 3へ

3 あなたは兵庫県明石市生まれですか？
Yes → 5へ
No → 4へ

4 146ページの「全国各地時差修正表」を見て、出生時刻にプラスやマイナスをします
→ 5へ

5 これがあなたの正しい出生時刻です

※サマータイムとは？
日照時間の長い季節に採用される夏時間のこと。中央標準時よりも1時間進めた時刻を用いるものとする、という制度です。日本では昭和23～26年の4年間サマータイムが実施され、昭和27年4月に廃止されました。したがって、サマータイム期間に生まれた人は、出生時刻から1時間をマイナスします。

出生時刻干支表の見方

戊・癸	丁・壬	丙・辛	乙・庚	甲・己	日干／出生時刻
壬子	庚子	戊子	丙子	甲子	0:00～1:00
癸丑	辛丑	己丑	丁丑	乙丑	1:00～3:00
甲寅	壬寅	庚寅	戊寅	丙寅	3:00～5:00
乙卯	癸卯	辛卯	己卯	丁卯	5:00～7:00
丙辰	甲辰	壬辰	庚辰	戊辰	7:00～9:00
丁巳	乙巳	癸巳	辛巳	己巳	9:00～11:00
癸亥	辛亥	己亥	丁亥	乙亥	21:00～23:00
甲子	壬子	庚子	戊子	丙子	23:00～0:00

時柱の干支

全国各地時差修正表の見方

地名	分 秒	地名	分 秒
〈北海道〉		〈滋賀県〉	
釧路市	＋37′33″	大津市	＋03′28″
帯広市	＋32′48″	〈三重県〉	
旭川市	＋29′28″	津市	＋06′02″
札幌市	＋25′26″	〈京都府〉	
〈東京都〉		高松市	−03′48″
東京都	＋19′04″	〈愛媛県〉	
〈神奈川県〉		松山市	−08′56″
横浜市	＋18′34″	〈高知県〉	
〈新潟県〉		高知市	−05′52″
新潟市	＋16′12″	〈福岡県〉	
〈富山県〉		福岡市	−18′24″
富山市	＋08′52″	〈大分県〉	
〈岐阜県〉		鹿児島市	−17′47″
岐阜市	＋07′00″	〈沖縄県〉	
〈愛知県〉		那覇市	−29′17″
名古屋市	＋07′38″		

2時43分 ← 生まれた時刻
＋
19分4秒 ← 東京都の時差
3時 2分4秒 ← 正しい出生時刻

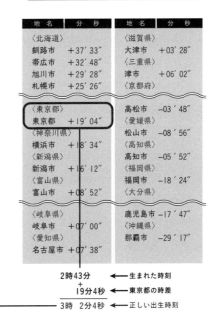

それでは、あなたの時柱を記入してみましょう。

あなたの時柱

	年柱	月柱	日柱	時柱
天干				
地支				

出生時刻がわからない人でも大丈夫です

出生時刻がわからない人は、それを調べるのに次の方法があります。

❶母子手帳を確認します

ただし医師や看護師の記入により誤差が出るので注意。

❷つむじの位置で出生時刻が絞れます

体の正中線上にある人

23〜1時、5〜7時、11〜13時、17〜19時

体の正中線上から少しそれる人

3〜5時、9〜11時、15〜17時、21〜23時

つむじが2〜3個ある
体の正中線上から大きくそれる人

1〜3時、7〜9時、13〜15時、19〜21時

❸寝相《ねぞう》の違いで出生時刻が絞れます

仰向けに寝ることが多い人

23〜1時、5〜7時、11〜13時、17〜19時

横向きに寝ることが多い人

3〜5時、9〜11時、15〜17時、21〜23時

うつぶせに寝ることが多い人

1〜3時、7〜9時、13〜15時、19〜21時

＊つむじの位置、寝相は絶対ではなく、ずれる人もいます。

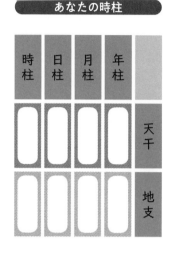

あなたの命式は変化する？

命式は変化することがあります

ここまでで、あなたは自分自身の命式が作れたことでしょう。ところが、四柱推命はとても奥の深いもので、完成したと思っていた命式が、場合によっては変化をすることがあるのです。

一つは、干合《かんごう》と呼ばれる天干同士の組み合わせがある場合です。もう一つは、支合《しごう》と呼ばれる地支同士の組み合わせがある場合です。

干合や支合があって、命式がある条件を満たして変化をするとき、「合《ごう》して化《か》す」といいます。干合や支合があっても、命式が条件を満たさず変化をしないときは、「合して化さず」といいます。

なお、合して化す条件は、流派によってさまざまな解釈がありますが、ここでは一般的な法則に基づき説明します。命式が変化をするのは次の場合です。

◉干合していて、さらに変化の条件を満たしているとき

十干のうち、ある干から数えて6番目に当たる干とは結びつきが強く、その組み合わせを「干合」と呼びます。

五行では相剋の関係（12ページ参照）に当たるにもかかわらず結びつきが強いため、実際には剋し合いません。甲《こう》己《き》の合、乙庚《おつこう》の合、丙辛《へいしん》の合、丁壬《ていじん》の合、戊癸《ぼき》の合の5

干合の関係

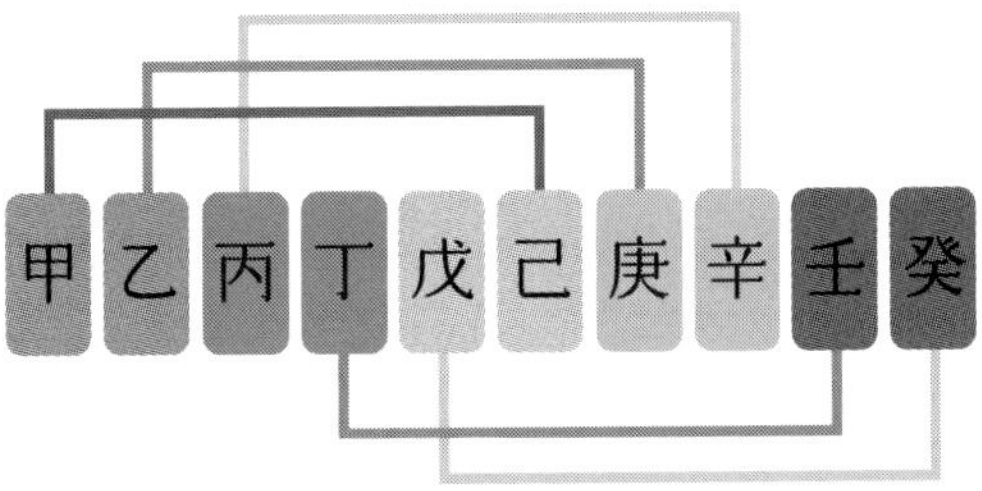

種類があります。

干合があって、命式がある条件（28ページ参照）を満たした場合、天干の干が他の干に変わります。

甲己の合は土に化し、乙庚の合は金に化し、丙辛の合は水に化し、丁壬の合は木に化し、戊癸の合は火に化します。これらをまとめると、次の通りです。

甲、己は土に変化する

甲と己が天干で隣り合っていて、ある条件を満たしている場合。甲は戊に変化します。

乙、庚は金に変化する

乙と庚が天干で隣り合っていて、ある条件を満たしている場合。乙は辛に変化します。

丙、辛は水に変化する

丙と辛が天干で隣り合っていて、ある条件を満たしている場合。丙は壬に、辛は癸に変化します。

丁、壬は木に変化する

干合が成立する場所と干合による変化

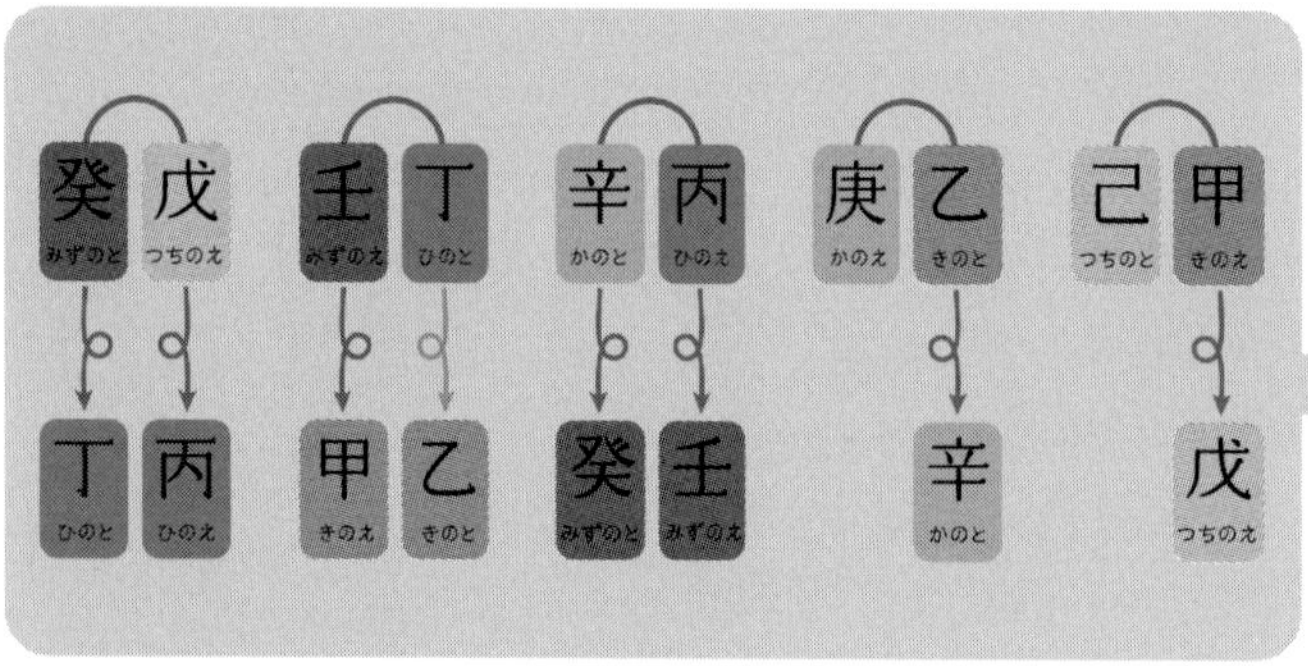

注）十干の並び方は、左右が逆でもかまいません。

干合が成立する場合

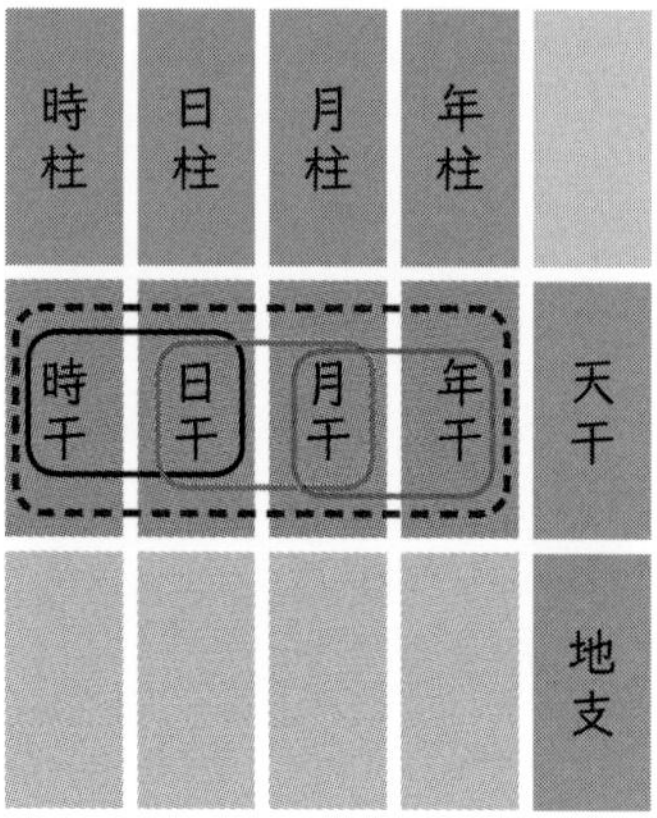

注）干合が成立するのは、天干のうち年月、月日、日時の隣り合った3か所です。

丁と壬が天干で隣り合っていて、ある条件を満たしている場合。丁は乙に、壬は甲に変化します。

戊、癸は火に変化する

戊と癸が天干で隣り合っていて、ある条件を満たしている場合。戊は丙に、癸は丁に変化します。

ただし、干合していても必ず変化するわけではなく、次の項目に該当すると変化しないので注意しましょう。

◉妬合《とごう》しているとき

一つの干が二つの干から同時に干合されることを妬合といいます。結びつきの力が弱まるので、この場合は干合しても変化しません。たとえば、甲・己・甲のように並んでいると妬合になります。

◉「干合の変化の条件」**（28ページ）****に当てはまらないとき**

では、具体的な例を見てみましょう。

この命式では、日干の己と月干の甲が干合しています。月支に辰があり、命式には土の気の干支（戊、己、丑、辰、未、戌）がたくさんあります。そして、土の気を剋す木の気の干支（甲、乙、寅、卯）が他にありません。

したがって、この甲己の干合は、土に化します。木の気の甲は土の気の戊に変わり、土の気の己はそのままです。

干合では、天干の十干が変化しましたが、地支の十二支が支合して変化する場合もあります。しかしその場合は、干合のように別のものに変わるのではなく、五行の

甲己の合して土に化す命式

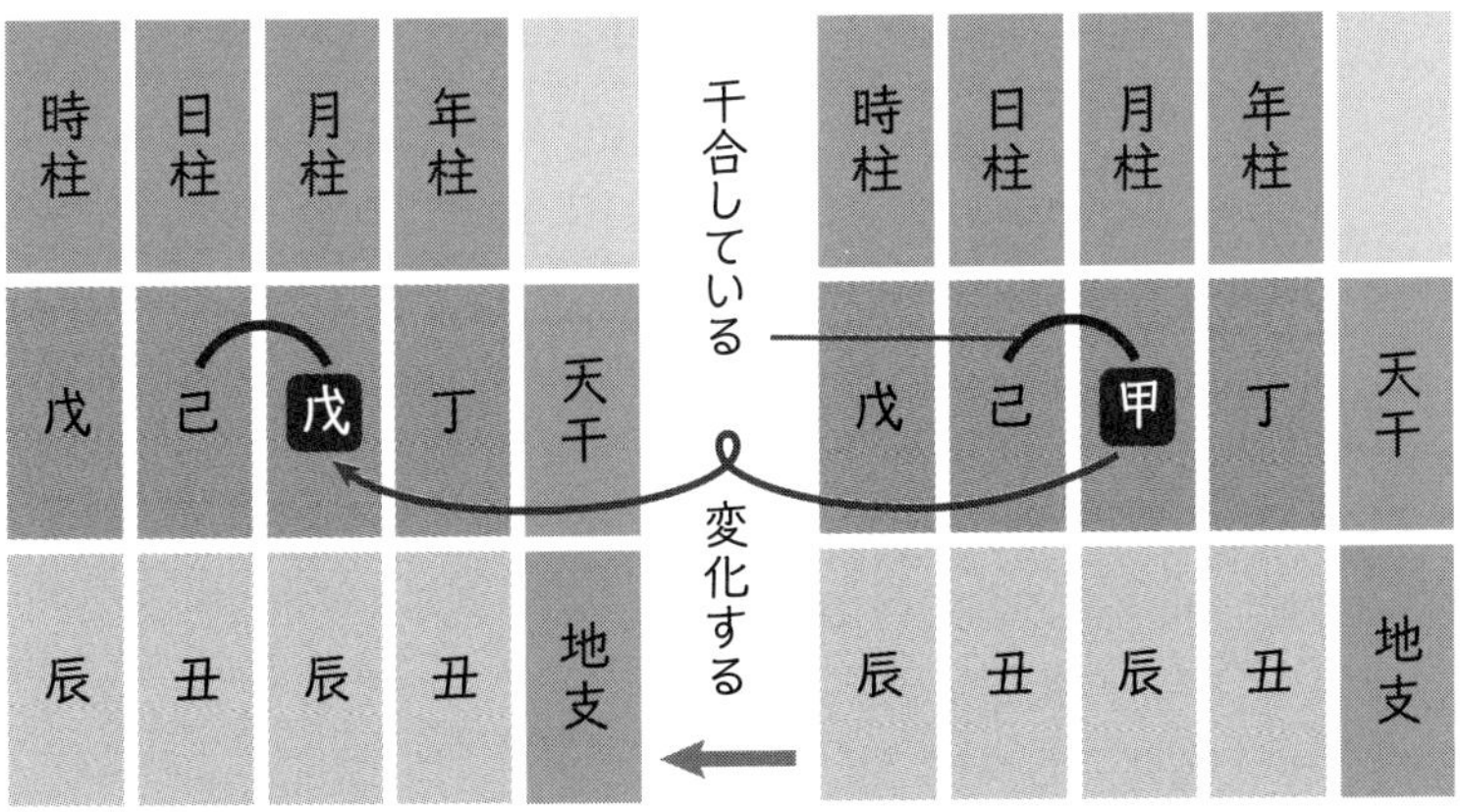

注）1997年4月17日辰刻（7～9時）生まれ。

干合の変化の条件

甲・己の干合	月支に丑、辰、未、戌、巳、午がある	＋ 命式に土の気の干支（戊、己、丑、辰、未、戌）が多い	＋ 命式に木の気の干支（甲、乙、寅、卯）がない ※干合する場所は除く	→	合化土《ごうかど》 甲は戊に変化する（己は不変）
乙・庚の干合	月支に申、酉、丑、辰、未、戌がある	＋ 命式に金の気の干支（庚、辛、申、酉）が多い	＋ 命式に火の気の干支（丙、丁、巳、午）がない	→	合化金《ごうかきん》 乙は辛に変化する（庚は不変）
丙・辛の干合	月支に子、亥、申、酉、丑、辰がある	＋ 命式に水の気の干支（壬、癸、子、亥）が多い	＋ 命式に土の気の干支（戊、己、丑、辰、未、戌）がない ※月支の丑、辰は除く	→	合化水《ごうかすい》 丙は壬に変化する 辛は癸に変化する
丁・壬の干合	月支に寅、卯、子、亥、辰、未がある	＋ 命式に木の気の干支（甲、乙、寅、卯）が多い	＋ 命式に金の気の干支（庚、辛、申、酉）がない	→	合化木《ごうかもく》 丁は乙に変化する 壬は甲に変化する
戊・癸の干合	月支に巳、午、寅、卯、未、戌がある	＋ 命式に火の気の干支（丙、丁、巳、午）が多い	＋ 命式に水の気の干支（壬、癸、子、亥）がない ※干合する場所は除く	→	合化火《ごうかか》 戊は丙に変化する 癸は丁に変化する

「力量」だけが変化します。
それは次のようなときです。

◉支合していて、さらに変化の条件を満たしているとき

十二支には、結びつきの強い十二支同士があります。その組み合わせを「支合」と呼びます。

次の図を見るとわかるように、子と丑は隣り合っていて支合の関係にあります。子の隣の亥と、丑の隣の寅は、やはり支合の関係にあります。

このように支合は、子丑《ねうし》の合、亥寅《いとら》の合、

支合の関係

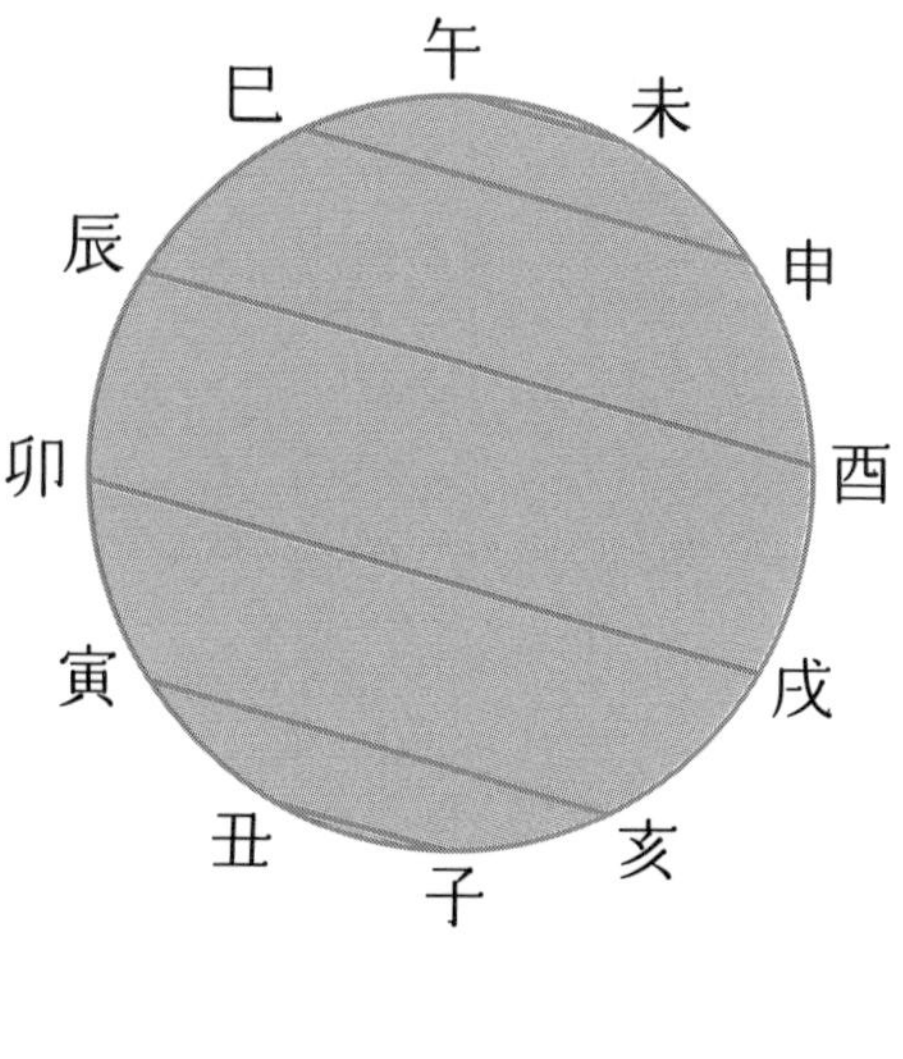

支合が成立する場所と支合により強まる五行

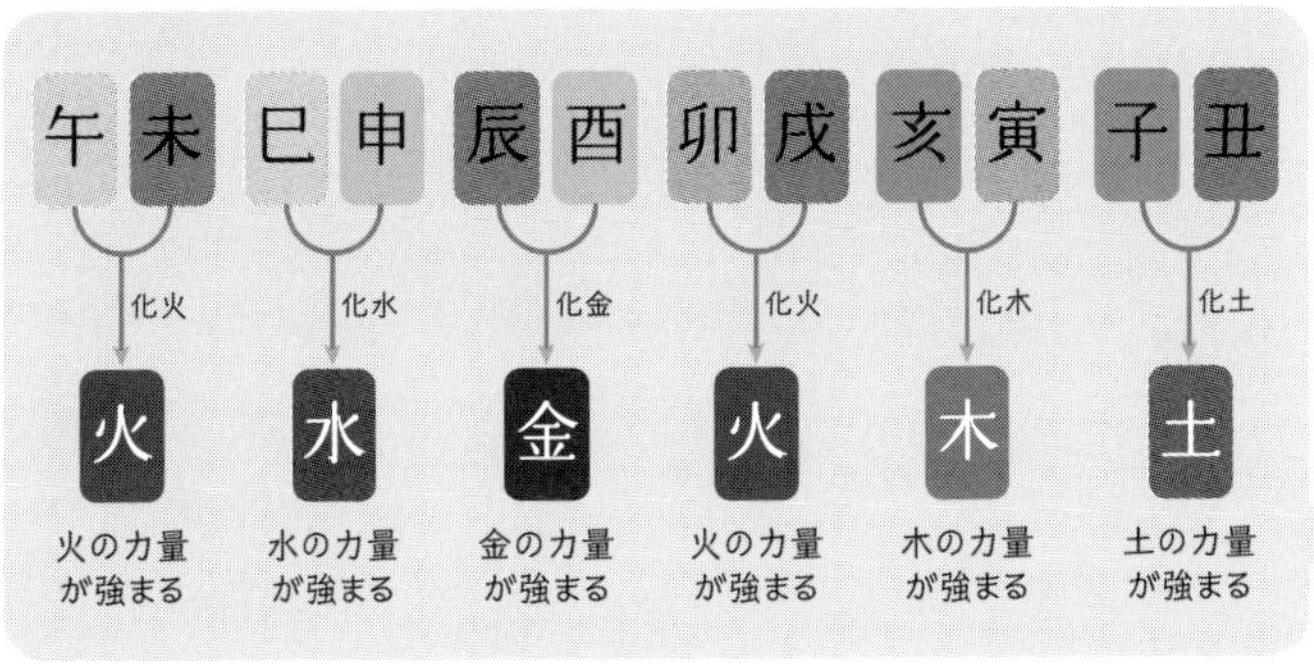

注)十干の並び方は、左右が逆でも同様です。

支合が成立する場合

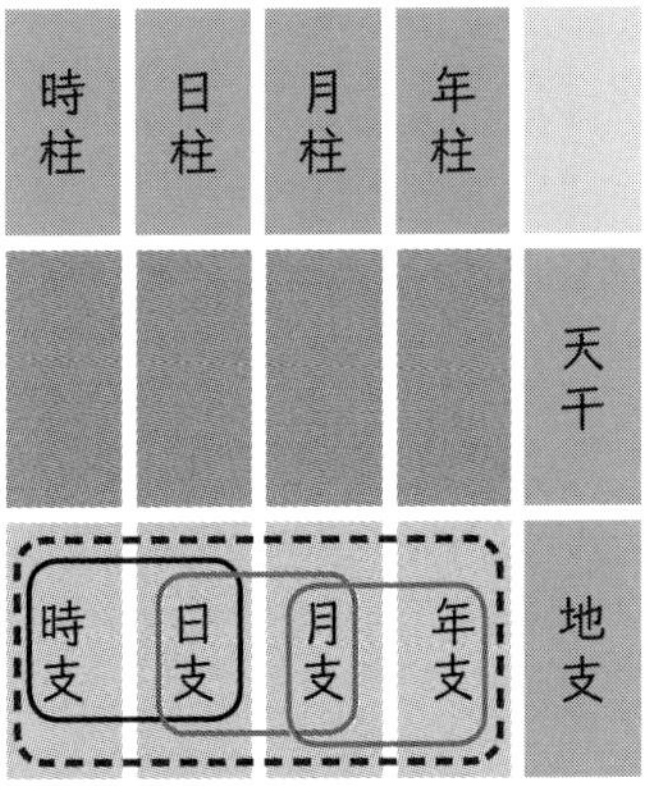

注）支合が成立するのは、地支のうち年月、月日、日時の隣り合った3か所です。

卯戌《ういぬ》の合、辰酉《たつとり》の合、巳申《みさる》の合、午未《うまひつじ》の合の6種類があります。支合があって、命式がある条件（30ページ参照）を満たした場合、地支の五行の力量が変化します。子丑の合は土に化し、亥寅の合は木に化し、卯戌の合は火に化し、辰酉の合は金に化し、巳申の合は水に化し、午未の合は火に化します。

ただし、私のデータ研究では、「干合して化す」「支合して化す」ケースは一般にいわれているよりも少ない。実際はほとんどが「合して化さない」ケースです。

これらをまとめると次の通り。

子、丑は土に変化する

子と丑が地支で隣り合っていて、ある条件を満たしている場合。土に変化します。

亥、寅は木に変化する

亥と寅が地支で隣り合っていて、ある条件を満たしている場合。木に変化します。

卯、戌は火に変化する

卯と戌が地支で隣り合っていて、ある条件を満たして

支合の変化の条件

支合	条件1		条件2		結果
子・丑の支合	子と丑の天干には戊、己、丙、丁がある	＋	子と丑の天干が他柱の天干と干合していない	→	子丑合化土《ねうしごうかど》 土の力量が強まる
亥・寅の支合	亥と寅の天干には甲、乙、壬、癸がある	＋	亥と寅の天干が他柱の天干と干合していない	→	亥寅合化木《いとらごうかもく》 木の力量が強まる
卯・戌の支合	卯と戌の天干には丙、丁、甲、乙がある	＋	卯と戌の天干が他柱の天干と干合していない	→	卯戌合化火《ういぬごうかか》 火の力量が強まる
辰・酉の支合	辰と酉の天干には庚、辛、戊、己がある	＋	辰と酉の天干が他柱の天干と干合していない	→	辰酉合化金《たつとりごうかきん》 金の力量が強まる
巳・申の支合	巳と申の天干には壬、癸、庚、辛がある	＋	巳と申の天干が他柱の天干と干合していない	→	巳申合化水《みさるごうかすい》 水の力量が強まる
午・未の支合	午と未の天干には丙、丁、甲、乙がある	＋	午と未の天干が他柱の天干と干合していない	→	午未合化火《うまひつじごうかか》 火の力量が強まる

いる場合。火に変化します。

辰、酉は金に変化する

辰と酉が地支で隣り合っていて、ある条件を満たしている場合。金に変化します。

巳、申は水に変化する

巳と申が地支で隣り合っていて、ある条件を満たしている場合。水に変化します。

午、未は火に変化する

午と未が地支で隣り合っていて、ある条件を満たしている場合。火に変化します。

ただし、支合していても、必ず変化するわけではなく、次の三つの項目に該当すると変化しません。

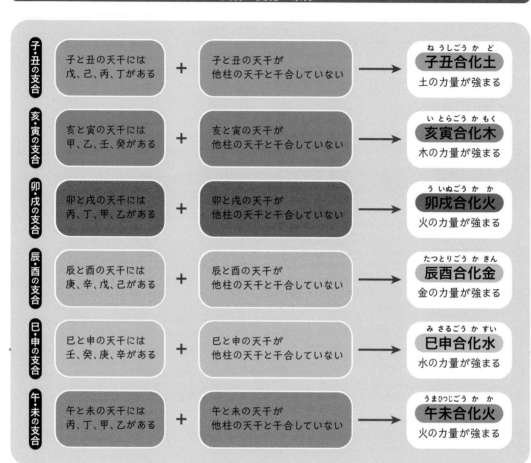

◉**一つの地支が二つの地支から同時に支合されるとき**
結びつきの力が弱まるので、この場合は支合しても変化しません。たとえば、子・丑・子のように並んでいる場合をいいます。

◉**支合と支冲が同時にあるとき**
支冲《しちゅう》については下段で説明しますが、たとえば、丑・子・午のように並んでいる場合、子丑の合と子午の冲が同時にあります。

◉**「支合の変化の条件」(前ページ)に当てはまらないとき**

では、支合して化す具体的な例として、次の命式を見てみましょう。

巳申の合して水に化す命式

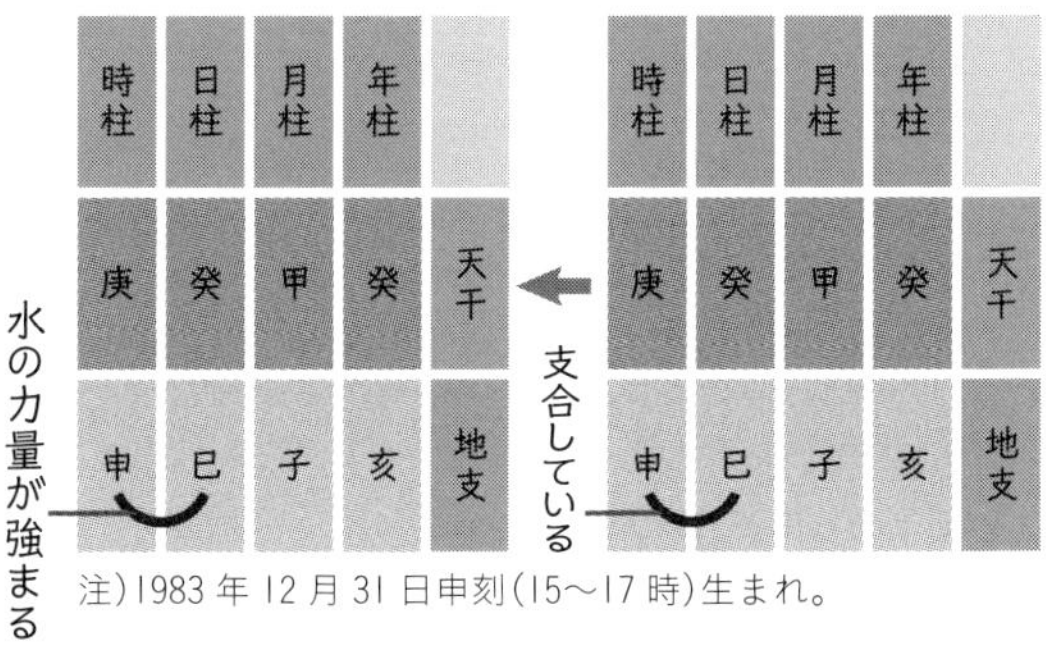

年柱 月柱 日柱 時柱
天干 癸 甲 癸 庚
地支 亥 子 巳 申
支合している
年柱 月柱 日柱 時柱
天干 癸 甲 癸 庚
地支 亥 子 巳 申
水の力量が強まる

注)1983年12月31日申刻(15〜17時)生まれ。

この命式では日支の巳と時支の申が支合しています。日干は癸で水の気、時干は庚で金の気です。日干と時干が他柱の天干と(隣り合って)干合していません。

したがって、この巳申の支合は、水に化します。水に化して、命式の中で水の気を強めます(上図参照)。

地支の配列には、もう一つ「支冲《しちゅう》」という法則があります。ここで紹介しておきます。

支冲とは、ある十二支から数えて7番目に当たる十二支で、お互いに反発し合う関係です。円状に十二支を配すと、対面に位置する十二支が支冲に当たります。子午《ねうま》の冲、丑未《うしひつじ》の冲、寅申《とらさる》の冲、卯酉《うとり》の冲、辰戌《たついぬ》の冲、巳亥《みい》の冲の6種類があります。

支冲の関係

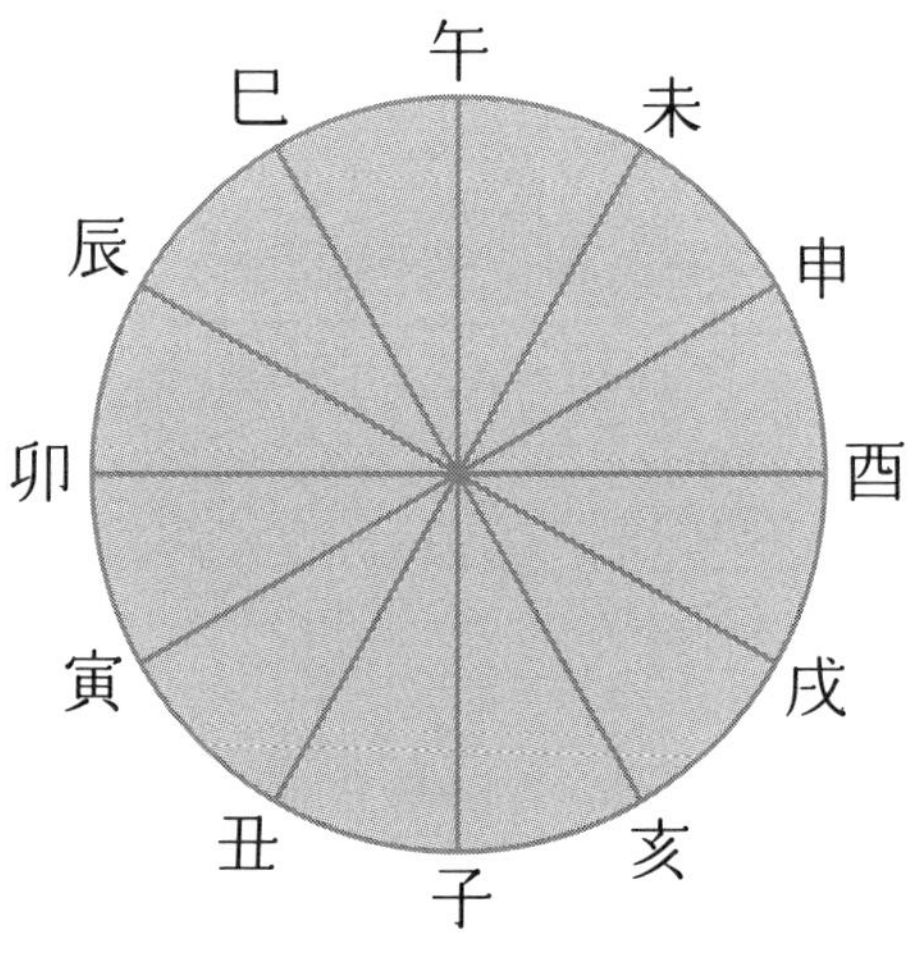

6種類の支冲についてまとめると、次の通りです。

❶子と午が地支で隣り合っている場合、支冲になる
❷丑と未が地支で隣り合っている場合、支冲になる
❸寅と申が地支で隣り合っている場合、支冲になる
❹卯と酉が地支で隣り合っている場合、支冲になる
❺辰と戌が地支で隣り合っている場合、支冲になる
❻巳と亥が地支で隣り合っている場合、支冲になる

支冲の組み合わせはそれ自体を別の十二支や五行に変化させてしまうことはありません。通常は、お互い攻撃し合い、五行の力量を削《そ》ぎ合います。

しかし、丑未の冲と辰戌の冲においては、同じ土の気同士の冲なので、かえって土気を増やす作用となります。

また、一般に冲は仲が悪い関係とされていますが、男女の相性を見る場合は、対照的で刺激的な間柄となるので一概に悪いとはいいきれません。

支冲の他に、五行の力量が強まる地支の配列に、三方会局と三合会局がありますが、それは69～70ページで詳しく説明します。

支冲が成立する場合

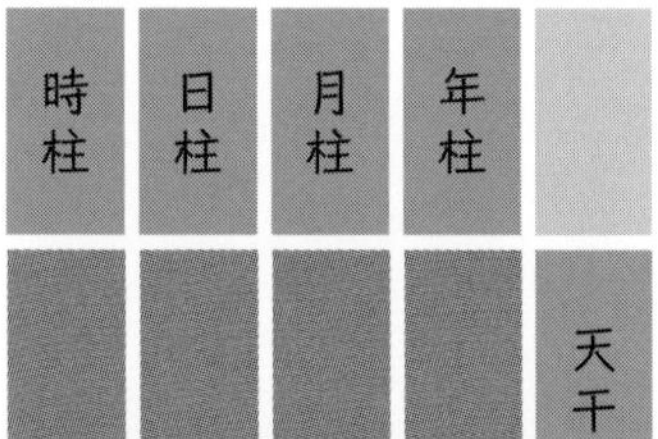

注）支冲が成立するのは、地支のうち年月、月日、日時の隣り合った3か所です。

支冲が成立する配列

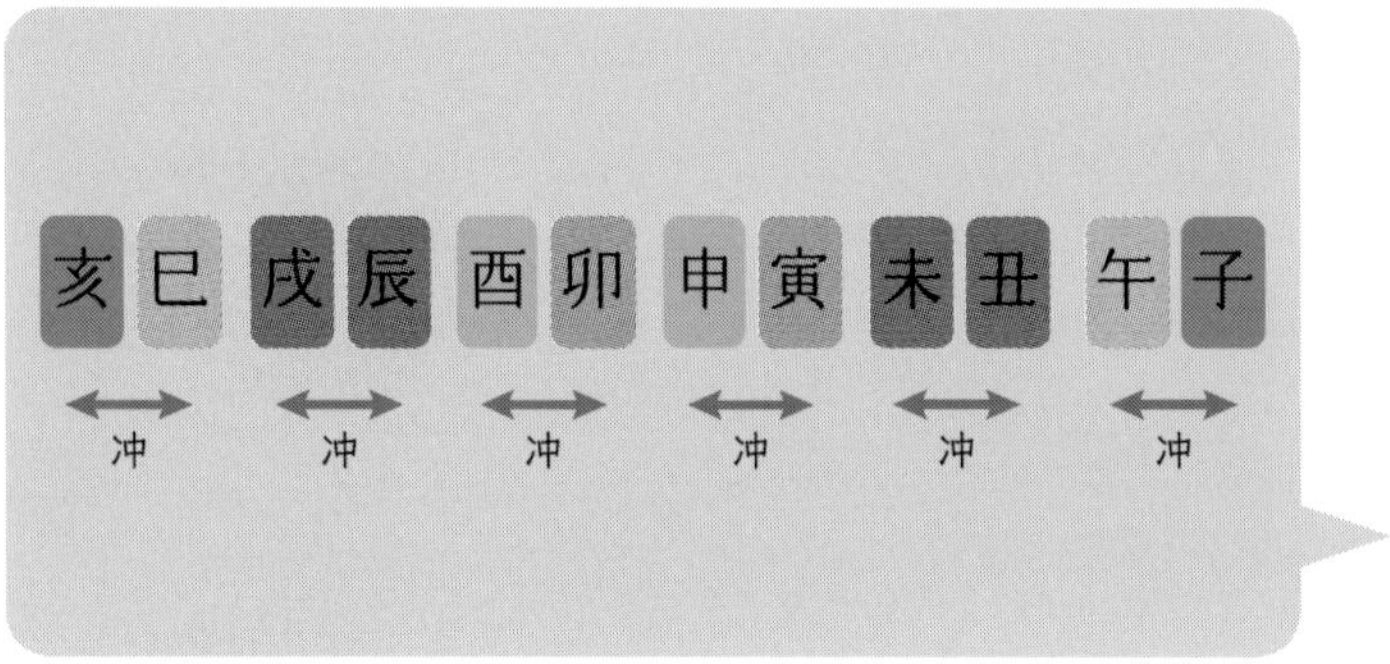

注）十干の並び方は、左右が逆でも同様です。

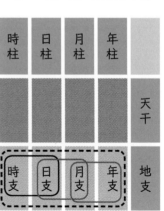

PART 3

生まれつきの価値観を見る

四柱推命では、「格局」からその人の価値観を見ることができます。
あなたの「格局」を見つけ、
どんな価値観を持っているのかを探ってみましょう。

あなたの格局を求めましょう

人はさまざまな価値観を持っています

価値観というのは、人によって異なります。

それらは環境の中で後天的に作られたもののように思えますが、命理学《めいりがく》（個人の宿命の理《ことわり》を解き明かす学問）では、すでに宿命の範疇《はんちゅう》とされています。

つまり、四柱推命の命式を並べることで、その人固有の価値観を知ることができます。

自分の価値観がわかれば、人との生き方の違いがはっきりしますし、納得したうえで職業の選択もできます。

また、他の人の価値観を知れば、価値観の違いによるトラブルや摩擦を起こすことがなくなり、互いに理解を深めることにもなります。

人生観とは、その人固有の価値観から生まれてくるものです。その人固有の価値観は、四柱推命では「格局《かっきょく》」というものから知ることができます。

では、あなたがどんな価値観を持っているか、探っていきましょう。

価値観を探る第一歩、「蔵干」を求めます

格局を求めるためには、まず「蔵干《ぞうかん》」を求める必要があります。

蔵干とは、地支に内蔵された十干のことをいいます。地支の十二支には、それぞれに内蔵された十干があります。

一つの地支につき、2～3個の十干を内蔵しています。力量が多い順に本気《ほんき》、中気《ちゅうき》、余気《よき》と並んでいます。

蔵干は、１４７ページの「蔵干早見表」を見ながら、それぞれの命式の、地支の下にある空欄に書き入れます。

では、前章で取り上げたAさんを例に、蔵干の求め方を説明しましょう。

Aさんの年支は「巳」です。「蔵干早見表」で巳のとこ

ろを見ると、蔵干は「本気＝丙」「中気＝庚」「余気＝戊」とありますから、それを命式の年支の下にある空欄にそのまま書き入れます。

同様にして、月支の「辰」の蔵干「戊、癸、乙」、日支の「巳」の蔵干「丙、庚、戊」、時支の「寅」の蔵干「甲、丙、戊」も、命式の空欄に書き入れます。

このようにしてAさんの命式に蔵干を書き入れたものが、下の右の表です。

次に、あなたの蔵干を、下の左の表に記入してみましょう。

蔵干早見表の見方

	巳			辰			卯			寅			子		地支
丁	戊	庚	丙	乙	癸	戊	甲		乙	戊	丙	甲		癸	蔵干
本気	余気	中気	本気	余気	中気	本気	余気		本気	余気	中気	本気		本気	区分

あなたの蔵干

時柱			日柱			月柱			年柱			
												天干
												地支
												蔵干
												区分

Aさんの蔵干

時柱			日柱			月柱			年柱			
壬			丁			甲			丁			天干
寅			巳			辰			巳			地支
戊	丙	甲	戊	庚	丙	乙	癸	戊	戊	庚	丙	蔵干
余気	中気	本気	余気	中気	本気	余気	中気	本気	余気	中気	本気	区分

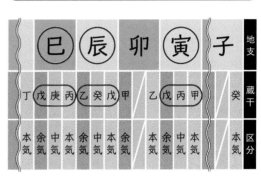

価値観を探る二歩目は通変星を求めること

「通変星《つうへんせい》」とは、日干と他の干がどんな関係にあるかを示している星です。通変星は、次の10種です。

- **比肩《ひけん》**…日干と同質で陰陽が同じ
- **劫財《ごうざい》**…日干と同質で陰陽が違う
- **食神《しょくじん》**…日干が生《しょう》じるもので、陰陽が同じ
- **傷官《しょうかん》**…日干が生じるもので、陰陽が違う
- **偏財《へんざい》**…日干が剋《こく》すもので陰陽が同じ
- **正財《せいざい》**…日干が剋すもので陰陽が違う
- **偏官《へんかん》**…日干を剋すもので陰陽が同じ
- **正官《せいかん》**…日干を剋すもので陰陽が違う
- **偏印《へんいん》**…日干を生じるもので、陰陽が同じ
- **印綬《いんじゅ》**…日干を生じるもので、陰陽が違う

（「生じるもの」「剋すもの」とは、「相生」「相剋」のことです）

では、通変星の求め方を説明します。

通変星は天干と地支の両方を求めるので、順を追って解説します。

❶ 天干の通変星を求める

147ページの「通変星早見表」を見ながら、命式にある天干の通変星の空欄に、それぞれ通変星を書き入れましょう。

では、引き続きAさんを例にして「通変星早見表」の見方を説明します。

Aさんの日干は「丁」ですから、横軸の丁を見ます。次にAさんの年干「丁」を縦軸に取り、二つが交差したところを見ます。

すると「比肩」になっています。そこで、年柱の天干の通変星の欄に、比肩と書き入れます。

同様にして、月干と時干の通変星を求め、それぞれの天干の通変星の欄に書き入れます。

ただし、日干の通変星は記入しません。

通変星早見表の見方

日干＼十干	甲	乙	丙	丁
甲	比肩	劫財	偏印	印綬
乙	劫財	比肩	印綬	偏印
丙	食神	傷官	比肩	劫財
丁	傷官	食神	劫財	比肩
戊	偏財	正財	食神	傷官
己	正財	偏財	傷官	食神
庚	偏官	正官	偏財	正財
辛	正官	偏官	正財	偏財
壬	偏印	印綬	偏官	正官
癸	印綬	偏印	正官	偏官

② 地支の通変星を求める

地支には、それぞれに2～3個の蔵干があるので、全てに通変星を配しましょう。

先にも述べたように、蔵干には本気、中気、余気の別があります。これは地支が単一の五行ではなく、いくつかの五行を含んでいることを表しています。

たとえば、十二支の巳は五行では火ですが、実際には、火と金と土を含んでいます。これを蔵干で表現すると、本気＝丙《ひのえ》（火）、中気＝庚《かのえ》（金）、余気＝戊《つちのえ》（土）となります。ですから、蔵干である丙、庚、戊の全ての通変星を求めます。

では、Aさんの地支蔵干の通変星を例に説明しましょう。「通変星早見表」で、日干の丁と地支の蔵干が交わったところが通変星になります。たとえば、年支の蔵干の本気は丙なので、劫財が通変星となります。

同様にして、時支の蔵干の余気まで全て記入すると、Aさんの通変星は左のようになります。

Aさんの通変星

	年柱			月柱			日柱			時柱		
天干の通変星	比肩			印綬						正官		
天干	丁			甲			丁			壬		
地支	巳			辰			巳			寅		
蔵干	丙	庚	戊	戊	癸	乙	丙	庚	戊	甲	丙	戊
区分	本気	中気	余気	本気	中気	余気	本気	中気	余気	本気	中気	余気
地支の通変星	劫財	正財	傷官	傷官	偏官	偏印	劫財	正財	傷官	印綬	劫財	傷官

では、あなたの天干と地支の通変星を、左の表の空欄に記入してみましょう。

あなたの天干と地支の通変星

	時柱	日柱	月柱	年柱
天干の通変星				
天干				
地支				
蔵干				
区分				
地支の通変星				

格局を求めて価値観を探りましょう

個人の価値観は「格局《かっきょく》」に表されています。その人の行動の源泉になるもので、どんな人生を選択し、実現していくかは、格局を知ることで明確になります。

格局は、普通格局と特別格局の2種類があり、普通格局は次の10種類があります。

建禄格《けんろくかく》…目的のために頑張りがきく創業者
月刃格《げつじんかく》…芯が強く忍耐力のある謀略家
食神格《しょくじんかく》…感覚とロマンに生きる芸術家
傷官格《しょうかんかく》…頭の切れの鋭い技術者
偏財格《へんざいかく》…社交的で人格円満な商売人
正財格《せいざいかく》…誠実で勤勉に働く銀行マン
偏官格《へんかんかく》…偉業と功績を上げる英雄

正官《せいかん》格…礼儀と規律を守る国家公務員
偏印《へんいん》格…臨機応変で時間にとらわれない記者
印綬《いんじゅ》格…インテリで研究熱心な学者

全体の約90％が普通格局に該当します。後で特別格局が出てきますが（66ページ）、これは全体の約10％に該当します。

ここで紹介した10種類の格局のうち、どれに当てはまるか、つまり格局の取り方には、次にあげる、❶〜❻の優先順位があります。

この優先順位と、あなたの命式とを順に比べて、格局を求めましょう。

格局の取り方の優先順位

❶次に該当する人の格局は「建禄格《けんろくかく》」

日干が「甲」で　月支が「寅」
日干が「乙」で　月支が「卯」
日干が「丙」で　月支が「巳」
日干が「丁」で　月支が「午」
日干が「戊」で　月支が「巳」
日干が「己」で　月支が「午」
日干が「庚」で　月支が「申」
日干が「辛」で　月支が「酉」
日干が「壬」で　月支が「亥」
日干が「癸」で　月支が「子」

❷次に該当する人の格局は「月刃格《げつじんかく》」

日干が「甲」で　月支が「卯」
日干が「丙」で　月支が「午」
日干が「戊」で　月支が「午」
日干が「庚」で　月支が「酉」
日干が「壬」で　月支が「子」

❸「月支の蔵干」と同じ気が「月干」に出ているものを格局にとる

❹「月支の蔵干」と同じ気が「年干」か「時干」に出ているものを格局にとる

❺「月支の蔵干」と同じ気が「年干」や「時干」に複数出ている場合は、「月支の蔵干」の「本気」「中気」「余気」の優先順位で格局をとる

❻「月支の蔵干」と同じ気が「年干」「月干」「時干」のどこにも出ていない場合は、「月支蔵干深浅《しんせん》表」（147ページ）を見る

それでは❶から順に例をあげて説明していきましょう。

1の例

日干が甲で、月支が寅の場合、❶の条件に当てはまります。ですから、格局は「建禄格」となります。

	年柱	月柱	日柱	時柱
天干の通変星				
天干			甲	
地支		寅		
蔵干		甲 丙 戊		
区分		本気 中気 余気		
地支の通変星		比肩 食神 偏財		

2の例

日干が甲で、月支が卯の場合、❷の条件に当てはまります。ですから、格局は「月刃格」となります。

	年柱	月柱	日柱	時柱
天干の通変星				
天干			甲	
地支		卯		
蔵干		乙 甲		
区分		本気 余気		
地支の通変星		劫財 比肩		

3の例…1

日干が己で、月支が寅の場合、月支寅の蔵干は甲、丙、戊です。月支の蔵干のどれかと同じ気が月干に出ていたら、それを格局にとります。

この例の人は寅の蔵干に甲があり、月干に甲が出ていますので、格局は「正官格」となります。

	時柱	日柱	月柱	年柱
天干の通変星			正官	
天干		己	甲	
地支			寅	
蔵干			戊 丙 甲	
区分			余気 中気 本気	
地支の通変星			劫財 印綬 正官	

❸の例…2

同じ干でなくても、気が同じならば❸に当てはまります。37ページのAさんがこの例です。

Aさんの日干は丁、月支は辰で、その蔵干は戊、癸、乙です。月支の蔵干のどれかと同じ気が月干に出ていたら、それを格局にとります。

辰の蔵干に乙があり、月干に甲が出ています。

乙と甲は同じ木の気ですから（「同じ気の十干と五行」の図参照）、それをとって「偏印格」となります。

この場合、格局にとるのは月支蔵干である乙の通変星で、月干の通変星である印綬ではないので注意しましょう。

	時柱	日柱	月柱	年柱
天干の通変星			印綬	
天干		丁	甲	
地支			辰	
蔵干			乙 癸 戊	
区分			余気 中気 本気	
地支の通変星			偏印 偏官 傷官	

同じ気の十干と五行

甲《きのえ》 乙《きのと》 ＝ 木

丙《ひのえ》 丁《ひのと》 ＝ 火

戊《つちのえ》 己《つちのと》 ＝ 土

庚《かのえ》 辛《かのと》 ＝ 金

壬《みずのえ》 癸《みずのと》 ＝ 水

4の例…1

日干が庚で、月支が寅の場合、月支寅の蔵干は甲、丙、戊です。

月支の蔵干のどれかと同じ気が年干に出ていたら、それを格局にとります。

この例の人は寅の蔵干に甲があり、年干に甲が出ていますので、格局は「偏財格」となります。

	年柱	月柱	日柱	時柱
天干の通変星	偏財			
天干	甲		庚	
地支		寅		
蔵干		甲 丙 戊		
区分		本気 中気 余気		
地支の通変星		偏財 偏官 偏印		

4の例…2

日干が庚で、月支が寅の場合、月支寅の蔵干は甲、丙、戊です。

月支の蔵干のどれかと同じ気が時干に出ていたら、それを格局にとりましょう。

この例の人は、寅の蔵干に甲があり、時干に乙が出ています。甲と乙は同じ木の気ですから（41ページ参照）、それをとって「偏財格」となります。

月支蔵干の偏財を格局にとりますが、この場合、表面

	年柱	月柱	日柱	時柱
天干の通変星				正財
天干			庚	乙
地支		寅		
蔵干		甲 丙 戊		
区分		本気 中気 余気		
地支の通変星		偏財 偏官 偏印		

上は正財のように見えます。しかし、内面は偏財格の人です。

5の例…1

日干が丙で、月支が寅の場合、月支寅の蔵干は甲、丙、戊です。月支の蔵干のどれかと同じ気が、年干と時干の2か所に出ていたら、実際にはそのどちらも格局にとることができますが、月支の蔵干は本気、中気、余気の順に優先します。

この例の人は寅の蔵干の本気に甲があり、年干に甲が出ています。

寅の蔵干の余気に戊があり、時干に戊が出ています。

この場合は、余気の戊よりも、本気の甲を優先するので「偏印格」となります。

	年柱	月柱	日柱	時柱
天干の通変星	偏印			食神
天干	甲		丙	戊
地支		寅		
蔵干		甲 丙 戊		
区分		本気 中気 余気		
地支の通変星		偏印 比肩 食神		

5の例…2

日干が丁で、月支が酉の場合、月支が酉の蔵干は辛、庚です。

この例の人は、酉の蔵干の本気に辛があり、年干に庚、時干に辛が出ています。酉の蔵干の余気に庚があり、年

	年柱	月柱	日柱	時柱
天干の通変星	正財			偏財
天干	庚		丁	辛
地支		酉		
蔵干		辛 庚		
区分		本気 余気		
地支の通変星		偏財 正財		

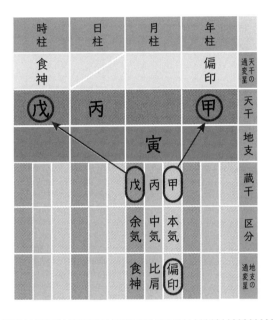

干に庚、時干に辛が出ています。

月支の蔵干のどれかと同じ気が、年干と時干の2か所に出ていたら、実際にはそのどちらも格局にとることができますが、月支の蔵干は本気、中気、余気の順に優先します。

この場合、余気の庚よりも、本気の辛を優先するので、格局は「偏財格」となります。

格局の取り方の優先順位❸〜❺の注意事項

格局の取り方の優先順位❸〜❺に関しては、月支の蔵干と天干を見比べながら格局を決めますが、その際、次のことを忘れないようにしてください。

それは、「格局をとるときは、月支の通変星側から見て、格局を決める」ということです。

つまり、「月支の蔵干と同じ気の干が天干にあるか探す」のであって、「天干と同じ気の干が月支の蔵干にあるか探す」のではないということです。

また、「❸の例…2」のように、気が同じ場合、どちらの通変星を格局としてとるのか迷ってしまうでしょう。

その際も、「格局をとるときは、月支の通変星側から見て、格局を決める」としてください。つまり、天干の通変星ではなく、月支蔵干の通変星をとるということです。

❻の例…1

日干が壬で、月支が卯の場合、月支卯の蔵干は乙、甲です。

ところが、この例の人は年干が己、月干が丁、時干が戊で、月支蔵干は、年干、月干、時干のどこにも出ていません。

この場合には、147ページの「月支蔵干深浅《しんせん》表」を見て、蔵干を決めます。

時柱	日柱	月柱	年柱	
偏官		正財	正官	天干の通変星
戊	壬	丁	己	天干
		卯		地支
		甲 乙		蔵干
		余気 本気		区分
		食神 傷官		地支の通変星

出ていない

注)1959年3月11日16:00生まれ。

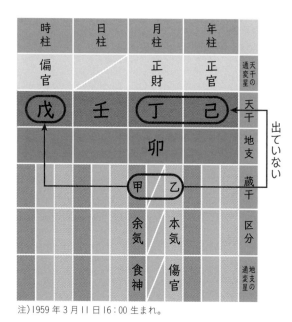

表を見るためには、159ページ以降にある干支暦で、自分の生まれた日が、生まれ月の節入りから何日たったところにあるのかを確認する必要があります。順を追って説明しましょう。

❶干支暦を見て、節入り後何日たっているかを計算する

この例の人は、1959年3月11日16時0分生まれなので、干支暦の1959年の3月のところを見ます。3月の節入りは6日16時57分ですから、節入り後約5日経過しています。

1959年（昭和34年）己亥

月	月干支	節入り	1日	2日	3日	4日	5日	6日	7日	8日	9日	10日	11日
1月	乙丑	6日10時59分	癸未	甲申	乙酉	丙戌	丁亥	戊子	己丑	庚寅	辛卯	壬辰	癸巳
2月	丙寅	4日22時43分	甲寅	乙卯	丙辰	丁巳	戊午	己未	庚申	辛酉	壬戌	癸亥	甲子
3月	丁卯	6日16時57分	壬午	癸未	甲申	乙酉	丙戌	丁亥	戊子	己丑	庚寅	辛卯	壬辰
4月	戊辰	5日22時04分	癸丑	甲寅	乙卯	丙辰	丁巳	戊午	己未	庚申	辛酉	壬戌	癸亥
5月	己巳	6日15時39分	癸未	甲申	乙酉	丙戌	丁亥	戊子	己丑	庚寅	辛卯	壬辰	癸巳
6月	庚午	6日20時01分	甲寅	乙卯	丙辰	丁巳	戊午	己未	庚申	辛酉	壬戌	癸亥	甲子
7月	辛未	8日06時20分	甲申	乙酉	丙戌	丁亥	戊子	己丑	庚寅	辛卯	壬辰	癸巳	甲午
8月	壬申	8日16時05分	乙卯	丙辰	丁巳	戊午	己未	庚申	辛酉	壬戌	癸亥	甲子	乙丑

約5日

❷「月支蔵干深浅表」で蔵干を調べる

147ページの「月支蔵干深浅表」で、月支卯の欄と、❶で求めた約5日、つまり、7日までの欄が交差したところを見ると甲です。よって蔵干は甲になります。

月支蔵干深浅表の見方(1)

月支 ／ 節入りから生日までの日数	7日まで	8日まで	9日まで	10日まで	11日まで	12日まで	13日まで	14日まで	15日まで	16日以降
寅	戊	丙							甲	
卯	甲				乙					
辰	乙			癸			戊			
巳	戊	庚								丙

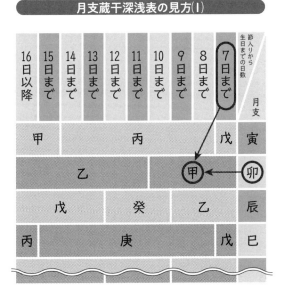

❸「通変星早見表」から格局をとる

147ページの「通変星早見表」で、日干の壬と、2で求めた蔵干の甲が交差したところを見ると食神です。つまり、格局は「食神格」となります。

❻の例…2

日干が庚で、月支が子の場合、月支子の蔵干は癸、壬です。

ところが、この例の人は年干が辛、月干が庚、時干が丙であり、月支蔵干は、年干、月干、時干のどこにも出ていません。

この場合には、147ページの「月支蔵干深浅表」を見て、蔵干を決めます。手順は［❻の例…1］の❶〜❸と同じです。

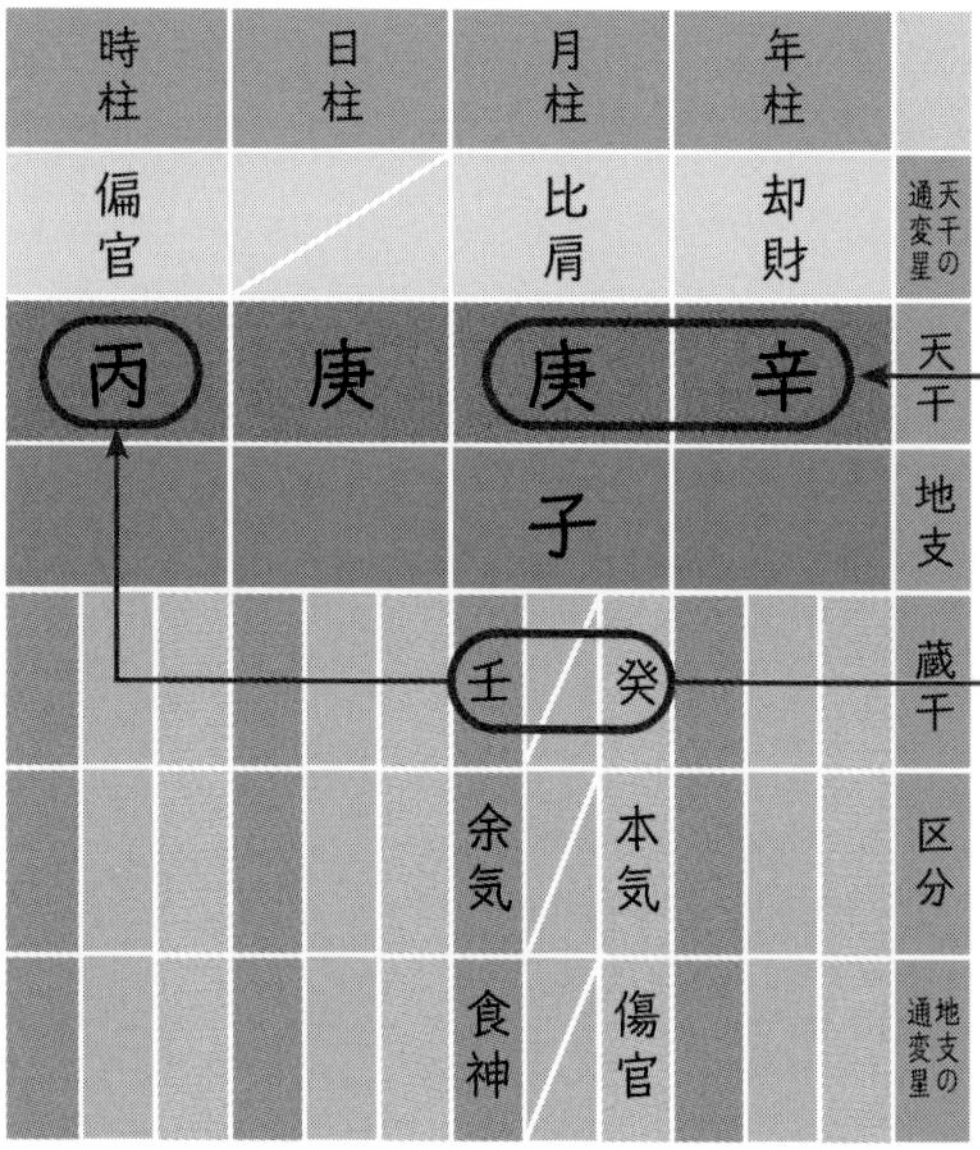

注）1952年1月5日0：30生まれ。

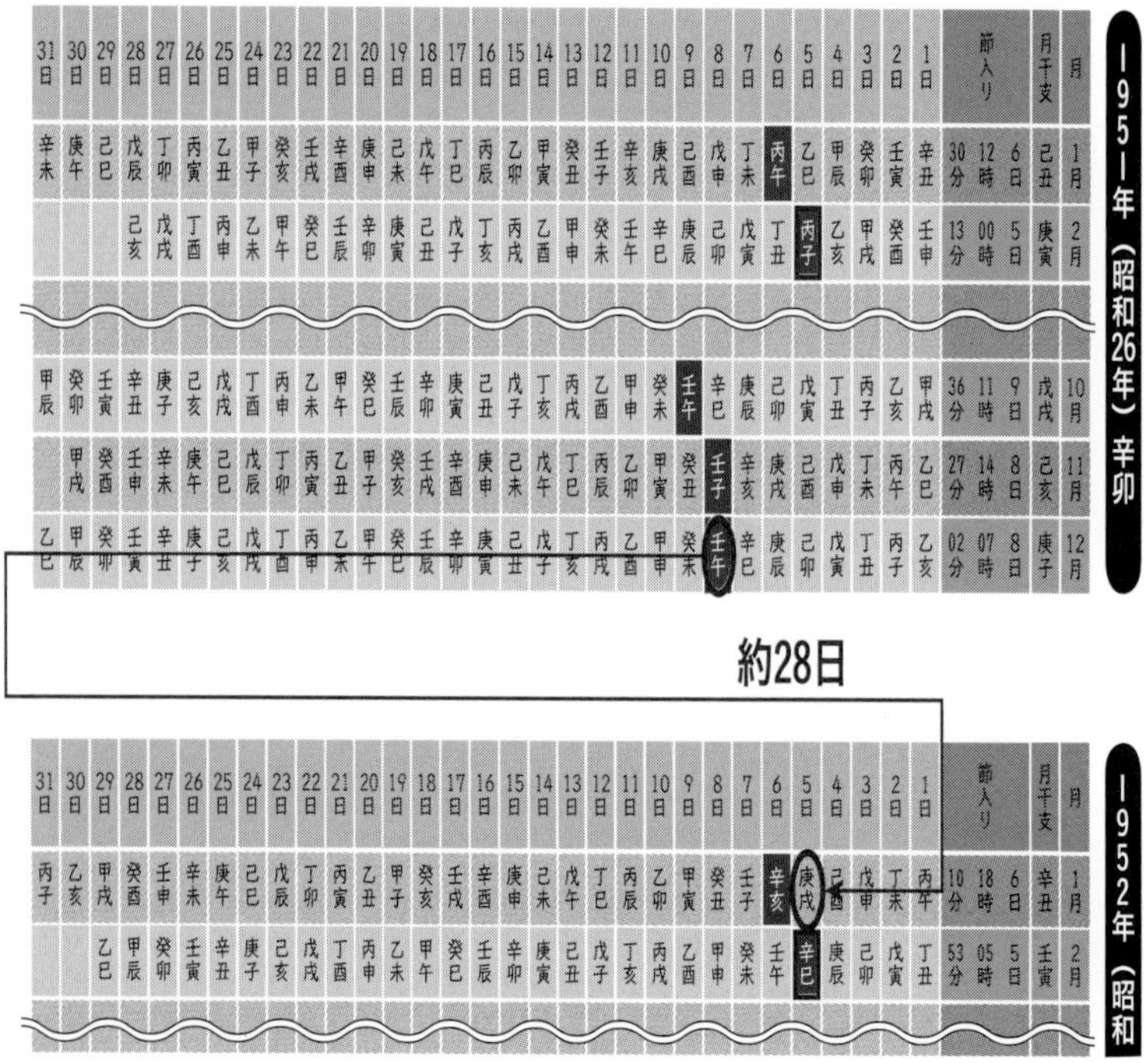

まず、この例の人は1952年1月5日0時30分生まれなので、1952年の干支暦を見ます。

すると、1月5日は1952年1月の節入(1月6日)より前だとわかります。

干支暦では、節入をその月の始まりとするので、1月5日は前月の12月として考えます。ですから、干支暦は1951年の12月のところを見ます。

12月の節入りは、12月8日7時2分ですから、節入り後約28日経過しています。

次に、147ページの「月支蔵干深浅表」で、月支である子の欄と、節入り後の経過日数の約28日つまり、16日以降の欄が交差したところを見ると、癸です。

よって蔵干は癸になります。

最後に、147ページの「通変星早見表」で、日干の庚と、前で求めた蔵干の癸が交差したところを見ると、傷官です。

よって、格局は「傷官格」になります。

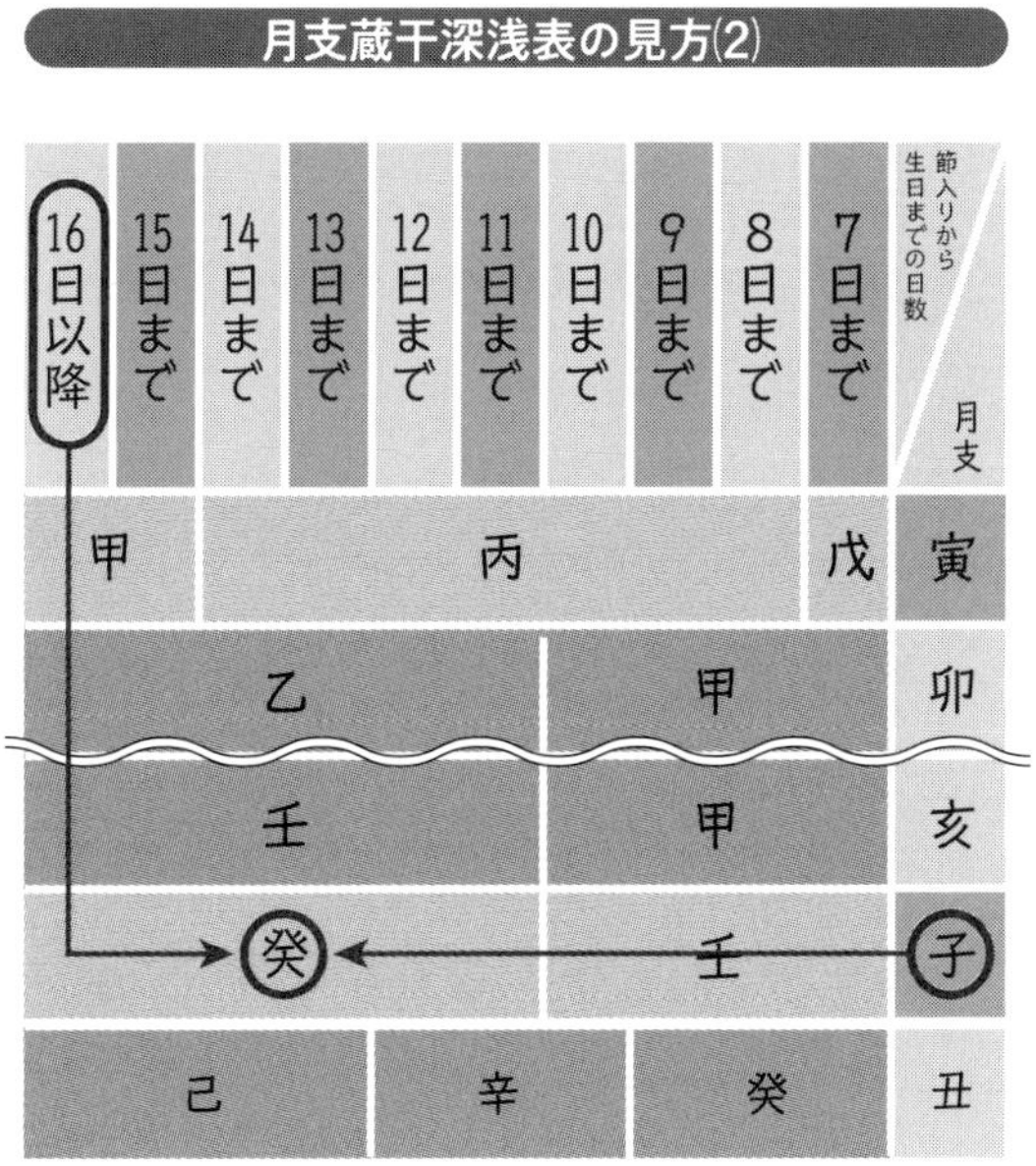

⑥の例…3

月支蔵干が、年干、月干、時干のどこにも出ておらず、しかも「月支蔵干深浅表」で見た十干の通変星が比肩・劫財になる人がいます。これらの人は、10種の格局にあてはまりません。

この場合、月支蔵干が比肩になる人は「建禄格」に準じます。月支劫財になる人は「月刃格」に準ずるとして、それぞれの格局のところを見てください。

格局から あなたの価値観を 探りましょう

10種の格局は それぞれ個性があります

格局はその人の価値観であり、人生という劇を通じて演じられる役柄です。それぞれの格局には個性があります。

また、格局がとれていなくても、数の多い通変星や、天干に表れている通変星は、社会や他人から見て、明らかなあなたの個性と才能といえます。

なお、解説文中の「日干が強い」、「日干が弱い」については、PART４で詳しく説明します。

それでは、10種の格局について具体的に説明する前に、いま一度、10種類を確認しておきましょう。

普通格局の10種

正財格	誠実で勤勉に働く銀行マン	建禄格	目的のために頑張りがきく創業者
偏官格	偉業と功績を上げる英雄	月刃格	芯が強く忍耐力のある謀略家
正官格	礼儀と規律を守る国家公務員	食神格	感覚とロマンに生きる芸術家
偏印格	臨機応変で時間にとらわれない記者	傷官格	頭の切れの鋭い技術者
印綬格	インテリで研究熱心な学者	偏財格	社交的で人格円満な商売人

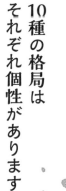

建禄格の人

◉目的のために頑張りがきく創業者

建禄格は、独立心が旺盛で、率直で向こう気の強い人です。見かけは平静を装っていても負けず嫌いで、隣の芝生が青く見えてしまうこともあります。

意志が強く、周囲の意見に流されず、目的を達するまで頑張り抜きます。どのような場にあっても台風の目のように周りに影響を与え、自分を中心とした影響力の渦を作ります。

もともと主観が強いので、自分の人生は自分で決めてきた結果であると思っています。自分の意志のままに最後まで努力し、開拓して前進しようとします。

一方、主観が強いことから、他人の行動に対して理解に苦しむことがよくあります。

建禄格の人生設計

開拓者になりたい！
自尊的独立型の建禄格

自尊心を満たせるところに関わるのが、よいでしょう。他人に依存しない凛《り》々《り》しい生き方は、人々の弱気な悩みのエネルギーを取り払い、自立心をうながすのに役立ちます。

こんなことに関わると◎！

- 目立つことができて、自分が中心になれること
- 何ものをも恐れない性質を活かせること
- 仲間意識を持てるようなこと
- 人に頭を下げなくてもすむこと
- 自由に活動できる分野
- 野性的な勘が必要とされる環境

適職はこれ！

創業者、会社経営者、スポーツ選手、冒険家、パイオニア、営業、コンサルタント

しかし、理由がわからないままに過ぎていくことが多いでしょう。たまに後から理由を知って、「そうだったのか」と理解することもあります。

単純で、はっきりとした性格です。それが本人の魅力でもありますが、本能に根ざした幼さが前面に出ると、言い出したら聞かないといった頑固な言動になって表れます。

そういうときは、とてもわがままになって、喜怒哀楽はとても激しくなります。逆に、機嫌のよいときは、何に対しても気前がよくなります。

運のめぐりで、気が強い性格がさらに強まると、父親の運を傷つけてしまったり、配偶者を傷つけたりします。甚だしい場合は子供の運を損ね、事業を傾けたり、訴訟で争ったりといった不幸な出来事が起きます。

反対に、運のめぐりがよいときは、お金も地位もともに得ることができます。

建禄格の多くの人は、先祖からの財産や仕事を引き継がず、故郷を離れて自ら創業します。比肩、劫財が強すぎて他の通変星がなく、さらに凶運がめぐれば出家し、僧となる命です。

日干が強くて、命式に偏財や正財、偏官や正官があると、自然に幸福になり、富や地位を手に入れます。

月刃格の人

◉芯が強く忍耐力のある謀略家

月刃格は、自尊心が強いにもかかわらず、はたから見ると何を考えているのかわからない人です。温和で柔和な印象を人に与えますが、心の中では自分自身を高く見ており、人に認められない不満を常に抱えています。

物事に対して、力ずくで勝敗をつけようとする癖があります。負けることをよしとせず、巻き返しのチャンスを虎視眈々《こしたんたん》とねらいます。

また、暗に、はかりごとをめぐらすことが得意です。しかも、それを隠して、表向きは笑顔でことを運ぶことができます。

場合によっては、悪役に徹することも。満たされないという気持ちを何かと持っていて、満足することなくほしがります。積徳《せきとく》や慈善の心は弱いほうでしょう。

外見の華やかさや目立つことを重んじます。高級志向で、浪費とぜいたくな生活を好みます。また、ギャンブルや投機的なことに興味を持つのも特徴です。

意志が強く、くじけない性格で、プライドが高く、自意識過剰なところがあります。何をするにも相手と同等の価値を認められることを望みます。

他の人を軽んじ、物事の処理や金銭でのトラブルを起こしやすいでしょう。約束は、一つひとつに明確な取り決めをしていくことが何よりも大事です。

友人と酒食をともにし、歓談することを好みます。友人や兄弟姉妹とのつながりを大切にし、彼らがどうしているのか気になり、こまめに電話をするなどおせっかいな面もあります。

また、自分自身のプライベートな世界を重視しがちです。

月刃格の人の多くは、祖先からの仕事を継がず、単身故郷を離れて創業します。生涯において、思いがけない金銭的な損失や災害にあうこともあります。

日干が強すぎると、父親の運を剋し、妻を傷つけます。凶運になると、お金をめぐって争いと確執が生じ、兄弟は不和となり、妻や恋人は離れ去るので注意。

日干が弱すぎる人は、凶運になると、どろぼうやつまらない人に悩まされやすいので、素行の悪い人との縁は切り捨てましょう。

月刃格の人生設計

強者になりたい！策謀的独立型の月刃格

自分の強さを感じられるところに関わるのがよいでしょう。月刃格の人の強靭《きょうじん》な生命力に、人々は励まされます。また、さまざまな自己演出をすることで、強引な交渉ごとなどのまとめ役となります。

こんなことに関わると◎！

- 大勢の中にあって存在感が認められること
- かけ引きが必要なこと
- 単独で行動できる分野
- 積極性が必要なこと。多少困難の伴うこと
- 執拗《しつよう》さ、粘り強さが必要なこと
- 本能的な力が必要とされる環境

適職はこれ！

創業者、会社経営者、政治家、スポーツ選手、冒険家、パイオニア、営業、コンサルタント

食神格の人

●感覚とロマンに生きる芸術家

食神格は、気持ちのよいこと、おいしいものが大好きな人です。おいしい食べ物、きれいな音楽、美しい異性を好み、心地よくないことは基本的に嫌います。

全体に丸みを帯びた目、鼻、口、耳の作りで、あどけない顔とふっくらとした体つきが特徴です。

内気ですが、心は広く大らかです。物事に対して楽観的に考えます。日常生活において怠惰な面がありますが、意外に聡明です。

理想は高く、夢やロマンを重んじます。財運はよく、食べ物も豊富でのんびりとした人生を送ります。おおむね子孫は多く寿命も長いでしょう。

華やかな芸術の才能に満ちており、温和さと優雅な雰

食神格の人生設計

安楽な人になりたい！
安楽的感覚型の食神格

心地よさと楽しみを感じられるところに関わるのがよいでしょう。子供のような無邪気さが人人の失いかけた純粋さをよみがえらせます。これらの積み重ねが喜びや潤いとなって、幸せな人生を作ります。

こんなことに関わると◎！

- マイペースで楽しみながらできること
- 創造的で芸術的な分野
- 美しくておいしい生活作りに関すること
- 心地よくなれること
- 苦しみを解き、病気などの癒しに関わること
- 愛情をかけて生命を育むこと

適職はこれ！

飲食業、サービス業、映画スター、作家、画家、歌手、ダンサー、芸能人、娯楽関連、福祉関連

囲気で人を魅了します。ですから、自然に周りの人の憧れの的となり、無から有を生み出すように、人気や富を得ることができます。

好き嫌いがはっきりしていて、感覚的に人や物事を判断します。嫌いな人や騒がしい環境は苦手で避けます。反対に、好きなものにはよく接しますし、好きな人には相当寛大になれます。

子供や若者を自分の分身とみなすところがあり、それをかわいがったり、育てたりするのを楽しみとします。また、寛大な性格で同情心が強いので、困っている人を助けたり、ボランティアや地域のコミュニティに興味を持ったりします。

流行に対して敏感なセンサーを持っていて、どんな時代にもセンスのよさを発揮します。

世の常識にとらわれず、人のまねをするよりも自分の感性を重んじます。足並みをそろえて、集団で同じことができないところがやや欠点です。

優れた感性や才能は、他の人にはないものです。人からの嫉妬を招くことにもなりかねないので、おとしいれられないように気をつけることが肝心です。

傷官格の人

◉頭の切れの鋭い技術者

傷官格は、技術の習得がとても速く、巧みに新しい技術を学ぶ人です。

口から生まれてきたような人で、よくしゃべり、辛辣な表現力があります。言い争いをして、あなたにかなうような人はそういないでしょう。弁舌が冴え、間違っていることでも正しいと思わせてしまうほど巧みです。

性格は外交的で、いろいろな意見を巧みに取り入れることができます。頭の回転が速く、原因と結果の読み取りを瞬時にできる才能があります。

また、非常にクリエイティブで、発明や発見の才能があります。表現することを好み、口八丁手八丁で器用なタイプ。その一方で、知識は浅くて雑な傾向があります。

無駄を省き、知恵を使って目的を最短コースで達成することができる人です。あらゆるチャンスを逃さず他人をよく利用して、要領よく目的を達成する聡明さがあります。

感覚的で洗練されたものを好み、センスがよくて、流行に敏感です。ですから、伝統的な物事には、あまり興味を示しません。

感受性が強く、憂いを持って世の中を理解します。しかし、嫌いな人には激しく感情をむき出しにします。権力を振りかざすような一方的な考えの押しつけを嫌い、体制派に対して反抗の心理を抱くのが傷官格の特徴です。

基本的に会社員は向いておらず、自由に仕事ができないといら立ってしまいます。ブースなどで区分けされた環境で、自分のペースで自由に仕事ができれば満足できるでしょう。

革新的な発想と意見で、常に場がマンネリ化するのを防ぎ、活性化し続ける人です。理想を追い求め、社会一般の考えにはなじまないでしょう。

日干が強ければ、聡明で機知があり、非凡な才能を発揮します。日干が弱すぎれば、巧みさをもてあそび、何事においてもはかりごとをする傾向があります。

女性は、束縛の多い結婚制度にはおさまらない自由な恋愛観や結婚観を根底に持っています。

傷官格の人生設計

改革者になりたい！
革新的感覚型の傷官格

独自のセンスを活かせるところに関わるのがよいでしょう。時代の先端を感知するセンサーを活かすことにより、情報発信源として新風を吹き込みます。現状を打破していくような新鮮な意識が、傷官格の人の魅力です。

こんなことに関わると◎！

- 企画や新しいアイデアが生きる分野
- 流行、センスに関する分野
- 言葉、話術を思う存分に発揮できる分野
- 先端的で技術的な要素が強いこと
- 心地よさを感じられること
- 型にはまらない独自の空間を構築できる世界

適職はこれ！

技術研究員、IT関係者、建築士、設計士、
技術コンサルタント、医師、職人、ライター

偏財格の人

●社交的で人格円満な商売人

偏財格は、人づき合いがとても好きな人です。パーティなど人の集まるところが大好きで、社交や人助けのために年中飛び回っていて、じっとしていることは少ないでしょう。

風流を好み、いろいろな趣味に手を染めて、人の集まる会を主催します。多くの人を楽しませ、たくさんもてなすことで、大きな価値を生み出そうとします。

広く人の縁を結び、昼夜の区別なく活動して、合間の時間にまとめて眠るという生活になりやすいでしょう。

相手の立場で物事を考え、円満な会話を心がけるので、表だった対人関係で衝突することはありません。ただし、現実的な価値観が強いの

偏財格の人生設計

人気者になりたい！ 社交的実務型の偏財格

人、もの、お金の集まるところに身をおくのがよいでしょう。サービス精神が活かされて、関わりのある人々の間に生まれた愛情が増幅していきます。そういった出会いの積み重ねが、人気を生み、大勢の人の心に充足感を与えます。

こんなことに関わると◎！

- 商売や営業など円満な対人能力を必要とすること
- もてなしの心や気配りが活かされる環境
- 流動的で比較的大きな規模の事柄
- 他の人をサポートすること
- 商業ビジネスに関わること
- 大勢に囲まれ、人の愛が感じられる環境

適職はこれ！

商人、証券マン、投資関連、商社マン、貿易業者、興行関連、商店経営、サービス業

で、あまりに損失が大きい場合は怒りが生じます。

表向きは立派な人として落ち着きを保っていますが、変化には巧みに対応し、多くのはかりごとを胸に秘めています。

金銭に対して執着が弱く、義理や社交のためのお金は惜しみません。もともと大きく儲けて大きく使おうと考える人です。

人情や義理を重視し、自ら創業して、無一文から財を築く人が多いでしょう。

現実の生活を大切にする人なので、精神的な生活よりも物質生活を重視します。食欲が旺盛で太っている人が多いのもそのためでしょう。

性格は明るく開放的です。話すことはかなり誇張されており、人には大げさに聞こえ、話半分に聞いておこうと思われることもあります。

家でも、職場でもサービスを心がける人です。男女ともに先天的な太鼓《たいこ》持ちで、場の雰囲気を盛り上げるのが上手です。

異性からは公私にわたってもてて、大変人気があります。生活にけじめをつけるようにしないと、あらぬうわさを立てられたり、八方美人で遊び好きな人だと思われたりしやすいので注意しましょう。

正財格の人

◉誠実で勤勉に働く銀行マン

正財格は、誠実で勤勉な人です。質実剛健、まじめで信用されます。

物事をするにあたって保守派です。経験を重視して空想を排除し、人間関係を大切にする穏健派です。

何事に対しても丁寧に接し、几帳面に取り扱います。額に汗して働くことをいとわず、勤勉であり、コツコツと実績を重ねるタイプです。不当な手段で儲けることを嫌います。

性格は温厚で誠実、人をあざむきません。どっしりとした落ち着きがあります。

しかし、見た目に反して、気は小さく大それたことはできません。正しく善良な人物であろうと、いつも心がけています。

考え方は、合理的であるか、安全であるかを基準とします。そのため、無駄を極端に嫌います。いい加減な人に振り回され続けると、イライラがたまり、突然キレることもあります。

一般常識に通じ、現実的な価値判断が正確にできます。ですから、何事も正財格の人に任せておけば、実務はきちんと処理してくれるので安心です。

物質的な生活を重んじ、精神性を軽んじますから、浮世離れした話には興味がなく、人生を哲学的に考えたり思想的にとらえたりすることは少ないでしょう。

ぜいたくや華やかさを嫌い、質素な暮らしを求めます。

無駄を嫌う倹約家です。

普段から貯蓄を心がけ、財テクや不動産購入などに強い興味を持ちます。資産作りでは、投機的な色合いのものには手を出さず、手堅い方法を好みます。

生まれた家が裕福な家庭のことが多く、先祖からの蔭《いん》徳《とく》を受けられる天命にあります。

人生設計に関しても、早い時期に自分に合う計画を立て、実行している人が多いでしょう。聡明であり、勤勉さと倹約で自分の家を買います。

家庭生活を重視し、妻や子供に対して責任感があります。

気をつける点は、頭が固い、現実的、ケチといわれないようにすることです。

正財格の人生設計

お金持ちになりたい！
蓄積的実務型の正財格

キャリアの積み重ねができ、地道な努力が認められるようなことに関わるのがよいでしょう。実務を担当し、人からの大きな信用を得ることで、あらゆる豊かさを享受します。

こんなことに関わると◎！

- 手堅くて、信用が軸となる経済的な分野
- 実行力を必要とされる分野
- 利益率のはっきりしているもの
- 安定していてリスクが少なく、補償が大きいこと
- 無駄が少なく合理的なこと
- 時間をかけて蓄積、貯蓄できること

適職はこれ！

銀行員、不動産業、生命保険員、製造業関連、財務関連、税理士、会計士、アパート経営

偏官格の人

●偉業と功績を上げる英雄

偏官格は、正義感が強く、義理と人情に生きる人です。強い者を抑えて、弱い者を助けます。

性質は激烈で凶暴なところがあり、常に是非を問いたがります。

見た目は迫力があり、容易に屈伏しません。往々にして、初めは、はかりごとをして他人に害を与えます。しかし征服されて一度忠誠を誓うと、武将としての才能を発揮します。

竹を割ったような率直でサッパリとした気性で、はたから見るととてもわかりやすい性格です。心の中では大衆を率いる英雄的な人生を理想としています。

基本的には、武勇の力を重んじ、知力を軽んじます。しかし、知識人を軽んじながらも、うらやましいと思う

偏官格の人生設計

ボスになりたい！
戦略的管理型の偏官格

競争が伴うような場に関わるのがよいでしょう。率先して責任と義務を果たそうとし、場合によっては、ケンカもいといません。やがて評価と高い地位を得て実権を握り、社会で大役を担うようになります。

こんなことに関わると◎！

- 簡単には手が届かないと思えること
- 上下関係がはっきりと分かれている分野
- 他人の利益になる要素が含まれていること
- 格好がよくて、面子《メンツ》が立つこと
- 義理人情の通じる世界
- スピーディで激しさのあること

適職はこれ！

司令官、警察官、自衛官、外科医、指揮者、武術家、外交官、会社役員、レーサー

ところがあります。

権力を重要視していて、目上や社会的な立場のある人のいいつけはよく守ります。

勝ち負けにこだわり、競争を好みます。序列を気にするので、常にマウントをして、上下関係をつけようとします。勝者が敗者を支配するという思想があります。

そのために、人を信用できずに、普段から猜疑心が強い傾向があります。それが理由で、自然に孤独となり、一匹狼になりやすい面も。

ただし、忠義に厚く、世話になった人への恩義は忘れません。自分の傘下に入る者に対してはとても面倒見がよく、封建的な社会に適性があります。

人間関係を敵と味方にきっちりと分けてつき合います。上からの命令や任務をやり遂げ、武将のように我が国を守ることを誇りとしています。

人生において大きな野心を持ちますが、それは、自分の天命なのだととらえます。

何をしても、その分野で権威者になります。そうなるだけの高い志と行動力が備わっていて、戦うことや失敗を恐れず、試練にもよく耐えます。仕事はよくできますが、やや荒っぽさが目立ちます。

正官格の人

●礼儀と規律を守る国家公務員

正官格は、規律を守り、組織のルールに従う人です。高貴で優雅な気質を備えています。知的であり、規則を守って順序よく行動します。

常に自分自身を律しています。どのような環境にあっても、法を守り、自分のことよりも人のために尽くします。

そのため、周りには忠誠心のある人だと映ります。

性格はまじめで正直、道徳をよく守ります。善良で優しく純粋です。潔癖で気品に満ち、端正な美しい顔立ちをしています。

立場的にも心情的にも下品なことを嫌い、欲望をあからさまにすることを嫌がります。

きちんとしたスーツや清楚《せいそ》なおしゃれを心がけます。

物事をするにあたり責任感が強く、管理する能力と人をとりまとめる才能があります。人それぞれの能力に応じて役割を分担させ、全体を取り仕切ります。

どのような場にいても、自然に責任者や幹事を任されやすいでしょう。

行動は、自由さを認めず、約束と拘束を模範とします。

それらの行動が人の尊敬を集め、自然と社会で名声と権威を得ることになります。公的な場に引き出される機会の多い人生といえます。

日干が強くて、吉運がめぐるときには、功名を得られ、高い地位に昇ります。

しかし、日干が弱すぎて、凶運がめぐるときには、過度の束縛を受けたり、優柔不断になったり、度胸や決断力が弱くなったりします。

世間体を重んじるあまり、表面だけでも名声を得ようとしがちです。責任を果たしきれず、裏で取り繕うことのないように注意しましょう。

正官格の人生設計

上品な人になりたい！
法規的管理型の正官格

大きな組織や国家などの管轄に関わるのがよいでしょう。危険を避け、ルールを守り、秩序を正すことで本務を果たし、それによって社会全体の統制と平和が保たれます。

こんなことに関わると◎！

- 地位や権限が与えられること
- 人の模範となるような要素があること
- 自分の品位、品格が保てる分野
- 法律や規則に関する分野
- 組織活動の一端を担えること
- 一般に社会的地位があるとされる分野

適職はこれ！

上級公務員、官公庁勤務者、国会議員、大臣、法律関係者、裁判官、会社役員

偏印格の人

●臨機応変で時間にとらわれない記者

偏印格は、物質世界よりも、内面の世界を重視する人です。世界に存在する原理や法則について考えたり、あれこれと思いにふけったり、瞑想したりするのが好きです。

知的好奇心が旺盛で、歩いているときも食事をしているときも「なぜ？」「どうして？」が頭から離れません。

また、心に思うことを軽々しく口にしないので、対外的には消極的で謙虚な人に見えます。恋愛に関してもシャイで奥手なので、異性からは安全な人だと思われるでしょう。

表向きはインテリで親善的ですが、内面ではじっとチャンスをうかがったりする慎重な面があります。

思索や芸術活動に

偏印格の人生設計

覚者になりたい！
直観的研究型の偏印格

知的好奇心を満たすことに関わるのがよいでしょう。人生におけるさまざまな謎について思索にふけるうちに深い知恵が熟成され、透徹した心境に導かれます。真理の探究は、多くの人の目を覚ますことにつながります。

こんなことに関わると◎！

- 時間や場所に縛られない自由度の高い分野
- 直観と思索を必要とする研究的なこと
- 精神世界などの瞑想的分野
- 細かい作業を伴う技術的なこと
- ありふれていない、珍しくて特異なこと
- 変化があって飽きがこないこと

適職はこれ！

工芸家、占術師、易者、旅行家、記者、作家、編集者、気功師、スピリチュアルカウンセラー

適した静かな環境を好みます。俗を超えたところの格調の高さを愛します。

凡俗さを嫌い、神秘的なことや珍しいもの、まだ見ぬ異郷の地などに心ひかれます。

独特な内面世界を大切にしており、世間のことにはうといほうです。束縛されることを嫌い、孤独な時間を楽しむところがあります。放浪の旅に出るのも好きです。

また、直感が非常に発達していて、物事の核心をつかむ洞察力があります。ただし、現実面での合理的な処理が苦手で、ささいなことにこだわりがちです。

たいがいが悲観的で、取り越し苦労が多いでしょう。よって、商業には向きません。反対に、非現実的な領域や精神世界などに関しては理解がとても深いでしょう。

人づき合いでは、理解し合えないと、その人間関係からサッと離れる傾向があります。

日干が強く、偏印や印綬が多くて偏財や正財がなければ、行いは正しいけれどもお金がない、といった状態になるでしょう。しかし、大運が吉運にめぐれば、お金や地位にも恵まれます。

時間に拘束されない変則的な職業が向いています。生活様式や行動パターンが一般人と異なるので、変わり者扱いされることもあります。

印綬格の人

◉インテリで研究熱心な学者

印綬格は、好奇心が旺盛な人です。聡明で豊富な知識を持ち、控えめです。

物事を丁寧に観察し、綿密に考えるので、それらの知識や研究成果により、評価を得ます。

何よりも学ぶことが好きです。記憶力がよく、さまざまな知識を吸収し、優等生として育ちます。伝統や、正統な学問、学術を重んじる秀才です。

行動は礼儀正しく、言葉は善良でゆっくりと話します。たとえ悪いことであっても、よいことに転じるような一生を送れます。普段から病気は少ないほうです。

お年寄りや年長者の助言に耳をよく傾け、かわいがられることが多い人です。これは、人から大切にされたり、保護されたりして、アイドルとして育ったことを意味しています。

母親をはじめとし、祖母、伯母・叔母、年長者から愛情を受けます。しかし、愛されて育ったために、おおむね、呑気にかまえていて、だまされやすい傾向があります。競争社会に入ると、知らないうちに足を引っ張られ、わざと失敗するように仕向けられやすいでしょう。

宗教心に厚く、心は慈しみに満ちておっとりとした性格に育ちます。気の毒な人がいると同情して、無視することができずに助けようとします。

素直で優しい性格なのですが、柔らかいものを好み、堅いものを嫌う傾向があるため、忍耐力も弱く、苦しみに耐えることは苦手です。

自信過剰、甘えん坊で、利己的な言動も多く見受けられます。やってもらって当然という、甘えの気持ちが強くなります。

自分に目標を課して、危機意識を持つようにしなければ、何もせずに遊んで暮らすような生活を志向しやすいでしょう。

開拓者的な性質には欠け、年長者のいいつけを守り、保守的な人生を選びます。

何事も、考えすぎで行動が伴わない傾向があります。考えていることは表現することが重要です。研究成果を段階的に発表すれば、知的財産としての評価を得られるでしょう。

印綬格の人生設計

知識人になりたい！
学術的研究型の印綬格

何かを吸収することや、学習ができることに関わるのがよいでしょう。研究の積み重ねが真理をとらえていきます。後世に大きな知的業績と研究成果を残します。

こんなことに関わると◎！

- 学術的な分野
- 調査や分析が伴うようなこと
- 慈善的なこと
- 保護されており、危険の少ない環境
- 腰をすえてじっくり研究できるようなこと

適職はこれ！

学者、教授、研究家、宗教家、教師、カウンセラー、歴史小説家、科学研究者、図書館員

コラム ❷

著名人の命式

マザー・テレサさん［カトリック教会修道女］

気になるあの人の命式を見てみましょう

貧しい人々の愛の灯となったマザー・テレサさんの命式です。

月支申の蔵干庚が年干に出ていて印綬格ですが、月支申の蔵干戊と同じ気が時干己に出ているので正官格の側面も持ちます。

申月生まれで金水が強く、火が弱い命式なので、調候用神の火を優先し、用神は偏財・正財です。日干が癸であり身強で金水が強いので、聡明で知的な女性です。

印綬格なので教養があり学者や教師に適性があります。正官格でもあるので、責任感が強く社会的な任務をまっとうする人生となります。

17〜36歳は、壬午（劫財・偏財）、辛巳（偏印・正財）の大運で財がめぐるので用神運です。19〜37歳の間、地理を教え、34歳のときに校長になります。

37歳からの大運は庚辰（印綬・正官）で、印綬が強く、内面の充実を重視し、報酬を考えなくなります。1946年（丙戌）、36歳のとき、「最も貧しい人のために働くように」という啓示を受け、スラム街に単身で入り、街頭で無料授業を始めます。

40歳で「神の愛の宣教者会」を設立。37歳からの10年は人生で最も苦しい時期だったでしょう。

47〜76歳の大運は己卯、戊寅、丁丑とめぐり、木気と土気が強く、貧しい人々のために身を捧げ、人生の最盛期となります。

60歳以降は晩年を表す時柱の偏官が強く働き、献身的な活動が評価されて、1979年（己未）、69歳でノーベル平和賞を受賞。87歳で天寿をまっとうしました。

命式

1910年8月26日
マケドニア（旧ユーゴスラビア共和国）・スコピエ生まれ

時柱			日柱			月柱			年柱			
偏官						傷官			印綬			天干の通変星
己			癸			甲			庚			天干
未			亥			申			戌			地支
丁	乙	己	甲		壬	戊	壬	庚	辛	丁	戊	蔵干
余気	中気	本気	余気		本気	余気	中気	本気	余気	中気	本気	区分
偏財	食神	偏官	傷官		劫財	正官	劫財	印綬	偏印	偏財	正官	地支の通変星

◉身強
◉格局：印綬格
◉用神：偏財・正財（火気）
木火土を喜ぶ、金水を忌む

大運

87	77	67	57	47	37	27	17	7	年齢
乙亥	丙子	丁丑	戊寅	己卯	庚辰	辛巳	壬午	癸未	大運

PART 4

自我の強さを見る

命式からは、あなたの個性ともいえる、自我の強さや弱さがわかります。
どちらにも長所と短所がありますから、
それを知って、自分自身の理解を深めましょう。

あなたは身強？それとも身弱？

身強・身弱は自我の強弱を見るものです

命式が完成すると、あなたが身強《みきょう》、身弱《みじゃく》のどちらに分類されるかがわかります。

身強…我《わ》が身《み》が強い＝自我が強い宿命

身弱…我が身が弱い＝自我が弱い宿命

四柱推命では、日干を自分自身に見立てます。命式中に日干を強める十干十二支が多い場合に、身強とします。反対に、命式中に日干を弱める十干十二支が多い場合に、身弱とします。

ここで注意しておきたいのは、身強がよくて、身弱が悪いというわけではないということです。身強・身弱は自我の強さの尺度です。運の強弱の尺度ではありません。ただ、身強が過ぎれば、我の強さから対人関係のトラブルを起こしやすくなりますし、身弱も過ぎれば、自己主張ができなくてストレスがたまりやすいという欠点が出てきます。

あくまでも、強すぎる日干の力は弱め、弱すぎる日干の力は強めて、自我のバランスをとることが、対人関係をよくして運をさらによくするポイントです。

身強・身弱は四つに分類されます

身強・身弱の分類は、0ポイントを真ん中とすると、0ポイントよりも強い人を「身強」。極端に強すぎる人を「極身強《ごくみきょう》」といいます。0ポイントより弱い人を「身弱」。極端に弱すぎる人を「極身弱《ごくみじゃく》」といいます。

身強と身弱は「普通格局」の範疇で、全体の約90％に当たります。極身強と極身弱は「特別格局」の範疇で、全体の約10％に当たります。

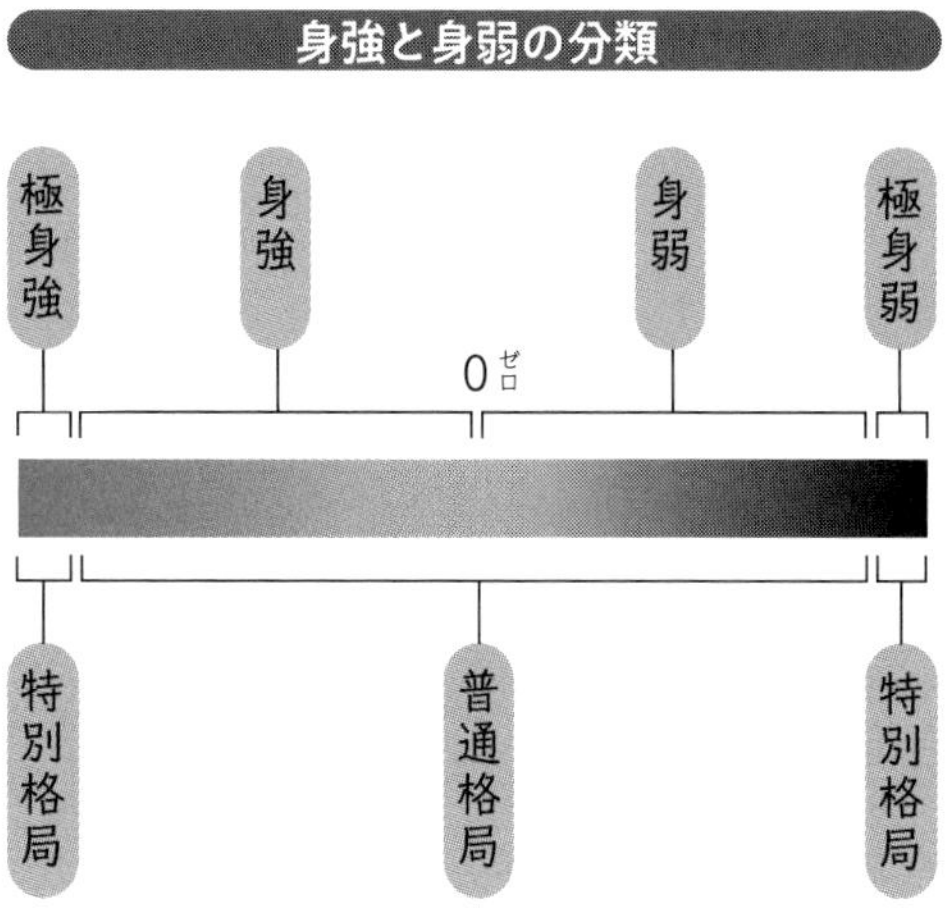

厳密には0ポイントに近い「中和《ちゅうわ》」がありますが、それは85ページで説明します。

身強・身弱の判定には条件があります

身強・身弱を判定するには、次にあげる六つの条件をチェックします。

後で身強と身弱の判定条件を紹介しますが、身強の条件に当てはまらない場合は必然的に身弱となるので、身強の条件について主に解説していきます。

① 得令《とくれい》

得令《とくれい》は、「月令《げつれい》を得る」ともいいます。日干と月支との関係を見ます。

日干が生まれた月（季節）の五行から助けを得ていることを指していいます。日干と月支が同じ五行である場合は、「当旺《とうおう》」といって日干は強力になります（13ページ参照）。

まとめると、左の表のようになります。表は、たとえば、日干が甲で月支に寅があった場合、月令を得ているというように見ます。

日干を強める月支（当旺）の十二支

日干	月支
甲・乙	寅・卯
丙・丁	巳・午
戊・己	丑・辰・未・戌
庚・辛	申・酉
壬・癸	子・亥

当旺の次に強力なのは、日干が月支から生じられる関係にある場合で（11ページ参照）、これを「次旺《じおう》」といいます。

まとめると、左の表のようになります。表の見方は当旺と同じです。

日干を強める月支(次旺)の十二支

日干	月支
甲・乙	子・亥
丙・丁	寅・卯
戊・己	巳・午
庚・辛	丑・辰・未・戌
壬・癸	申・酉

❷ 日干が地支から生じられている

日干と地支の関係を見ます。月支を除いた年、日、時の地支に、左表の十二支がある場合、日干は強められます。

日干を強める地支の十二支

日干	年・日・時の地支
甲・乙	寅・卯・子・亥
丙・丁	巳・午・寅・卯
戊・己	丑・辰・未・戌・巳・午
庚・辛	申・酉・丑・辰・未・戌
壬・癸	子・亥・申・酉

❸ 日干が天干から生じられている

日干と天干との関係を見ます。日干を除いた年、月、時の天干に、左上の表の干がある場合、❷ほど強くはありませんが、日干は強められます。

日干を強める天干の十干

日干	年・月・時の天干
甲・乙	甲・乙・壬・癸
丙・丁	丙・丁・甲・乙
戊・己	戊・己・丙・丁
庚・辛	庚・辛・戊・己
壬・癸	壬・癸・庚・辛

④ 三方会局

三方会局《さんぼうかいきょく》とは、地支に季節の会局に当たる十二支が三つそろうことをいいます。それぞれの五行の力を強める組み合わせで、次の4種です。

三方木局《さんぼうもくきょく》……春の会局ともいい、地支に寅《とら》・卯《う》・辰《たつ》がそろうことです。木の気を強めます。

三方火局《さんぼうかきょく》……夏の会局ともいい、地支に巳《み》・午《うま》・未《ひつじ》がそろうことです。火の気を強めます。

三方金局《さんぼうきんきょく》……秋の会局ともいい、地支に申《さる》・酉《とり》・戌《いぬ》がそろうことです。金の気を強めます。

三方水局《さんぼうすいきょく》……冬の会局ともいい、地支に亥《い》・子《ね》・丑《うし》がそろうことです。水の気を強めます。

三方会局の関係

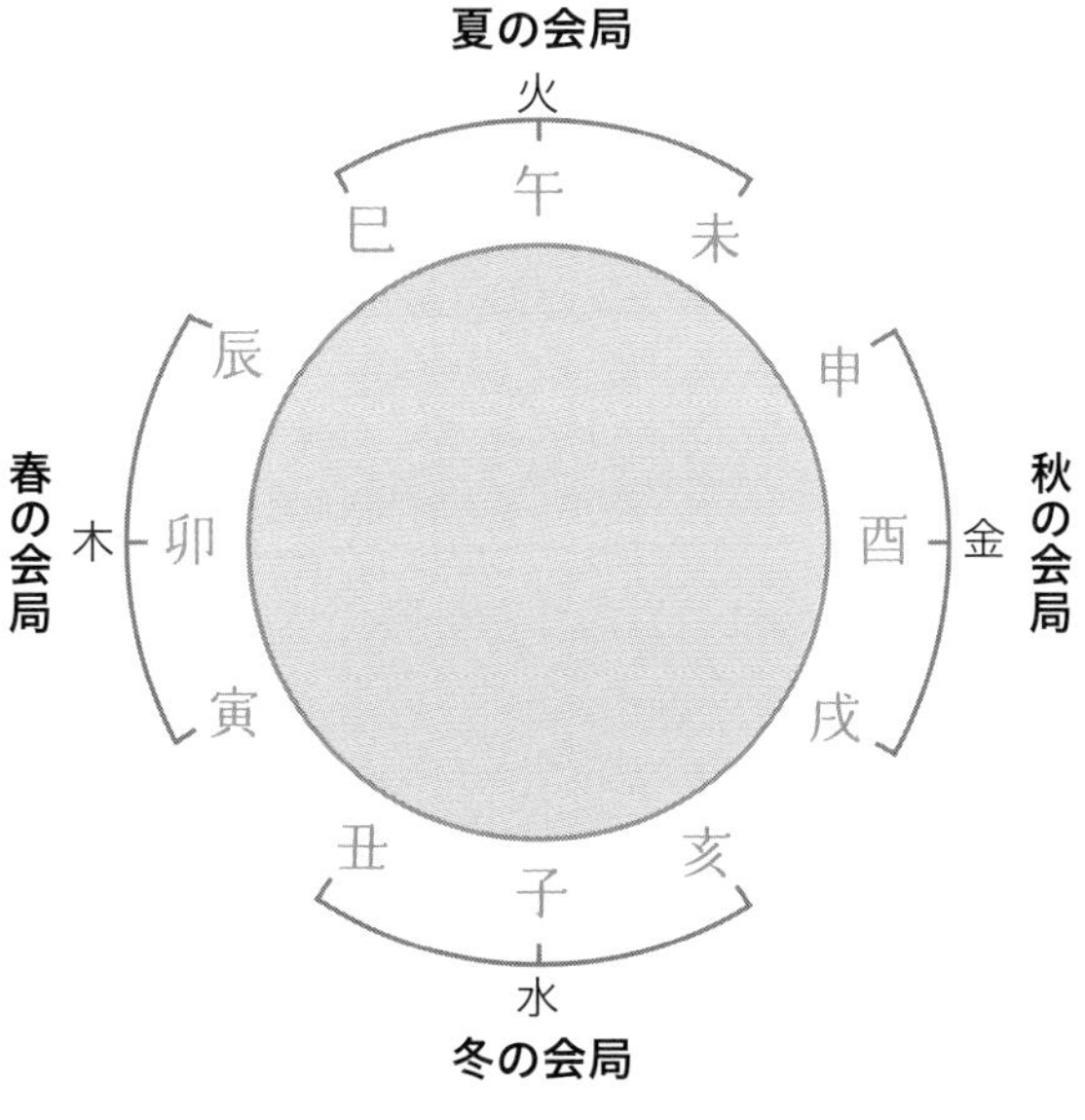

⑤ 三合会局

三合《さんごう》会局とは、円状に十二支を配すと正三角形に当たる十二支が地支に三つそろうことです。それぞれの五行の力を強めます。

三合木局……地支に亥《い》・卯《う》・未《ひつじ》がそろうことです。木の気を強めます。

三合火局……地支に寅《とら》・午《うま》・戌《いぬ》がそろうことです。火の気を強めます。

三合金局……地支に巳《み》・酉《とり》・丑《うし》がそろうことです。金の気を強めます。

三合水局……地支に申《さる》・子《ね》・辰《たつ》がそろうことです。水の気を強めます。

三合会局の関係

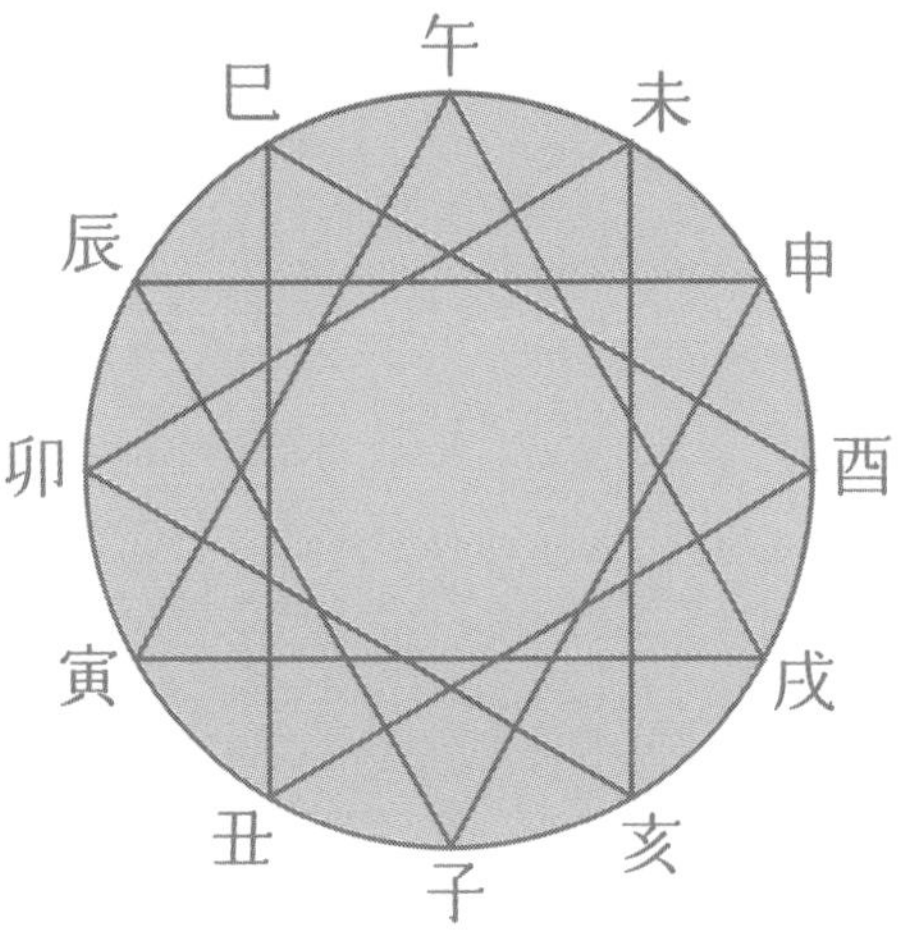

❻ 四墓土局

四《し》墓《ぼ》土《ど》局《きょく》とは、地支に土の気の十二支が全てそろうことをいいます。土の気を強める組み合わせです。

四墓土局……地支に丑《うし》・辰《たつ》・未《ひつじ》・戌《いぬ》がそろうこと。土の気を強めます。

身強・身弱を判定するための条件

それでは、身強と身弱を判定するための条件を紹介しましょう。

身強と身弱の判定条件

(i)❶、❷、❸のうち、どれか二つ以上の条件に当てはまる→身強
ただし、❷、❸の組み合わせの場合、地支の十二支と天干の十干の合計数が3個以上であること
(ii)❹、❺、❻のいずれかが月支を含んで形成され

ていて、日干の五行を強めている↓身強
(iii) ❹、❺のいずれかが月支以外の地支で形成されていて、日干の五行を強めており、❸に当てはまる↓身強
(iv) ❶〜❸に当てはまらない↓身弱

なお、身強・身弱の条件は、あくまでも目安です。より正確に判定するには、実際に起きた事象と照合し、用神を確認してから決定しましょう（86ページ参照）。

これは以下で紹介する極身強、極身弱も同様です。

さて、ここまでわかったら、あなたの命式が、極身強や極身弱の「特別格局」に該当するかが気になることでしょう。その判定法を紹介します。

極身強の判定条件

(i) 得令の条件に当てはまる
(ii) 天干に日干を強める十干が二つ以上ある
(iii) 地支に日干を強める十二支が二つ以上ある

これら三つの条件を全て満たしている命式は、極身強になります。

極身弱の条件

(i) 失令《しつれい》（日干が月支から剋されている関係）に当てはまる。または、月支に日干を弱める十二支がある
(ii) 天干に日干を弱める十干が二つ以上ある
(iii) 地支に日干を弱める十二支が三つ以上ある

これらの三つの条件を全て満たしている命式は、極身弱になります。

日干を弱める月支の十二支（失令）

日干	月支
甲・乙	申・酉
丙・丁	子・亥
戊・己	寅・卯
庚・辛	巳・午
壬・癸	丑・辰・未・戌

日干を弱める天干の十干

日干	年・月・時の天干
甲・乙	丙・丁・戊・己・庚・辛
丙・丁	戊・己・庚・辛・壬・癸
戊・己	庚・辛・壬・癸・甲・乙
庚・辛	壬・癸・甲・乙・丙・丁
壬・癸	甲・乙・丙・丁・戊・己

日干を弱める地支の十二支

日干	年・月・日・時の地支
甲・乙	丑・辰・未・戌・巳・午・申・酉
丙・丁	丑・辰・未・戌・申・酉・子・亥
戊・己	申・酉・子・亥・寅・卯
庚・辛	子・亥・寅・卯・巳・午
壬・癸	寅・卯・巳・午・丑・辰・未・戌

身強・身弱と極身強・極身弱の具体例

では、身強・身弱と、極身強・極身弱の判定について、具体的な例を見ていきましょう。

例1

これまで例として見てきたAさんの命式です。

地支に巳が二つと寅があり、日干が地支から生じられています。天干に丁と甲があり、日干が天干から生じられています。

身強と身弱の判定条件（i）に当てはまるので、身強の命式となります。

	年柱	月柱	日柱	時柱
天干	丁	甲	丁	壬
地支	巳	辰	巳	寅

例2

この例の人は、日干が地支から生じられています。日干癸で時支に子があり、日干が天干から生じられています。時干に壬があり、日干が天干から生じられています。

しかし、日支、月支、年支に、巳、午、未がそろって三方火局を形成しており、さらに年干に丁、月干に丙が表れていて、火がとても強い命式です。

水の気よりも火の気が勝り、日干の力を弱めています。身強と身弱の判定条件(iv)に当てはまり、身弱となります。

	年柱	月柱	日柱	時柱
天干	丁	丙	癸	壬
地支	未	午	巳	子

三方火局

例3

この例の人は、日干辛で月支丑なので得令です。地支に丑、酉、戊が出ていて、日干が地支から生じられています。

日干を除いた天干に辛が二つ、戊が一つ出ていて、日干が天干から生じられています。

さらに、地支に巳、酉、丑がそろい、三合金局を形成しています。命式全体が、土の気と金の気で覆われています。

極身強の条件(i)〜(iii)に当てはまり、極身強となります。

	年柱	月柱	日柱	時柱
天干	辛	辛	辛	戊
地支	巳	丑	酉	戊

三合金局

例4

この例の人は、月支に日干を弱める辰が出ています。

天干に辛が二つあり、日干を弱めています。

地支に丑、辰、戊、未がそろい、四墓土局《しぼどきょく》を形成しています。

極身弱の条件を全て満たします。

四墓土局のため土気が非常に強くなり、日干を弱めており、日干を強める壬は天干に一つしかないので、明らかに極身弱となります。

時柱	日柱	月柱	年柱	
辛	甲	壬	辛	天干
未	戊	辰	丑	地支

四墓土局

特別格局には、極身強・極身弱のほかに、「化気格《かきかく》」があります。日干と時干、または日干と月干が干合（26ページ参照）して化し、同一の気になる命式のことです。

その条件は、月令を得ており、地支に二つ以上、天干に一つ以上、同じ五行の気が表れていること。しかも、その同一の五行を剋す五行を持たないことです。

化気格は、甲己化土格《こうきかどかく》、乙庚化金格《おつこうかきんかく》、丙辛化水格《へいしんかすいかく》、丁《てい》壬化木格《じんかもくかく》、戊癸化火格《ぼきかかかく》の5種類があります。

ただし、合化《ごうか》（合して化す）、合而不化《ごうしてふか》（合して化さず）の判断については変則的なケースもあるので、成格《せいかく》（格局が成り立つこと）、破格《はかく》（格局が成り立たないこと）についての詳しい解説はここでは控えます。

また、このほかにも特殊な格局がありますが、専門的になるので、ここでは触れません。

身強・身弱はズバリこんな人です

身強・身弱の人にはそれぞれ傾向があります

身強の人、身弱の人にはどのような傾向があるのでしょうか。

自我の強さの点から具体的に見ていきましょう。

身強の人

あなたは自我の強い人です。先天的なエネルギーが充実しておりパワフルな印象を与えます。


一見強いように見えなくても、独立心が強く、社会に打って出る積極的な性格です。

周囲のことよりも、とかく自分が優先になりますから、それがいきすぎるとわがままになり、人間関係でトラブルを起こしがち。

家庭では家族に甘えが出やすいでしょう。

日干の力が強くなるほど身強の度合いは強くなり、そのぶんプライドは高くなり、自己中心的になります。主張が前面に出て、何事も強引になります。

自我の強さがよい面に出ると、意志がしっかりとしていて頭脳明晰《めいせき》であり、心身ともに強靱《きょうじん》で、激務にもよく耐えます。いつも前向きでやり手の人物として評価されます。

しかし、身が強くなりすぎると自説を譲らなくなり、対人関係を悪化させます。

それだけでなく、見栄で高額な買い物をしたり、高級店に出入りしたり、賭け事や投機などで散財しやすくなります。

自我の余剰エネルギーは、仕事、労働、奉仕などで社会のために使うと、自他ともに利益を生み出します。それでも元気があり余っている人は、スポーツや武術などで発散させるとよいでしょう。

どちらかというと、生まれ故郷を離れ、家族や親戚の助けを受けるのではなく、自立していく人生がふさわしいでしょう。

身弱の人

あなたは自我の弱い人です。先天的なエネルギーは弱めで、人におとなしい印象を与えます。

一見明るく振る舞っていても、内面でくよくよします。自立心は強いほうではなく、権力にもたれるような生き方を選びます。

パワーに対して従順な性格です。周囲の状況に自分を合わせるので、必然的に影響力の強い人の傘下に入ります。家庭においても配偶者や子供の意見に押されやすいでしょう。

一方、いろいろな才能を同時に持ち合わせています。豊富な才能を発揮し、多くの人から注目をあびたり評価されたりします。

そのため、いつも忙しそうにしています。

日干の力が弱くなるほど身弱の度合いは強くなり、生き方は受け身になります。

自我の弱さがよい面に出ると、協調的であり人に親切で、折り目正しい人物として評価されます。身が弱くなりすぎると、主体性が弱くなります。

権力やお金のある人に支配され、仕事のしすぎから過労になることも。

自我の不足したエネルギーは、よく食べてよく寝て、休みをたっぷりとって補いましょう。

元気の足りない人は、漢方薬や気血《きけつ》を補う食べ物、気功、瞑想などで、後天的に気を補うと運もよくなります。

極身強の人

極身強の人は身強の極にある命式の人で、二つのタイプに分けられます。

❶特に、比肩、劫財が多い命式を従旺格《じゅうおうかく》
❷特に、偏印、印綬が多い命式を従強格《じゅうきょうかく》

これ以外に、専旺格《せんおうかく》（一行得気格《いちぎょうとっきかく》）といって、比肩、劫財だけでできている命式がありますが、従旺格に非常に似ているので、ここでの解説は割愛します。

(1)従旺格の人

自分自身の集合体でもある従旺格は、我が道をマイペースにまっすぐに歩む人生です。

普通の人とは全く違う、感覚と人生観を持っています。

自我が強く、ちょっとやそっとでは折れません。主観が強く、それを貫くとよい人生となります。

自分と同じものを意味する比肩、劫財に囲まれている命式なので、よき友人が多く、生涯を通じてそれらの友人達から助けられます。

兄弟姉妹とは仲がよく、兄弟姉妹や近い親戚など身内からの援助を受けられることを物語っています。暖簾《のれん》を守るような商家や寺の跡継ぎなどに生まれてくることも多いでしょう。

また、吉運がめぐれば才能を発揮して大発展しますが、凶運がめぐれば環境に恵まれず不遇となり、吉凶の表れ方が甚だしいのが特徴です。

⑵従強格の人

偏印と印綬ばかりの従強格の人は、学識の充実した人生を歩む人です。

知的好奇心と学習力に優れており、秀才です。多くの本に囲まれて生活しているでしょう。

普通の人とは全く違う人生観を持っています。自我が強く、大変に聡明な人です。

自己を生じる偏印と印綬に囲まれている命式なので、師や母親のように教え育てる人が周りに集まります。

生涯を通じて、それらの人達の教導によって成長し、人生の道は開かれていきます。

祖母や母親、兄弟姉妹とは仲がよく、身内からの援助を受けられます。

また、吉運がめぐれば才能を発揮して大発展しますが、凶運がめぐれば環境に恵まれず不遇となり、吉凶の表れ方が甚だしいのが特徴です。

極身弱の人

極身弱の人は身弱の極にある命式の人で、4つのタイプに分けられます。

❶食神、傷官が多い命式を従児格《じゅうじかく》。
❷偏財、正財が多い命式を従財格《じゅうざいかく》。
❸偏官、正官が多い命式を従殺格《じゅうさつかく》。
❹食神、傷官、偏財、正財、偏官、正官が均等に多い命式を従勢格《じゅうせいかく》とします。

⑴従児格の人

命式が食神と傷官で占められた従児格。

食神と傷官は我が生み出すもの＝子供なので、児童に従う格局、という意味からこの名があります。

ですから、食神や傷官が意味するところの創造力や企画力、語学、音楽、美術、先端技術などの才能が最大限に発揮される人生を送ります。

頭の回転が速く、口八丁手八丁であり、どのような場にあっても、クリエイティブで芸術的な才能を発揮します。

一般常識的なものさしではとらえられない感性と人生観を持っています。

センスのよいもの、心地よいもの、美しいもの、好きなものに目を向けていきます。

時代の流行をいち早くとらえ、ヒット商品を生み出します。表現力があり外交手腕にも優れ、特別な立場に昇りつめます。

特異な才能で世界的に活躍する人も多いでしょう。

⑵従財格の人

命式が偏財と正財で占められた従財格。

偏財と正財は我が剋すもの＝財なので、財に従う格局、という意味からこの名があります。

ですから、偏財や正財の意味するところの不動産、動産、人脈などを獲得する才能が最大限に発揮される人生を送ります。

人を喜ばせたりもてなしたりするのがうまく、どのような環境にあっても、お金を儲けて財産を築く能力を発揮します。

お金に極めて恵まれた人生を送ります。性格が円満で社交的であり、お金の使いっぷりがよいので、同性にも異性にも大変にもてます。

サービス精神を発揮して、多くの人を喜ばせ、好かれることで巨額の富を手に入れるでしょう。

⑶従殺格の人

命式が偏官と正官で占められた従殺格。通常、正官のことを官と呼び、偏官のことを殺と呼びます。

つまり、正官と偏官は我を剋すもの＝官殺なので、殺に従う格局、という意味からこの名があります。

ですから、偏官や正官の意味するところの地位、権威、役職などに任ずる才能が最大限に発揮される人生を送ります。

組織にあって、上の命令や指示に従って任務を遂行します。役目を果たそうと忍耐強く、物事に取り組みます。管理能力が優れています。

政界、経済界、法曹界、軍事界などの界と名のつく組織社会において、序列と秩序を守り、最大限に能力を発揮します。

社会的に高い地位と権力に極めて恵まれた人生を送り

ます。

⑷従勢格の人

命式が食神と傷官、偏財と正財、偏官と正官によって均等に占められた従勢格。

自分以外の勢いに従う格局、という意味からこの名があります。

ですから、日干のエネルギーを削ぐこれらの通変星のどれもが吉の作用をします。

自我を強める比肩、劫財、印綬、偏印は凶の作用となります。

自我を強めると運が悪くなるのが特徴で、周りの環境や状況に従って、柔軟に対応していくことで幸運を引き寄せます。

さまざまな才能に満ちあふれており、それらが遺憾なく発揮されて、富にも地位にも恵まれる人生を送ります。

性格は円満で、多くの人に好かれます。

あらゆる局面において、柔軟な発想と対応ができるために世渡りが上手です。

著名人の命式

イチローさん［元プロ野球選手］

気になるあの人の命式を見てみましょう

中和に近い命式で、過去の事象と照合すると、やや身弱であることがわかります。

印綬格で身弱なので、早見表から多い通変星を調べると食傷となり、用神は偏印・印綬です。日干は辛で、敏感であり神経質で繊細です。

天干に食神と傷官がそろっているので、技術の習得が速い、極めて職人肌の人です。好き嫌いが激しく、うるさ型になりやすい面を緩和させているのが、地支にそろっている用神である偏印と印綬です。

コツコツと学習を続けることをいとわない性質と豊かな専門性が、彼のバックボーンとなり野球人生を支えています。

偏印と印綬が強くサポートしているので、生涯を通じて年長者からかわいがられます。技術と学習に特化された人生観を持っています。

5～24歳、辛酉（比肩・比肩）と庚申（劫財・劫財）の大運は喜神運であり、子供の頃より野球の才能を発揮します。運に恵まれて才能は開花しプロ野球界で活躍します。

25～34歳、己未（偏印・偏印）の大運は、用神運です。人生の最盛期を迎え、アメリカの大リーグに移籍します。２００９年（己丑）は流年も用神運となり、大リーグでも大活躍しています。

35歳からの大運の前半35～39歳は大運戊（印綬）運で盛運を極めますが、後半40～44歳の大運午（偏官）運に引退し、それ以降は、命式中の時干である傷官の作用が表れ、後進の育成に努めることになるでしょう。

命式

1973年10月22日
愛知県西春日井郡豊山町生まれ

	時柱			日柱			月柱			年柱		
天干の通変星	傷官			／			傷官			食神		
天干	壬			辛			壬			癸		
地支	辰			卯			戌			丑		
蔵干	乙	癸	戊	甲	／	乙	辛	丁	戊	癸	辛	己
区分	余気	中気	本気	余気	／	本気	余気	中気	本気	余気	中気	本気
地支の通変星	偏財	食神	印綬	正財	／	偏財	比肩	偏官	印綬	食神	比肩	偏印

◉身弱
◉格局：印綬格
◉用神：偏印・印綬（土気）
土金を喜ぶ、水木火を忌む

大運

年齢	65	55	45	35	25	15	5
大運	乙卯	丙辰	丁巳	戊午	己未	庚申	辛酉

PART 5

運の吉凶を見る

ここでは、あなたの吉凶を左右する神を探し出しましょう。
吉運を運ぶ神を活性化させ、凶運を呼び込む神を抑えて、
運を招き入れましょう。

あなたの吉凶の神を探し出しましょう

吉凶のカギは、用神・喜神・忌神・仇神が握っています

用神とは、命式の中で要になる働きをする五行のことです。四柱推命では、用神を求めることがとても重要です。なぜならば、運の吉凶を把握できるようになるからです。

命式の中で最も大事な働きをするのが用神で、用神が強まったときに吉の作用が表れます。つまり、用神が強まる年、月、日は吉運期となります。

反対に、用神の働きが壊されるときは凶の作用が表れます。つまり、用神が壊される年、月、日は凶運期となります。

五行のうち、用神に当たる一行《いちぎょう》が、最も吉を呼び込む神となります。その用神を生じる一行を喜神《きじん》といい、用神と喜神はともに吉を呼び込む神です。

逆に、用神を壊す一行が、最も凶を呼び込む神となります。これを忌神《きじん》といいます。その忌神を生じる一行を仇神《きゅうじん》といい、忌神と仇神はともに凶を呼び込む神です。残り一行が閑神《かんじん》といって吉にも凶にもなる存在です。

用神・喜神・忌神・仇神・閑神の関係

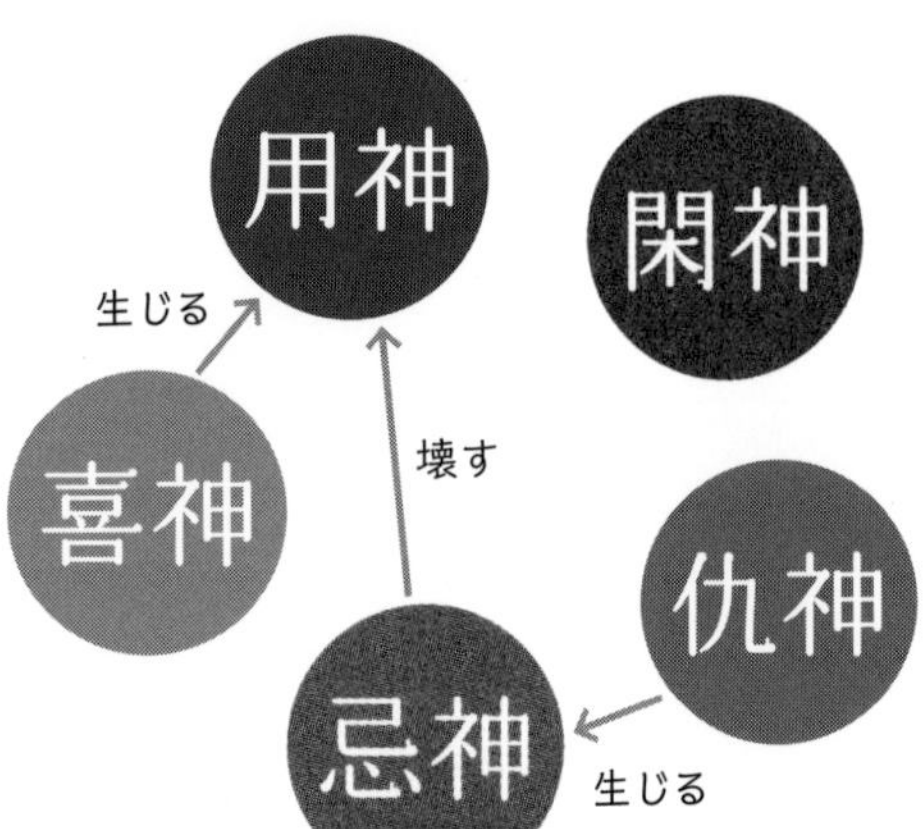

あなたの吉凶の神を導き出す

用神や喜神、忌神や仇神は、早見表（148〜149ペ

ージ）で簡単にわかります。表の見方の手順は、以下の通りです。

❶格局の欄を見ます
❷身強・身弱の欄を見ます
❸多い通変星を数えます。天干の通変星と、地支の通変星の本気《ほんき》を見て合計数を比べ、多い通変星を決定します
❹❶〜❸の該当欄をたどり、用神、喜神、忌神、仇神を求めます

Aさんを例に説明します。Aさんの格局は偏印格で身強なので、その欄をたどります。

次は、❸です。PART3でまとめたAさんの通変星（下段の右の表）を見ると、比劫《ひごう》（比肩と劫財）が天干に一つ、地支に二つで計三つ。食傷《しょくしょう》（食神と傷官）は地支に一つ。財《ざい》（偏財と正財）はゼロ。官殺《かんさつ》（偏官と正官）は天干に一つ。印《いん》（偏印と印綬）は天干に一つ、地支に一つで計二つ。よって多い通変星は比劫です。

❶〜❸の該当欄をたどると、用神は「官殺」、喜神は「財」、忌神は「比劫」、仇神は「印」で、該当のない「食傷」が閑神です。もし、❸で、多い通変星が同数だった場合は「天干よりも地支の通変星を重視」して、「月支を含むもの」を選ぶのが原則です。

用神・喜神／忌神・仇神早見表の見方
（普通格局の人の場合）

格局	印綬格　偏印格									
身強・身弱	身弱	身弱	身弱	身強	身強	身強	身強	身強	身弱	身弱
多い通変星	食傷	財	官殺	官殺	財	食傷	印	比劫	食傷	財
用神	印	比劫	印	食傷	官殺	財	財	官殺	印	比劫
喜神	比劫	印	比劫	財	財	官殺	食傷	財	比劫	印
忌神	財	官殺	財	印	印	比劫	比劫	比劫	財	官殺
仇神	食傷	財	食傷	比劫	比劫	印	印	印	食傷	財

Aさんの通変星

	時柱			日柱			月柱			年柱		
天干の通変星	正官						印綬			比肩		
天干	壬			丁			甲			丁		
地支	寅			巳			辰			巳		
蔵干	戊	丙	甲	戊	庚	丙	乙	癸	戊	戊	庚	丙
区分	余気	中気	本気	余気	中気	本気	余気	中気	本気	余気	中気	本気
地支の通変星	傷官	劫財	印綬	傷官	正財	劫財	偏印	偏官	傷官	傷官	正財	劫財

たとえば左表の命式の場合、地支に比劫（比肩と劫財）が二つ、地支に食傷（食神と傷官）が二つ、天干に印（偏印と印綬）が二つあり、同じ数の通変星が三つあります。

そこで、優先順位のつけ方は、まず天干よりも地支の通変星を重視しますので印は落選し、一番多いのは比劫か食傷のどちらかになります。そして、月支を含むものを選びますので、一番多いのは「比劫」となります。

時柱			日柱			月柱			年柱			
印綬						偏財			偏印			天干の通変星
甲			丁			辛			乙			天干
辰			丑			巳			巳			地支
乙	癸	戊	癸	辛	己	戊	庚	丙	戊	庚	丙	蔵干
余気	中気	本気	余気	中気	本気	余気	中気	本気	余気	中気	本気	区分
偏印	偏官	傷官	偏官	偏財	食神	傷官	正財	劫財	傷官	正財	劫財	地支の通変星

71〜72ページで極身強や極身弱の特別格局になった人は、使う早見表（150ページ）と、その見方の手順が少し変わりますので、ここで説明します。

❶極身強か極身弱の欄を見ます
❷多い通変星を数えます
❸❶〜❷の該当欄をたどり、用神、喜神、忌神、仇神を求めます

たとえば73ページの〔例3〕の人の場合、極身強の欄を見て、通変星を数えます。比劫（比肩と劫財）が天干に二つ、地支に一つで計三つ。印（偏印と印綬）は天干に一つ、地支に二つで計三つ。同数ですが、地支に巳、酉、丑の三合金局を形成していて金の気が土の気よりも強まるので、多い通変星は比劫となります。

用神は「比劫」、喜神は「印」、忌神は「官殺」、仇神は「財」で、「食傷」が閑神です。

時柱			日柱			月柱			年柱			
印綬						比肩			比肩			天干の通変星
戊			辛			辛			辛			天干
戌			酉			丑			巳			地支
辛	丁	戊	庚		辛	癸	辛	己	戊	庚	丙	蔵干
余気	中気	本気	余気		本気	余気	中気	本気	余気	中気	本気	区分
比肩	偏官	印綬	劫財		比肩	食神	比肩	偏印	印綬	劫財	正官	地支の通変星

用神・喜神／忌神・仇神 早見表の見方（特別格局の人の場合）

格局	身強・身弱	多い通変星	用神	喜神	忌神	仇神
従旺格	極身強	比劫	比劫	印	官殺	財
従強格	極身強	印	印	比劫	財	食傷
従児格	極身弱	食傷	食傷	財	印	比劫
従財格	極身弱	財	財	食傷	比劫	印
従殺格	極身弱	官殺	官殺	財	印	比劫
従勢格	極身弱	食傷・財・官殺全て	財	官殺・食傷	比劫	印

吉凶があいまいです。この場合、命式のエネルギーの強弱を調整する五行（＝扶抑用神）よりも、寒暖を調節する五行（＝調候用神）を用神にとることがあります。

調候用神は、火と水の気の2通りです。

> 中和であり、秋・冬・冬の土用・春（8月8日〜10月20日、11月8日〜4月17日）生まれで、命式に火（丙、丁、巳、午）がない、または火が弱く命式が寒い→火を用神とする

> 中和であり、春の土用・夏・夏の土用・秋の土用（4月18日〜8月7日、10月21日〜11月7日）生まれで、命式に水（壬、癸、子、亥）がない、または、水が弱く命式が暑い→水を用神とする

最も重要な扶抑用神と知っておきたい調候用神

用神は働き別に分けると5種類ありますが、それを集約すると、扶抑《ふよく》用神と調候《ちょうこう》用神の2種類になります。

用神の多くは扶抑用神です。日干の力量が強ければ抑制し、弱ければ扶助することで命式全体のバランスをとってくれるので、一番大事なのは扶抑用神です。

しかし調候用神も欠くことはできません。命式が身強と身弱の中間ぐらい、つまり日干のエネルギーが0ポイントに近い領域にある人（＝中和《ちゅうわ》）の場合、強弱のバランスがとれているので、どの五行がめぐってきても、さほど運の吉凶の変動は起こりません。

ですから、中和の人は過去の事象を振り返ってみても

過去の出来事から、用神をバックチェック

過去を思い返すことで、これまでの方法で求めた用神が間違っていないか確認ができます（次ページの表参照）。

たとえばAさんの場合、２００８年に良い出来事があったとすると、水か木が用神です。

Aさんの日干の丁と、用神の官殺との関係は「日干を剋すもの」なので（36ページ参照）、官殺は五行でいうと水だとわかります（12ページ参照）。

82〜83ページで求めた用神と、下の表からわかる用神が一致するので確実だ、というように確認します。

この表は、身強・身弱の判定の確認にも使えます。下の表で用神がわかったら、日干と用神との関係を見ます。つまり、日干が用神を生じる、日干が用神を剋す、日干が用神から剋される関係である場合、身強となります。

日干と用神が同質または、日干が用神から生じられる関係である場合、身弱となります。

用神バックチェック表

年	年干支	この年に良い出来事があった人	この年に悪い出来事があった人	年	年干支	この年に良い出来事があった人	この年に悪い出来事があった人
1989	己巳	用神は 火の気 または 土の気	用神は 金の気 または 水の気	2006	丙戌	用神は 土の気 または 火の気	用神は 水の気 または 金の気
1990	庚午	用神は 火の気 または 土の気	用神は 金の気 または 水の気	2007	丁亥	用神は 水の気 または 木の気	用神は 火の気 または 土の気
1991	辛未	用神は 土の気 または 火の気	用神は 水の気 または 金の気	2008	戊子	用神は 水の気 または 木の気	用神は 火の気 または 土の気
1992	壬申	用神は 金の気 または 水の気	用神は 木の気 または 火の気	2009	己丑	用神は 土の気 または 金の気	用神は 水の気 または 木の気
1993	癸酉	用神は 金の気 または 水の気	用神は 木の気 または 火の気	2010	庚寅	用神は 木の気 または 火の気	用神は 土の気 または 金の気
1994	甲戌	用神は 土の気 または 火の気	用神は 水の気 または 金の気	2011	辛卯	用神は 木の気 または 火の気	用神は 土の気 または 金の気
1995	乙亥	用神は 水の気 または 木の気	用神は 火の気 または 土の気	2012	壬辰	用神は 水の気 または 木の気	用神は 火の気 または 土の気
1996	丙子	用神は 水の気 または 木の気	用神は 火の気 または 土の気	2013	癸巳	用神は 火の気 または 木の気	用神は 金の気 または 土の気
1997	丁丑	用神は 土の気 または 火の気	用神は 水の気 または 金の気	2014	甲午	用神は 火の気 または 木の気	用神は 金の気 または 土の気
1998	戊寅	用神は 木の気 または 火の気	用神は 土の気 または 金の気	2015	乙未	用神は 土の気 または 火の気	用神は 水の気 または 金の気
1999	己卯	用神は 木の気 または 火の気	用神は 土の気 または 金の気	2016	丙申	用神は 金の気 または 土の気	用神は 木の気 または 水の気
2000	庚辰	用神は 土の気 または 金の気	用神は 水の気 または 木の気	2017	丁酉	用神は 金の気 または 土の気	用神は 木の気 または 水の気
2001	辛巳	用神は 火の気 または 土の気	用神は 金の気 または 水の気	2018	戊戌	用神は 土の気 または 火の気	用神は 水の気 または 金の気
2002	壬午	用神は 火の気 または 土の気	用神は 金の気 または 水の気	2019	己亥	用神は 水の気 または 木の気	用神は 火の気 または 土の気
2003	癸未	用神は 土の気 または 火の気	用神は 水の気 または 金の気	2020	庚子	用神は 水の気 または 金の気	用神は 火の気 または 木の気
2004	甲申	用神は 金の気 または 土の気	用神は 木の気 または 水の気	2021	辛丑	用神は 土の気 または 金の気	用神は 水の気 または 木の気
2005	乙酉	用神は 金の気 または 土の気	用神は 木の気 または 水の気	2022	壬寅	用神は 木の気 または 水の気	用神は 土の気 または 金の気

注 1）1年は2/4〜翌年2/3とする。
2）良い出来事があった年とは、実利や喜びごとの多かった年のこと。悪い出来事があった年とは、病気や事故、ケガ、落ち込むようなことがあった年のこと。

吉凶の神があなたに与える影響は？

あなたを幸運へと導くのは用神です

命式で一番大切な働きをしている五行が用神です。つまり、用神が活性化しているときが、あなたの運のよいときです。その幸運期をさらによくしたり、開運したりするには、用神を活性化させることが何よりも大事です。用神の働きに当たる行動をとり、用神が意味する事柄に関わりましょう。

では、用神が活発なときのあなたの状態を解説します。148〜150ページの早見表から求めた用神は二つあります（たとえば比肩なら「比肩」と「劫財」）が、自分の命式中に実際に表れている用神の箇所を読みましょう。二つとも表れている場合は、両方読むとよいが、地支に表れている場合は本気、中気、余気の優先順位で見ましょう。

用神が比肩《ひけん》の人

よい友達に恵まれています！

よい運のときの状態を一言でいうと、

あなたの周りには、よい友達や仲間が集まってきています。友達との楽しい会話や心温まる交流が、あなたの気分をリフレッシュさせます。いつも他人への奉仕や毎日の労働で疲れがちなあなたも、気心の知れた友人から励まされたり、大切に思われたりすると、自尊心を取り戻して、自分らしくいることができるようになります。

どちらかというと人がよくて、人からいいように使われがちなあなたですが、用神である比肩が活発に働いているときには、自分の意見をきちんと言うことができます。独立心が強まり、自分から積極的にどんどん前に進めます。周りからは頼もしい人だと信頼度が高まります。

用神が劫財《ごうざい》の人

前向きでやる気になっています！

よい運のときの状態を一言でいうと、

何かを獲得するために、がむしゃらになって取り組もうとする意欲に満ちています。気が大きくなって、小さ

用神が比肩・劫財の人の開運方法

開運ポイント！


自分らしさを大事にしましょう！

自尊心をしっかり持ち、精神的に自立すると運がよくなります

これで開運！

友達を作りましょう
- 学生時代の友人に電話やメールをする
- 同じ趣味のサークルに入る
- 同じ価値観を持つ人と交流する

挑戦しましょう
- したことのないことにチャレンジする
- 行ったことのない場所に出かける
- 人前でスピーチをしてみる

意志を強く持ちましょう
- 自分の目標を持ち続けるようにする
- しようと決心したことは確実に実行する
- 人の意見に流されないで、自分の意見を持つ

自尊心を持ちましょう
- 自分のキャラクターを意識してみる
- 自分の居場所を確保する
- 自分の長所をあげてみる

なことにこだわらなくなります。人に対して気前がよくなり、ごちそうする気になります。

　あなたの頭の中には、壮大な目標や計画が広がり、目先のことにあまりとらわれなくなるでしょう。自分と思いを同じにする人を集めて、計画を実現させようとします。あなたの考えに賛同して集まってきた人に支えられて、事業は進展していくことでしょう。他人の失敗が自分に思わぬ利益をもたらすこともあります。用神が活性化しているときは、どんな困難にも負けない強さと根気が養われ、日々やる気に満ちています。たとえ転んだとしても、ただでは起きない持ち前の強さを発揮します。

用神が食神《しょくじん》の人

いつも楽しく幸せな気持ちでいます！

　よい運のときの状態を一言でいうと、人とのコミュニケーションがうまくいき、きれいなものや心地よいものに囲まれて食事もおいしく感じられ、毎日が楽しい気分に満ちています。

　用神が活性化しているときは、ロマンチックな雰囲気にあふれ、何もかもがバラ色に感じることでしょう。美しい衣服を着て、おいしい料理を食べ、好きなインテリアに囲まれ、嫌いな人に邪魔されない幸せな生活をしています。周りの人から憧れの的になります。

　おなかの底から笑うことができて、ぐっすりと眠れ、ストレスがなくて病気にもかかりません。

　子供や動物などをかわいがり、大切に育て、目下に対しても母親のような慈愛の気持ちに満ちて接することができます。仕事では、感性が冴えて次々にすばらしいアイデアがわき、とても創造的になります。

用神が傷官《しょうかん》の人

よい運のときの状態を一言でいうと、

頭の切れがよく饒舌《じょうぜつ》になっています！

頭が冴え渡り、問題意識が強くなっています。現在おかれている環境の不備な点にいち早く気づき、それを改善することで、より一層無駄のない生活を送ることができます。とてもおしゃべりになっていて、黙っていることがありません。ジョークやユーモアを連発して人を喜ばせたり楽しませたりします。声は大きく明瞭であり、遠くまで響きます。スピーチや歌う機会が多くなります。

感覚が鋭敏になり、流行を先取りします。新しい企画やアイデアがわきあふれます。することなすこと当たり、ヒットを生み出します。才能ある人として周りから一目おかれるようになり、ときに天才と人から評価されます。

組織にあっては、改革派の旗手となり、現状打開のために頑張り抜きます。フリーの人は、独自の鋭い感性を活かして、次々と成果を上げていきます。

用神が偏財《へんざい》の人

よい運のときの状態を一言でいうと、

愛とサービス精神にあふれています！

心は愛に満ちあふれて、奉仕の気分が高まっています。自分のことに目を向けるよりも、他人のために献身します。考えるよりも先に体が動いています。

小さなことにこだわらなくなり、大らかに物事をとらえます。円満主義が功を奏して、対人関係でもめることはありません。さかんに愛嬌をふりまき、冗談を言って人を笑わせ、にぎやかにその場を盛り上げます。恋愛運も好調で、異性に大変もてるようになります。男性はよい縁があり、結婚話が持ち上がります。女性は奉仕的な態度が良縁を引き寄せます。楽しい会や交流のための出費は惜しみません。心のこもったサービスでもてなし、

用神が食神・傷官の人の開運方法

開運ポイント

感性を大事にしましょう！
センスを磨き、好きなものに接していると運がよくなります

これで開運！

好きなものを選びましょう
- 感性で好きなものを選ぶようにする
- おいしいものを食べる
- 心地よい音楽を聴く
- 楽しい人、好きな人と会う

センスを磨きましょう
- 美しいもの、きれいなものを選ぶ
- 流行に敏感になってみる
- 素敵なおしゃれやヘアメイクを心がける

コミュニケーションをとりましょう
- しばらく会っていない人にメールや手紙を送る
- 友人らとおしゃべりをする習慣をつける
- 好きな語学を習う

趣味の時間を大切にしましょう
- 自分が好きな趣味に取り組んでみる
- 映画やコンサートに行く
- 自然が豊かな環境の中を歩く

楽しい場を設けて、人脈は広がる一方です。毎日、愛情の波動を放出していて、思いやりのある楽しい人として周りからも認められる状態にあります。

用神が正財《せいざい》の人

よい運のときの状態を一言でいうと、

コツコツ勤勉になっています！

何事にも飽きることがなく、永続性をもってコツコツと取り組んでいます。仕事の処理能力が高くなっており、敏速に仕事をこなしていけます。現実的に物事をとらえていて、空想や精神世界には興味を示さない状態です。

日々、やるべきことをこなし、うわついたことには心を動かされず、勤勉に働くので、信用を得るようになります。そして、あの人なら確実で間違いがないと周囲から評価されるようになります。

用神が活性化しているときは、現実的な判断ができて、堅実なことに目がいき、泥船に乗ったり危険な橋を渡ったりしません。行動的になっており、積み重ねられた実績が報酬となって返ってくる状態にあります。お金は着実に貯まり、財産が増える傾向にあります。

男性はよい縁談があり、結婚の話が進みます。女性はまじめで勤勉な態度が良縁を引き寄せます。

用神が偏官の人

よい運のときの状態を一言でいうと、

大きな使命感に燃えています！

高い目標に向かってどんどん前進しています。親分肌な性格が強くなり、強い者をこらしめて、弱い者を庇護《ひご》しようという正義感がみなぎっています。社会の悪を見過ごせないという気持ちも強いでしょう。

どんなことでもたちまち解決してしまうので、いろいろな人から頼りにされています。野性味にあふれ、繊細というよりも荒っぽいやり方で、仕事を次々成し遂げていきます。組織の中で大きな仕事を任されます。いちいち指示を受けなくても、自分で的確な判断をして成果を上げて、高い評価を得ることができます。

自分が管轄《かんかつ》しているエリアで不祥事が起こらないように監視して、チェックを欠かさず管理を怠りません。自分は、何らかの役目があって生かされていると考えており、責任感と使命感に燃えて行動しています。

女性は頼もしい男性との良縁に恵まれます。

用神が正官《せいかん》の人

よい運のときの状態を一言でいうと、

法律や規則をきちんと守っています！

下品なことを極端に嫌います。高尚なことに関わろうとします。道徳を重んじて、人の模範となるような生活を送っています。自らを厳しく律しており、正しくあろう、人道的であろうと心がけています。規則をよく守り、組織の中では従順であり、ボスの指示に従い、管理能力を発揮します。自制心が発達しており、物事に対して冷静に対処します。全体を見渡して判断し、集団を適材適所に配置する能力に優れています。

社会的立場の高い人や権威のあるものを尊敬し、自分も高い地位を目指そうとします。法が守られている環境の中で、平和を愛し、安らいだ状態にあります。用神が活性化しているときは正統派を自認しています。一番であることや社会的な地位を得られることで、満足します。女性は、素敵な男性との良縁に恵まれます。

用神が偏印《へんいん》の人

よい運のときの状態を一言でいうと、

インスピレーションが冴えています！

内面を深く掘り下げて、瞑想の世界でさまざまな気づきやイメージをわき上がらせることができます。普段から沈思黙考する習慣があり、形而上学《けいじじょうがく》、哲学、宗教について深く考えることを好みますが、用神が活性化しているときは、それがより高まります。

好奇心が強く、変わったことや珍しいことに興味を持ちます。それらについて多くの情報を収集し、分析します。精神世界の研究をしたり、瞑想したり、一人で旅に出たりして、集団で行動しない時間を持つようになります。その中から、真理を見出していきます。年長者や達人からの教えを受けられる環境に恵まれています。生活の場から離れ、超俗の世界に住み、高度で専門的な知識が極められ、その中で、自信を確立する状態にあります。

用神が印綬《いんじゅ》の人

よい運のときの状態を一言でいうと、

用神が偏財・正財の人の開運方法

開運ポイント

愛の行為を心がけましょう！
サービス精神を発揮して労働や奉仕をすると運がよくなります

これで開運！

人をもてなしましょう
- いつでも笑顔で応対する
- 食べ物や飲み物などをサービスする
- 自分の家やパーティーに招く

労働に勤しみましょう
- 自分なりの仕事に取り組む
- 報酬以上の労働をするよう心がける
- 仕事上の成果を上げ、実績を積み重ねることを心がける

愛の心を持ちましょう
- かわいそうな人がいたらその人の幸せを祈る
- 全ての人の平和と幸福を願う
- 病気の人の回復を祈る

奉仕の行いをしましょう
- トイレを掃除する
- 無償で人の手伝いをする
- 人から相談されたら悩みを聞いて力になってあげる

用神が偏官・正官の人の開運方法

開運ポイント

道徳にそって行動しましょう！
規則を守り、人の模範となるように生きると運がよくなります

これで開運！

規則を守りましょう
- 法律や、社会でのルールを守る
- 会社の規則を守る
- 家庭での決まりごとを守る

管理をしましょう
- こまめな点検、報告、話し合いをする
- 役割を分担して、能率を向上させる
- 悪影響が強いものを除く

人の模範になりましょう
- 道徳に従った生き方の手本となるようにする
- 善い行いを心がける
- 自分の邪念や欲望に負けない自制心を養う

社会の中で役割を果たしましょう
- 家族の中で、親、子、兄弟姉妹、夫・妻としての役割を果たす
- 年長者や目上の人を敬う

新しい知識の吸収力が増しています！

用神が活性化しているときは、吸収する能力が高まっています。どんな難しいことでも、砂に水がしみ込むように頭に入ってくる状態にあります。向学心にあふれ、いつでも青年のような心を持っています。そして、よい先生や年長者に恵まれた環境におかれ、多くの知識を十分に学ぶことができる状態にあります。

また、学校に入って勉強したり、セミナーなどに参加したりして、人として日々成長をしようという気持ちが強くなります。人に教えることで、自分自身がさらに学べるといった場も用意されているでしょう。

教養人としての知的な態度を好み、欲望をあからさまにすることを嫌います。また、宗教に縁が深く、日頃から心の教えとして胸に刻んでいます。

日々を淡々と生き、読書をすることや、知識の豊富な人と会話をすることを楽しみとしています。

あなたを悪い方向へ導く忌神に注意しましょう

命式で一番大切な働きをしている五行が用神でしたが、その働きを壊してしまうのが忌神です。つまり、忌神が活性化しているときが運の悪いときです。

それでは、用神のときと同じ要領で、命式中に表れているあなたの忌神の解説を見てください。忌神が活性化しているときの状態が書いてあります。忌神または仇神が意味する行動をとると、運が悪くなってしまうので要注意。普段から、忌神が活性化しているときの状態にならないように気をつけましょう。そうすれば、いろいろな危険を回避でき、幸せに生活することができます。

忌神が比肩《ひけん》の人

悪い運のときの状態を一言でいうと、

王様状態になっています！

比肩は自我を表します。忌神の場合は比肩の悪い面が出てきます。プライドの高さが原因で、他人とトラブルを起こします。偉そうな態度が、周囲の人の批判の対象にならないよう気をつけましょう。

たまった不満のエネルギーから、事故などの災難にあうことや、病気にかかることがあります。もしよくないことが続いていたら、考えと行いを正しましょう。

また、忌神の比肩は、友人からの厄介事を意味します。友人とは、ほどほどの距離を保つのが大切。自己中心的になると、浪費や思わぬ出費が多くなります。奉仕を心がけると金運も回復します。忌神の比肩が活性化すると、恋人や配偶者とケンカになることも。思いやりや優しさを忘れると、愛情運と金運が急降下するので要注意です。

忌神が劫財《ごうざい》の人

悪い運のときの状態を一言でいうと、

強引な状態になっています！

劫財は我欲を表します。劫財が忌神の場合は、金銭や異性にからんで人間関係が気まずくなりがちでしょう。

不当な手段で利益を得ようとしたり、異性に対して強引な態度をとったりしがちです。あれこれと策を用いて、自分のものにしたい、手に入れなければ気がすまないといった状態になっています。それでは、何事もうまくいきません。内に秘めていた物欲や本能があらわになって冷静さを失い、人間関係のトラブルを起こし、果てはお金の面でも信用をなくしてしまいます。

神仏に畏敬の念を持ち、天罰を恐れ、道徳で自分を律

用神が偏印・印綬の人の開運方法

開運ポイント

常に知的好奇心を持つようにしましょう！
一生を通じて学び続けることで運がよくなります

これで開運！

自分を大切にしましょう
- 小さなことでも自分をほめるようにする
- 質のよい食べ物を食べる
- 疲労を感じたらすぐに休む

学習を始めましょう
- 趣味から学ぶことを始める
- 子供の頃から得意だったことをやってみる
- 学校や講座に通う
- 好きなことを習う

専門分野をさらに深めましょう
- 自分の専門分野をさらに掘り下げる
- その道の達人に学ぶ
- 失敗や挫折をものともせず学び続ける

他の人に教えましょう
- 自分の知っていることを人に教える
- 自分の専門を人に教えながら自分も学習する
- 資料を作って学習の成果を発表する

するようにすれば、煩悩の炎は静まり、円満な人間関係を保つことができます。また、忌神の劫財は財を奪い取る星なので、友人とは適度な距離を保つこと。危険な場所、劣悪なもの、社会的に信用のない人は避けましょう。

忌神が食神《しょくじん》の人

悪い運のときの状態を一言でいうと、

夢や空想にふけっています!

食神は、快楽を意味します。感覚的に気持ちのよいことが好きで、快感にふけった状態になりがちです。娯楽、食事、お酒、音楽、ダンス、ＳＥＸがもともと大好き。もしかしたら、すでにはまっているかもしれません。

あるいは、ロマンチックな夢や空想の世界で遊んで、現実から逃避している人もいるでしょう。自分の空想世界と現実とのギャップに気がつかず、周囲の人に当惑の波紋を広げているかもしれません。しっかりと地に足をつけ、現実を直視するようにしましょう。

忌神の食神が強く働いていると、すべきことを怠り、約束を守らず、生活の義務を果たそうとしないで、好きなことだけをする趣味人間となりがちです。

日々の快楽を求めるだけでは、仕事の成果や社会での評価は得られません。できるだけ沈黙して内省的になり、読書や瞑想をすることで、快楽に夢中になりすぎることから逃れられるでしょう。

忌神が傷官《しょうかん》の人

悪い運のときの状態を一言でいうと、

おそろしく毒舌になっています!

傷官は批判を意味します。批判精神が旺盛で、何かと理屈をつけ、他人の意見を素直に聞き入れることができません。何事にも白黒をつけたがり、対立する2つのものの間で感性が働いています。余計な一言を発して煙たがられがちで、ひどい場合には、毒舌から舌禍《ぜっか》事件を起こします。

傷官が強くなりすぎると、言葉の暴力が多くなり、恋人や配偶者と口論が絶えません。感性が鋭くなりすぎて、神経が過敏になり、ささいなことで感情のバランスを崩します。一見、論理的に見えますが、実は好き嫌いで判断しており、必ずしも本質を見ていません。善悪などの道徳に基づいて判断すると、何事もバランスがとれます。批判したくなったら口を慎みましょう。ありがとうの一言で対人関係が円満になります。学術や宗教に親しむと、精神的な落ち着きや安定を得られるでしょう。

忌神が偏財《へんざい》の人

悪い運のときの状態を一言でいうと、

社交しすぎて混乱しています!

偏財は社交を意味します。偏財が忌神の人は、社交的すぎて人のペースに振り回され、自分は、何をしているのかわからない状態にあります。もともと、場の雰囲気を盛り上げるのが上手。そのため交際費はかさみっぱなし。本業を怠ってつき合いにたくさんのお金を使い、家計は火の車、自転車操業ということにもなりかねません。

いろいろと手を広げてみたけれど、どれも中途半端でまとまらず結果を出せなかったり、八方美人が原因で異性から突き上げを食らったりします。それもこれも、主体性のなさから生じたことで、結果的に、「ノー」と言えない性格が原因で押しの強い人間に追い込まれます。

異性関係では評判を落とさぬよう、つき合う人を選びましょう。お酒もほどほどにしましょう。

忌神が正財《せいざい》の人

目先の利に目がくらんでいます！

悪い運のときの状態を一言でいうと、

正財は勤労を意味します。とにかく勤勉に働いています。現実的で何事も手を抜かないで取り組みます。しかし、それもすぎれば心にゆとりがなくなり、疲れがたまり、金属が腐食するように劣化していきます。

目先の利に目がくらんでしまうのが問題で、今使えないものは不要なものと決め込み、長い目で見ると大切なものも排除してしまいます。また、経験至上主義が邪魔をして、物事の真髄までたどり着くことができない状況にあります。わき目もふらず働いていて、コツコツと蓄財しています。しかし、自分の心の理想をかなえようとしないため、最終的には、心の貧困さから精神的に老けこんでしまいやすいでしょう。あらゆる知識を吸収し、自分に休息と食物を与え続けることが若さの秘訣です。

忌神が偏官《へんかん》の人

荒々しくなっています！

悪い運のときの状態を一言でいうと、

偏官は競争を意味します。自分の立場を確保しようと争うために、気持ちが荒々しくなりがちです。縄張りを作り、そこを仕切ろうとする心理が自然に働きます。自分が仕切り役でなくなると、立場を失って面白くなくなり、理由をつけてその場を去ります。何かにつけ、勝とうとする心理が働くので気が荒く、つき合う相手を疲れさせてしまいます。負けず嫌いなので、猛々《たけだけ》しくなって相手を先制攻撃しがちです。もし、周囲が殺伐としたムードになっていたら注意です。

競おうとする心の荒々しさに終止符を打つには、宗教的な情操を養うことです。読経や瞑想などをすることで心が内面に向かい、バランスが取れるでしょう。

忌神が正官《せいかん》の人

悪い運のときの状態を一言でいうと、

格好つけすぎています！

正官は拘束を意味します。生きてきた環境で厳しい拘束としつけを受けてきたために、はめをはずすことを知りません。きちんとしていて、目上に対して礼儀正しい人です。それゆえに、不都合なことが起きると事実を隠《いん》蔽《ぺい》したり、できなくてもできたと言ったりしてしまいます。実情は悪くても、体面を気にするので見栄を張ったり、うそをついてごまかしたりします。そのため、失敗が後から思わぬ形で表れることもあります。

何事も几帳面にマニュアル通りに取り組みます。環境からの拘束がきつく、それから逃げる術を知りません。そのストレスを発散するために、お酒やギャンブルに走る人もいます。休暇にどこかに出かけるか、息抜きの時間を設けて、楽しむようにしましょう。仕事と規則に従うだけの生活では、病気や事故にあいやすいので注意。

忌神が偏印《へんいん》の人

悪い運のときの状態を一言でいうと、

深読みしすぎ、考えすぎです！

偏印は洞察を意味します。自分の部屋で静かにしていることを好みます。ともすると引きこもりにさえなりかねません。何事も深く考えすぎです。

問題が起きると原因を探して考えますが、出た結論が事実と違っていることもあります。自分だけの世界であれこれと思考をめぐらし、世間の喧騒《けんそう》を嫌って孤独を好みます。想像が高じて、社会的規範からはずれてしまうような妄想にふける人もいます。ささいなことを気にして、疑念から鬱《うつ》っぽくなることもあります。

あまり考えてばかりいないで、まずはやってみるか、人と会話をするのが、運を開くポイントです。

忌神が印綬《いんじゅ》の人

悪い運のときの状態を一言でいうと、

他人への依頼心が強すぎます！

印綬は庇護《ひご》を意味します。外敵から守られた安全な環境に庇護されていた人が多く、手厚く保護されて育ってきたので、世間の怖さを大人になっても知りません。また、先生や師について、たくさん学んできたため、大変な甘えん坊で、小さなことでも傷つき、かまってもらえないとすぐにすねます。

印綬が忌神の人は、もともと依頼心が強く、何でも人に頼りがちですが、それが強くなっています。それでは、重荷に思われ、やがては嫌われてしまうので気をつけましょう。のん気でおっとりとしているので、ともすると、現在の環境に甘んじてしまい、ボーッと暮らしているか、ゴロゴロと寝ていて生活の改善を怠りやすいでしょう。

人と会うことを心がけ、積極的に行動し、何事も経験することが大切です。

PART 6

運の流れを見る

四柱推命では、大運や流年といった表を作ることで、運のめぐりがわかります。気になるあなたの未来の吉凶や運気を明らかにしましょう。

あなたの大運を調べましょう

運のめぐりが読み解ける大運と流年

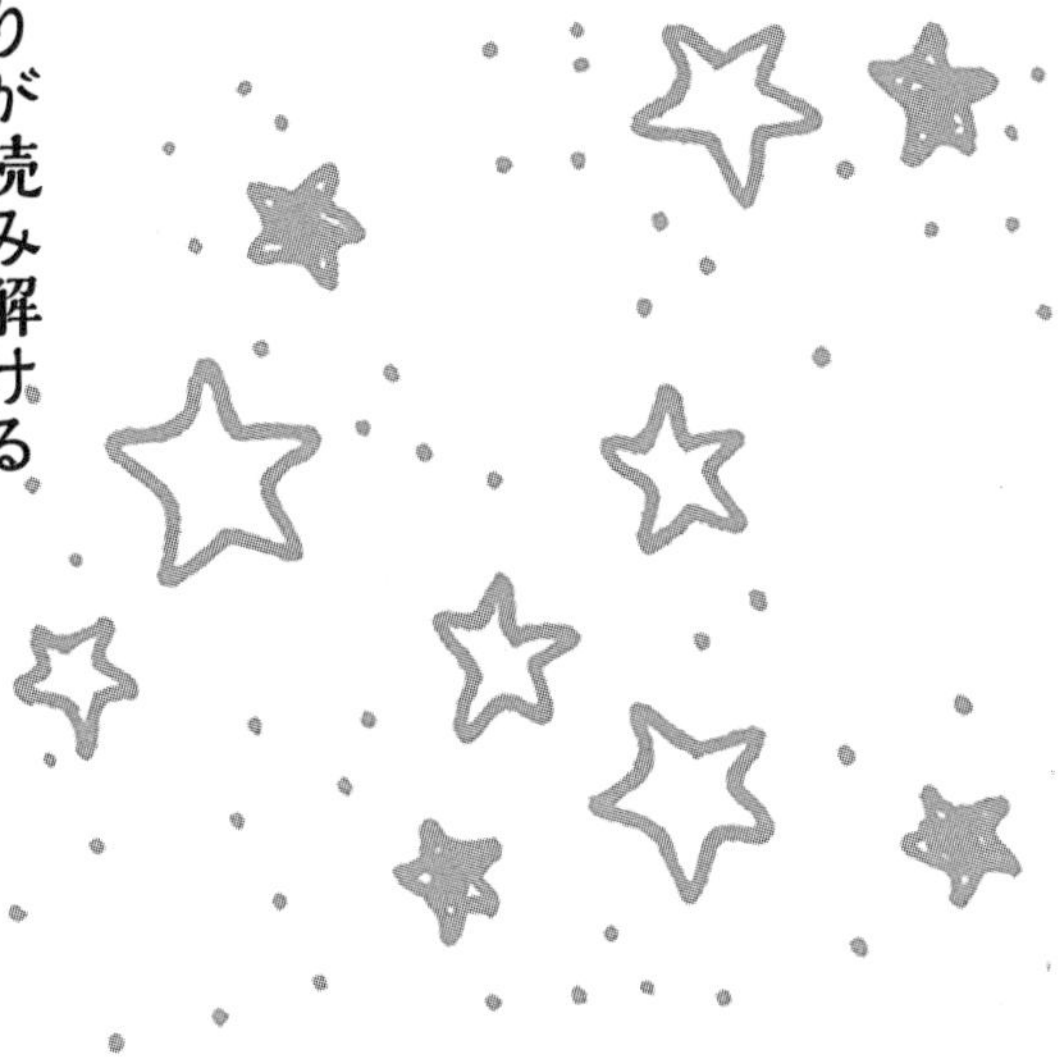

四柱推命には、命式から派生した「大運《だいうん》」と「流年《りゅうねん》」があり、ともに、そこから運の流れを読み取ることができます。つまり、生まれてからこれまでの吉凶の流れや、これからの運勢についてわかるのです。

大運では10年間の運が、流年では1年間の運が見られます。大運のゆったりとした大きな運の流れの中に、1年の運である流年が入っていると考え、流年よりも大運の影響力のほうが大きいと見ます。

では、大運の作り方を、順を追って説明していきましょう。

❶ 生まれた年から「順行《じゅんこう》」か「逆行《ぎゃっこう》」かを確認する

まず、左の図「順行《じゅんこう》・逆行確認表《ぎゃっこうかくにんひょう》」で、あなたが順行・逆行のどちらになるのかを確かめましょう。

ちなみに、左の図で2に進んだ人のうち、男性を「陽《よう》男《なん》」、女性を「陽女《ようにょ》」といい、3に進んだ人のうち、男性を「陰男《いんなん》」、女性を「陰女《いんにょ》」といいます。

では、Aさん（女性）を例に説明します。Aさんは年干が丁で女性ですから、左図によると順行に分類されます。

順行・逆行確認表

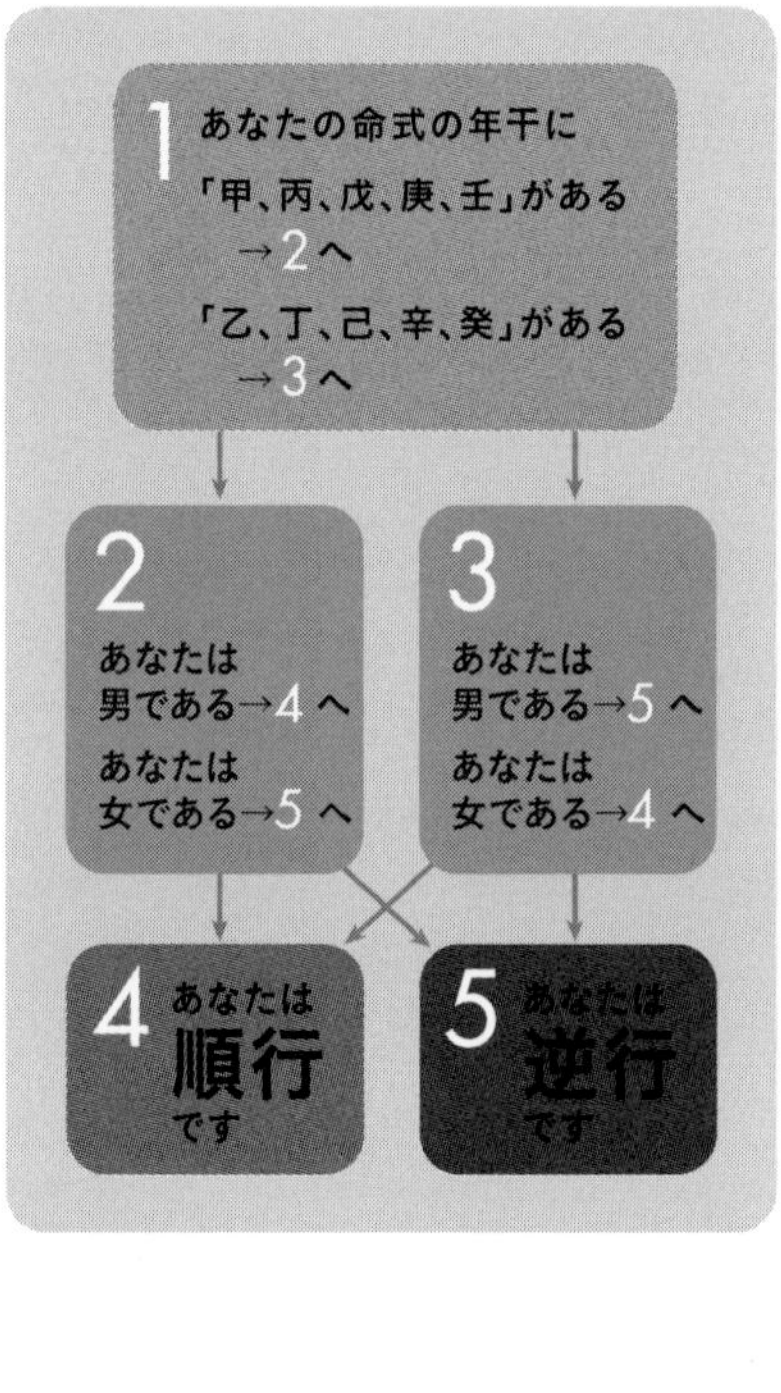
1
あなたの命式の年干に
「甲、丙、戊、庚、壬」がある
→2へ
「乙、丁、己、辛、癸」がある
→3へ
2
あなたは
男である→4へ
あなたは
女である→5へ
3
あなたは
男である→5へ
あなたは
女である→4へ
4 あなたは
順行
です
5 あなたは
逆行
です

❷ 干支暦を見て生まれた日から節入りまでの日数を数える

次に、159ページ以降にある干支暦を見て、あなたの生まれた日から節入りまで何日あるかを数えます。ただし、その数え方は、❶で確認した順行か逆行かによって違います。

順行の人…次の節入りまで進んで数えます
逆行の人…前の節入りまで戻って数えます

では、Aさんを例に説明しましょう。Aさんは順行ですから、生まれた日から次の節入りまで進んで数えます。Aさんは4月30日2時43分生まれで、翌月の節入りは5月6日0時16分ですから、引き算をすると5日と21時間33分になります。つまり、約6日となります。

ここで、逆行の場合の数え方も説明しておきます。仮にAさんが男性だとすると、逆行になるので、前の節入りまで戻って数えます。Aさんの生まれた4月30日2時43分から、その月の節入り4月5日6時46分を引くと24日と19時間57分になります。つまり、約25日となります。

生まれた日から節入りまでの数え方（順行の場合）

1977年（昭和52年）丁巳

31日	30日	29日	28日	27日	26日	25日	24日	23日	22日	21日	20日	19日	18日	17日	16日	15日	14日	13日	12日	11日	10日	9日	8日	7日	6日	5日	4日	3日	2日	1日	節入り	月干支	月
戊子	丁亥	丙戌	乙酉	甲申	癸未	壬午	辛巳	庚辰	己卯	戊寅	丁丑	丙子	乙亥	甲戌	癸酉	壬申	辛未	庚午	己巳	戊辰	丁卯	丙寅	乙丑	甲子	癸亥	壬戌	辛酉	庚申	己未	戊午	5日 19時 51分	辛丑	1月
			丙辰	乙卯	甲寅	癸丑	壬子	辛亥	庚戌	己酉	戊申	丁未	丙午	乙巳	甲辰	癸卯	壬寅	辛丑	庚子	己亥	戊戌	丁酉	丙申	乙未	甲午	癸巳	壬辰	辛卯	庚寅	己丑	4日 07時 34分	壬寅	2月
丁亥	丙戌	乙酉	甲申	癸未	壬午	辛巳	庚辰	己卯	戊寅	丁丑	丙子	乙亥	甲戌	癸酉	壬申	辛未	庚午	己巳	戊辰	丁卯	丙寅	乙丑	甲子	癸亥	壬戌	辛酉	庚申	己未	戊午	丁巳	6日 01時 44分	癸卯	3月
	丁巳	丙辰	乙卯	甲寅	癸丑	壬子	辛亥	庚戌	己酉	戊申	丁未	丙午	乙巳	甲辰	癸卯	壬寅	辛丑	庚子	己亥	戊戌	丁酉	丙申	乙未	甲午	癸巳	壬辰	辛卯	庚寅	己丑	戊子	5日 06時 46分	甲辰	4月
戊子	丁亥	丙戌	乙酉	甲申	癸未	壬午	辛巳	庚辰	己卯	戊寅	丁丑	丙子	乙亥	甲戌	癸酉	壬申	辛未	庚午	己巳	戊辰	丁卯	丙寅	乙丑	甲子	癸亥	壬戌	辛酉	庚申	己未	戊午	6日 00時 16分	乙巳	5月
	戊午	丁巳	丙辰	乙卯	甲寅	癸丑	壬子	辛亥	庚戌	己酉	戊申	丁未	丙午	乙巳	甲辰	癸卯	壬寅	辛丑	庚子	己亥	戊戌	丁酉	丙申	乙未	甲午	癸巳	壬辰	辛卯	庚寅	己丑	6日 04時 32分	丙午	6月
己丑	戊子	丁亥	丙戌	乙酉	甲申	癸未	壬午	辛巳	庚辰	己卯	戊寅	丁丑	丙子	乙亥	甲戌	癸酉	壬申	辛未	庚午	己巳	戊辰	丁卯	丙寅	乙丑	甲子	癸亥	壬戌	辛酉	庚申	己未	7日 14時 48分	丁未	7月

5月 6日 0：16
− 4月30日 2：43
5日21時間33分 → 約6日

生まれた日から節入りまでの数え方（逆行の場合）

1977年（昭和52年）丁巳

31日	30日	29日	28日	27日	26日	25日	24日	23日	22日	21日	20日	19日	18日	17日	16日	15日	14日	13日	12日	11日	10日	9日	8日	7日	6日	5日	4日	3日	2日	1日	節入り	月干支	月
戊子	丁亥	丙戌	乙酉	甲申	癸未	壬午	辛巳	庚辰	己卯	戊寅	丁丑	丙子	乙亥	甲戌	癸酉	壬申	辛未	庚午	己巳	戊辰	丁卯	丙寅	乙丑	甲子	癸亥	壬戌	辛酉	庚申	己未	戊午	5日 19時 51分	辛丑	1月
			丙辰	乙卯	甲寅	癸丑	壬子	辛亥	庚戌	己酉	戊申	丁未	丙午	乙巳	甲辰	癸卯	壬寅	辛丑	庚子	己亥	戊戌	丁酉	丙申	乙未	甲午	癸巳	壬辰	辛卯	庚寅	己丑	4日 07時 34分	壬寅	2月
丁亥	丙戌	乙酉	甲申	癸未	壬午	辛巳	庚辰	己卯	戊寅	丁丑	丙子	乙亥	甲戌	癸酉	壬申	辛未	庚午	己巳	戊辰	丁卯	丙寅	乙丑	甲子	癸亥	壬戌	辛酉	庚申	己未	戊午	丁巳	6日 01時 44分	癸卯	3月
	丁巳	丙辰	乙卯	甲寅	癸丑	壬子	辛亥	庚戌	己酉	戊申	丁未	丙午	乙巳	甲辰	癸卯	壬寅	辛丑	庚子	己亥	戊戌	丁酉	丙申	乙未	甲午	癸巳	壬辰	辛卯	庚寅	己丑	戊子	5日 06時 46分	甲辰	4月
戊子	丁亥	丙戌	乙酉	甲申	癸未	壬午	辛巳	庚辰	己卯	戊寅	丁丑	丙子	乙亥	甲戌	癸酉	壬申	辛未	庚午	己巳	戊辰	丁卯	丙寅	乙丑	甲子	癸亥	壬戌	辛酉	庚申	己未	戊午	6日 00時 16分	乙巳	5月
	戊午	丁巳	丙辰	乙卯	甲寅	癸丑	壬子	辛亥	庚戌	己酉	戊申	丁未	丙午	乙巳	甲辰	癸卯	壬寅	辛丑	庚子	己亥	戊戌	丁酉	丙申	乙未	甲午	癸巳	壬辰	辛卯	庚寅	己丑	6日 04時 32分	丙午	6月
己丑	戊子	丁亥	丙戌	乙酉	甲申	癸未	壬午	辛巳	庚辰	己卯	戊寅	丁丑	丙子	乙亥	甲戌	癸酉	壬申	辛未	庚午	己巳	戊辰	丁卯	丙寅	乙丑	甲子	癸亥	壬戌	辛酉	庚申	己未	7日 14時 48分	丁未	7月

4月30日 2：43
− 4月 5日 6：46
24日19時間57分 → 約25日

❸ ❷の数値を3で割る

生まれた日から節入りまで何日あるかがわかったら、その数値を3で割ります。これを「初運《しょうん》」といいます。なぜ3で割るかというと、四柱推命では3日で1歳と考えるからです。3で割ると余りは必ず4か月か8か月になります。4のときは切り捨て、8のときは切り上げてください。

Aさんの初運

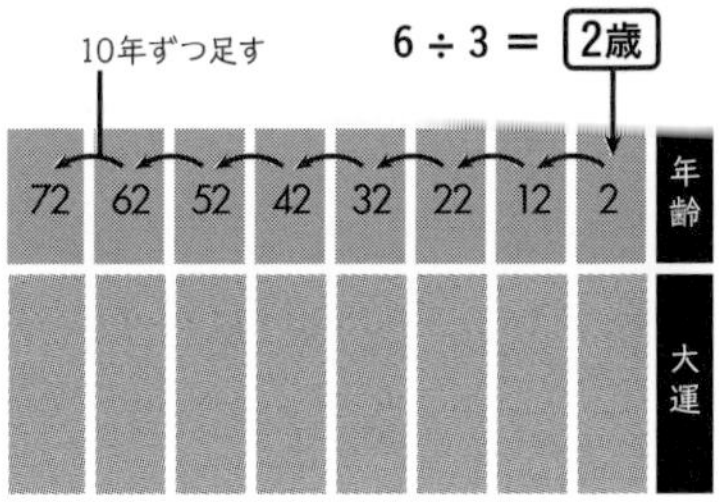

次に、大運の表に、初運を先頭にして、10年ずつ足した数を合計8列記入します。なお、生まれた日から節入りまでの日数が3以下のときは全て1歳を初運とします。

Aさんを例に説明しましょう。Aさんの節入りまでの日数、6日を3で割ると2です。よって、初運は2歳です。

初運がわかったら後は10年ずつ足し、8列まで記入しましょう。

Aさんが男性の場合は、25日÷3＝8歳と4か月になり、約8歳です。よって、初運は8歳となります。

❹「六十干支順行・逆行早見表」を見て初運から干支を記入する

150ページの「六十干支順行・逆行早見表」を見て、あなたの命式に書かれた月柱の干支《かんし》（月干と月支）の次に当たる干支を探します。それを初運から順に、大運の表に記入します。

では、引き続き、Aさんを例に説明します。

「六十干支順行・逆行早見表」の順行の表から、月柱の干支「甲辰」を探し、その次の干支「乙巳」から順に8列まで大運の表に記入します。

Aさんの大運は、左の表のようになります。逆行の人は、見る表が逆行になるので間違えないように注意しましょう。Aさんが男性だと仮定した場合は、逆行の表を見て記入することになります。その場合の大運も載せておきますので参考にしてください。

なお、表はつながっていますので、それぞれの表の左

六十干支順行・逆行早見表の見方

順行

癸酉	壬申	辛未	庚午	己巳	戊辰	丁卯	丙寅	乙丑	甲子
癸未	壬午	辛巳	庚辰	己卯	戊寅	丁丑	丙子	乙亥	甲戌
癸巳	壬辰	辛卯	庚寅	己丑	戊子	丁亥	丙戌	乙酉	甲申
癸卯	壬寅	辛丑	庚子	己亥	戊戌	丁酉	丙申	乙未	甲午
癸丑	壬子	辛亥	庚戌	己酉	戊申	丁未	丙午	乙巳	甲辰
癸亥	壬戌	辛酉	庚申	己未	戊午	丁巳	丙辰	乙卯	甲寅

月柱の干支

逆行

乙卯	丙辰	丁巳	戊午	己未	庚申	辛酉	壬戌	癸亥	甲子
乙巳	丙午	丁未	戊申	己酉	庚戌	辛亥	壬子	癸丑	甲寅
乙未	丙申	丁酉	戊戌	己亥	庚子	辛丑	壬寅	癸卯	甲辰
乙酉	丙戌	丁亥	戊子	己丑	庚寅	辛卯	壬辰	癸巳	甲午
乙亥	丙子	丁丑	戊寅	己卯	庚辰	辛巳	壬午	癸未	甲申
乙丑	丙寅	丁卯	戊辰	己巳	庚午	辛未	壬申	癸酉	甲戌

月柱の干支

Aさんの大運（順行）

72	62	52	42	32	22	12	2	年齢
壬子	辛亥	庚戌	己酉	戊申	丁未	丙午	乙巳	大運

Aさんの大運（逆行）

78	68	58	48	38	28	18	8	年齢
丙申	丁酉	戊戌	己亥	庚子	辛丑	壬寅	癸卯	大運

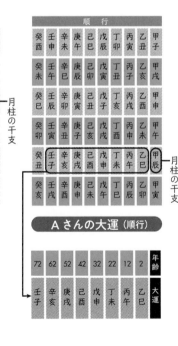

下「癸亥」、または「乙丑」までできたら、右上の「甲子」へと続けて見てください。

⑤ 大運の地支に蔵干の本気の通変星を当てはめる

147ページの「蔵干早見表」を見て、大運の地支に含まれている蔵干の本気を確認し、大運の表に記入します。次に、同じページにある「通変星早見表」で蔵干の本気の通変星を確認し、大運の表に書き込みましょう。

Aさんを例に説明します。Aさんの2〜11歳の大運の地支「巳」の蔵干の本気は、「蔵干早見表」によると「丙」です。「通変星早見表」でAさんの命式の日干「丁」と、蔵干「丙」との交差点を見ると、通変星は「劫財」とありますので、これを記入します。このようにして、残りの7列も記入すると、左の表のようになります。

年齢	大運	蔵干の本気	地支の通変星
2	乙巳	丙	劫財
12	丙午	丁	比肩
22	丁未	己	食神
32	戊申	庚	正財
42	己酉	辛	偏財
52	庚戌	戊	傷官
62	辛亥	壬	正官
72	壬子	癸	偏官

⑥ 大運の天干に通変星を当てはめる

大運の天干も147ページの「通変星早見表」を使って8列の通変星を配しましょう。たとえばAさんの2〜11歳は、日干「丁」と大運の天干「乙」の交差点で「偏印」になります。すべてを記入すると左のようになります。

すべてを書き入れたAさんの大運

年齢	天干の通変星	大運	蔵干の本気	地支の通変星
2	偏印	乙巳	丙	劫財
12	劫財	丙午	丁	比肩
22	比肩	丁未	己	食神
32	傷官	戊申	庚	正財
42	食神	己酉	辛	偏財
52	正財	庚戌	戊	傷官
62	偏財	辛亥	壬	正官
72	正官	壬子	癸	偏官

あなたの大運の表を作ってみましょう。

あなたの大運

年齢	天干の通変星	大運	蔵干の本気	地支の通変星

流年では、1年ごとの運の流れを見ます

流年は1年ごとの運の流れを見るもので、大運よりも短いスパンの吉凶判断に使います。

Aさんの流年

年	2017	2018	2019	2020	2021
天干の通変星	比肩	傷官	食神	正財	偏財
年干支	丁酉	戊戌	己亥	庚子	辛丑
蔵干の本気	辛	戊	壬	癸	己
地支の通変星	偏財	傷官	正官	偏官	食神

年					
天干の通変星					
年干支					
蔵干の本気					
地支の通変星					

表の作り方は大運と同じです。まず、あなたが知りたい年の年干支を干支暦を見て記入します。

次に、年干支の天干と地支の通変星を、大運の作り方❺、❻と同様にして書き入れます。

仮に、Aさんの2009年から5年間の流年の表を作ると、表のようになります。あなたの流年の表を作ってみましょう。

大運や流年から、あなたの吉凶がわかります

大運と流年の表が作れたら、気になるのは、あなたの吉凶についてでしょう。

吉凶にはPART5で求めたあなたの用神、喜神、忌神、仇神、閑神が関わっていて、左の表のようにまとめることができます。

では早速、Aさんの大運を例に吉凶の判定の仕方について説明しましょう。まずは、大運の天干と地支の通変星を、左の表「五つの神と吉凶の関係」にある吉凶の記号に変換します。

Aさんは、用神＝官殺（偏官と正官）、喜神＝財（偏財と正

5つの神と吉凶の関係

大運や流年の「天干」の通変星が

あなたの**用神**であるとき ＝	大吉 ◎
あなたの**喜神**であるとき ＝	吉 ○
あなたの**閑神**であるとき ＝	和 ◇
あなたの**仇神**であるとき ＝	凶 △
あなたの**忌神**であるとき ＝	大凶 ×

大運や流年の「地支」の通変星が

あなたの**用神**であるとき ＝	大吉 ◎◎
あなたの**喜神**であるとき ＝	吉 ○○
あなたの**閑神**であるとき ＝	和 ◇◇
あなたの**仇神**であるとき ＝	凶 △△
あなたの**忌神**であるとき ＝	大凶 ××

財）、閑神＝食傷（食神と傷官）、仇神＝印（偏印と印綬）、忌神＝比劫（比肩と劫財）ですので、たとえばAさんの2〜11歳で見ると、天干の通変星「偏印」は、Aさんにとっては仇神なので凶（△）です。

そこで、大運の表に「△」と書きます。地支の通変星「劫財」は忌神で大凶（××）ですので、同様に書き入れます。

このようにして、8列の通変星を記号化しましょう。

通変星を記号化する

年齢	天干の通変星	大運	地支の通変星
2	△偏印	乙巳	××劫財
12	×劫財	丙午	××比肩
22	×比肩	丁未	◇◇食神
32	◇傷官	戊申	○○正財
42	◇食神	己酉	○○偏財
52	○正財	庚戌	◇◇傷官
62	○偏財	辛亥	◎◎正官
72	◎正官	壬子	◎◎偏官

全て記入すると、上の表のようになります。

さて、大運の表に吉凶を記入できたら、「天干と地支が違う記号のときの運勢は？」という疑問がわくことでしょう。

吉凶判断をするときには、地支の影響力のほうが大きく、「大運天干の力量3分の1」「大運地支の力量3分の2」として見ます。

たとえば、大運の表において、天干の通変星が「凶」

で、地支の通変星が「大吉」の10年があったとすると、その10年間はトータルで「吉」の運だと判断します。

これをまとめたものが左の表です。これを見ると、あなたの1年ごとや、10年ごとの運勢が簡単にわかります。

表の見方を、Aさんを例に説明します。Aさんの大運の表の初運、2〜11歳の天干の通変星を見ると「△」です。そこで、左表の天干の通変星の欄（縦軸）の下から2番目「△」を見ます。

大運の表の初運で、地支の通変星を見ると「××」です。そこで、左表の地支の通変星の欄（横軸）の一番左「××」を見ます。

この2つが交差したところ「末凶」が、Aさんの初運、10年の運勢になります。あなたも大運や流年の表を作り、吉凶判断をしてみましょう。

天干・地支の通変星の組み合わせによる運勢一覧表

天干の通変星 ＼ 地支の通変星	××忌神	△△仇神	◇◇閑神	○○喜神	◎◎用神
◎用神	凶	和	吉	中吉	大吉
○喜神	小凶	凶	末吉	小吉	中吉
◇閑神	半凶	小凶	和	吉	小吉
△仇神	末凶	半凶	凶	末吉	吉
×忌神	大凶	末凶	小凶	和	末吉

注１）吉凶はよい順に、大吉、中吉、小吉、吉、末吉、和、凶、小凶、半凶、末凶、大凶です。
２）「和」とは、吉にも凶にも成り得る状態です。
３）吉凶判断は目安ですので、気にしすぎないようにしてください。

あなたの運の流れを読み解きましょう

大運、流年からは運の流れもわかります

大運や流年からは、吉凶判断だけでなく、運の流れも見ることができます。早速、あなたにどんな運がめぐってくるのか見てみましょう。なお、「○○の運がめぐるとき」というのは、大運や流年の天干や地支の通変星に、その「○○」の通変星があるときの状態をいいます。

たとえば、命式の日干が丁で大運が「丁未」のとき、天干の通変星は「比肩」、地支の通変星は「食神」に当たります。このとき、表面に表れる出来事は、「比肩」の運がめぐってきたとして見ます。もちろん、地支重視なのでその年の本質は「食神」の運がめぐってきたと見ます。吉凶判断も地支を重んじて見ます。

比肩の運がめぐるとき

身強の人

自我が強くなり、自分本位な言動により人間関係のトラブルを起こしがちです。会社員は、同僚と不和になったり、自分から束縛を嫌って辞職したりします。自営業の人は、独立や拡張の無理がたたり金銭的に厳しい状況に追い込まれることもあります。友人との合作事業は、互いに意見を譲らず、決裂するか共倒れになるでしょう。

投機は、見込み違いで損失が大きくなりますからしてはいけません。また、兄弟姉妹や友人から金銭的な迷惑をかけられたり、意見の相違から対立したりしがちです。相談相手と距離をおくことが大事です。エネルギーが強くなりすぎて気持ちがイライラするため人と対立し、ケンカをしかけたり攻撃的になったりします。

男性 恋愛は破局を迎えやすいとき。エゴからの失恋や離婚に注意しましょう。

女性 恋愛は破局を迎えやすいとき。エゴからの離別や失恋に注意しましょう。

身弱の人

自立心が強くなり、挑戦意欲が高まるときです。初志貫徹してけじめをつけます。目の前にある困難をはねのけようと奮闘するでしょう。会社員は、転勤や転職などで自分の望む仕事環境につくか、独立して束縛のない自由な環境で仕事ができるようになるでしょう。自営業の人は、新しい市場に参入することや、新商品を開発することで事業が進展するでしょう。もし、転職や独立を考えているのであれば、チャンスはこの時期です。

友人や兄弟姉妹の助力が得られるときですが、無理に求めなくても、一生懸命に努力奮闘しているうちに、将来の見通しは開けてきます。好ましくない友人や恋人とは縁を切ることができるでしょう。身も心もエネルギーが充実します。体調の悪かった人は健康が回復します。

男性 恋愛は自信を取り戻します。結婚の好機。友人が力となり、思い通りになります。

女性 自分自身がしっかりするので恋の見極めがつきます。愛情も意のままになるとき。

劫財の運がめぐるとき

身強の人

自己中心的になり何事に対しても強引になります。しかし、理想と現実の狭間で苦悩におちいり、やる気をなくすか自暴自棄になってしまうでしょう。

会社員は、独断で決めたことが失敗して会社で孤立無援となります。自営業の人は、得意先の倒産や手形の不渡り、仕事仲間との対立などにより、金銭的な損失を受けるでしょう。また、友人からの損害を受けます。

あなたの成功の邪魔をしようとする人や足を引っ張ろうとする人が次々に現れ、物事は思うように運ばないでしょう。こういうときは、謙虚になり自己反省しないと、仕事、お金、愛情全ての面で絶望するような結果を招きかねません。エネルギーが強くなりすぎてイライラします。嫉妬心が強くなり、冷静でいられません。スピード違反、ルール違反、交通事故、ケンカ、ケガなどに注意。

男性 恋愛は破局を迎えやすいとき。身勝手や強引さからの失恋や離婚に注意。

女性 恋愛は破局を迎えやすいとき。自分のわがままが原因での離別や失恋に注意。

身弱の人

意志が強くなり、やる気が出てきます。難しそうなことでもチャレンジしてみようという気持ちが強くなります。ふつふつと闘志がわいてきます。

会社員は、それまでの業績不振をはね返すような果敢な行動で成績を上げるでしょう。自営業の人は、困難を恐れず挑戦して、新しい分野を開拓するでしょう。

また、この時期は、いつになく強引になります。でも、それが功を奏するときなので小さなことにはこだわらず、大胆に行動しましょう。友人や兄弟姉妹からの協力が得られるので共同で何かをするのもよいでしょう。好ましくない友人や恋人との関係を断つことができます。心身ともにエネルギーが充実します。体調の悪かった人は健康が回復します。

男性 恋愛や結婚は意のままになります。結婚によい時期です。友人の協力があります。

女性 恋愛は自分の思い通りになります。恋の主導権を握ることができます。

食神の運がめぐるとき

身強の人

精神的に落ち着き、ゆったりとした豊かな毎日を送ることができます。人間関係は円満に運び、仕事も学業も順調なとき。生活は安定して、衣食住に恵まれます。趣味や娯楽に興ずることも多くなるでしょう。

食べ物がおいしく感じられ、必然的にふくよかな体つきになります。友人との歓談や飲食の機会も増え、笑っていることが多いでしょう。金銭的にも困らないので、欲しいと思っていたものが手に入り、幸せ気分いっぱいです。豊かなアイデアがわき、表現する能力が高まりますから、何かを発表するチャンスです。健康運は好調。

健康状態の悪かった人は回復に向かいます。

男性 恋の喜びや幸せを満喫します。恋愛から婚約に進展する可能性が高いときです。

女性 恋愛から婚約に進展する可能性が高いときです。妊娠、出産の喜びがあります。

身弱の人

だらしない日々におちいりやすいでしょう。やらなければならないことをしないで、遊び、飲食、映画、旅行、カラオケなどで浮かれ気分になるときです。そのため、仕事を放り出し、趣味や恋愛にうつつを抜かして人から非難されることもあるでしょう。

また、不注意から損失を招いたり、気のゆるみから人につけ入られて利用されたりします。ぬるま湯につかってぼんやりしていないで、注意深くなりましょう。

金銭面では浪費しがちです。遊興で散財したり、衝動的に高価なものを買ってしまったりして、後から支払いに困るということもあるでしょう。生活は不摂生になりがち。目の下にくまができていたらよく眠りましょう。

男性 この時期の共同事業は避けましょう。子供の病気に注意。

女性 不倫の恋や火遊びに注意。彼や夫のことで苦労することになるでしょう。

傷官の運がめぐるとき

身強の人

感性が鋭くなり、頭の回転が速くなります。打てば響くように勘が冴えます。新しい発想や企画が浮かんで才能が発揮されます。芸術方面でも認められて、発表の喜びを得ることができます。芸術的なことや、技術の習得に適しており、それに没頭すれば、かなりの成果が上がるでしょう。

仕事や人間関係への問題提起をして改革を断行し、成功します。無駄なことはやめ、いらないものは取り除きます。情に流されず、合理性を重視して成果が上がります。健康運は好調です。これまで健康状態の悪かった人は回復します。よい治療法や薬が見つかり、生活習慣や環境が改善できる好機です。

男性 恋愛は急進展して、結果の白黒がはっきりするときです。

女性 恋愛は急進展します。結婚は白黒がはっきりします。妊娠の喜びがあります。

身弱の人

やり場のないいらだちや焦燥感が強まります。社会への怒りや環境への不満がもとで暴走します。対人関係に摩擦を起こし、目上に反抗的になりやすいとき。仲のよかった人とも次々とトラブルを起こしてしまいます。焦りと矛盾が爆発して会社を辞めることもあります。周囲に迷惑をかける、職場で信用を失う、自分の名誉を失うなど、散々な目にあいます。場合によっては、法律に触れて刑に服すようなことにもなりかねません。

とにかくこの時期は、社会、目上、上司、親などに反抗するようなことばかりしたくなるので、自分の行動が非難の的にならないように気をつけて。心身ともに消耗しやすいとき。生活習慣を改善しましょう。目の下にくまができていたら睡眠をたっぷりとりましょう。

男性 恋愛や婚約は解消しやすいとき。相手から非難され、訴えられて破局を迎えます。

女性 恋愛や婚約は解消しやすいとき。既婚者はトラブル、別れの危機があります。

偏財の運がめぐるとき

身強の人

人との社交が盛んになります。そのため忙しさは頂点を極めますが、体力気力ともに充実していて楽しく活動できます。この時期は、思いがけない金運に恵まれ、大きなお金が苦労せずに転がり込んでくるのが特徴です。お金とチャンスは素早くつかみましょう。

恋人や家族とも仲よく過ごし、人間関係は円満そのもの。あなたの才能や人柄が輝くときで、どこへ行っても人気者になるでしょう。必然的に、人の集まりや飲食の場、仕事の駆け引きの場に誘われることが多くなります。

会社員は、活躍の場を与えられたり、給料がアップしたりします。自営業の人は、ヒット商品が出て多くの利益が出ます。また商売が広がって面白いように儲かるときです。本業以外の仕事も入ってきて、人の世話事も増えますが、やっておくと後から全く別の形で報われます。衣食住の不自由がなく、何かと余裕があります。

男性 恋愛や結婚に積極的になります。意中の人と結ばれるでしょう。

女性 豊富な財運を持つ男性との縁があります。恋愛や結婚はよい方向へ進むでしょう。

身弱の人

人の集まりや社交に追われて、忙しく走り回るのですが、その割に実りがありません。会社員は接待などで毎日酒場や遊興の場に入り浸り、業績は一向に上がりません。自営業の人は十分な下調べや準備をしないで手をつけ、利益が上がらないということになりやすいでしょう。

労力をかけた割に結果が全く伴わず、周囲の人に対して面目が立たないときです。他人の世話事に振り回されて自分の本業にかける時間がなくなったり、交際に忙しすぎて自分を見失ったりしがちです。また、入ってきたお金は出て行ってしまうときですから、遊びや社交を控えるのが無難でしょう。

社交や交際がすぎて常に疲労気味。働きすぎに注意してください。休息すると回復します。よく寝て、よく食べることを心がけましょう。

男性 恋愛をすれば、相手に主導権を握られます。恋愛や結婚のために大金を使います。

女性 交際相手に金銭的な援助をしたり、父親に関することで苦労したりします。

正財の運がめぐるとき

身強の人

財運に恵まれるときです。勤勉になれば確実にお金が入ってきます。会社員は、昇給したり、報酬のよい会社に転職したりします。自営業の人は、よい条件の仕事が回ってきたり、ヒット商品が出たりして売り上げが非常に上がるときでしょう。

とにかく豊富な財産に恵まれる運にあります。コツコツ働けば、多くの人の協力を得られ、何倍もの収入となって返ってきます。よい不動産にも縁のある時期です。土地やビル、家を買う好機です。お金にゆとりのあるときなので、貯蓄だけではなく、機械などの設備に投資しておくのもよいでしょう。人間関係も好調です。大変有益な人達との縁がつくときですから、積極的に人に会いましょう。健康状態も良好です。

男性 恋愛は、まじめなつき合いになります。理想的な女性と結婚が決まるでしょう。

女性 恋愛は、まじめなつき合いをします。資産家の男性との縁があります。結婚話が進むでしょう。

身弱の人

一生懸命に働いているにもかかわらず、金銭的に豊かにならないときです。会社員は苦労して取り組んだ仕事の成果が出なかったり、結果が期待はずれに終わったりします。自営業の人は、お金をかけて取り組んでも利益が上がらなかったり、事業が不発に終わったりします。

この時期はとにかく金運が悪いために、土地や家財を売らなければならなかったり、母親の病気や父親のことで出費があったりします。

家計に余裕がないために、誘いを断ることになり、その結果つき合いが悪いとか、ケチだとか非難されやすいでしょう。まじめに働きすぎて体調を崩しやすいときです。なるべく安静にして、たっぷり休息を取りましょう。

男性 恋愛をすると女性にお金を使います。結婚すると女性に主導権を握られます。

女性 恋愛をすると尽くす一方になります。交際相手に金銭的な援助をします。

偏官の運がめぐるとき

身強の人

思い切った転換をはかって成果が上がるときです。人から見ると荒っぽいやり方ですが、功を奏します。

会社員は、難題を任されますが、それを巧みに処理して昇進します。権力も握るでしょう。優良企業から引き抜きがあるかもしれません。自営業の人は思い切った事業転換をし、新規事業に参入して成果を上げます。規模の大きい会社から引き抜き要請があることも。才能が試されるときなので、自分には高すぎる目標でも頑張り抜きましょう。試験などではよい成績で合格するでしょう。

金銭的には、異動、転職、転業のためにお金が出ますが、次のステップのための出費であり無駄にはなりませんし、お金に困ることはないでしょう。もし、訴訟や法的な問題が起きても有利に運び、かえって信用や評価を高めるでしょう。

男性 才能を発揮して評価され、仕事上の引き立てを受けます。子供にも恵まれます。

女性 頼もしい男性と恋愛、結婚の運びになります。

身弱の人

急に冒険がしてみたくなって、大胆な行動をしたり、いちかばちかの勝負に出て失敗しやすいときです。変化のときではありますが、自分から動くとかえって苦労が伴います。

会社員は、部署が変わるなどして、慣れない仕事のために苦労します。自営業の人は、業務内容を変えたり、転業せざるを得なくなったりします。仕事のストレスが大きいために、精神不安になりやすく、安眠できないこともあります。訴訟や法的な問題が起きた場合は勝つ見込みは少なく、そのために立場も名誉も失ってしまうでしょう。このようなときは、下手に動かず、趣味に興じたり、旅行などで気分転換をしたりするとよいでしょう。

健康運は低調。無理のしすぎと過労から病気にかかりやすいでしょう。不注意によるケガ、事故に注意。とにかく体を壊しやすい時期なので無理は禁物です。

男性 社会的な信用を失いやすいとき。暗い所、危険なことには近づかないのが無難。

女性 恋愛してもなかなか結婚に至らず、彼や夫に関することで苦労します。

正官の運がめぐるとき

身強の人

社会的立場の高い人から引き立てを受けるときです。競争に勝って社会的に高い地位が得られることで自信がついてきます。それまでしてきた努力が社会的な形で実を結びます。そのことで周囲からも高い評価を受けるでしょう。会社員は、昇級や出世が期待できます。今よりも待遇のよいところへの栄転や引き抜きもあるでしょう。自営業の人は、協業や業務提携の話がまとまります。組織的な力でスタッフとともに計画を進めて、事業の成功を得られます。

金銭的にも順調です。社会的な信用がありますから、土地や住宅の購入、あるいは事業プランのための資金作りの好機です。もし、訴訟や法的な問題が起きても有利に運び、かえって信用や評価を高めることになるでしょう。試験などではよい成績で合格するでしょう。

男性 競争に打ち勝ち、社会的に高い地位を得られます。子供にも恵まれます。

女性 社会的地位のある男性との縁があります。理想的な結婚相手が見つかる好機です。

身弱の人

周囲から期待が寄せられて、精神的な重圧に苦しみます。会社員は、新しい職場でなかなか仕事が覚えられないといった苦労が多く、緊張とストレスから体調を崩しがちです。自営業の人は、古いスタイルに固執して、社会の変化にうまく対応していけず流行に乗れません。試験はレベルを落とさないと合格できません。

この時期に発展を望んで無理に何かをしようとすると、信用も地位もなくしてしまいます。グループや組織ぐるみで何かを計画しても計画倒れになりやすいでしょう。いずれにせよ結果はよくないので、新しい事業は控えましょう。保証人になるのも避けたほうがよく、法的な問題になったり訴訟を起こされたりする可能性もあります。

金銭面では何かと不足します。緊張や過労から病気になることも。何よりも休息が大事です。

男性 相談を安請け合いすると、成し遂げられず、面目を失うことも。

女性 恋愛してもなかなか結婚に至らず、彼や夫に関することで苦労します。

偏印の運がめぐるとき

身強の人

失恋や失敗などがきっかけで挫折します。鬱々とした気分になり、積極的に何かをしようとする気持ちを失います。自分の世界に閉じこもって、周囲と関わり合いを持たなくなり、親しい人と会うのさえわずらわしくなります。何をやっても続かず、嫌になって途中で投げ出してしまいます。友達もできず、内向的になり、孤独に家にいることが多くなりがちです。この時期は会社を辞めたり学校を退学したりと、環境も大きく変わるでしょう。

判断力に欠けているので、衝動的に何かをやっても人にだまされたり、利用されたりして、とかく失敗しがちですから注意が必要です。転職や再就職はうまくいかず、人生が灰色に見えて放浪の旅に出たり、出家したりします。この時期は、発展は望めないので、コツコツ今できることをやりながら運がよくなる時期を待ちましょう。

男性 自分に自信が持てず、内向的になります。恋愛、結婚は進展しません。

女性 恋愛は進展せず、一進一退。健康面や子供に注意を払いましょう。

身弱の人

直観が冴えます。精神的な悟りに目覚めるときです。今まで理解できなかったことも、突然、気づきに至るでしょう。お金や物質があふれた現実的な世界よりも精神世界に興味を持つときです。それがきっかけで、透徹した境地に至ったり、優れた芸術作品や新しいプランを思いついたりします。

仕事上でも変化があります。趣味が利益を生んだり、副業を持ったりと、芸術や工芸などから思いがけない喜びを得られます。引っ越しや旅をすると、何らかの有益なインスピレーションを得られるでしょう。また、年長者や先生からの大切な教えや助力を受けられます。

この時期は社会から離れる傾向にありますが、かえって人生の新しい気づきを得て、生まれ変わることができるでしょう。心身は、休息を取るとよくなります。

男性 興味はあったけれどできなかったことに取り組むとよいでしょう。恋愛、結婚は吉です。

女性 大切なことは自分の直観を活かして選びましょう。恋愛、結婚は吉です。

印綬の運がめぐるとき

身強の人

内向的になり、活動力が低下するときです。母親や年長者の干渉が強くなるので、依頼心を起こしてやる気を失います。表現力は乏しくなり、気苦労が多くなります。何かの思想に夢中になったり、一つの考え方に偏ったりして、多様な考えを受け入れられなくなりがちです。社交性もなくなります。場合によっては、現実世界から身を引く人もいます。

毎日、家でゴロゴロしていて、何もしたくなくなり、怠惰になります。金銭的にも不調なときですから、努めてコツコツ働くのがよいでしょう。心因性の病気にかかりやすいでしょう。積極的に行動し、多くの人に会うと気が晴れます。

男性 考えすぎると恋愛、結婚はうまくいきません。毎日をサラリと過ごしましょう。

女性 依存心が強まり恋愛、結婚はうまくいきません。子供のことで心配が起こります。

身弱の人

これまで堅実に努力してきたことが実を結び、何かで表彰されたり、名誉なことがあったりします。頭が冴えて、吸収力が増しますから、たくさんの教養を身につけることができます。学問や研究に没頭すると、とても成果が上がります。専門分野の知識をさらに学ぶには最適なときです。また、この時期は宗教や哲学に触れることにより、内面の豊かさを得ます。

多くの知識を得ることで、視野が広くなり、世界情勢や経済の動向についても詳しくなるでしょう。教師、年長者、母親などからの教えや助けが得られ、何事もうまく運ぶときです。学校に通ったり、セミナーに参加したりするとよいでしょう。栄養や休息をとると、元気になります。病気の人は健康を回復できます。

男性 周りに祝福される出会いがあり、恋愛をします。恋愛、結婚は吉。

女性 親や師のすすめで良縁があります。恋愛、結婚は吉。

PART 7

性格を見る

命式から読み取れるさまざまな情報から、あなたの性格がわかります。
自分自身に対する新たな発見もあり、
あなたという人間をより深く知ることができるでしょう。

あなたの性格を探りましょう

命式から、あなたの性格がわかります

四柱推命による性格判断にはいくつかの方法があります。ここでは、次にあげる四つの方法をご紹介します。

❶日干から見る
❷命式の中で多い五行から見る
❸用神から見る
❹忌神から見る

一般に❶、及び日支での性格判断が、日本では多く用いられています。本書では、台湾や香港で用いられている性格判断として❷、❸、❹の方法もご紹介します。日本では、まだあまりなじみのない方法ですが、大変有用なものなので、参考にしてください。

これらの方法以外に、月支からの性格判断、天干に出ている通変星からの性格判断、吉凶星からの性格判断など、さまざまな方法がありますが、ここでは4つの方法に絞ります。

❶日干から見る性格

日干が甲の人〈樹木〉

日干が甲《きのえ》の人は、大樹にたとえられる性質を持っています。樹木は天に向かって伸びるので、向上心にあふれ、新しいことをしようとする気持ちが強く、現在おかれている境遇よりもさらに成長しようと努力します。

樹木は大地にしっかりと根を張るので根性があり、初志貫徹します。困難があっても負けずにやり抜く人です。

大樹は幹が太くまっすぐで力強さがあります。ですから、性格は正直でうそが嫌いです。曲がったことや筋の

通らないことができません。質実剛健で、仕事ぶりは堅実さを信条とします。軽薄さやいい加減さはなく、責任感が強いほうです。うまい儲け話にのるとか、誘惑に負けるというようなことは少ないでしょう。

木《もく》の性質は「仁《じん》」なので、思いやりがあり優しく、かわいそうな人や困っている人に手助けをします。しかし、おせっかいがすぎる面もときどきあります。

生き方は道徳を重んじます。その半面、かたくなに規範を守り、妥協を知らないところもあります。

日干が乙の人〈草花〉

日干が乙《きのと》の人は、草花にたとえられる性質を持っています。草花は柔らかく、弱々しい印象です。性格は柔和で表現力があります。現実をわきまえ、自分がおかれた環境の中で発展していこうと考えます。反応が速くて適応力があり、どのような環境でも対応することができます。しかし、周囲の意見に妥協しやすく、行動が他人によって拘束されがちです。

表面はおとなしく見えても、内面は独占欲が強く、嫉妬心や執念深いところがあります。周りの人の出方によって態度を変える、といった面も見られます。

案外、お金に対して敏感なところがあります。金銭はコツコツ努力して蓄えるほうで、浪費はあまりしません。

性格はやさしくて慈愛に満ちあふれていますが、気弱になって依頼心を起こすことも多いでしょう。とかく自信を失いやすい性格です。誘惑に弱く、だまされやすい面もあります。

日干が丙の人〈太陽〉

日干が丙《ひのえ》の人は、太陽にたとえられる性質を持っています。太陽は明るく輝き、世界を照らしています。ですから、心が広くて小さなことにはこだわらず、元気で明るくハツラツとしています。

情熱的で感情が豊かです。気性はさっぱりとしていてしつこくなく、執着心は弱いほうです。嫌なことがあったとしても基本的に一晩寝たら忘れてしまうでしょう。お金にも執着はなく、気前がよくて何かと浪費しがちです。

開けっぴろげで隠し事はできないたちで、他人から見ると、とてもわかりやすい人です。内緒にしてもすぐにばれてしまうでしょう。

親切で寛大な性格で、人から好感を持たれます。活動的で積極的ですから、どこにいても目立ちます。行動は速いですが、短気で早合点するような、せっかちな面もあります。何事も結論を急ぎ、はっきりさせたがります。

そのときの感情によって一喜一憂するような、気分屋な面もあります。いばったり、情深くなったり、気分にムラが目立ちます。

日干が丁の人〈灯〉

日干が丁《ひのと》の人は、ロウソクの火にたとえられる性質を持っています。ロウソクの火は静かに燃えて部屋の小さな空間を照らします。

ですから、身近な人に温かい愛情を持つ人です。陰性の火なので、普段は静かで穏やかです。しかし、一度火がつくと止まりません。しかも、長期間にわたって情熱の火を燃やし続けます。

また、不満がたまっていても、はた目からはわかりません。ある日突然、爆発したように一気に激しく炎上し、周囲を巻き込んで大惨事となります。

普段は、神経質でインテリで、礼儀正しく、人に対して細やかな心配りができる人です。一見、静かな人のように見えますが、大変な情熱家です。改革心はありますが、何事も用意周到に段取りをして時機を待つ人です。考え方は緻密《ちみつ》で思慮深いでしょう。

自分に縁のある人には親身になって相談に応じ、援助しようとします。

疑《うたぐ》り深い割には、気分によって一喜一憂する点や、自分を省みるところが少ないのが欠点でしょう。

日干が戊の人〈岩石〉

日干が戊《つちのえ》の人は、岩石にたとえられる性質を持っています。岩石は固くて水をせき止める堤防となる力があります。ですから、岩石のようにどっしりと落ち着いています。

楽天的であり、おおらかで温厚な性格です。軽はずみな行動はせず、まじめで正直者です。頑固ではありますが、素朴で信用できる人です。

何をするにもしっかり基礎を固めてからじっくりと時間をかけて取り組みます。臨機応変には動けないため、チャンスを逃すこともありますが、本人はいたってマイペースです。

一度信じ込むと、疑いを持たなくなります。物事に固執する性質です。人を信じてだまされてしまうこともあります。

やさしくて情に厚いので、人の相談にのり、世話をすることが多くなります。

頭が固く、柔軟な発想は苦手です。言い出すと聞かないわがままなところもあります。信頼はできますが、変化に乏しくワンパターンなので、面白みに欠けると思われることもあるでしょう。

日干が己の人〈畑〉

日干が己《つちのと》の人は、畑の土《つち》にたとえられる性質を持っています。畑の土は柔らかく湿っているので、水はせき止めません。ですから、柔軟で、理解が速く、多芸多才です。器用でいろいろなことをこなしていける才覚があります。

善良で家庭的、穏やかな性質ですが、単純なタイプではなく、内面に複雑性を秘めています。物事の現実的な側面も見ることができ、外から見るほどお人よしではありません。

内面の充実を重視しているので、普段からコツコツと学習し、知識を深め、人格を高めるように心がけています。柔軟なので、何をやらせても上手にこなし、変化に応じる方法を心得ています。しかし、一つのことに精神を集中しにくいところがあります。

物事に迷いやすいタイプです。けじめをつけようとしても、決心がつかず現状に妥協しやすい傾向がありますので、人に利用されないように気をつけましょう。

日干が庚の人〈剣〉

日干が庚《かのえ》の人は、剣にたとえられる性質を持っています。剣はとても硬く、ものを一刀両断にたたき切る強い力があります。ですから、潔くほがらかで、意志が強くて、物事に屈しない性格です。

頭の回転が速く、物事の区別をきちんとします。決断力があって、行動はスピーディです。迷っているなら行動して解決したほうがよいと考えます。しかし、衝動的になるところもあります。

自分を鍛錬することを好みます。また、負けず嫌いでトップになりたがります。

学んだことを応用して利益を得ることが得意です。物事は合理的な視点から見ます。

人間関係では、正義感が強く潔癖です。義理を重んじる人です。一度友情関係を結ぶと裏切りません。反対に、気に入らないものには攻撃し、敵とは果敢に戦います。

欠点としては、頑固で目立ちたいという欲求が強いところ、粗雑になりやすいところでしょう。

日干が辛の人〈宝石〉

日干が辛《かのと》の人は、宝石にたとえられる性質を持っています。宝石は、美しく繊細で光を反射させます。

ですから、とても繊細で敏感な感受性の持ち主です。他の人には見られない独特な考え方を持っています。表向きはソフトに見えますが、芯はしっかりしています。

頭の回転が速く、いろいろなことに注意が働きます。何事に対しても要領がよく柔軟です。

気品があり、魅力的で、特に異性に人気があります。八方美人の人もいますが、とかく、好き嫌いはハッキリしているようです。

プライドが高く、世間体を重んじます。権力を愛するところもあります。

新しいものが好きで、見栄っ張りなので、いろいろなものを買います。一方で、飽きっぽい面もあります。わがままなところがあり、妥協をせず、自分の主張は譲りません。

義理には厚く、人からの頼み事を断りきれません。親切に人の面倒を見ます。

日干が壬の人〈海〉

日干が壬《みずのえ》の人は、海にたとえられる性質を持っています。海原はどこまでも広がり、ゆったりと水《みず》を満たしています。

ですから、楽観的に、おおらかに物事を見ています。過去にはこだわらず悠々としていて、多くのものを容認する包容力があります。

外交的で世話好きです。苦労性な面はありますが、どこへいっても元気で目立ちます。

知恵にあふれ、頭の回転が速く、大変に聡明です。チャンスが来るのを待ち、臨機応変に対処し、タイミングを逃しません。

責任感があり、リーダーシップも発揮し、親切です。ただし、怠惰なところがあり、人に依存しやすい面もあります。

自由を好み、束縛を嫌いますから、多くの人とつき合い、異性とはくっついたり離れたりしがちです。水の性質から、勢いに任せてしまうようなところがあり、意思が変わりやすいでしょう。

日干が癸の人〈雨水〉

日干が癸《みずのと》の人は、雨水《あまみず》にたとえられる性質を持っています。雨水はしとしとと大地に降り、土壌に静かに浸透していきます。

ですから、穏やかで物静か、繊細で柔らかな人です。生活の潤いを重んじ、夢のある暮らしや、繊細な気持ちを大切にします。

潔癖で正直者。原則を重んじるタイプで、規則や道徳を守ります。勤勉でまじめです。コツコツと堅実な努力を重ね、忍耐力を備えています。

想像力に富み、純粋で神経質なところがあり、空想や妄想にふけるような面を持っています。

内向的で気が小さいほうで、つまらないことをいつまでも気にしたり、周りの状況に振り回されたりしやすいでしょう。

情にもろく、温かく、親切な人柄です。あれこれと物事にこだわるほうなので、考えは悲観的になりやすく、物事を悪いほうへ解釈しやすい面もあります。しかし、苦しいことに耐える力があります。

❷多い五行から見る性格

（13ページ参照）

木が多い人

木《もく》は「仁《じん》」をつかさどります。

温かく純朴な性格です。親切で思いやりがあり、かわいそうな人を放っておけないたちです。情を重んじ、慈しみの心にあふれ、人を助けるのを喜びとしています。清らかで、みんなを平等に愛する気持ちを備えています。宗教や社会運動に興味を持ちます。

インテリで、知識欲が旺盛。読書好きで、文芸を好みます。

同情心から愛が芽生えるタイプ。気の毒な状況を知ると、心ひかれて愛着を覚えます。気がつくとあれこれと世話をしており、見て見ぬふりはできない人です。

しかし、自分の善意が通じないと、ひどく怒ってしまう傾向があります。親切心から八方美人になりやすいでしょう。

誠実でさわやかな魅力が、多くの異性をひきつけます。

火が多い人

火《ひ》は「礼《れい》」をつかさどります。

礼義正しく、明朗な性格です。陽気で、いつも喜びにあふれています。明るくて話好きなので、たくさんの人の中にいて、注目されることが多いでしょう。美しさと華やかさを愛し、目立つことが大好きです。

開放的な性格で、隠し事ができません。うそをついてもすぐにばれます。

行動は積極的で、せっかちです。感情的になりやすく、衝動的な面もあります。

恋愛面は、とても情熱的です。一度、恋の炎に火がつくと盲目的になり、突っ走ってしまいます。独占欲は強く、とても嫉妬深いでしょう。ささいなことでヒステリックになりやすく、また好きな人の一言でやさしくなることもあります。

土が多い人

土《つち》は「信《しん》」をつかさどります。

温厚で誠実な性格です。ゆったりとして大地のように安定しています。

信用を重んじ、軽率に何かを言ったり行動したりするところがありません。慎重に行動し、腰をすえてじっくりと取り組みます。頑固で融通がきかないほうで、臨機応変に対処することはできません。

静かな生活を好み、規則をよく守ります。忍耐強く、人間味にあふれています。包容力があり、人に安心感を与えます。

人の言ったことをそのまま信じがちで、情に流されて、だまされやすいところがあります。人がいいので、他人からは安全で近づきやすい人と思われるでしょう。

目上に対しては、忠実です。一度信じると、一生裏切りません。

恋愛面は、温かい愛情で相手を包みます。愛情表現は地味で面白みに欠けますが、誠実です。

金が多い人

金《きん》は「義《ぎ》」をつかさどります。

正義感が強く、勇敢で、道徳を重んじる性格です。大胆で思い切ったことをします。主観が強いですが、決断力があります。物事を複雑にすることが嫌いで、白黒はっきりとさせたがります。競争の激しい世界や、速い判断が必要とされるシビアな社会では個性が光ります。

頭脳は刃物のような切れ味があって鋭敏です。とても集中力があり、短期間で物事をやり遂げます。負けず嫌いで何事も勝負をつけたがります。自分と考えの合わない人には、問いただして追及するきつい面も。味方にいると心強いですが、敵に回すと勝てません。

恋愛面は、行動的で攻めの一手で追い落としますが、内面に純粋な愛情を持っています。あまりに一途な愛情で相手を疲れさせることもあるでしょう。相手を束縛しがちです。

水が多い人

水《みず》は「智《ち》」をつかさどります。

知恵があり、好奇心が旺盛な性格です。明るく温厚で、ユーモアがあり、調和を重んじます。

行動は活発で、あちこち動くことを好みます。じっとしているのは苦手です。

柔軟なアイデアが次々と浮かんで、頭がとても柔らかい人です。聡明ですが、そのときどきで考えがくるくると変わりやすいところがあります。周囲の環境に影響されやすく、人の意見に流されやすいでしょう。

あらゆる状況に対応できて、トラブルを上手に回避します。いろいろな人に合わせることができます。人生は好奇心と変化に満ちています。いつも楽しそうにしています。

恋愛面は、好きになってもすぐに飽きてしまう移り気な面があります。スキンシップと変化があれば長続きします。

❸用神から見る性格

用神（または喜神）から見る性格＝長所です。よいところは磨きをかけて活用しましょう。長所はできるだけ引き出すようにし、才能を開花させてください。

用神が比肩の人

必ず、強い自尊心を持っています。性格はバランスが取れていて、穏やかで健やかです。楽観的で、明るくてさっぱりしています。単純な性格で、言行に裏表がありません。


うそや偽りを好みません。意志が強く、いったん決めたことは、軽々しく変えることはないでしょう。

人と同等の地位や、対等の立場になることを望むので、人が自分を軽視したり、反対に自分が人を軽んじたりすることを嫌います。

何か新しいことに取り組もうとする意欲にあふれています。独立心が強く、恐れることなく、物事に果敢に取り組むでしょう。自主的で、実行力があり、権威もあります。自分に自信があり、仕事に励んで目標を達成します。

人をおとしいれてまで自分の利益を得ることはない人です。

用神が劫財の人

独特な個性があり、他の人からは突出して見られます。情熱的で真心があり、率直で一本の木のような性格です。

目立ちたがりで、自分の存在が注目されるのを好みます。またパーティなどの社交場の雰囲気が好きな人です。

世の中の動きを察知して判断するのが上手です。それゆえに、人からの信頼、尊敬、好感を受けます。

頭の回転が速く、行動力と判断力があります。流行や新しい環境にはすぐに適応します。

自己よりも他人の幸せを優先する傾向があります。しかし二重人格であり、外面では印象よく振る舞っていますが、内面では常に自我とぶつかっています。そのため、自分自身に矛盾を感じて、感情が安定せず、つかみどころがありません。生涯を通じて、友達を得やすいですが、一方で失いやすいともいえるでしょう。

用神が食神の人

高尚で優雅な雰囲気を持った人です。楽観的で明るく、穏やかで素直な性格で、人気があります。考え方は、清らかで、俗を脱しています。内向的で生活の潤いや風情を重んじ、悠々とした暮らしの中で満足しています。人と争うことを好みません。

聡明で細やかで、思いやりと道徳を大事にします。やさしく穏やかに話し、人を言葉で傷つけません。福々しさ、精神的な豊かさに満ちあふれています。

感情は豊かで、表現力があります。文学、芸術、歌、ダンスなどが好きで、それらにとても強い関心を持っています。

食べ物に興味があり、おいしいものを探求します。一生涯、食べ物と衣服は豊かに満ちて、財や富も豊かです。

身体が太ってくると、食神がよく働いている状態です。

用神が傷官の人

さまざまな知識を持っていて、多芸多才です。

非常によくしゃべる人です。活発で外交的で、静かにじっとしているということはありません。

創造力が豊かで、創意工夫が得意です。頭脳明晰で頭が切れます。将来設計がしっかりできていて、理解力にも優れています。

野心と欲望がとても強く、それを闘志の原動力に変えて奔走します。

独裁的な個性を備えていて、自分が一番優れているといった、自信家の面があります。

表現力があってお金を稼ぐ能力は高いですが、成功願望が強烈で手段を選びません。それが強まると、他人を犠牲にしてでも自我を通しがちです。

用神が偏財の人

豪快な性格です。気性はせっかちで、速戦即決を好みます。頭の回転が速く、やり手であり、チャンスは逃さずお金を儲けます。

精力が旺盛で、行動力があります。考え方には柔軟性があり、かつ機敏で、素早く変化に対応していけます。

言葉や行動には威厳があります。

楽観的で、新しいことに果敢に取り組もうとする強い意志があります。積極的で、挫折を恐れず奮闘します。物事を円滑に進め、融通がきくほうです。細かく計り比べることはしません。

名声と利益にはこだわりません。また、得られたお金にも執着せず、気前よく金銭を使います。人を助けることを楽しみとしています。義に厚く勇敢で、裏表がなく誠実です。

用神が正財の人

穏やかで落ち着いていて、とても誠実な性格です。正直で、正義を愛します。不正を嫌い、信用を重視します。勤勉で、苦しい労働にもよく耐え、ひたむきに努力します。

生まれつき、財産を有効に使える才能があります。人生は、福にもお金にも恵まれます。コツコツと働いて貯蓄し、次第に大きな財産を築いていくでしょう。富を追い求め、物質的な豊かさを追求します。経済観念がしっかりしていて、無駄なお金は使いません。苦労せずに何かを得ようとは考えないので、投機も好まず、しっかり働いてお金を得ます。

質素な生活を好み、節約家です。自分の身分や立場を守り、新しいことや変わったことには興味を示しません。家庭への責任感が強く、配偶者や子供を大切にします。

用神が偏官の人

義に厚く、勇敢であり、冒険を好む性格です。闘志が高まると、強い相手でも恐れません。知恵と戦略に優れていて、どんな場にいても、やがては権勢を振るうようになる人です。

決断力があり、度胸があります。任務が与えられると、決死の覚悟で行動し、困難に立ち向かいます。そして、成功するまで何度でも挑戦します。

正義を重んじ、人を助けるのを喜びとしていて、強い者を抑えて弱い者を助けようとします。

非常に優れた直観力に恵まれており、戦略を練るのが得意です。平穏なときよりも、もめごとがあったときに力を発揮し、現場のリーダーに適します。

創意工夫や、改革の意欲が強い人です。組織が衰えたときに役割を与えられると、どんな困難にあってもくじけず、改革を成し遂げるでしょう。

用神が正官の人

性格は、善良で清らか、正直で明るくさっぱりしています。気品が自然にあふれ出ていて、天性の気高さがあります。

言動にはけじめがあり、品行方正です。心が清らかで欲がなく、儲けにとらわれることはありません。

何事も包み隠さず公にし、義を重んじます。規則もよく守ります。

客観的であり、冷静に判断をすることができる人です。自分には厳しく、人には寛容です。事実を認めて責任を負います。

教えるのがうまく、管理する能力があり、尊敬されます。奉仕する精神を持っていて、人のために働くことに熱心です。

また、人や組織をまとめていく才能があり、合弁事業、合作事業を多く手がけます。意見が分かれたときには、リーダーになるとよいでしょう。

用神が偏印の人

才能にあふれ、理解能力と飲み込みの早さに優れています。

インスピレーションがあり、生涯において、俗を超えた教えや知識に触れることでしょう。

設計や発明の才能があります。一般的な考え方では満足しません。独自の思想を創造することに喜びを感じます。

聡明で、その場の状況に応じて適切な対応をすることや意見を言うことができます。臨機応変に行動することができ、計略が得意です。

感受性が強く繊細で、本質を見抜く力を持っています。喜怒哀楽の感情をあまり顔に表しません。秘密は厳守します。そのため異性からは安全な人だと思われやすいでしょう。

用神が印綬の人

とても優れた知恵を、必ず備えています。学問の充実を重視する人です。

生まれつき聡明で、読書好き。文学や歴史など文系の学問を好みます。

思考力に富み、精神生活を重視します。物静かで高雅な気質です。

正直で素直であり、感情が豊かでやさしい性格で、慈しみの心があります。精神や心理に関することを重視していて、品徳や心を磨いて自分自身を高めることを好みます。欲望をあからさまにすることを嫌います。

人に対して寛容であり、徳をもって恩返しをします。人情味もあり、親切で、人との縁がよく友人が多いでしょう。

❹忌神から見る性格

忌神（または仇神）から見る性格＝短所です。短所は反省して直しましょう。また、命式で多すぎる通変性は欠点となることがあり、その場合も悪い面が出やすいので、それが原因で運気を下げないように気をつけましょう。

忌神が比肩の人

性格は単純で、裏表がなくわかりやすい人です。自我意識が強すぎて、横柄な態度になりがちです。頑固で、何をするにもすんなりとはいきません。常に自己を堅持しており、人との争いや戦いが発生しやすいでしょう。自我が先に立ち、他の人の立場を考えることができず、自分の利益を優先してしまいがちです。

他人に対して思いやりの心が持てません。しかし、過分な要求をします。交友関係は広くても、親しい人は少ないでしょう。あまりに度がすぎると、家族との縁が薄くなります。

口ではほめても、内心は不満に思っています。他人を認める気持ちに乏しいところがあります。

忌神が劫財の人

表向きは、礼儀正しく丁寧で従順ですが、内面は頑固で自分本位です。気持ちが晴れたり曇ったりと定まりません。二重人格でもあります。

嫉妬心が大変に強い人です。しかし、人の成功をねたむときと、自分よりも人のことを優先するときがあり、周囲の人にとっては理解しがたい面があります。

忍耐力に欠けますが、功績を求めます。野心がとても大きく、あまり考えずに軽率に行動して失敗を招きます。戦いを好み、ときに暴力で解決しようとします。

外部の人に対しては情が厚いのに、家族には冷淡なところがあります。

金銭の処理には適していません。外で友人と飲食をしたり遊んだりしてお金を使ってしまい、家に帰ってから後悔し、生活が苦しくなることもあります。

忌神が食神の人

ロマンチストで、平凡ではない生活を思い描きますが、理想が高すぎて現実から逸脱してしまうことがあります。拘束や束縛がなく、ぶらぶらと遊んで暮らすことを好みます。そのため、自ら何かに取り組もうとする気持ちを失ってしまい、快楽に身を沈めたり、夢の世界に迷い込んだりして、現実生活を見ることを忘れてしまいます。

物事の処理はゆっくりですから、一刻一秒を争うような場には向いていません。

自分に厳しく当たったり、強迫したりするものを嫌うために、何事も楽なほうに流れてしまいがちです。

競争の激しい現代社会は、思うがままにゆったりとした生活を送ることを好む食神の人には、障壁になることもあります。

忌神が傷官の人

趣味は広く浅くたしなみ、長続きしません。広く学んで、一つのことに精進しない人です。往々にして自分の能力以上のことをしようとして、惨敗を招きます。

飲み込みが早く、博学多才なため、傲慢《ごうまん》になりがち。世の中の人はみんな、自分にはとうてい及ばないと思っています。わがままで、目立ちたがり屋です。目的を達成するためには手段を選びません。

人の意見や忠告を聞かず、独断で行動したり、世間の礼儀や決まりを受け入れなかったりします。規則や法律を軽く見て、法を破ったり悪事を働いたりします。

欲望や性欲が大変に強い人です。それは、これらの欲望を活動の原動力に変え、非凡な成功を成し遂げることもできるくらい強烈です。

忌神が偏財の人

豪快で物惜しみしない性質で、金銭をあまり重視しません。金銭を湯水のように使い、出費が激しいでしょう。有力者や上役に取り入って、お金儲けをすることを好みます。

何事も円滑に進められ、臨機応変に対処したり発言したりでき、人づき合いが上手なので、外で人と接触することが多くなります。家でぼんやりとしていることは少ないでしょう。

異性に関しても、多情であり一人を愛することができません。態度が軽薄で、話が巧みなので、世の中や人をもてあそぶような傾向があります。

自制心が足りず、お酒や異性におぼれがち。自我が弱いので、悪い環境に落ちてしまうと抜け出すことができません。それが原因で、家庭生活は崩壊し、夫婦関係が壊れてしまうこともあるでしょう。

忌神が正財の人

金銭をとても重視します。ぜいたくを好まず、倹約家です。しかし、往々にしてお金に執着しすぎる面があります。金銭のことがからむと、親友にまで情がなくなることも。義理や人情の気持ちが弱く、金銭の援助はしない人です。冒険を好まず、投機的なことも好きではありません。自分の立場を守りすぎるため、現状の打破や、変化させる迫力には乏しいでしょう。決断力もないほうです。

仕事は、一生、平穏無事で、淡々としています。劇的な出来事や発展はないでしょう。

細かく損得の計算をするため、小さなことで大きなものを失います。ことが終わってから後悔することもあります。

目の前にあることだけを信じ、先見の明に欠けます。

忌神が偏官の人

日頃から怠惰で、だらだらしていることが多い人です。悪い勢力に圧迫されて、強い人の下に屈伏していることに甘んじる傾向があります。

性格は、思いやりに欠け、残酷な面があります。冒険を好み、他人の忠告には耳を傾けません。せっかちで独断専行します。そのため、物事がうまくいかなかったり、対人関係のトラブルを起こしたりすることも多いでしょう。

何事も、往々にして注意深く考えずに猛進しがちです。痛い目にあって、孤独に苦しみ、誰からも助けてもらえない状態におちいりやすいでしょう。人にケンカを売ったり、突然カッとして凶暴な言動に出たりすることもあります。

負け惜しみの気持ちが強く、人を恨みやすくサッパリと忘れることができません。つまらない人にからまれやすい面もあります。

忌神が正官の人

何事も優柔不断になり、決心がつきません。じっとしていて、チャンスを逃しがちです。

普段から言動にけじめがあり、物事の順序をよく守りますが、規則を厳守しすぎる傾向があり、急な変化には対応できません。

何をするにもあれやこれやと心配が多く、安心するということがありません。慎重になりすぎて、迫力に欠けます。自己を卑下しやすい性質です。

保守的で、何か新しいことをしようとする意欲が弱く、容易に、現状に満足してしまいます。そのために変化に乏しい日々を送りがちです。新しい創造が求められたり、改革があったりするような、変化が速い世界には向きません。

周囲の拘束が多かったり、慢性の病にかかりやすかったりする傾向があります。

忌神が偏印の人

大変に内向的です。喜びや怒りを表に出しません。一人で思考するのが好きです。思想は変わっていて、凡俗ではありません。団体生活を好まず、一人孤独に居住します。人との社交や、社会活動へ参加することも好きではありません。

忍耐力に欠け、初めは熱心ですが最後まで続きません。苦労してやっても、労多くして功少なしの傾向があります。疑いの気持ちは強いほうでしょう。

自分を過度に高く見ており、他人の意見をおろそかにします。自分の利益を最優先して他人のことは考えないので、人と仲よくなりにくいでしょう。そのため、人と協調して一緒にやる仕事はできないでしょう。社会的活動や人にひんぱんに接する仕事にも向いていません。

忌神が印綬の人

面子《メンツ》を重んじます。家や個人のよくないうわさは外に出さずに隠します。悪い事や見せたくないものには蓋《ふた》をします。取り繕って立派に見せようとすることもあります。

印綬が多すぎると、依存心を起こしやすく、自分の手では何もやらなくなり、誰かがやってくれると思ってしまいます。

知恵を持ってはいても、それが現実から逸脱して空想に流れやすく、自分のおかれている環境を忘れ、幻想の世界に陶酔してしまいがちです。

自分を清らかで気高いものと見ており、そのため金銭を軽視します。財務や金銭管理には全く向いていません。それらも度を超すと、貧困になり、汚職やわいろ、盗みなどの犯罪を犯して法に触れるようなことになりかねません。

PART 8
相性を見る

相性がピッタリの人、少し距離をおいたほうがよい人など、
気になる相性のよし悪しを見てみましょう。
これで、人間関係がより円滑になるでしょう。

あなたと相性のよい人を見つけましょう

命式から、相性のよい人がわかります

命式から相性を見るためには、いくつかの方法があります。

まず、陰陽の配列や陰干《いんかん》・陽干《ようかん》の観点から見ることができます〈❶〉。

また、身強・身弱の観点からも見られます〈❷〉。自分の用神・喜神から、どのような人と相性がよいかを知ることができます〈❸〉。

さらに、日干支を自分自身と見なしますから、日干や、日支同士の関係で相性を見ることができます〈❹、❺〉。

では、順に見ていくことにしましょう。

❶ 命式の陰陽から見る相性

陽の気が強い人は、陰の気が強い人と好相性です。同質同士は反発し合い、相性がよくありません。

また、日干が陽干の人は男性的で、女性的な日干が陰干の人と基本的に相性がよいといえます。

陽の気が強い人……命式に、陽干（甲、丙、戊、庚、壬）、陽支《ようし》（子、寅、辰、午、申、戌）が多い人

陰の気が強い人……命式に、陰干（乙、丁、己、辛、癸）、陰支《いんし》（丑、卯、巳、未、酉、亥）が多い人

❷ 身強と身弱から見る相性

身強は自意識が強く、愛情面では嫉妬深いタイプ。身弱は、自意識が弱く、愛情面では受け身なタイプです。

◉身強と身弱の組み合わせ

強弱ゆえにバランスが取れる相性です。ピッチャーとキャッチャー、夫と妻のような相性になります。タフな身強に寄り添う受け身な身弱という、よき相性です。

◉身強同士の組み合わせ

立ち位置が対等の相性で、ともに手を取り合ってパワフルに行動します。外敵や責めに強い組み合わせです。戦友やビジネスパートナーとして最高の相性です。

◉身弱同士の組み合わせ

保守的で安定した相性です。堅実な生活を志向し、お互いに譲り合い、家庭生活を大切にする穏やかで平和な相性です。

③用神・喜神から見る相性

自分の用神・喜神に当たる五行を、たくさん持っている人に自然にひきつけられます。相手の用神・喜神に当たる五行を、自分がたくさん持っている場合、相手は自分に自然に好意を持ち、相手をひきつけます。

自分の用神・喜神が大運でめぐってきているときは、必要な五行を自分で十分に満たしているので、他から取り入れる必要がありません。したがって、その大運の間は、恋愛相手や結婚相手、友人関係において選択の幅が広がります。

反対に、自分の忌神・仇神が大運でめぐってきているときは、必要な五行が自分だけでは満たせないので、他から取り入れる必要があります。

したがって、その大運の間は、恋愛相手や結婚相手、友人関係においては、自分の用神・喜神に当たる五行をたくさん持っている人に強くひかれて、つき合いは限定される傾向にあります。

④日支同士で見る相性

日支同士で結びつきの強い組み合わせになっていると、以心伝心です。特に肉体的な相性がよい関係です。男女の相性を見るときに用います。

◉日支同士が「支合」の関係

支合（28ページ参照）の関係とは、子丑、亥寅、卯戌、辰酉、巳申、午未の組み合わせのこと。これらは、特に男女の相性としては最高です。

◉日支同士が「三合会局」の関係

三合会局（69〜70ページ参照）の関係とは、亥卯未、寅午戌、巳酉丑、申子辰の組み合わせのこと。たとえば、日支が亥の人と卯の人はよい相性です。

◉日支同士が「支冲」の関係

支冲（32ページ参照）の関係とは、子午、丑未、寅申、卯酉、辰戌、巳亥の組み合わせのこと。これらは、男女の相性としては、刺激的な関係です。

❺日干同士で見る相性

日干同士による相性のうち、「干合《かんごう》」（25ページ参照）の組み合わせになっているときは、お互いに肩を組んでいるような仲のよい相性となります。

干合は、五行ではお互いに剋し合う組み合わせにもかかわらず〝合《ごう》を貪《むさぼ》り、剋《こく》を忘れる〟といって、実際には剋すことがありません。精神的な結びつきの強い好相性の組み合わせです。

日干が甲の人×甲の人

相性…◎

良いところ 友達・兄弟星であり、一致協力する相性です。お互いを支え合い励まし合います。肩を並べて、ともに頑張ります。一方が身弱の場合は頼りになる友人となります。甲は五行でいうと木です。木が2つ合わさることで、林となって強さを増します。

悪いところ 友達星であり、ライバル関係でもあります。散財しやすい関係です。財、もの、異性を奪う相手にもなります。特に、甲がともに身強の場合は悪友となりやすく、一緒に遊んで何かとお金を使います。

日干が甲の人×乙の人

相性…◎

良いところ 友達・兄弟星であり、甲は兄や姉。乙は弟や妹といった関係です。樹木（甲）に巻きついて、蔦《つた》（乙）はまっすぐ伸びることができます。乙が甲を頼る関係。一方が身弱の場合は持ちつ持たれつの相性となり、ともに利益があります。

悪いところ 友達星であり、ライバル関係でもあります。甲は乙を助けますが、次第にうっとうしい関係になります。財、もの、異性を奪う相手にもなります。特に2人とも身強の場合、悪友になりやすいでしょう。

日干が甲の人×丙の人

相性…◎

良いところ 甲から見て丙は子星で、好ましい関係です。樹木（甲）の成長にとって太陽（丙）は不可欠です。丙は、温かく甲の成長を見守ってくれます。甲と丙の相性はともに成功と富を得られるよい関係です。

悪いところ 甲は丙の影響ですくすくと伸びますが、自由すぎて、しまりなく枝葉が生い茂ってしまうこともあります。また、丙が身強の場合は、甲は丙を甘やかした結果、わがままをより強めてしまう傾向があります。

日干が甲の人×丁の人　相性…◎

良いところ 甲から見て丁は子星。甲が薪で丁の火を燃やす、よい関係です。甲は我が身を薪にして尽くし、それによって丁は美しく燃えて引き立ちます。知恵やアイデアの生まれる、お互いによい相性です。

悪いところ 甲は丁に一生懸命尽くしても、燃える丁は薪があって当然という考えになることもあるでしょう。特に、丁が身強の場合は、甲が尽くすことで、丁をわがままにしやすいので、丁は感謝の気持ちを持つことが大切です。

日干が甲の人×戊の人　相性…△

良いところ 甲から見て戊は妻星・父星に当たり、いろいろと有利に取り計らってくれる相手です。戊から見ると、甲は目上や夫の星。仕えると、何かと引き立ててくれます。

悪いところ 甲が身強で戊が身弱のとき、戊はこき使われて疲れてしまうでしょう。甲が身弱で戊が身強だと、甲は頑固な戊を持て余しがち。協力し合うように心がけなければ、ともに孤立します。

日干が甲の人×己の人　相性…◎

良いところ 甲から見て己は妻星・父星に当たります。甲己は干合の関係で、ともに助け合って気が合います。樹木（甲）は畑（己）から養分を得て成長し、木の葉は落ちて土の養分となる相性。ともに身強だと、お互い有益な存在です。

悪いところ 甲が身強で、己が身弱の場合は、己（畑）は養分を吸い取られて弱り、何事も辛抱する傾向にあります。甲が身弱で、己が身強の場合は、己のために甲はあれこれとエネルギーを使いがちです。

日干が甲の人×庚の人　相性…◎

良いところ 甲から見て庚は目上星や夫星。樹木（甲）は斧（庚）で切られて社会に有用な材木になるために、必要な相手です。庚は甲を切って役立たせます。甲が身強だと特によい相性です。

悪いところ 甲が身弱の場合、庚は、攻撃しながら甲を支配してくるので苦手な相手となります。庚が身弱で、甲が身強だと、言うことをなかなか聞かないので、やや骨の折れる関係になります。

日干が甲の人×辛の人　相性…△

良いところ 甲から見て辛は目上星・夫星。辛は甲を刺激して、何らかの利益を上げることのできる関係です。甲は辛から、引き立ててもらえる場を与えられます。身強同士だと、ともに利益があります。

悪いところ 甲が身弱の場合、辛はやたらと干渉してくる相手です。辛は甲といると何かと実益がありますが、辛の繊細な神経は甲によって傷つけられることもあります。

日干が甲の人×壬の人　相性…△

良いところ 甲から見て壬は母星。いろいろと世話をやいてくれます。また、さまざまなことを教えてくれる母子関係です。壬は育てる喜びを得られます。甲が身弱であれば、壬は何かと励ましてくれる心強い相手です。

悪いところ 甲が身強であれば、壬との関係は川に浮かぶ木。腐った木になり使いものにならなくなります。壬は甲を甘やかして、甲の自立心を妨げることもあります。特に甲が身強の場合がよくありません。

日干が甲の人×癸の人　相性…◎

良いところ 甲から見て癸は母星。雨水（癸）は慈しみを持って樹木（甲）を育て、いろいろと教えます。癸は甲とつき合うことで喜びや楽しみを得られます。甲が困ったときに、癸はいつでも助けてくれるよい相手です。

悪いところ 甲は癸に甘えて依存心が強くなり、木が腐るように、使いものにならなくなります。癸が甘やかしすぎると、甲の自立心を妨げてしまいます。特に甲が身強の場合、癸がおせっかいをやくのはよくありません。

日干が乙の人×乙の人　相性…△

良いところ 友達・兄弟星。家庭的で平和が好きな2人。一緒にいると気の合う友達といった相性になります。兄弟姉妹のように助け合います。一方が身弱の場合は励まし合える仲のよい関係です。

悪いところ ともに穏やかすぎて平凡になり、これといった華やかさのない、お互いにうっとうしく感じる相性です。特に、二人とも身強の場合、相手はライバル的な存在になりやすいでしょう。

日干が乙の人×丙の人　相性…◎

良いところ 乙から見て丙は子星。ロマンと喜びが生まれるよい相手です。丙にとって乙は母星。丙は乙に大切にされて癒されます。草花（乙）は太陽（丙）によって美しく成長し、お互いを高め合うよい相性です。

悪いところ 乙が身弱の場合、丙は面倒を見なくてはならず、手のかかる相手となります。また、丙が身強の場合は、乙の親切が火を大きくして、わがままにしてしまう可能性があります。

日干が乙の人×丁の人　相性…◎

良いところ 乙から見て丁は子星。育てる楽しみとロマンが生まれます。丁にとって乙は母星。やさしくしてもらい、喜びを感じます。特に、丁が身弱だと、乙に癒されてよいでしょう。草花（乙）が炎（丁）を燃え立たせる、とてもよい相性です。

悪いところ 乙が身弱だと、丁の燃料になってもすぐに燃え尽きてしまい、疲れ果ててしまう関係でしょう。丁が身強の場合は、乙が甘やかした結果、わがままにしてしまう可能性があります。

日干が乙の人×戊の人　相性…◎

良いところ 乙から見て戊は妻星・父星。乙にとって戊は自分に利益を運んでくれる人。戊から見ると、乙は社会的に引き立ててくれる人です。乙は戊に守られて幸せになり、美しさが引き出され、好相性です。

悪いところ 乙が身弱の場合、自分を守ってくれる戊を、ときどき、うっとうしく感じてしまいます。戊が身弱の場合、乙の美しさを引き立ててばかりとなり、ストレスを感じたりつまらなく思ったりすることもあるでしょう。

日干が乙の人×己の人　相性…◎

良いところ 草花の乙と畑の己は好相性。畑の土の養分を草花が吸うように、乙にとっては恩恵があります。草花が枯れれば土の養分になるので、己にとってもプラス。お互いに必要として求め合うよい関係です。

悪いところ 乙が身弱の場合、己をかまってあげなくてはならず、ときどき、うっとうしく負担に感じるでしょう。己が身弱の場合、乙から支配され、あれこれと尽くさなくてはならず、疲れ果ててしまうこともあります。

日干が乙の人×庚の人　相性…◎

良いところ 乙から見て庚は目上星・夫星。庚は乙をきちんと管理します。乙と庚は干合の組み合わせなので、精神的に相思相愛の間柄です。乙は社会的な立場が得られ、庚にとって乙は実益をもたらしてくれます。

悪いところ 乙が身弱の場合、庚を脅威に感じます。利益を求められ、逃がしてくれない相手となります。いつも安心できません。庚が身弱の場合、乙は居心地がよく、いつも一緒で他のことができなくなります。

日干が乙の人×辛の人　相性…△

良いところ 乙から見て辛は目上星・夫星。乙が身強だと、辛から管理されて立場を得ることができます。辛が身強だと、乙はごちそうをしてくれたり、利益になる話を持ってきてくれたりするよい相手です。

悪いところ 乙が身弱の場合、辛はやたらと監視をしたり支配をしたりする相手となります。傷つけられるので逃げ出したいと感じるでしょう。辛が身弱だと、乙を持て余しやすいので、距離をおいてつき合うことが大事です。

日干が乙の人×壬の人　相性…◎

良いところ 乙から見て壬は母星。慈しみに満ち、教えてくれる相手。水（壬）を与えられて美しく咲く草花（乙）のようです。壬は乙と一緒にいることで自分自身も美しく輝き、喜びや楽しみを受けることができ、好相性です。

悪いところ 乙が身強だと、壬の好意に甘えてやる気をなくしてしまい、次第にわがままになります。壬のおせっかいがすぎれば、乙の自立心を妨げます。壬が身弱だと、楽しいけれど疲れがたまる相性です。

日干が乙の人×癸の人　相性…◎

良いところ 乙から見て癸は母星。降り注ぐ慈愛の雨（癸）が美しい花（乙）を咲かせるよい相性です。癸は乙のすばらしさを引き出してくれ、乙は無条件に恩恵を受けます。お互いがすばらしさを発揮する関係です。

悪いところ 乙が身強だと、草花に水を与えすぎてダメにしてしまうような関係になります。乙が癸に甘えてしまうと怠惰になり、世の役に立ちません。癸が身弱だと、乙をかわいがって疲れてしまうでしょう。

日干が丙の人×丙の人　相性…△

良いところ 友達・兄弟星。お互い情熱的なので、共感を得やすく、励まし合いながら、ともに頑張ることができます。片方が身弱の場合は、苦しいときに応援してくれる、とても頼りになる友達です。

悪いところ ライバル関係です。派手に遊んで散財する相手。つき合うことで財産を損なったり、パートナーを失ったりします。特にともに身強の場合は悪友となり、同質なのでぶつかることもあります。

日干が丙の人×丁の人　相性…○

良いところ 友達・兄弟星。太陽と灯の関係なので、丙が兄、丁が弟といった間柄になります。丙が親分で丁が子分というつき合いになり、大変うまくいきます。片方が身弱の場合は、なくてはならない協力者です。

悪いところ ライバル関係になります。お互いに譲らず競い合います。一緒にいると散財してしまう相性です。特に、身強同士の場合は悪友となり、遊び仲間になるか、お金と異性を奪い合うでしょう。

日干が丙の人×戊の人　相性…◎

良いところ 丙から見て戊は子星。支えてあげることでよい結果が生まれます。特に戊が身弱の場合がよい相性。岩山（戊）は太陽（丙）に照らされて美しく見える関係です。戊から見て丙は母星。面倒を見てくれる人です。

悪いところ 丙が身弱の場合、戊といると丙は引き立て役となって、損な役回りになります。また何かと世話がやけます。戊が身強の場合、丙が愛してあげても、それを当たり前に思ってしまいます。

日干が丙の人×己の人　相性…△

良いところ 丙から見て己は子星。丙はあふれるような情熱を己に注ぎます。いろいろ世話をやきたくなる相性です。己から見て丙は母星。大切にしてくれる人です。特に己が身弱の場合、よい相性。

悪いところ 太陽の光（丙）も、強く照りすぎれば、畑の土（己）をカラカラに乾燥させてしまいます。己が身強の場合、丙はほどほどの愛情を注がないと己は干からびてダメになります。丙が身弱だと己に奉仕して疲れます。

日干が丙の人×庚の人　相性…△

良いところ 丙から見て庚は妻星・父星。思いがけないお金と人脈を運んできてくれる相手です。庚から見て丙は目上星・夫星。相手に仕えれば何かとよくしてくれます。身強の場合、お互い有益な相性です。

悪いところ 丙が身強で、庚が身弱のとき、丙はやたらに熱く強引になってストレスを与えがちです。庚はうっとうしさを感じてしまいます。庚が身強で丙が身弱の場合、丙は力不足で思い通りに庚を扱うことができません。

日干が丙の人×辛の人　相性…◎

良いところ 丙から見て辛は妻星・父星。太陽（丙）が宝石（辛）を照らして美しく見せるので、辛の長所を引き出すことのできるよい相性です。辛から見て丙は夫星なので尊重すると吉。干合の組み合わせなので相思相愛の相性です。

悪いところ 丙が身強で、辛が身弱のとき、辛は常に見えない束縛を受けます。干合しているので、丙は辛を剋すことはありませんが、丙の強い愛が空回りすることもあります。

日干が丙の人×壬の人　相性…◎

良いところ 丙から見て壬は夫星。太陽（丙）が美しく水（壬）に照り映え、ともに喜びを感じられます。丙と壬はお互いが相手に対して深い愛情を感じる相性です。魅力を引き出し合い、対等なつき合いができます。

悪いところ 丙が身弱の場合、壬は支配をするので、丙は忠告をうるさく感じるでしょう。しかし抵抗することができず、そっと逃げます。壬が身弱の場合は、丙を上手に制しきれない傾向があります。

日干が丙の人×癸の人　相性…△

良いところ 丙から見て癸は目上星・夫星。癸は丙をきっちり管理したがります。しかし思い通りにはいかず、癸と丙はお互い張り合うような関係に。それでも、癸が身強だと、丙よりも力関係は強くなります。

悪いところ 丙が身弱の場合、癸は完全に支配しようとしてくるやっかいな相手。何かと攻撃されるので自然に避けたくなります。癸が身弱で、丙が身強だと癸は丙をコントロールしたいと思ってもできない、といった関係になります。

日干が丁の人×丁の人　相性…◎

良いところ 友達星・兄弟星。お互いに頭がよいので会話も弾みます。火と火なので情熱的に燃え上がるでしょう。知的な面での結びつきが強く、楽しい相性です。一方の丁が身弱だと頼りになる友人です。

悪いところ 兄弟星。ライバル意識が生まれると、勝気な面がぶつかります。特に、両方とも身強だと悪友となり、自分の持ちものをねらうライバルか、悪い遊びに引き込んで成功の足を引っ張る悪友になります。

日干が丁の人×戊の人　相性…◎

良いところ 戊は炉にあたり、丁はその中で燃える火です。丁は戊のやさしさに見守られて安定します。戊がいることで、丁は安心して才能を発揮できる相性です。特に戊が身弱だとよい相性です。

悪いところ 戊が身強の場合、丁は戊を甘やかしてしまい、戊はわがままになりやすいでしょう。丁が身弱で、戊が身強の場合、丁は戊に振り回されてエネルギーを取られ、疲れてしまいます。

日干が丁の人×己の人　相性…△

良いところ 丁は火であり、己は仮の炉なので、火は炉の中で守られながら燃えることのできる相性です。特に、己が身弱の場合に、丁からいろいろと教えてもらうことができて、よい相性です。

悪いところ 丁の火から見て己は湿った土でできた仮の炉となり、その中では完全に燃えることができません。己が身弱だと、丁はどこかもの足りなさを感じ、己は支えきれていないという感覚が残るでしょう。

日干が丁の人×庚の人　相性…◎

良いところ 丁から見て庚は妻星・父星。お金や人脈を連れてきてくれる人です。庚から見て丁は目上星・夫星。仕えることで立場を得られます。刀(庚)を燃える火(丁)が鍛えて強くするという関係で、とてもよい相性です。

悪いところ 丁が身強で、庚が身弱のとき、丁は厳しいことを言ったり、無理なことをしたりするので、庚は丁のことを疲れる人だと思い、ストレスを感じます。丁が身弱だと、相手に振り回されてしまいがちです。

日干が丁の人×辛の人　相性…△

良いところ 丁から見て辛は妻星・父星。商売の利益や財産をもたらしてくれるありがたい存在。辛から見て丁は目上星・夫星。多少のストレスはありますが、後について行けば立場を得られるでしょう。辛が身強ならば問題ありません。

悪いところ 丁が身強で、辛が身弱のとき、辛の宝石は丁に焼かれて割れてしまいます。ストレスを感じて逃げ出すでしょう。丁は情熱的になりすぎて暴走し、繊細な辛を壊してしまうことがあるので注意しましょう。

日干が丁の人×壬の人　相性…◎

良いところ 壬の水に、丁の火が美しく映えています。壬は丁の魅力を照らし出す役割です。知恵を出し合い、相手を高め、自分自身も成長できるよい相性。干合の組み合わせなので、相思相愛の交友関係です。

悪いところ 丁が身弱の場合、壬は丁を支配します。干合しているので、いつもべったりと一緒にいることになりがち。壬から見て丁は、自分の思い通りに動かせる相手で、操作しやすいと思ってしまうでしょう。

日干が丁の人×癸の人　相性…△

良いところ 丁から見て癸は目上星・夫星。癸は丁を上手にコントロールできる関係です。癸から見ると、丁は妻星・父星なので、よい話やお金を運んできてくれる人です。丁が身強だと相性は良好です。

悪いところ　癸の雨水は丁の火を消してしまう相性です。お互いの魅力を消し合ってしまうような関係になりやすいでしょう。丁が身弱の場合は、癸に邪魔されたり、傷つけられたりすることもあります。

日干が戊の人×戊の人

相性…△

良いところ　友達・兄弟星です。性格や才能が似ていて気になる存在ですが、あまり仲よくなることは少ないでしょう。しかし、どちらか一方の戊が身弱の場合は、お互いに頼りになる友人関係に変わります。

悪いところ　同質であり、ライバル関係にあります。2人とも頑固な性格で、ぶつかり合って、ダメージも大きいでしょう。特に、身強同士の場合はトラブルメーカーになりがち。適度な距離をとることが大切です。

日干が戊の人×己の人

相性…◎

良いところ　友達星・兄弟星。戊が兄、己が弟というような関係です。戊は己を守り、己は戊に従う相性です。己が身弱の場合、己にとっては多くの恩恵を一方的に受けられる友人です。

悪いところ　己には戊からの恩恵がありますが、戊には己から得るものがないといった関係になりがち。情に流されて、決断できない、苦手な相手との縁を断ち切れないというような2人になるでしょう。

日干が戊の人×庚の人

相性…○

良いところ　戊から見ると庚は子星。教えたり手伝ってあげたりするのですが、庚は堅くて融通がきかないのでちょっと大変です。庚は戊から力をもらえます。庚が身弱のときによい相性です。

悪いところ　お互いに頑固なので最初からスムーズな関係にはなりにくいでしょう。お互いを理解して障害を乗り越えれば、2人とも成長して、関係はより深まっていくことでしょう。

日干が戊の人×辛の人

相性…◎

良いところ　戊から見て辛は子星。知らないうちに辛に力を与えている関係。辛から見て戊は母星。近づくことでたくさんの恩恵をくれる人です。特に辛が身弱の場合、辛にとって戊は何でもしてくれるよい人です。

悪いところ　戊は辛にエネルギーを抜き取られます。特に、戊が身弱の場合は、気がついたら辛にいろいろなものを吸い取られてスカスカになっていることも。戊が身強であれば大丈夫です。

日干が戊の人×壬の人

相性…◎

良いところ　壬から見ると戊の岩石は、水をせき止める堤防の役割を果たします。ですから、壬の暴走を抑え、きちんと管理します。戊は理性的な役割が果たせます。戊が身強だと、壬は有益な存在です。

悪いところ 戊が身強で、壬が身弱のとき、壬はストレスを感じるでしょう。苦手な相手になります。戊が身弱で、壬が身強だと、川(壬)が氾濫して堤防(戊)が決壊する可能性もあるでしょう。

日干が戊の人×癸の人　相性…◎

良いところ 戊から見て癸は妻星・父星。戊が身強だと癸は有益な相手です。癸の雨水はしとしとと降りそそいで戊の岩石を洗う、さわやかな相性です。結婚の相性としても吉。干合の組み合わせで精神的にも合います。

悪いところ 戊が身強で、癸が身弱のとき、癸は常に管理されます。干合しているので仲がよく、戊は癸を剋すことはありませんが、癸がまとわりついてくると嫌になることもあるでしょう。

日干が己の人×己の人　相性…○

良いところ 友達星・兄弟星。己は畑の土で、子供っぽさの残るお人よし同士。ドラマチックな関係ではなく、平和で素朴な環境を作ります。一方が身弱の場合は、実りのある相手。素朴で開けっぴろげで安心できる相性です。

悪いところ 身強同士だと、ライバルとなるか、飲み食いして遊び歩く悪友になります。似た者同士の畑の土なので、平凡で面白みがなく、刺激には乏しいという欠点があります。

日干が己の人×庚の人　相性…△

良いところ 己から見て庚は子星。己が庚に尽くしてあげる関係です。庚は男性的で激しい性格なので、それを女性的でのん気な己がやさしく尊重してあげれば、うまくいく相性。庚が身弱だと、よい相性です。

悪いところ 己は庚に尽くす一方になりやすく、庚が身強の場合、わがままにさせやすいでしょう。己は甘えん坊でのんびりしているので、行動の速い庚とはペースが合わず、庚が少しイライラすることもあります。

日干が己の人×辛の人　相性…△

良いところ　己は畑の土であり、辛はその土の中にある宝石です。全く価値観が違いますが、己が辛にひかれることはあります。己は辛にエネルギーを与えます。辛が身弱の場合はよい相性です。

悪いところ　遊び好きでのんびり屋の己と、勤勉でクールに努力する辛とは価値観が合いません。辛は己に愛想をつかすことも。己は遊びたいのに、辛はマイペースで勉強や仕事をしてしまいます。

日干が己の人×壬の人　相性…△

良いところ　己から見て壬は妻星・父星。お金や人を運んできます。壬から見て己は目上星・夫星。気に入られれば立場を得られます。己は畑の土で壬は川の水なので、壬の意見に押し切られやすい相性です。

悪いところ　己が身弱だと、己は壬を管理しきれません。壬の奔放な行動を制することができません。己は畑の土でのんびり屋、壬は激流で速い川の水なので、ペースが合わず己は疲れます。

日干が己の人×癸の人　相性…△

良いところ　己から見て癸は父星・妻星。己が身強であれば、癸はよく働いてくれ、お金や人をもたらしてくれる存在。癸から見て己は目上星・夫星。己に従えば、社会的な引き立てを受けられます。

悪いところ　己と癸は、畑(己)に雨(癸)が降り続いて水浸しになり、サポートができない不安定な関係です。特に、己が身強すぎるとわがままになるし、癸が身強すぎると取りとめがなくなり、よくありません。

日干が庚の人×庚の人　相性…△

良いところ　友達星・兄弟星。お互いを尊重し合えている間はよい関係を保てます。危険な場や難しい局面でも、ともに頑張ることができます。一方の庚が身弱の場合は、頼りになる友人となります。

悪いところ 激しい性格同士なので、ぶつかり合ってしまいます。ぼんやりしていると自分の持ちものや異性を奪われる危険性さえあります。身強同士の場合は悪友となります。

日干が庚の人×辛の人　相性…△

良いところ 友達星・兄弟星。庚が兄、辛が弟といった関係です。特に辛が身弱の場合は、庚に助けられて輝くよい相性です。硬派の庚は繊細な辛を守ります。一方が身弱の場合は、頼りになる友人となります。

悪いところ ライバル関係です。2人とも身強の場合、悪友になります。感情が激しくホットな庚と、神経質でクールな辛では、庚が辛を傷つける恐れがあります。どちらかが身弱だと、相性はよくなります。

日干が庚の人×壬の人　相性…△

良いところ 庚から見て壬は子星。庚は壬にエネルギーを与えます。壬から見て庚は母星に当たり、甘えて何かがもらえる存在です。特に壬が身弱の場合、よい相性です。行動が早い2人なので、意気投合しやすいでしょう。

悪いところ 庚は壬に尽くす一方の関係になりやすいでしょう。壬は庚からどんどん吸収します。壬が身強の場合は、壬はわがままに。庚が身弱だと壬にエネルギーを吸い取られて疲れてしまいます。

日干が庚の人×癸の人　相性…△

良いところ 庚から見て癸は子星。庚は癸をかわいいと思い、エネルギーを与えます。癸から見て庚は母星に当たり、さまざまな知恵を吸収できます。特に癸が身弱の場合、よい相性です。

悪いところ 剛強ですが、もろいところのある庚と、気まぐれで移り気、わがままな癸とは、お互いにどこに接点を見出したらいいのかわかりません。特に癸が身強だと、庚に対してわがままな態度が出やすいでしょう。

日干が辛の人×辛の人　相性…△

良いところ 友達星・兄弟星。神経質で、自分も傷つきやすく相手も傷つけますが、繊細なことを手がけるのには、一致協力して取り組むことができます。一方が身弱の場合は、お互いよく気がつく友人です。

悪いところ ライバルとなります。特に身強同士の場合は、お互いに引かず、縄張り争いにまで発展し、ケンカをしやすいでしょう。クールで神経質、完璧主義者同士なのでお互いに言葉で相手を傷つけてしまいます。

日干が辛の人×壬の人　相性…◎

良いところ 辛から見て壬は子星。創造の星なので、よいアイデアを生み出してくれます。壬の川の水で辛の宝石が洗われてきれいになるよい相性。壬から見て辛は母星。特に壬が身弱の場合、良好です。

悪いところ 凝り性でじっくり取り組みたい辛と、急いで行動したい壬とでは足並みが合いません。お互いの違いを十分理解すればよくなります。壬が身強だと、辛に甘えてしまいます。壬はわがままにならないように気をつけましょう。

日干が辛の人×癸の人　相性…△

良いところ 辛から見て癸は子星。癸が身弱であれば、楽しい関係です。癸から見て辛は母星。癸はインテリの辛がいろいろと教えてくれるので、好きになるでしょう。特に癸が身弱だと、よい相性です。

悪いところ 凝り性で物事に執着しやすい辛と、移り気で気まぐれな癸は少し歯車が合いにくいかもしれません。癸が身強の場合に、癸はわがままになりやすく、辛の気持ちを萎えさせがちです。

日干が壬の人×壬の人　相性…△

良いところ 友達星・兄弟星。似た者同士で意気投合しやすく、すぐに行動を起こし、ともに頑張ることができます。たえず変化を求め、川の流れのようにスピーディに動きます。一方の壬が身弱の場合は、よい相性です。

悪いところ 身強同士だとライバル関係です。二人そろって似た性格なので、暴走して取りとめのないパターンになりがち。しかもお金が出て行き、異性関係にもひびが入ります。お互いに身強の場合は悪友になります。

日干が壬の人×癸の人　相性…△

良いところ 友達星・兄弟星。壬は川の水、癸は雨の水。同じ水同士で、頭のよい2人です。一方が身弱の場合はプラスになる友人。悩んでいるときや困ったときは、相談に乗ってくれたり、力をくれたりします。

悪いところ ともに水の質なので身強同士だと、癸の雨水が壬の川を氾濫させてしまいます。川の水は増加し、激流になりやすいのでよくありません。

日干が癸の人×癸の人　相性…△

良いところ 友達星・兄弟星。同質同士で、お互いの気持ちや状況が理解できて、一致協力しやすいでしょう。一方が身弱の場合、気のおけない相談役になります。デリケートで気まぐれ、孤独を好む者同士、気が合います。

悪いところ ともに水の質なので、どうしても氾濫・洪水を起こしやすい点に注意。身強同士の場合は互いの持ちものをねらうライバルになるか、悪い遊びで人の成功の足を引っ張る悪友となります。

付録1

四柱推命に役立つ資料

命式を作るのに必要な表や干支暦、
言葉の意味がわからなくなってしまったときに役立つ
用語辞典などをまとめました。

四柱推命に必要な表

出生時刻干支表

戊・癸	丁・壬	丙・辛	乙・庚	甲・己	日干 / 出生時刻
壬子	庚子	戊子	丙子	甲子	0:00〜1:00
癸丑	辛丑	己丑	丁丑	乙丑	1:00〜3:00
甲寅	壬寅	庚寅	戊寅	丙寅	3:00〜5:00
乙卯	癸卯	辛卯	己卯	丁卯	5:00〜7:00
丙辰	甲辰	壬辰	庚辰	戊辰	7:00〜9:00
丁巳	乙巳	癸巳	辛巳	己巳	9:00〜11:00
戊午	丙午	甲午	壬午	庚午	11:00〜13:00
己未	丁未	乙未	癸未	辛未	13:00〜15:00
庚申	戊申	丙申	甲申	壬申	15:00〜17:00
辛酉	己酉	丁酉	乙酉	癸酉	17:00〜19:00
壬戌	庚戌	戊戌	丙戌	甲戌	19:00〜21:00
癸亥	辛亥	己亥	丁亥	乙亥	21:00〜23:00
甲子	壬子	庚子	戊子	丙子	23:00〜0:00

注）出生時刻が△時０分０秒の人は、その次の時間帯に含まれます。たとえば、0：59の人は0：00〜1：00を、1：00の人は1：00〜3：00を見ます。

全国各地時差修正表

地名	分　秒
〈北海道〉	
釧路市	＋37′33″
帯広市	＋32′48″
旭川市	＋29′28″
札幌市	＋25′26″
〈青森県〉	
青森市	＋23′00″
〈岩手県〉	
盛岡市	＋24′36″
〈秋田県〉	
秋田市	＋20′25″
〈宮城県〉	
仙台市	＋23′32″
〈山形県〉	
山形市	＋21′22″
〈福島県〉	
福島市	＋21′55″
〈栃木県〉	
宇都宮市	＋19′33″
〈群馬県〉	
前橋市	＋16′16″
〈茨城県〉	
水戸市	＋21′54″
〈埼玉県〉	
さいたま市	＋18′36″
〈千葉県〉	
千葉市	＋20′25″
〈東京都〉	
東京都	＋19′04″
〈神奈川県〉	
横浜市	＋18′34″
〈新潟県〉	
新潟市	＋16′12″
〈富山県〉	
富山市	＋08′52″
〈石川県〉	
金沢市	＋06′38″
〈福井県〉	
福井市	＋04′52″
〈長野県〉	
長野市	＋12′44″
〈山梨県〉	
甲府市	＋14′16″
〈静岡県〉	
静岡市	＋13′32″
〈岐阜県〉	
岐阜市	＋07′00″
〈愛知県〉	
名古屋市	＋07′38″

地名	分　秒
〈滋賀県〉	
大津市	＋03′28″
〈三重県〉	
津市	＋06′02″
〈京都府〉	
京都市	＋03′05″
〈大阪府〉	
大阪市	＋02′01″
〈奈良県〉	
奈良市	＋03′20″
〈和歌山県〉	
和歌山市	＋00′42″
〈兵庫県〉	
神戸市	＋00′40″
〈鳥取県〉	
鳥取市	−03′03″
〈島根県〉	
松江市	−07′48″
〈岡山県〉	
岡山市	−04′20″
〈広島県〉	
広島市	−10′10″
〈山口県〉	
山口市	−14′06″
〈徳島県〉	
徳島市	−01′46″
〈香川県〉	
高松市	−03′48″
〈愛媛県〉	
松山市	−08′56″
〈高知県〉	
高知市	−05′52″
〈福岡県〉	
福岡市	−18′24″
〈大分県〉	
大分市	−13′36″
〈佐賀県〉	
佐賀市	−18′47″
〈長崎県〉	
長崎市	−20′20″
〈熊本県〉	
熊本市	−17′08″
〈宮崎県〉	
宮崎市	−14′19″
〈鹿児島県〉	
鹿児島市	−17′47″
〈沖縄県〉	
那覇市	−29′17″

注）この表に記載のないところで生まれた人は、近い場所を見ましょう。

蔵干早見表

地支	亥			戌			酉			申			未			午			巳			辰			卯			寅			丑			子		
蔵干	甲	/	壬	辛	丁	戊	庚	/	辛	戊	壬	庚	丁	乙	己	己	/	丁	戊	庚	丙	乙	癸	戊	甲	/	乙	戊	丙	甲	癸	辛	己	壬	/	癸
区分	余気	/	本気	余気	中気	本気	余気	/	本気	余気	中気	本気	余気	中気	本気	余気	/	本気	余気	中気	本気	余気	中気	本気	余気	/	本気	余気	中気	本気	余気	中気	本気	余気	/	本気

月支蔵干深浅表

<table>
<tr><th>16日以降</th><th>15日まで</th><th>14日まで</th><th>13日まで</th><th>12日まで</th><th>11日まで</th><th>10日まで</th><th>9日まで</th><th>8日まで</th><th>7日まで</th><th>節入りから生日までの日数 / 月支</th></tr>
<tr><td colspan="2">甲</td><td colspan="7">丙</td><td>戊</td><td>寅</td></tr>
<tr><td colspan="6">乙</td><td colspan="4">甲</td><td>卯</td></tr>
<tr><td colspan="4">戊</td><td colspan="3">癸</td><td colspan="3">乙</td><td>辰</td></tr>
<tr><td>丙</td><td colspan="8">庚</td><td>戊</td><td>巳</td></tr>
<tr><td colspan="7">丁</td><td colspan="3">己</td><td>午</td></tr>
<tr><td colspan="4">己</td><td colspan="3">乙</td><td colspan="3">丁</td><td>未</td></tr>
<tr><td colspan="2">庚</td><td colspan="7">壬</td><td>戊</td><td>申</td></tr>
<tr><td colspan="6">辛</td><td colspan="4">庚</td><td>酉</td></tr>
<tr><td colspan="4">戊</td><td colspan="3">丁</td><td colspan="3">辛</td><td>戌</td></tr>
<tr><td colspan="6">壬</td><td colspan="4">甲</td><td>亥</td></tr>
<tr><td colspan="6">癸</td><td colspan="4">壬</td><td>子</td></tr>
<tr><td colspan="4">己</td><td colspan="3">辛</td><td colspan="3">癸</td><td>丑</td></tr>
</table>

通変星早見表

癸	壬	辛	庚	己	戊	丁	丙	乙	甲	日干 / 十干
傷官	食神	正財	偏財	正官	偏官	印綬	偏印	劫財	比肩	甲
食神	傷官	偏財	正財	偏官	正官	偏印	印綬	比肩	劫財	乙
正財	偏財	正官	偏官	印綬	偏印	劫財	比肩	傷官	食神	丙
偏財	正財	偏官	正官	偏印	印綬	比肩	劫財	食神	傷官	丁
正官	偏官	印綬	偏印	劫財	比肩	傷官	食神	正財	偏財	戊
偏官	正官	偏印	印綬	比肩	劫財	食神	傷官	偏財	正財	己
印綬	偏印	劫財	比肩	傷官	食神	正財	偏財	正官	偏官	庚
偏印	印綬	比肩	劫財	食神	傷官	偏財	正財	偏官	正官	辛
劫財	比肩	傷官	食神	正財	偏財	正官	偏官	印綬	偏印	壬
比肩	劫財	食神	傷官	偏財	正財	偏官	正官	偏印	印綬	癸

格局	身強・身弱	多い通変星	用神	喜神	忌神	仇神
建禄格	身強	比劫	官殺	財	比劫	印
	身強	印	財	食傷	比劫	印
	身強	食傷	財	官殺	比劫	印
	身強	財	官殺	財	印	比劫
月刃格	身強	官殺	食傷	財	印	比劫
	身弱	官殺	印	比劫	財	食傷
	身弱	財	比劫	印	官殺	財
	身弱	食傷	印	比劫	財	食傷
食神格	身強	比劫	食傷	財	印	比劫
	身強	印	財	食傷	比劫	印
	身強	食傷	財	官殺	比劫	印
	身強	財	官殺	財	印	比劫
傷官格	身強	官殺	食傷	財	印	比劫
	身弱	官殺	印	比劫	財	食傷
	身弱	財	比劫	印	官殺	財
	身弱	食傷	印	比劫	財	食傷
偏財格	身強	比劫	食傷	財	印	比劫
	身強	印	財	食傷	比劫	印
	身強	食傷	財	官殺	比劫	印

用神・喜神／忌神・仇神早見表
（普通格局の人の場合）

印綬格 偏印格								正官格 偏官格								正財格				
身弱	身弱	身弱	身強	身強	身強	身強	身強	身弱	身弱	身弱	身強	身強	身強	身強	身強	身弱	身弱	身弱	身強	身強
食傷	財	官殺	官殺	財	食傷	印	比劫	食傷	財	官殺	官殺	財	食傷	印	比劫	食傷	財	官殺	官殺	財
印	比劫	印	食傷	官殺	財	財	官殺	印	比劫	印	食傷	官殺	財	財	官殺	印	比劫	印	食傷	官殺
比劫	印	比劫	財	財	官殺	食傷	財	比劫	印	比劫	財	財	官殺	食傷	財	比劫	印	比劫	財	財
財	官殺	財	印	印	比劫	比劫	比劫	財	官殺	財	印	印	比劫	比劫	比劫	財	官殺	財	印	印
食傷	財	食傷	比劫	比劫	印	印	印	食傷	財	食傷	比劫	比劫	印	印	印	食傷	財	食傷	比劫	比劫

注 1）**比劫＝比肩・劫財、食傷＝食神・傷官、財＝偏財・正財、官殺＝偏官・正官、印＝偏印・印綬の略語。**
2）この表に該当のない通変星が「閑神」です。

六十干支順行・逆行早見表

順行

甲子	乙丑	丙寅	丁卯	戊辰	己巳	庚午	辛未	壬申	癸酉
甲戌	乙亥	丙子	丁丑	戊寅	己卯	庚辰	辛巳	壬午	癸未
甲申	乙酉	丙戌	丁亥	戊子	己丑	庚寅	辛卯	壬辰	癸巳
甲午	乙未	丙申	丁酉	戊戌	己亥	庚子	辛丑	壬寅	癸卯
甲辰	乙巳	丙午	丁未	戊申	己酉	庚戌	辛亥	壬子	癸丑
甲寅	乙卯	丙辰	丁巳	戊午	己未	庚申	辛酉	壬戌	癸亥

逆行

甲子	癸亥	壬戌	辛酉	庚申	己未	戊午	丁巳	丙辰	乙卯
甲寅	癸丑	壬子	辛亥	庚戌	己酉	戊申	丁未	丙午	乙巳
甲辰	癸卯	壬寅	辛丑	庚子	己亥	戊戌	丁酉	丙申	乙未
甲午	癸巳	壬辰	辛卯	庚寅	己丑	戊子	丁亥	丙戌	乙酉
甲申	癸未	壬午	辛巳	庚辰	己卯	戊寅	丁丑	丙子	乙亥
甲戌	癸酉	壬申	辛未	庚午	己巳	戊辰	丁卯	丙寅	乙丑

用神・喜神／忌神・仇神早見表

（特別格局の人の場合）

格局	従旺格	従強格	従児格	従財格	従殺格	従勢格
身強・身弱	極身強	極身強	極身弱	極身弱	極身弱	極身弱
多い通変星	比劫	印	食傷	財	官殺	食傷・財・官殺全て
用神	比劫	印	食傷	財	官殺	財
喜神	印	比劫	財	食傷	財	官殺・食傷
忌神	官殺	財	印	比劫	印	比劫
仇神	財	食傷	比劫	印	比劫	印

注 1）比劫＝比肩・劫財、食傷＝食神・傷官、財＝偏財・正財、官殺＝偏官・正官、印＝偏印・印綬の略語。
2）この表に該当のない通変星が「閑神」です。

コピーをして使用しましょう！

大運フォーマット

年齢								
天干の通変星								
大運								
蔵干の本気								
地支の通変星								

注）流年で使う場合は「年齢」の欄を「年」に、「大運」の欄を「年干支」に変えて使いましょう。

命式フォーマット

	時柱	日柱	月柱	年柱
天干の通変星		／		
天干				
地支				
蔵干				
区分				
地支の通変星				

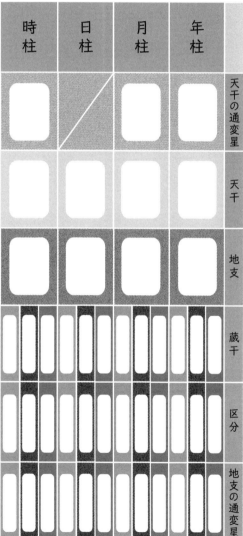

用語辞典

あ

いん【印】
偏印・印綬の略語。

いんじゅ(かく)【印綬(格)】
通変星の一つ。我（日干）を生じる五行であり、日干と陰陽が逆。「格」がつくと、格局の一つになる。

か

かっきょく【格局】
月支の蔵干から求めることができる、命式の軸となる部分。人生の価値観を表している。普通格局は建禄格、月刃格、食神格、傷官格、偏財格、正財格、偏官格、正官格、偏印格、印綬格の10種。

かんごう【干合】
十干のうち、結びつきが強い関係のこと。甲己、乙庚、丙辛、丁壬、戊癸の5通りがある。

かんさつ【官殺】
正官・偏官の略語。

かんし【干支】
十干と十二支のこと。

かんしれき【干支暦】
年・月・日を十干十二支で表した暦のこと。

かんじん【閑神】
吉にも凶にもなる神（五行または通変星）のこと。

きじん【喜神】
吉を呼び込む神（五行または通変星）のこと。用神に次いで吉。

ぎじん【忌神】
凶を呼び込む神（五行または通変星）のこと。用神を壊す働きを持つ。

ぎゃっこう【逆行】
大運を調べるときに月干支からさかのぼって並べていくこと。陰男、陽女に当てはまる。

きゅうじん【仇神】
凶を呼び込む神（五行または通変星）のこと。忌神に次いで凶。

げっかん【月干】
命式で、生まれた月を十干で表したもの。

げっし【月支】
命式で、生まれた月を十二支で表したもの。

げつじんかく【月刃格】
格局の一つ。

げっちゅう【月柱】
命式で、生まれた月の干支を入れる柱のこと。

けんろくかく【建禄格】
格局の一つ。

ごうざい【劫財】
通変星の一つ。我（日干）と同じ五行であり、日干と陰陽が逆。

ごぎょう【五行】
全てのものを作るもとになる気のこと。木・火・土・金・水の5種がある。

ごくみきょう【極身強】
身強の人のうち、極端に日干の力量が強い命式のこと。さらに強めると吉になる。従旺格、従強格がある。
それ以外に、専旺格などもある。

ごくみじゃく【極身弱】
身弱の人のうち、極端に日干の力量が弱い命式のこと。さらに弱めると吉になる。従児格、従財格、従殺格、従勢格がある。

さ

ざい【財】
偏財・正財の略語。

さんごうかいきょく【三合会局】
十二支のうち、正三角形の関係に当たる三支がそろうこと。ある五行を強める作用がある。

さんぽうかいきょく【三方会局】
十二支のうち、旺支《おうし》（卯午酉子）に隣り合う二支と旺支の三支がそろうこと。季節の五行を強める作用がある。

じかん【時干】
命式で、生まれた時刻を十干で表したもの。

しごう【支合】
十二支のうち、結びつきが強い関係のこと。子丑、亥寅、卯戌、辰酉、巳申、午未がある。

じし【時支】
命式で、生まれた時刻を十二支で表したもの。

しちゅう【支沖】
十二支のうち、反発し合う関係のこと。子午、丑未、寅申、卯酉、辰戌、巳亥がある。

じちゅう【時柱】
命式で、生まれた時刻の干支を入れる柱のこと。

しちゅうすいめい【四柱推命】
生年・月・日・時を、四つの柱となる干支に変換して、個人の宿命を判断する占術の名称。

じっかん【十干】
甲・乙・丙・丁・戊・己・庚・辛・壬・癸の総称。

しつれい【失令】
日干の五行が、月の五行から剋されて弱められていること。

しぼどきょく【四墓土局】
土の気の十二支が全てそろうこと。「丑・辰・未・戌」の組み合わせ。

じゅうおうかく【従旺格】
極身強の人のうちで、命式に比肩、劫財が多い人。特別格局の一つ。

じゅうきょうかく【従強格】
極身強の人のうちで、命式に偏印、印綬が多い人。特別格局の一つ。

じゅうざいかく【従財格】
極身弱の人のうちで、命式に偏財、正財が多い人。特別格局の一つ。

じゅうさつかく【従殺格】
極身弱の人のうちで、命式に偏官、正官が多い人。特別格局の一つ。

じゅうじかく【従児格】
極身弱の人のうちで、命式に食神、傷官が多い人。特別格局の一つ。

じゅうせいかく【従勢格】
極身弱の人のうちで、命式に食神、傷官、偏財、正財、偏官、正官が均等に多い人。特別格局の一つ。

じゅうにし【十二支】
子・丑・寅・卯・辰・巳・午・未・申・酉・戌・亥の総称。

じゅんこう【順行】
大運を調べるときに月干支から順を追って並べていくこと。陽男、陰女に当てはまる。

しょうかん（かく）【傷官（格）】
通変星の一つ。我（日干）が生じる五行であり、日干と陰陽が逆。「格」がつくと、格局の一つになる。

しょくしょう【食傷】
食神・傷官の略語。

しょくじん(かく)【食神(格)】
通変星の一つ。我(日干)が生じる五行であり、日干と陰陽が同じ。「格」がつくと、格局の一つになる。

せいかん(かく)【正官(格)】
通変星の一つ。我(日干)を剋す五行であり、日干と陰陽が逆。「格」がつくと、格局の一つになる。

せいざい(かく)【正財(格)】
通変星の一つ。我(日干)が剋す五行であり、日干と陰陽が逆。「格」がつくと、格局の一つになる。

せついり(び)【節入り(日)】
月の始まりの日のこと。2月4日頃の立春は月の始まりでもあり、1年の始まりの日でもある。

ぞうかん【蔵干】
地支に内蔵されている十干のこと。

そうこく【相剋】
五行が、お互いに攻撃し合う関係にあること。木剋土、土剋水、水剋火、火剋金、金剋木。

そうしょう【相生】
五行が、お互いに助け合う関係にあること。木生火、火生土、土生金、金生水、水生木。

た

だいうん【大運】
10年間ごとの運の流れを見るもの。干支で表す。

ちし【地支】
命式で、十二支が入る段のこと。

ちょうこうようじん【調候用神】
用神のうち、命式の寒暖を調節する働きがあるもの。

つうへんせい【通変星】
日干から見た十干との関係を表す記号。比肩、劫財、食神、傷官、偏財、正財、偏官、正官、偏印、印綬の10種。

てんかん【天干】
命式で、十干が入る段のこと。

とくべつかっきょく【特別格局】
普通格局の10種を除いた、全体の約10%の人に該当する変則的な命式のこと。古典には特殊な格局が多種見られる。

とくれい【得令】
日干の五行が、生まれた月の五行からの助けを得て強められていること。

どよう【土用】
各季節の終わりの18日間。年に4回ある。夏の土用が一般に広く知られている。

な

にっかん【日干】
命式で、生まれた日を十干で表したもの。日干は自我を表す。日主《にっしゅ》ともいう。

にっし【日支】
命式で、生まれた日を十二支で表したもの。

にっちゅう【日柱】
命式で、生まれた日の干支を入れる柱のこと。

ねんかん【年干】
命式で、生まれた年を十干で表したもの。

ねんし【年支】
命式で、生まれた年を十二支で表したもの。

ねんちゅう【年柱】
命式で、生まれた年の干支を入れる

柱のこと。

は

バーツー【八字】
四柱推命の中国における本来の名のこと。「子平《ジーピン》」ともいう。日本語では八字《はちじ》と読む。

ひけん【比肩】
通変星の一つ。我（日干）と同じ五行であり、日干と陰陽が同じ。

ひごう【比劫】
比肩・劫財の略語。

ふつうかっきょく【普通格局】
全体の約90％の人が含まれる普通の命式（10種類）のこと。身強と身弱に分けられる。

ふよくようじん【扶抑用神】
用神のうち、命式の強弱のバランスをとる働きがあるもの。

へんいん（かく）【偏印（格）】
通変星の一つ。我（日干）を生じる五行であり、日干と陰陽が同じ。「格」がつくと、格局の一つになる。

へんかん（かく）【偏官（格）】
通変星の一つ。我（日干）を剋す五行であり、日干と陰陽が同じ。「格」がつくと、格局の一つになる。

へんざい（かく）【偏財（格）】
通変星の一つ。我（日干）が剋す五行であり、日干と陰陽が同じ。「格」がつくと、格局の一つになる。

ほんき・ちゅうき・よき【本気・中気・余気】
蔵干の力量を表すもの。力量は多い順に、本気→中気→余気となる。

ま

みきょう【身強】
日干が±0よりも強い命式。自我（日干）が強い命式のことを指す。

みじゃく【身弱】
日干が±0よりも弱い命式。自我（日干）が弱い命式のことを指す。

めいしき【命式】
四柱推命で、宿命を算出する際に使う、宿命の公式図のこと。

や

ようじん【用神】
吉を呼び込む神（五行または通変星）。命式の中で、一番重要な働きをしている。

ら

りっしゅん【立春】
二十四節気の一つ。2月4日頃。四柱推命では1年の始まりとする。

りゅうねん【流年】
1年ごとの運の流れを見るもので、干支で表す。

ろくじっかんし【六十干支】
十干と十二支の組み合わせのこと。60通りある（組み合わせと読み方は下段に記載）。

六十干支の読み方一覧表

癸酉《みずのととり》	壬申《みずのえさる》	辛未《かのとひつじ》	庚午《かのえうま》	己巳《つちのとみ》	戊辰《つちのえたつ》	丁卯《ひのとう》	丙寅《ひのえとら》	乙丑《きのとうし》	甲子《きのえね》
癸未《みずのとひつじ》	壬午《みずのえうま》	辛巳《かのとみ》	庚辰《かのえたつ》	己卯《つちのとう》	戊寅《つちのえとら》	丁丑《ひのとうし》	丙子《ひのえね》	乙亥《きのとい》	甲戌《きのえいぬ》
癸巳《みずのとみ》	壬辰《みずのえたつ》	辛卯《かのとう》	庚寅《かのえとら》	己丑《つちのとうし》	戊子《つちのえね》	丁亥《ひのとい》	丙戌《ひのえいぬ》	乙酉《きのととり》	甲申《きのえさる》
癸卯《みずのとう》	壬寅《みずのえとら》	辛丑《かのとうし》	庚子《かのえね》	己亥《つちのとい》	戊戌《つちのえいぬ》	丁酉《ひのととり》	丙申《ひのえさる》	乙未《きのとひつじ》	甲午《きのえうま》
癸丑《みずのとうし》	壬子《みずのえね》	辛亥《かのとい》	庚戌《かのえいぬ》	己酉《つちのととり》	戊申《つちのえさる》	丁未《ひのとひつじ》	丙午《ひのえうま》	乙巳《きのとみ》	甲辰《きのえたつ》
癸亥《みずのとい》	壬戌《みずのえいぬ》	辛酉《かのととり》	庚申《かのえさる》	己未《つちのとひつじ》	戊午《つちのえうま》	丁巳《ひのとみ》	丙辰《ひのえたつ》	乙卯《きのとう》	甲寅《きのえとら》

注）表は右上の「甲子」から始まり、右から左の流れで見ましょう。左下の「癸亥」の後は右上の「甲子」に戻ります。

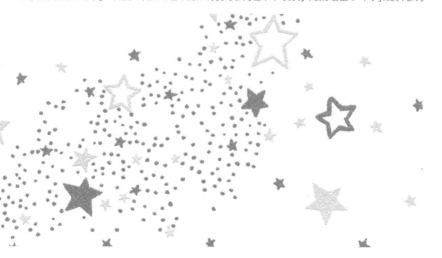

付録2

干支暦〈1939～2036〉

干支暦の見方

■ は節入りの日です。

□ は節入りの日、
および1年の始まりです。

月柱に入る「月干支《げっかんし》」です。
生まれた月を見ましょう。
ただし、その月の節入りより
前に生まれた人は、
前月の月干支を見ます。

1939年（昭和14年）己卯

月	月干支	節入り	1日	2日	3日	4日	5日	6日	7日	8日	9日	10日	11日	12日	13日	14日	15日	16日	17日	18日	19日	20日	21日	22日	23日	24日	25日	26日	27日	28日	29日	30日	31日
1月	乙丑	6日 14時 28分	戊戌	己亥	庚子	辛丑	壬寅	癸卯	甲辰	乙巳	丙午	丁未	戊申	己酉	庚戌	辛亥	壬子	癸丑	甲寅	乙卯	丙辰	丁巳	戊午	己未	庚申	辛酉	壬戌	癸亥	甲子	乙丑	丙寅	丁卯	戊辰
2月	丙寅	5日 02時 10分	己巳	庚午	辛未	壬申	癸酉	甲戌	乙亥	丙子	丁丑	戊寅	己卯	庚辰	辛巳	壬午	癸未	甲申	乙酉	丙戌	丁亥	戊子	己丑	庚寅	辛卯	壬辰	癸巳	甲午	乙未	丙申			
3月	丁卯	6日 20時 26分	丁酉	戊戌	己亥	庚子	辛丑	壬寅	癸卯	甲辰	乙巳	丙午	丁未	戊申	己酉	庚戌	辛亥	壬子	癸丑	甲寅	乙卯	丙辰	丁巳	戊午	己未	庚申	辛酉	壬戌	癸亥	甲子	乙丑	丙寅	丁卯
4月	戊辰	6日 01時 37分	戊辰	己巳	庚午	辛未	壬申	癸酉	甲戌	乙亥	丙子	丁丑	戊寅	己卯	庚辰	辛巳	壬午	癸未	甲申	乙酉	丙戌	丁亥	戊子	己丑	庚寅	辛卯	壬辰	癸巳	甲午	乙未	丙申	丁酉	
5月	己巳	6日 19時 21分	戊戌	己亥	庚子	辛丑	壬寅	癸卯	甲辰	乙巳	丙午	丁未	戊申	己酉	庚戌	辛亥	壬子	癸丑	甲寅	乙卯	丙辰	丁巳	戊午	己未	庚申	辛酉	壬戌	癸亥	甲子	乙丑	丙寅	丁卯	戊辰
6月	庚午	6日 23時 52分	己巳	庚午	辛未	壬申	癸酉	甲戌	乙亥	丙子	丁丑	戊寅	己卯	庚辰	辛巳	壬午	癸未	甲申	乙酉	丙戌	丁亥	戊子	己丑	庚寅	辛卯	壬辰	癸巳	甲午	乙未	丙申	丁酉	戊戌	
7月	辛未	8日 10時 18分	己亥	庚子	辛丑	壬寅	癸卯	甲辰	乙巳	丙午	丁未	戊申	己酉	庚戌	辛亥	壬子	癸丑	甲寅	乙卯	丙辰	丁巳	戊午	己未	庚申	辛酉	壬戌	癸亥	甲子	乙丑	丙寅	丁卯	戊辰	己巳
8月	壬申	8日 20時 03分	庚午	辛未	壬申	癸酉	甲戌	乙亥	丙子	丁丑	戊寅	己卯	庚辰	辛巳	壬午	癸未	甲申	乙酉	丙戌	丁亥	戊子	己丑	庚寅	辛卯	壬辰	癸巳	甲午	乙未	丙申	丁酉	戊戌	己亥	庚子
9月	癸酉	8日 22時 42分	辛丑	壬寅	癸卯	甲辰	乙巳	丙午	丁未	戊申	己酉	庚戌	辛亥	壬子	癸丑	甲寅	乙卯	丙辰	丁巳	戊午	己未	庚申	辛酉	壬戌	癸亥	甲子	乙丑	丙寅	丁卯	戊辰	己巳	庚午	
10月	甲戌	9日 13時 57分	辛未	壬申	癸酉	甲戌	乙亥	丙子	丁丑	戊寅	己卯	庚辰	辛巳	壬午	癸未	甲申	乙酉	丙戌	丁亥	戊子	己丑	庚寅	辛卯	壬辰	癸巳	甲午	乙未	丙申	丁酉	戊戌	己亥	庚子	辛丑
11月	乙亥	8日 16時 44分	壬寅	癸卯	甲辰	乙巳	丙午	丁未	戊申	己酉	庚戌	辛亥	壬子	癸丑	甲寅	乙卯	丙辰	丁巳	戊午	己未	庚申	辛酉	壬戌	癸亥	甲子	乙丑	丙寅	丁卯	戊辰	己巳	庚午	辛未	
12月	丙子	8日 09時 17分	壬申	癸酉	甲戌	乙亥	丙子	丁丑	戊寅	己卯	庚辰	辛巳	壬午	癸未	甲申	乙酉	丙戌	丁亥	戊子	己丑	庚寅	辛卯	壬辰	癸巳	甲午	乙未	丙申	丁酉	戊戌	己亥	庚子	辛丑	壬寅

日柱に入る「日干支《にっかんし》」です。
生まれた月と日の交差したところを
見ましょう。

年柱に入る「年干支《ねんかんし》」です。
ただし、1年の始まりより
前に生まれた人は、
前年の年干支を見ます。

1939年（昭和14年）己卯

月	1月	2月	3月	4月	5月	6月	7月	8月	9月	10月	11月	12月
月干支	乙丑	丙寅	丁卯	戊辰	己巳	庚午	辛未	壬申	癸酉	甲戌	乙亥	丙子
節入り	6日14時28分	5日02時10分	6日20時26分	6日01時37分	6日19時21分	6日23時52分	8日10時18分	8日20時03分	8日22時42分	9日13時57分	8日16時44分	8日09時17分
1日	戊戌	己巳	丁酉	戊辰	戊戌	己巳	己亥	庚午	辛丑	辛未	壬寅	壬申
2日	己亥	庚午	戊戌	己巳	己亥	庚午	庚子	辛未	壬寅	壬申	癸卯	癸酉
3日	庚子	辛未	己亥	庚午	庚子	辛未	辛丑	壬申	癸卯	癸酉	甲辰	甲戌
4日	辛丑	壬申	庚子	辛未	辛丑	壬申	壬寅	癸酉	甲辰	甲戌	乙巳	乙亥
5日	壬寅	癸酉	辛丑	壬申	壬寅	癸酉	癸卯	甲戌	乙巳	乙亥	丙午	丙子
6日	癸卯	甲戌	壬寅	癸酉	癸卯	甲戌	甲辰	乙亥	丙午	丙子	丁未	丁丑
7日	甲辰	乙亥	癸卯	甲戌	甲辰	乙亥	乙巳	丙子	丁未	丁丑	戊申	戊寅
8日	乙巳	丙子	甲辰	乙亥	乙巳	丙子	丙午	丁丑	戊申	戊寅	己酉	己卯
9日	丙午	丁丑	乙巳	丙子	丙午	丁丑	丁未	戊寅	己酉	己卯	庚戌	庚辰
10日	丁未	戊寅	丙午	丁丑	丁未	戊寅	戊申	己卯	庚戌	庚辰	辛亥	辛巳
11日	戊申	己卯	丁未	戊寅	戊申	己卯	己酉	庚辰	辛亥	辛巳	壬子	壬午
12日	己酉	庚辰	戊申	己卯	己酉	庚辰	庚戌	辛巳	壬子	壬午	癸丑	癸未
13日	庚戌	辛巳	己酉	庚辰	庚戌	辛巳	辛亥	壬午	癸丑	癸未	甲寅	甲申
14日	辛亥	壬午	庚戌	辛巳	辛亥	壬午	壬子	癸未	甲寅	甲申	乙卯	乙酉
15日	壬子	癸未	辛亥	壬午	壬子	癸未	癸丑	甲申	乙卯	乙酉	丙辰	丙戌
16日	癸丑	甲申	壬子	癸未	癸丑	甲申	甲寅	乙酉	丙辰	丙戌	丁巳	丁亥
17日	甲寅	乙酉	癸丑	甲申	甲寅	乙酉	乙卯	丙戌	丁巳	丁亥	戊午	戊子
18日	乙卯	丙戌	甲寅	乙酉	乙卯	丙戌	丙辰	丁亥	戊午	戊子	己未	己丑
19日	丙辰	丁亥	乙卯	丙戌	丙辰	丁亥	丁巳	戊子	己未	己丑	庚申	庚寅
20日	丁巳	戊子	丙辰	丁亥	丁巳	戊子	戊午	己丑	庚申	庚寅	辛酉	辛卯
21日	戊午	己丑	丁巳	戊子	戊午	己丑	己未	庚寅	辛酉	辛卯	壬戌	壬辰
22日	己未	庚寅	戊午	己丑	己未	庚寅	庚申	辛卯	壬戌	壬辰	癸亥	癸巳
23日	庚申	辛卯	己未	庚寅	庚申	辛卯	辛酉	壬辰	癸亥	癸巳	甲子	甲午
24日	辛酉	壬辰	庚申	辛卯	辛酉	壬辰	壬戌	癸巳	甲子	甲午	乙丑	乙未
25日	壬戌	癸巳	辛酉	壬辰	壬戌	癸巳	癸亥	甲午	乙丑	乙未	丙寅	丙申
26日	癸亥	甲午	壬戌	癸巳	癸亥	甲午	甲子	乙未	丙寅	丙申	丁卯	丁酉
27日	甲子	乙未	癸亥	甲午	甲子	乙未	乙丑	丙申	丁卯	丁酉	戊辰	戊戌
28日	乙丑	丙申	甲子	乙未	乙丑	丙申	丙寅	丁酉	戊辰	戊戌	己巳	己亥
29日	丙寅		乙丑	丙申	丙寅	丁酉	丁卯	戊戌	己巳	己亥	庚午	庚子
30日	丁卯		丙寅	丁酉	丁卯	戊戌	戊辰	己亥	庚午	庚子	辛未	辛丑
31日	戊辰		丁卯		戊辰		己巳	庚子		辛丑		壬寅

1940年（昭和15年）庚辰

月	1月	2月	3月	4月	5月	6月	7月	8月	9月	10月	11月	12月
月干支	丁丑	戊寅	己卯	庚辰	辛巳	壬午	癸未	甲申	乙酉	丙戌	丁亥	戊子
節入り	6日20時24分	5日08時08分	6日02時24分	5日07時35分	6日01時16分	6日05時44分	7日16時08分	8日01時51分	8日04時29分	8日19時42分	7日22時27分	7日14時58分
1日	癸卯	甲戌	癸卯	甲戌	甲辰	乙亥	乙巳	丙子	丁未	丁丑	戊申	戊寅
2日	甲辰	乙亥	甲辰	乙亥	乙巳	丙子	丙午	丁丑	戊申	戊寅	己酉	己卯
3日	乙巳	丙子	乙巳	丙子	丙午	丁丑	丁未	戊寅	己酉	己卯	庚戌	庚辰
4日	丙午	丁丑	丙午	丁丑	丁未	戊寅	戊申	己卯	庚戌	庚辰	辛亥	辛巳
5日	丁未	戊寅	丁未	戊寅	戊申	己卯	己酉	庚辰	辛亥	辛巳	壬子	壬午
6日	戊申	己卯	戊申	己卯	己酉	庚辰	庚戌	辛巳	壬子	壬午	癸丑	癸未
7日	己酉	庚辰	己酉	庚辰	庚戌	辛巳	辛亥	壬午	癸丑	癸未	甲寅	甲申
8日	庚戌	辛巳	庚戌	辛巳	辛亥	壬午	壬子	癸未	甲寅	甲申	乙卯	乙酉
9日	辛亥	壬午	辛亥	壬午	壬子	癸未	癸丑	甲申	乙卯	乙酉	丙辰	丙戌
10日	壬子	癸未	壬子	癸未	癸丑	甲申	甲寅	乙酉	丙辰	丙戌	丁巳	丁亥
11日	癸丑	甲申	癸丑	甲申	甲寅	乙酉	乙卯	丙戌	丁巳	丁亥	戊午	戊子
12日	甲寅	乙酉	甲寅	乙酉	乙卯	丙戌	丙辰	丁亥	戊午	戊子	己未	己丑
13日	乙卯	丙戌	乙卯	丙戌	丙辰	丁亥	丁巳	戊子	己未	己丑	庚申	庚寅
14日	丙辰	丁亥	丙辰	丁亥	丁巳	戊子	戊午	己丑	庚申	庚寅	辛酉	辛卯
15日	丁巳	戊子	丁巳	戊子	戊午	己丑	己未	庚寅	辛酉	辛卯	壬戌	壬辰
16日	戊午	己丑	戊午	己丑	己未	庚寅	庚申	辛卯	壬戌	壬辰	癸亥	癸巳
17日	己未	庚寅	己未	庚寅	庚申	辛卯	辛酉	壬辰	癸亥	癸巳	甲子	甲午
18日	庚申	辛卯	庚申	辛卯	辛酉	壬辰	壬戌	癸巳	甲子	甲午	乙丑	乙未
19日	辛酉	壬辰	辛酉	壬辰	壬戌	癸巳	癸亥	甲午	乙丑	乙未	丙寅	丙申
20日	壬戌	癸巳	壬戌	癸巳	癸亥	甲午	甲子	乙未	丙寅	丙申	丁卯	丁酉
21日	癸亥	甲午	癸亥	甲午	甲子	乙未	乙丑	丙申	丁卯	丁酉	戊辰	戊戌
22日	甲子	乙未	甲子	乙未	乙丑	丙申	丙寅	丁酉	戊辰	戊戌	己巳	己亥
23日	乙丑	丙申	乙丑	丙申	丙寅	丁酉	丁卯	戊戌	己巳	己亥	庚午	庚子
24日	丙寅	丁酉	丙寅	丁酉	丁卯	戊戌	戊辰	己亥	庚午	庚子	辛未	辛丑
25日	丁卯	戊戌	丁卯	戊戌	戊辰	己亥	己巳	庚子	辛未	辛丑	壬申	壬寅
26日	戊辰	己亥	戊辰	己亥	己巳	庚子	庚午	辛丑	壬申	壬寅	癸酉	癸卯
27日	己巳	庚子	己巳	庚子	庚午	辛丑	辛未	壬寅	癸酉	癸卯	甲戌	甲辰
28日	庚午	辛丑	庚午	辛丑	辛未	壬寅	壬申	癸卯	甲戌	甲辰	乙亥	乙巳
29日	辛未	壬寅	辛未	壬寅	壬申	癸卯	癸酉	甲辰	乙亥	乙巳	丙子	丙午
30日	壬申		壬申	癸卯	癸酉	甲辰	甲戌	乙巳	丙子	丙午	丁丑	丁未
31日	癸酉		癸酉		甲戌		乙亥	丙午		丁未		戊申

1941年（昭和16年）辛巳

月	月干支	節入り	1日	2日	3日	4日	5日	6日	7日	8日	9日	10日	11日	12日	13日	14日	15日	16日	17日	18日	19日	20日	21日	22日	23日	24日	25日	26日	27日	28日	29日	30日	31日
1月	己丑	6日 02時 04分	己酉	庚戌	辛亥	壬子	癸丑	甲寅	乙卯	丙辰	丁巳	戊午	己未	庚申	辛酉	壬戌	癸亥	甲子	乙丑	丙寅	丁卯	戊辰	己巳	庚午	辛未	壬申	癸酉	甲戌	乙亥	丙子	丁丑	戊寅	己卯
2月	庚寅	4日 13時 50分	庚辰	辛巳	壬午	癸未	甲申	乙酉	丙戌	丁亥	戊子	己丑	庚寅	辛卯	壬辰	癸巳	甲午	乙未	丙申	丁酉	戊戌	己亥	庚子	辛丑	壬寅	癸卯	甲辰	乙巳	丙午	丁未			
3月	辛卯	6日 08時 10分	戊申	己酉	庚戌	辛亥	壬子	癸丑	甲寅	乙卯	丙辰	丁巳	戊午	己未	庚申	辛酉	壬戌	癸亥	甲子	乙丑	丙寅	丁卯	戊辰	己巳	庚午	辛未	壬申	癸酉	甲戌	乙亥	丙子	丁丑	戊寅
4月	壬辰	5日 13時 25分	己卯	庚辰	辛巳	壬午	癸未	甲申	乙酉	丙戌	丁亥	戊子	己丑	庚寅	辛卯	壬辰	癸巳	甲午	乙未	丙申	丁酉	戊戌	己亥	庚子	辛丑	壬寅	癸卯	甲辰	乙巳	丙午	丁未	戊申	
5月	癸巳	6日 07時 10分	己酉	庚戌	辛亥	壬子	癸丑	甲寅	乙卯	丙辰	丁巳	戊午	己未	庚申	辛酉	壬戌	癸亥	甲子	乙丑	丙寅	丁卯	戊辰	己巳	庚午	辛未	壬申	癸酉	甲戌	乙亥	丙子	丁丑	戊寅	己卯
6月	甲午	6日 11時 39分	庚辰	辛巳	壬午	癸未	甲申	乙酉	丙戌	丁亥	戊子	己丑	庚寅	辛卯	壬辰	癸巳	甲午	乙未	丙申	丁酉	戊戌	己亥	庚子	辛丑	壬寅	癸卯	甲辰	乙巳	丙午	丁未	戊申	己酉	
7月	乙未	7日 22時 03分	庚戌	辛亥	壬子	癸丑	甲寅	乙卯	丙辰	丁巳	戊午	己未	庚申	辛酉	壬戌	癸亥	甲子	乙丑	丙寅	丁卯	戊辰	己巳	庚午	辛未	壬申	癸酉	甲戌	乙亥	丙子	丁丑	戊寅	己卯	庚辰
8月	丙申	8日 07時 46分	辛巳	壬午	癸未	甲申	乙酉	丙戌	丁亥	戊子	己丑	庚寅	辛卯	壬辰	癸巳	甲午	乙未	丙申	丁酉	戊戌	己亥	庚子	辛丑	壬寅	癸卯	甲辰	乙巳	丙午	丁未	戊申	己酉	庚戌	辛亥
9月	丁酉	8日 10時 24分	壬子	癸丑	甲寅	乙卯	丙辰	丁巳	戊午	己未	庚申	辛酉	壬戌	癸亥	甲子	乙丑	丙寅	丁卯	戊辰	己巳	庚午	辛未	壬申	癸酉	甲戌	乙亥	丙子	丁丑	戊寅	己卯	庚辰	辛巳	
10月	戊戌	9日 01時 38分	壬午	癸未	甲申	乙酉	丙戌	丁亥	戊子	己丑	庚寅	辛卯	壬辰	癸巳	甲午	乙未	丙申	丁酉	戊戌	己亥	庚子	辛丑	壬寅	癸卯	甲辰	乙巳	丙午	丁未	戊申	己酉	庚戌	辛亥	壬子
11月	己亥	8日 04時 24分	癸丑	甲寅	乙卯	丙辰	丁巳	戊午	己未	庚申	辛酉	壬戌	癸亥	甲子	乙丑	丙寅	丁卯	戊辰	己巳	庚午	辛未	壬申	癸酉	甲戌	乙亥	丙子	丁丑	戊寅	己卯	庚辰	辛巳	壬午	
12月	庚子	7日 20時 56分	癸未	甲申	乙酉	丙戌	丁亥	戊子	己丑	庚寅	辛卯	壬辰	癸巳	甲午	乙未	丙申	丁酉	戊戌	己亥	庚子	辛丑	壬寅	癸卯	甲辰	乙巳	丙午	丁未	戊申	己酉	庚戌	辛亥	壬子	癸丑

1942年（昭和17年）壬午

月	月干支	節入り	1日	2日	3日	4日	5日	6日	7日	8日	9日	10日	11日	12日	13日	14日	15日	16日	17日	18日	19日	20日	21日	22日	23日	24日	25日	26日	27日	28日	29日	30日	31日
1月	辛丑	6日 08時 02分	甲寅	乙卯	丙辰	丁巳	戊午	己未	庚申	辛酉	壬戌	癸亥	甲子	乙丑	丙寅	丁卯	戊辰	己巳	庚午	辛未	壬申	癸酉	甲戌	乙亥	丙子	丁丑	戊寅	己卯	庚辰	辛巳	壬午	癸未	甲申
2月	壬寅	4日 19時 49分	乙酉	丙戌	丁亥	戊子	己丑	庚寅	辛卯	壬辰	癸巳	甲午	乙未	丙申	丁酉	戊戌	己亥	庚子	辛丑	壬寅	癸卯	甲辰	乙巳	丙午	丁未	戊申	己酉	庚戌	辛亥	壬子			
3月	癸卯	6日 14時 09分	癸丑	甲寅	乙卯	丙辰	丁巳	戊午	己未	庚申	辛酉	壬戌	癸亥	甲子	乙丑	丙寅	丁卯	戊辰	己巳	庚午	辛未	壬申	癸酉	甲戌	乙亥	丙子	丁丑	戊寅	己卯	庚辰	辛巳	壬午	癸未
4月	甲辰	5日 19時 24分	甲申	乙酉	丙戌	丁亥	戊子	己丑	庚寅	辛卯	壬辰	癸巳	甲午	乙未	丙申	丁酉	戊戌	己亥	庚子	辛丑	壬寅	癸卯	甲辰	乙巳	丙午	丁未	戊申	己酉	庚戌	辛亥	壬子	癸丑	
5月	乙巳	6日 13時 07分	甲寅	乙卯	丙辰	丁巳	戊午	己未	庚申	辛酉	壬戌	癸亥	甲子	乙丑	丙寅	丁卯	戊辰	己巳	庚午	辛未	壬申	癸酉	甲戌	乙亥	丙子	丁丑	戊寅	己卯	庚辰	辛巳	壬午	癸未	甲申
6月	丙午	6日 17時 33分	乙酉	丙戌	丁亥	戊子	己丑	庚寅	辛卯	壬辰	癸巳	甲午	乙未	丙申	丁酉	戊戌	己亥	庚子	辛丑	壬寅	癸卯	甲辰	乙巳	丙午	丁未	戊申	己酉	庚戌	辛亥	壬子	癸丑	甲寅	
7月	丁未	8日 03時 52分	乙卯	丙辰	丁巳	戊午	己未	庚申	辛酉	壬戌	癸亥	甲子	乙丑	丙寅	丁卯	戊辰	己巳	庚午	辛未	壬申	癸酉	甲戌	乙亥	丙子	丁丑	戊寅	己卯	庚辰	辛巳	壬午	癸未	甲申	乙酉
8月	戊申	8日 13時 30分	丙戌	丁亥	戊子	己丑	庚寅	辛卯	壬辰	癸巳	甲午	乙未	丙申	丁酉	戊戌	己亥	庚子	辛丑	壬寅	癸卯	甲辰	乙巳	丙午	丁未	戊申	己酉	庚戌	辛亥	壬子	癸丑	甲寅	乙卯	丙辰
9月	己酉	8日 16時 06分	丁巳	戊午	己未	庚申	辛酉	壬戌	癸亥	甲子	乙丑	丙寅	丁卯	戊辰	己巳	庚午	辛未	壬申	癸酉	甲戌	乙亥	丙子	丁丑	戊寅	己卯	庚辰	辛巳	壬午	癸未	甲申	乙酉	丙戌	
10月	庚戌	9日 07時 22分	丁亥	戊子	己丑	庚寅	辛卯	壬辰	癸巳	甲午	乙未	丙申	丁酉	戊戌	己亥	庚子	辛丑	壬寅	癸卯	甲辰	乙巳	丙午	丁未	戊申	己酉	庚戌	辛亥	壬子	癸丑	甲寅	乙卯	丙辰	丁巳
11月	辛亥	8日 10時 11分	戊午	己未	庚申	辛酉	壬戌	癸亥	甲子	乙丑	丙寅	丁卯	戊辰	己巳	庚午	辛未	壬申	癸酉	甲戌	乙亥	丙子	丁丑	戊寅	己卯	庚辰	辛巳	壬午	癸未	甲申	乙酉	丙戌	丁亥	
12月	壬子	8日 02時 47分	戊子	己丑	庚寅	辛卯	壬辰	癸巳	甲午	乙未	丙申	丁酉	戊戌	己亥	庚子	辛丑	壬寅	癸卯	甲辰	乙巳	丙午	丁未	戊申	己酉	庚戌	辛亥	壬子	癸丑	甲寅	乙卯	丙辰	丁巳	戊午

1943年（昭和18年）癸未

月	1月	2月	3月	4月	5月	6月	7月	8月	9月	10月	11月	12月
月干支	癸丑	甲寅	乙卯	丙辰	丁巳	戊午	己未	庚申	辛酉	壬戌	癸亥	甲子
節入り	6日 13時 55分	5日 01時 40分	6日 19時 59分	6日 01時 11分	6日 18時 53分	6日 23時 19分	8日 09時 39分	8日 19時 19分	8日 21時 55分	9日 13時 10分	8日 15時 59分	8日 08時 33分
1日	己未	庚寅	戊午	己丑	己未	庚寅	庚申	辛卯	壬戌	壬辰	癸亥	癸巳
2日	庚申	辛卯	己未	庚寅	庚申	辛卯	辛酉	壬辰	癸亥	癸巳	甲子	甲午
3日	辛酉	壬辰	庚申	辛卯	辛酉	壬辰	壬戌	癸巳	甲子	甲午	乙丑	乙未
4日	壬戌	癸巳	辛酉	壬辰	壬戌	癸巳	癸亥	甲午	乙丑	乙未	丙寅	丙申
5日	癸亥	甲午	壬戌	癸巳	癸亥	甲午	甲子	乙未	丙寅	丙申	丁卯	丁酉
6日	甲子	乙未	癸亥	甲午	甲子	乙未	乙丑	丙申	丁卯	丁酉	戊辰	戊戌
7日	乙丑	丙申	甲子	乙未	乙丑	丙申	丙寅	丁酉	戊辰	戊戌	己巳	己亥
8日	丙寅	丁酉	乙丑	丙申	丙寅	丁酉	丁卯	戊戌	己巳	己亥	庚午	庚子
9日	丁卯	戊戌	丙寅	丁酉	丁卯	戊戌	戊辰	己亥	庚午	庚子	辛未	辛丑
10日	戊辰	己亥	丁卯	戊戌	戊辰	己亥	己巳	庚子	辛未	辛丑	壬申	壬寅
11日	己巳	庚子	戊辰	己亥	己巳	庚子	庚午	辛丑	壬申	壬寅	癸酉	癸卯
12日	庚午	辛丑	己巳	庚子	庚午	辛丑	辛未	壬寅	癸酉	癸卯	甲戌	甲辰
13日	辛未	壬寅	庚午	辛丑	辛未	壬寅	壬申	癸卯	甲戌	甲辰	乙亥	乙巳
14日	壬申	癸卯	辛未	壬寅	壬申	癸卯	癸酉	甲辰	乙亥	乙巳	丙子	丙午
15日	癸酉	甲辰	壬申	癸卯	癸酉	甲辰	甲戌	乙巳	丙子	丙午	丁丑	丁未
16日	甲戌	乙巳	癸酉	甲辰	甲戌	乙巳	乙亥	丙午	丁丑	丁未	戊寅	戊申
17日	乙亥	丙午	甲戌	乙巳	乙亥	丙午	丙子	丁未	戊寅	戊申	己卯	己酉
18日	丙子	丁未	乙亥	丙午	丙子	丁未	丁丑	戊申	己卯	己酉	庚辰	庚戌
19日	丁丑	戊申	丙子	丁未	丁丑	戊申	戊寅	己酉	庚辰	庚戌	辛巳	辛亥
20日	戊寅	己酉	丁丑	戊申	戊寅	己酉	己卯	庚戌	辛巳	辛亥	壬午	壬子
21日	己卯	庚戌	戊寅	己酉	己卯	庚戌	庚辰	辛亥	壬午	壬子	癸未	癸丑
22日	庚辰	辛亥	己卯	庚戌	庚辰	辛亥	辛巳	壬子	癸未	癸丑	甲申	甲寅
23日	辛巳	壬子	庚辰	辛亥	辛巳	壬子	壬午	癸丑	甲申	甲寅	乙酉	乙卯
24日	壬午	癸丑	辛巳	壬子	壬午	癸丑	癸未	甲寅	乙酉	乙卯	丙戌	丙辰
25日	癸未	甲寅	壬午	癸丑	癸未	甲寅	甲申	乙卯	丙戌	丙辰	丁亥	丁巳
26日	甲申	乙卯	癸未	甲寅	甲申	乙卯	乙酉	丙辰	丁亥	丁巳	戊子	戊午
27日	乙酉	丙辰	甲申	乙卯	乙酉	丙辰	丙戌	丁巳	戊子	戊午	己丑	己未
28日	丙戌	丁巳	乙酉	丙辰	丙戌	丁巳	丁亥	戊午	己丑	己未	庚寅	庚申
29日	丁亥		丙戌	丁巳	丁亥	戊午	戊子	己未	庚寅	庚申	辛卯	辛酉
30日	戊子		丁亥	戊午	戊子	己未	己丑	庚申	辛卯	辛酉	壬辰	壬戌
31日	己丑		戊子		己丑		庚寅	辛酉		壬戌		癸亥

1944年（昭和19年）甲申

月	1月	2月	3月	4月	5月	6月	7月	8月	9月	10月	11月	12月
月干支	乙丑	丙寅	丁卯	戊辰	己巳	庚午	辛未	壬申	癸酉	甲戌	乙亥	丙子
節入り	6日 19時 39分	5日 07時 23分	6日 01時 40分	5日 06時 54分	6日 00時 40分	6日 05時 11分	7日 15時 36分	8日 01時 19分	8日 03時 56分	8日 19時 09分	7日 21時 55分	7日 14時 28分
1日	甲子	乙未	甲子	乙未	乙丑	丙申	丙寅	丁酉	戊辰	戊戌	己巳	己亥
2日	乙丑	丙申	乙丑	丙申	丙寅	丁酉	丁卯	戊戌	己巳	己亥	庚午	庚子
3日	丙寅	丁酉	丙寅	丁酉	丁卯	戊戌	戊辰	己亥	庚午	庚子	辛未	辛丑
4日	丁卯	戊戌	丁卯	戊戌	戊辰	己亥	己巳	庚子	辛未	辛丑	壬申	壬寅
5日	戊辰	己亥	戊辰	己亥	己巳	庚子	庚午	辛丑	壬申	壬寅	癸酉	癸卯
6日	己巳	庚子	己巳	庚子	庚午	辛丑	辛未	壬寅	癸酉	癸卯	甲戌	甲辰
7日	庚午	辛丑	庚午	辛丑	辛未	壬寅	壬申	癸卯	甲戌	甲辰	乙亥	乙巳
8日	辛未	壬寅	辛未	壬寅	壬申	癸卯	癸酉	甲辰	乙亥	乙巳	丙子	丙午
9日	壬申	癸卯	壬申	癸卯	癸酉	甲辰	甲戌	乙巳	丙子	丙午	丁丑	丁未
10日	癸酉	甲辰	癸酉	甲辰	甲戌	乙巳	乙亥	丙午	丁丑	丁未	戊寅	戊申
11日	甲戌	乙巳	甲戌	乙巳	乙亥	丙午	丙子	丁未	戊寅	戊申	己卯	己酉
12日	乙亥	丙午	乙亥	丙午	丙子	丁未	丁丑	戊申	己卯	己酉	庚辰	庚戌
13日	丙子	丁未	丙子	丁未	丁丑	戊申	戊寅	己酉	庚辰	庚戌	辛巳	辛亥
14日	丁丑	戊申	丁丑	戊申	戊寅	己酉	己卯	庚戌	辛巳	辛亥	壬午	壬子
15日	戊寅	己酉	戊寅	己酉	己卯	庚戌	庚辰	辛亥	壬午	壬子	癸未	癸丑
16日	己卯	庚戌	己卯	庚戌	庚辰	辛亥	辛巳	壬子	癸未	癸丑	甲申	甲寅
17日	庚辰	辛亥	庚辰	辛亥	辛巳	壬子	壬午	癸丑	甲申	甲寅	乙酉	乙卯
18日	辛巳	壬子	辛巳	壬子	壬午	癸丑	癸未	甲寅	乙酉	乙卯	丙戌	丙辰
19日	壬午	癸丑	壬午	癸丑	癸未	甲寅	甲申	乙卯	丙戌	丙辰	丁亥	丁巳
20日	癸未	甲寅	癸未	甲寅	甲申	乙卯	乙酉	丙辰	丁亥	丁巳	戊子	戊午
21日	甲申	乙卯	甲申	乙卯	乙酉	丙辰	丙戌	丁巳	戊子	戊午	己丑	己未
22日	乙酉	丙辰	乙酉	丙辰	丙戌	丁巳	丁亥	戊午	己丑	己未	庚寅	庚申
23日	丙戌	丁巳	丙戌	丁巳	丁亥	戊午	戊子	己未	庚寅	庚申	辛卯	辛酉
24日	丁亥	戊午	丁亥	戊午	戊子	己未	己丑	庚申	辛卯	辛酉	壬辰	壬戌
25日	戊子	己未	戊子	己未	己丑	庚申	庚寅	辛酉	壬辰	壬戌	癸巳	癸亥
26日	己丑	庚申	己丑	庚申	庚寅	辛酉	辛卯	壬戌	癸巳	癸亥	甲午	甲子
27日	庚寅	辛酉	庚寅	辛酉	辛卯	壬戌	壬辰	癸亥	甲午	甲子	乙未	乙丑
28日	辛卯	壬戌	辛卯	壬戌	壬辰	癸亥	癸巳	甲子	乙未	乙丑	丙申	丙寅
29日	壬辰	癸亥	壬辰	癸亥	癸巳	甲子	甲午	乙丑	丙申	丙寅	丁酉	丁卯
30日	癸巳		癸巳	甲子	甲午	乙丑	乙未	丙寅	丁酉	丁卯	戊戌	戊辰
31日	甲午		甲午		乙未		丙申	丁卯		戊辰		己巳

1945年（昭和20年）乙酉

月	月干支	節入り	1日	2日	3日	4日	5日	6日	7日	8日	9日	10日	11日	12日	13日	14日	15日	16日	17日	18日	19日	20日	21日	22日	23日	24日	25日	26日	27日	28日	29日	30日	31日
1月	丁丑	6日 01時 34分	庚午	辛未	壬申	癸酉	甲戌	乙亥	丙子	丁丑	戊寅	己卯	庚辰	辛巳	壬午	癸未	甲申	乙酉	丙戌	丁亥	戊子	己丑	庚寅	辛卯	壬辰	癸巳	甲午	乙未	丙申	丁酉	戊戌	己亥	庚子
2月	戊寅	4日 13時 19分	辛丑	壬寅	癸卯	甲辰	乙巳	丙午	丁未	戊申	己酉	庚戌	辛亥	壬子	癸丑	甲寅	乙卯	丙辰	丁巳	戊午	己未	庚申	辛酉	壬戌	癸亥	甲子	乙丑	丙寅	丁卯	戊辰			
3月	己卯	6日 07時 38分	己巳	庚午	辛未	壬申	癸酉	甲戌	乙亥	丙子	丁丑	戊寅	己卯	庚辰	辛巳	壬午	癸未	甲申	乙酉	丙戌	丁亥	戊子	己丑	庚寅	辛卯	壬辰	癸巳	甲午	乙未	丙申	丁酉	戊戌	己亥
4月	庚辰	5日 12時 52分	庚子	辛丑	壬寅	癸卯	甲辰	乙巳	丙午	丁未	戊申	己酉	庚戌	辛亥	壬子	癸丑	甲寅	乙卯	丙辰	丁巳	戊午	己未	庚申	辛酉	壬戌	癸亥	甲子	乙丑	丙寅	丁卯	戊辰	己巳	
5月	辛巳	6日 06時 37分	庚午	辛未	壬申	癸酉	甲戌	乙亥	丙子	丁丑	戊寅	己卯	庚辰	辛巳	壬午	癸未	甲申	乙酉	丙戌	丁亥	戊子	己丑	庚寅	辛卯	壬辰	癸巳	甲午	乙未	丙申	丁酉	戊戌	己亥	庚子
6月	壬午	6日 11時 05分	辛丑	壬寅	癸卯	甲辰	乙巳	丙午	丁未	戊申	己酉	庚戌	辛亥	壬子	癸丑	甲寅	乙卯	丙辰	丁巳	戊午	己未	庚申	辛酉	壬戌	癸亥	甲子	乙丑	丙寅	丁卯	戊辰	己巳	庚午	
7月	癸未	7日 21時 27分	辛未	壬申	癸酉	甲戌	乙亥	丙子	丁丑	戊寅	己卯	庚辰	辛巳	壬午	癸未	甲申	乙酉	丙戌	丁亥	戊子	己丑	庚寅	辛卯	壬辰	癸巳	甲午	乙未	丙申	丁酉	戊戌	己亥	庚子	辛丑
8月	甲申	8日 07時 05分	壬寅	癸卯	甲辰	乙巳	丙午	丁未	戊申	己酉	庚戌	辛亥	壬子	癸丑	甲寅	乙卯	丙辰	丁巳	戊午	己未	庚申	辛酉	壬戌	癸亥	甲子	乙丑	丙寅	丁卯	戊辰	己巳	庚午	辛未	壬申
9月	乙酉	8日 09時 38分	癸酉	甲戌	乙亥	丙子	丁丑	戊寅	己卯	庚辰	辛巳	壬午	癸未	甲申	乙酉	丙戌	丁亥	戊子	己丑	庚寅	辛卯	壬辰	癸巳	甲午	乙未	丙申	丁酉	戊戌	己亥	庚子	辛丑	壬寅	
10月	丙戌	9日 00時 49分	癸卯	甲辰	乙巳	丙午	丁未	戊申	己酉	庚戌	辛亥	壬子	癸丑	甲寅	乙卯	丙辰	丁巳	戊午	己未	庚申	辛酉	壬戌	癸亥	甲子	乙丑	丙寅	丁卯	戊辰	己巳	庚午	辛未	壬申	癸酉
11月	丁亥	8日 03時 34分	甲戌	乙亥	丙子	丁丑	戊寅	己卯	庚辰	辛巳	壬午	癸未	甲申	乙酉	丙戌	丁亥	戊子	己丑	庚寅	辛卯	壬辰	癸巳	甲午	乙未	丙申	丁酉	戊戌	己亥	庚子	辛丑	壬寅	癸卯	
12月	戊子	7日 20時 08分	甲辰	乙巳	丙午	丁未	戊申	己酉	庚戌	辛亥	壬子	癸丑	甲寅	乙卯	丙辰	丁巳	戊午	己未	庚申	辛酉	壬戌	癸亥	甲子	乙丑	丙寅	丁卯	戊辰	己巳	庚午	辛未	壬申	癸酉	甲戌

1946年（昭和21年）丙戌

月	月干支	節入り	1日	2日	3日	4日	5日	6日	7日	8日	9日	10日	11日	12日	13日	14日	15日	16日	17日	18日	19日	20日	21日	22日	23日	24日	25日	26日	27日	28日	29日	30日	31日
1月	己丑	6日 07時 16分	乙亥	丙子	丁丑	戊寅	己卯	庚辰	辛巳	壬午	癸未	甲申	乙酉	丙戌	丁亥	戊子	己丑	庚寅	辛卯	壬辰	癸巳	甲午	乙未	丙申	丁酉	戊戌	己亥	庚子	辛丑	壬寅	癸卯	甲辰	乙巳
2月	庚寅	4日 19時 04分	丙午	丁未	戊申	己酉	庚戌	辛亥	壬子	癸丑	甲寅	乙卯	丙辰	丁巳	戊午	己未	庚申	辛酉	壬戌	癸亥	甲子	乙丑	丙寅	丁卯	戊辰	己巳	庚午	辛未	壬申	癸酉			
3月	辛卯	6日 13時 25分	甲戌	乙亥	丙子	丁丑	戊寅	己卯	庚辰	辛巳	壬午	癸未	甲申	乙酉	丙戌	丁亥	戊子	己丑	庚寅	辛卯	壬辰	癸巳	甲午	乙未	丙申	丁酉	戊戌	己亥	庚子	辛丑	壬寅	癸卯	甲辰
4月	壬辰	5日 18時 39分	乙巳	丙午	丁未	戊申	己酉	庚戌	辛亥	壬子	癸丑	甲寅	乙卯	丙辰	丁巳	戊午	己未	庚申	辛酉	壬戌	癸亥	甲子	乙丑	丙寅	丁卯	戊辰	己巳	庚午	辛未	壬申	癸酉	甲戌	
5月	癸巳	6日 12時 21分	乙亥	丙子	丁丑	戊寅	己卯	庚辰	辛巳	壬午	癸未	甲申	乙酉	丙戌	丁亥	戊子	己丑	庚寅	辛卯	壬辰	癸巳	甲午	乙未	丙申	丁酉	戊戌	己亥	庚子	辛丑	壬寅	癸卯	甲辰	乙巳
6月	甲午	6日 16時 49分	丙午	丁未	戊申	己酉	庚戌	辛亥	壬子	癸丑	甲寅	乙卯	丙辰	丁巳	戊午	己未	庚申	辛酉	壬戌	癸亥	甲子	乙丑	丙寅	丁卯	戊辰	己巳	庚午	辛未	壬申	癸酉	甲戌	乙亥	
7月	乙未	8日 03時 11分	丙子	丁丑	戊寅	己卯	庚辰	辛巳	壬午	癸未	甲申	乙酉	丙戌	丁亥	戊子	己丑	庚寅	辛卯	壬辰	癸巳	甲午	乙未	丙申	丁酉	戊戌	己亥	庚子	辛丑	壬寅	癸卯	甲辰	乙巳	丙午
8月	丙申	8日 12時 52分	丁未	戊申	己酉	庚戌	辛亥	壬子	癸丑	甲寅	乙卯	丙辰	丁巳	戊午	己未	庚申	辛酉	壬戌	癸亥	甲子	乙丑	丙寅	丁卯	戊辰	己巳	庚午	辛未	壬申	癸酉	甲戌	乙亥	丙子	丁丑
9月	丁酉	8日 15時 27分	戊寅	己卯	庚辰	辛巳	壬午	癸未	甲申	乙酉	丙戌	丁亥	戊子	己丑	庚寅	辛卯	壬辰	癸巳	甲午	乙未	丙申	丁酉	戊戌	己亥	庚子	辛丑	壬寅	癸卯	甲辰	乙巳	丙午	丁未	
10月	戊戌	9日 06時 41分	戊申	己酉	庚戌	辛亥	壬子	癸丑	甲寅	乙卯	丙辰	丁巳	戊午	己未	庚申	辛酉	壬戌	癸亥	甲子	乙丑	丙寅	丁卯	戊辰	己巳	庚午	辛未	壬申	癸酉	甲戌	乙亥	丙子	丁丑	戊寅
11月	己亥	8日 09時 27分	己卯	庚辰	辛巳	壬午	癸未	甲申	乙酉	丙戌	丁亥	戊子	己丑	庚寅	辛卯	壬辰	癸巳	甲午	乙未	丙申	丁酉	戊戌	己亥	庚子	辛丑	壬寅	癸卯	甲辰	乙巳	丙午	丁未	戊申	
12月	庚子	8日 02時 00分	己酉	庚戌	辛亥	壬子	癸丑	甲寅	乙卯	丙辰	丁巳	戊午	己未	庚申	辛酉	壬戌	癸亥	甲子	乙丑	丙寅	丁卯	戊辰	己巳	庚午	辛未	壬申	癸酉	甲戌	乙亥	丙子	丁丑	戊寅	己卯

1947年（昭和22年）丁亥

月	月干支	節入り	1日	2日	3日	4日	5日	6日	7日	8日	9日	10日	11日	12日	13日	14日	15日	16日	17日	18日	19日	20日	21日	22日	23日	24日	25日	26日	27日	28日	29日	30日	31日
1月	辛丑	6日 13時 06分	庚辰	辛巳	壬午	癸未	甲申	乙酉	丙戌	丁亥	戊子	己丑	庚寅	辛卯	壬辰	癸巳	甲午	乙未	丙申	丁酉	戊戌	己亥	庚子	辛丑	壬寅	癸卯	甲辰	乙巳	丙午	丁未	戊申	己酉	庚戌
2月	壬寅	5日 00時 50分	辛亥	壬子	癸丑	甲寅	乙卯	丙辰	丁巳	戊午	己未	庚申	辛酉	壬戌	癸亥	甲子	乙丑	丙寅	丁卯	戊辰	己巳	庚午	辛未	壬申	癸酉	甲戌	乙亥	丙子	丁丑	戊寅			
3月	癸卯	6日 19時 08分	己卯	庚辰	辛巳	壬午	癸未	甲申	乙酉	丙戌	丁亥	戊子	己丑	庚寅	辛卯	壬辰	癸巳	甲午	乙未	丙申	丁酉	戊戌	己亥	庚子	辛丑	壬寅	癸卯	甲辰	乙巳	丙午	丁未	戊申	己酉
4月	甲辰	6日 00時 20分	庚戌	辛亥	壬子	癸丑	甲寅	乙卯	丙辰	丁巳	戊午	己未	庚申	辛酉	壬戌	癸亥	甲子	乙丑	丙寅	丁卯	戊辰	己巳	庚午	辛未	壬申	癸酉	甲戌	乙亥	丙子	丁丑	戊寅	己卯	
5月	乙巳	6日 18時 03分	庚辰	辛巳	壬午	癸未	甲申	乙酉	丙戌	丁亥	戊子	己丑	庚寅	辛卯	壬辰	癸巳	甲午	乙未	丙申	丁酉	戊戌	己亥	庚子	辛丑	壬寅	癸卯	甲辰	乙巳	丙午	丁未	戊申	己酉	庚戌
6月	丙午	6日 22時 31分	辛亥	壬子	癸丑	甲寅	乙卯	丙辰	丁巳	戊午	己未	庚申	辛酉	壬戌	癸亥	甲子	乙丑	丙寅	丁卯	戊辰	己巳	庚午	辛未	壬申	癸酉	甲戌	乙亥	丙子	丁丑	戊寅	己卯	庚辰	
7月	丁未	8日 08時 56分	辛巳	壬午	癸未	甲申	乙酉	丙戌	丁亥	戊子	己丑	庚寅	辛卯	壬辰	癸巳	甲午	乙未	丙申	丁酉	戊戌	己亥	庚子	辛丑	壬寅	癸卯	甲辰	乙巳	丙午	丁未	戊申	己酉	庚戌	辛亥
8月	戊申	8日 18時 41分	壬子	癸丑	甲寅	乙卯	丙辰	丁巳	戊午	己未	庚申	辛酉	壬戌	癸亥	甲子	乙丑	丙寅	丁卯	戊辰	己巳	庚午	辛未	壬申	癸酉	甲戌	乙亥	丙子	丁丑	戊寅	己卯	庚辰	辛巳	壬午
9月	己酉	8日 21時 21分	癸未	甲申	乙酉	丙戌	丁亥	戊子	己丑	庚寅	辛卯	壬辰	癸巳	甲午	乙未	丙申	丁酉	戊戌	己亥	庚子	辛丑	壬寅	癸卯	甲辰	乙巳	丙午	丁未	戊申	己酉	庚戌	辛亥	壬子	
10月	庚戌	9日 12時 37分	癸丑	甲寅	乙卯	丙辰	丁巳	戊午	己未	庚申	辛酉	壬戌	癸亥	甲子	乙丑	丙寅	丁卯	戊辰	己巳	庚午	辛未	壬申	癸酉	甲戌	乙亥	丙子	丁丑	戊寅	己卯	庚辰	辛巳	壬午	癸未
11月	辛亥	8日 15時 24分	甲申	乙酉	丙戌	丁亥	戊子	己丑	庚寅	辛卯	壬辰	癸巳	甲午	乙未	丙申	丁酉	戊戌	己亥	庚子	辛丑	壬寅	癸卯	甲辰	乙巳	丙午	丁未	戊申	己酉	庚戌	辛亥	壬子	癸丑	
12月	壬子	8日 07時 56分	甲寅	乙卯	丙辰	丁巳	戊午	己未	庚申	辛酉	壬戌	癸亥	甲子	乙丑	丙寅	丁卯	戊辰	己巳	庚午	辛未	壬申	癸酉	甲戌	乙亥	丙子	丁丑	戊寅	己卯	庚辰	辛巳	壬午	癸未	甲申

1948年（昭和23年）戊子

月	月干支	節入り	1日	2日	3日	4日	5日	6日	7日	8日	9日	10日	11日	12日	13日	14日	15日	16日	17日	18日	19日	20日	21日	22日	23日	24日	25日	26日	27日	28日	29日	30日	31日
1月	癸丑	6日 19時 00分	乙酉	丙戌	丁亥	戊子	己丑	庚寅	辛卯	壬辰	癸巳	甲午	乙未	丙申	丁酉	戊戌	己亥	庚子	辛丑	壬寅	癸卯	甲辰	乙巳	丙午	丁未	戊申	己酉	庚戌	辛亥	壬子	癸丑	甲寅	乙卯
2月	甲寅	5日 06時 42分	丙辰	丁巳	戊午	己未	庚申	辛酉	壬戌	癸亥	甲子	乙丑	丙寅	丁卯	戊辰	己巳	庚午	辛未	壬申	癸酉	甲戌	乙亥	丙子	丁丑	戊寅	己卯	庚辰	辛巳	壬午	癸未	甲申		
3月	乙卯	6日 00時 58分	乙酉	丙戌	丁亥	戊子	己丑	庚寅	辛卯	壬辰	癸巳	甲午	乙未	丙申	丁酉	戊戌	己亥	庚子	辛丑	壬寅	癸卯	甲辰	乙巳	丙午	丁未	戊申	己酉	庚戌	辛亥	壬子	癸丑	甲寅	乙卯
4月	丙辰	5日 06時 09分	丙辰	丁巳	戊午	己未	庚申	辛酉	壬戌	癸亥	甲子	乙丑	丙寅	丁卯	戊辰	己巳	庚午	辛未	壬申	癸酉	甲戌	乙亥	丙子	丁丑	戊寅	己卯	庚辰	辛巳	壬午	癸未	甲申	乙酉	
5月	丁巳	5日 23時 52分	丙戌	丁亥	戊子	己丑	庚寅	辛卯	壬辰	癸巳	甲午	乙未	丙申	丁酉	戊戌	己亥	庚子	辛丑	壬寅	癸卯	甲辰	乙巳	丙午	丁未	戊申	己酉	庚戌	辛亥	壬子	癸丑	甲寅	乙卯	丙辰
6月	戊午	6日 04時 20分	丁巳	戊午	己未	庚申	辛酉	壬戌	癸亥	甲子	乙丑	丙寅	丁卯	戊辰	己巳	庚午	辛未	壬申	癸酉	甲戌	乙亥	丙子	丁丑	戊寅	己卯	庚辰	辛巳	壬午	癸未	甲申	乙酉	丙戌	
7月	己未	7日 14時 44分	丁亥	戊子	己丑	庚寅	辛卯	壬辰	癸巳	甲午	乙未	丙申	丁酉	戊戌	己亥	庚子	辛丑	壬寅	癸卯	甲辰	乙巳	丙午	丁未	戊申	己酉	庚戌	辛亥	壬子	癸丑	甲寅	乙卯	丙辰	丁巳
8月	庚申	8日 00時 26分	戊午	己未	庚申	辛酉	壬戌	癸亥	甲子	乙丑	丙寅	丁卯	戊辰	己巳	庚午	辛未	壬申	癸酉	甲戌	乙亥	丙子	丁丑	戊寅	己卯	庚辰	辛巳	壬午	癸未	甲申	乙酉	丙戌	丁亥	戊子
9月	辛酉	8日 03時 05分	己丑	庚寅	辛卯	壬辰	癸巳	甲午	乙未	丙申	丁酉	戊戌	己亥	庚子	辛丑	壬寅	癸卯	甲辰	乙巳	丙午	丁未	戊申	己酉	庚戌	辛亥	壬子	癸丑	甲寅	乙卯	丙辰	丁巳	戊午	
10月	壬戌	8日 18時 20分	己未	庚申	辛酉	壬戌	癸亥	甲子	乙丑	丙寅	丁卯	戊辰	己巳	庚午	辛未	壬申	癸酉	甲戌	乙亥	丙子	丁丑	戊寅	己卯	庚辰	辛巳	壬午	癸未	甲申	乙酉	丙戌	丁亥	戊子	己丑
11月	癸亥	7日 21時 07分	庚寅	辛卯	壬辰	癸巳	甲午	乙未	丙申	丁酉	戊戌	己亥	庚子	辛丑	壬寅	癸卯	甲辰	乙巳	丙午	丁未	戊申	己酉	庚戌	辛亥	壬子	癸丑	甲寅	乙卯	丙辰	丁巳	戊午	己未	
12月	甲子	7日 13時 38分	庚申	辛酉	壬戌	癸亥	甲子	乙丑	丙寅	丁卯	戊辰	己巳	庚午	辛未	壬申	癸酉	甲戌	乙亥	丙子	丁丑	戊寅	己卯	庚辰	辛巳	壬午	癸未	甲申	乙酉	丙戌	丁亥	戊子	己丑	庚寅

1949年（昭和24年）己丑

月	月干支	節入り	1日	2日	3日	4日	5日	6日	7日	8日	9日	10日	11日	12日	13日	14日	15日	16日	17日	18日	19日	20日	21日	22日	23日	24日	25日	26日	27日	28日	29日	30日	31日
1月	乙丑	6日 00時 41分	辛卯	壬辰	癸巳	甲午	乙未	丙申	丁酉	戊戌	己亥	庚子	辛丑	壬寅	癸卯	甲辰	乙巳	丙午	丁未	戊申	己酉	庚戌	辛亥	壬子	癸丑	甲寅	乙卯	丙辰	丁巳	戊午	己未	庚申	辛酉
2月	丙寅	4日 12時 23分	壬戌	癸亥	甲子	乙丑	丙寅	丁卯	戊辰	己巳	庚午	辛未	壬申	癸酉	甲戌	乙亥	丙子	丁丑	戊寅	己卯	庚辰	辛巳	壬午	癸未	甲申	乙酉	丙戌	丁亥	戊子	己丑			
3月	丁卯	6日 06時 39分	庚寅	辛卯	壬辰	癸巳	甲午	乙未	丙申	丁酉	戊戌	己亥	庚子	辛丑	壬寅	癸卯	甲辰	乙巳	丙午	丁未	戊申	己酉	庚戌	辛亥	壬子	癸丑	甲寅	乙卯	丙辰	丁巳	戊午	己未	庚申
4月	戊辰	5日 11時 52分	辛酉	壬戌	癸亥	甲子	乙丑	丙寅	丁卯	戊辰	己巳	庚午	辛未	壬申	癸酉	甲戌	乙亥	丙子	丁丑	戊寅	己卯	庚辰	辛巳	壬午	癸未	甲申	乙酉	丙戌	丁亥	戊子	己丑	庚寅	
5月	己巳	6日 05時 37分	辛卯	壬辰	癸巳	甲午	乙未	丙申	丁酉	戊戌	己亥	庚子	辛丑	壬寅	癸卯	甲辰	乙巳	丙午	丁未	戊申	己酉	庚戌	辛亥	壬子	癸丑	甲寅	乙卯	丙辰	丁巳	戊午	己未	庚申	辛酉
6月	庚午	6日 10時 07分	壬戌	癸亥	甲子	乙丑	丙寅	丁卯	戊辰	己巳	庚午	辛未	壬申	癸酉	甲戌	乙亥	丙子	丁丑	戊寅	己卯	庚辰	辛巳	壬午	癸未	甲申	乙酉	丙戌	丁亥	戊子	己丑	庚寅	辛卯	
7月	辛未	7日 20時 32分	壬辰	癸巳	甲午	乙未	丙申	丁酉	戊戌	己亥	庚子	辛丑	壬寅	癸卯	甲辰	乙巳	丙午	丁未	戊申	己酉	庚戌	辛亥	壬子	癸丑	甲寅	乙卯	丙辰	丁巳	戊午	己未	庚申	辛酉	壬戌
8月	壬申	8日 06時 15分	癸亥	甲子	乙丑	丙寅	丁卯	戊辰	己巳	庚午	辛未	壬申	癸酉	甲戌	乙亥	丙子	丁丑	戊寅	己卯	庚辰	辛巳	壬午	癸未	甲申	乙酉	丙戌	丁亥	戊子	己丑	庚寅	辛卯	壬辰	癸巳
9月	癸酉	8日 08時 54分	甲午	乙未	丙申	丁酉	戊戌	己亥	庚子	辛丑	壬寅	癸卯	甲辰	乙巳	丙午	丁未	戊申	己酉	庚戌	辛亥	壬子	癸丑	甲寅	乙卯	丙辰	丁巳	戊午	己未	庚申	辛酉	壬戌	癸亥	
10月	甲戌	9日 00時 11分	甲子	乙丑	丙寅	丁卯	戊辰	己巳	庚午	辛未	壬申	癸酉	甲戌	乙亥	丙子	丁丑	戊寅	己卯	庚辰	辛巳	壬午	癸未	甲申	乙酉	丙戌	丁亥	戊子	己丑	庚寅	辛卯	壬辰	癸巳	甲午
11月	乙亥	8日 03時 00分	乙未	丙申	丁酉	戊戌	己亥	庚子	辛丑	壬寅	癸卯	甲辰	乙巳	丙午	丁未	戊申	己酉	庚戌	辛亥	壬子	癸丑	甲寅	乙卯	丙辰	丁巳	戊午	己未	庚申	辛酉	壬戌	癸亥	甲子	
12月	丙子	7日 19時 33分	乙丑	丙寅	丁卯	戊辰	己巳	庚午	辛未	壬申	癸酉	甲戌	乙亥	丙子	丁丑	戊寅	己卯	庚辰	辛巳	壬午	癸未	甲申	乙酉	丙戌	丁亥	戊子	己丑	庚寅	辛卯	壬辰	癸巳	甲午	乙未

1950年（昭和25年）庚寅

月	月干支	節入り	1日	2日	3日	4日	5日	6日	7日	8日	9日	10日	11日	12日	13日	14日	15日	16日	17日	18日	19日	20日	21日	22日	23日	24日	25日	26日	27日	28日	29日	30日	31日
1月	丁丑	6日 06時 39分	丙申	丁酉	戊戌	己亥	庚子	辛丑	壬寅	癸卯	甲辰	乙巳	丙午	丁未	戊申	己酉	庚戌	辛亥	壬子	癸丑	甲寅	乙卯	丙辰	丁巳	戊午	己未	庚申	辛酉	壬戌	癸亥	甲子	乙丑	丙寅
2月	戊寅	4日 18時 21分	丁卯	戊辰	己巳	庚午	辛未	壬申	癸酉	甲戌	乙亥	丙子	丁丑	戊寅	己卯	庚辰	辛巳	壬午	癸未	甲申	乙酉	丙戌	丁亥	戊子	己丑	庚寅	辛卯	壬辰	癸巳	甲午			
3月	己卯	6日 12時 35分	乙未	丙申	丁酉	戊戌	己亥	庚子	辛丑	壬寅	癸卯	甲辰	乙巳	丙午	丁未	戊申	己酉	庚戌	辛亥	壬子	癸丑	甲寅	乙卯	丙辰	丁巳	戊午	己未	庚申	辛酉	壬戌	癸亥	甲子	乙丑
4月	庚辰	5日 17時 44分	丙寅	丁卯	戊辰	己巳	庚午	辛未	壬申	癸酉	甲戌	乙亥	丙子	丁丑	戊寅	己卯	庚辰	辛巳	壬午	癸未	甲申	乙酉	丙戌	丁亥	戊子	己丑	庚寅	辛卯	壬辰	癸巳	甲午	乙未	
5月	辛巳	6日 11時 25分	丙申	丁酉	戊戌	己亥	庚子	辛丑	壬寅	癸卯	甲辰	乙巳	丙午	丁未	戊申	己酉	庚戌	辛亥	壬子	癸丑	甲寅	乙卯	丙辰	丁巳	戊午	己未	庚申	辛酉	壬戌	癸亥	甲子	乙丑	丙寅
6月	壬午	6日 15時 51分	丁卯	戊辰	己巳	庚午	辛未	壬申	癸酉	甲戌	乙亥	丙子	丁丑	戊寅	己卯	庚辰	辛巳	壬午	癸未	甲申	乙酉	丙戌	丁亥	戊子	己丑	庚寅	辛卯	壬辰	癸巳	甲午	乙未	丙申	
7月	癸未	8日 02時 13分	丁酉	戊戌	己亥	庚子	辛丑	壬寅	癸卯	甲辰	乙巳	丙午	丁未	戊申	己酉	庚戌	辛亥	壬子	癸丑	甲寅	乙卯	丙辰	丁巳	戊午	己未	庚申	辛酉	壬戌	癸亥	甲子	乙丑	丙寅	丁卯
8月	甲申	8日 11時 55分	戊辰	己巳	庚午	辛未	壬申	癸酉	甲戌	乙亥	丙子	丁丑	戊寅	己卯	庚辰	辛巳	壬午	癸未	甲申	乙酉	丙戌	丁亥	戊子	己丑	庚寅	辛卯	壬辰	癸巳	甲午	乙未	丙申	丁酉	戊戌
9月	乙酉	8日 14時 34分	己亥	庚子	辛丑	壬寅	癸卯	甲辰	乙巳	丙午	丁未	戊申	己酉	庚戌	辛亥	壬子	癸丑	甲寅	乙卯	丙辰	丁巳	戊午	己未	庚申	辛酉	壬戌	癸亥	甲子	乙丑	丙寅	丁卯	戊辰	
10月	丙戌	9日 05時 52分	己巳	庚午	辛未	壬申	癸酉	甲戌	乙亥	丙子	丁丑	戊寅	己卯	庚辰	辛巳	壬午	癸未	甲申	乙酉	丙戌	丁亥	戊子	己丑	庚寅	辛卯	壬辰	癸巳	甲午	乙未	丙申	丁酉	戊戌	己亥
11月	丁亥	8日 08時 44分	庚子	辛丑	壬寅	癸卯	甲辰	乙巳	丙午	丁未	戊申	己酉	庚戌	辛亥	壬子	癸丑	甲寅	乙卯	丙辰	丁巳	戊午	己未	庚申	辛酉	壬戌	癸亥	甲子	乙丑	丙寅	丁卯	戊辰	己巳	
12月	戊子	8日 01時 22分	庚午	辛未	壬申	癸酉	甲戌	乙亥	丙子	丁丑	戊寅	己卯	庚辰	辛巳	壬午	癸未	甲申	乙酉	丙戌	丁亥	戊子	己丑	庚寅	辛卯	壬辰	癸巳	甲午	乙未	丙申	丁酉	戊戌	己亥	庚子

1951年（昭和26年）辛卯

月	1月	2月	3月	4月	5月	6月	7月	8月	9月	10月	11月	12月
月干支	己丑	庚寅	辛卯	壬辰	癸巳	甲午	乙未	丙申	丁酉	戊戌	己亥	庚子
節入り	6日 12時 30分	5日 00時 13分	6日 18時 27分	5日 23時 33分	6日 17時 09分	6日 21時 33分	8日 07時 54分	8日 17時 37分	8日 20時 18分	9日 11時 36分	8日 14時 27分	8日 07時 02分
1日	辛丑	壬申	庚子	辛未	辛丑	壬申	壬寅	癸酉	甲辰	甲戌	乙巳	乙亥
2日	壬寅	癸酉	辛丑	壬申	壬寅	癸酉	癸卯	甲戌	乙巳	乙亥	丙午	丙子
3日	癸卯	甲戌	壬寅	癸酉	癸卯	甲戌	甲辰	乙亥	丙午	丙子	丁未	丁丑
4日	甲辰	乙亥	癸卯	甲戌	甲辰	乙亥	乙巳	丙子	丁未	丁丑	戊申	戊寅
5日	乙巳	丙子	甲辰	乙亥	乙巳	丙子	丙午	丁丑	戊申	戊寅	己酉	己卯
6日	丙午	丁丑	乙巳	丙子	丙午	丁丑	丁未	戊寅	己酉	己卯	庚戌	庚辰
7日	丁未	戊寅	丙午	丁丑	丁未	戊寅	戊申	己卯	庚戌	庚辰	辛亥	辛巳
8日	戊申	己卯	丁未	戊寅	戊申	己卯	己酉	庚辰	辛亥	辛巳	壬子	壬午
9日	己酉	庚辰	戊申	己卯	己酉	庚辰	庚戌	辛巳	壬子	壬午	癸丑	癸未
10日	庚戌	辛巳	己酉	庚辰	庚戌	辛巳	辛亥	壬午	癸丑	癸未	甲寅	甲申
11日	辛亥	壬午	庚戌	辛巳	辛亥	壬午	壬子	癸未	甲寅	甲申	乙卯	乙酉
12日	壬子	癸未	辛亥	壬午	壬子	癸未	癸丑	甲申	乙卯	乙酉	丙辰	丙戌
13日	癸丑	甲申	壬子	癸未	癸丑	甲申	甲寅	乙酉	丙辰	丙戌	丁巳	丁亥
14日	甲寅	乙酉	癸丑	甲申	甲寅	乙酉	乙卯	丙戌	丁巳	丁亥	戊午	戊子
15日	乙卯	丙戌	甲寅	乙酉	乙卯	丙戌	丙辰	丁亥	戊午	戊子	己未	己丑
16日	丙辰	丁亥	乙卯	丙戌	丙辰	丁亥	丁巳	戊子	己未	己丑	庚申	庚寅
17日	丁巳	戊子	丙辰	丁亥	丁巳	戊子	戊午	己丑	庚申	庚寅	辛酉	辛卯
18日	戊午	己丑	丁巳	戊子	戊午	己丑	己未	庚寅	辛酉	辛卯	壬戌	壬辰
19日	己未	庚寅	戊午	己丑	己未	庚寅	庚申	辛卯	壬戌	壬辰	癸亥	癸巳
20日	庚申	辛卯	己未	庚寅	庚申	辛卯	辛酉	壬辰	癸亥	癸巳	甲子	甲午
21日	辛酉	壬辰	庚申	辛卯	辛酉	壬辰	壬戌	癸巳	甲子	甲午	乙丑	乙未
22日	壬戌	癸巳	辛酉	壬辰	壬戌	癸巳	癸亥	甲午	乙丑	乙未	丙寅	丙申
23日	癸亥	甲午	壬戌	癸巳	癸亥	甲午	甲子	乙未	丙寅	丙申	丁卯	丁酉
24日	甲子	乙未	癸亥	甲午	甲子	乙未	乙丑	丙申	丁卯	丁酉	戊辰	戊戌
25日	乙丑	丙申	甲子	乙未	乙丑	丙申	丙寅	丁酉	戊辰	戊戌	己巳	己亥
26日	丙寅	丁酉	乙丑	丙申	丙寅	丁酉	丁卯	戊戌	己巳	己亥	庚午	庚子
27日	丁卯	戊戌	丙寅	丁酉	丁卯	戊戌	戊辰	己亥	庚午	庚子	辛未	辛丑
28日	戊辰	己亥	丁卯	戊戌	戊辰	己亥	己巳	庚子	辛未	辛丑	壬申	壬寅
29日	己巳		戊辰	己亥	己巳	庚子	庚午	辛丑	壬申	壬寅	癸酉	癸卯
30日	庚午		己巳	庚子	庚午	辛丑	辛未	壬寅	癸酉	癸卯	甲戌	甲辰
31日	辛未		庚午		辛未		壬申	癸卯		甲辰		乙巳

1952年（昭和27年）壬辰

月	1月	2月	3月	4月	5月	6月	7月	8月	9月	10月	11月	12月
月干支	辛丑	壬寅	癸卯	甲辰	乙巳	丙午	丁未	戊申	己酉	庚戌	辛亥	壬子
節入り	6日 18時 10分	5日 05時 53分	6日 00時 07分	5日 05時 15分	5日 22時 54分	6日 03時 20分	7日 13時 45分	7日 23時 31分	8日 02時 14分	8日 17時 32分	7日 20時 22分	7日 12時 56分
1日	丙午	丁丑	丙午	丁丑	丁未	戊寅	戊申	己卯	庚戌	庚辰	辛亥	辛巳
2日	丁未	戊寅	丁未	戊寅	戊申	己卯	己酉	庚辰	辛亥	辛巳	壬子	壬午
3日	戊申	己卯	戊申	己卯	己酉	庚辰	庚戌	辛巳	壬子	壬午	癸丑	癸未
4日	己酉	庚辰	己酉	庚辰	庚戌	辛巳	辛亥	壬午	癸丑	癸未	甲寅	甲申
5日	庚戌	辛巳	庚戌	辛巳	辛亥	壬午	壬子	癸未	甲寅	甲申	乙卯	乙酉
6日	辛亥	壬午	辛亥	壬午	壬子	癸未	癸丑	甲申	乙卯	乙酉	丙辰	丙戌
7日	壬子	癸未	壬子	癸未	癸丑	甲申	甲寅	乙酉	丙辰	丙戌	丁巳	丁亥
8日	癸丑	甲申	癸丑	甲申	甲寅	乙酉	乙卯	丙戌	丁巳	丁亥	戊午	戊子
9日	甲寅	乙酉	甲寅	乙酉	乙卯	丙戌	丙辰	丁亥	戊午	戊子	己未	己丑
10日	乙卯	丙戌	乙卯	丙戌	丙辰	丁亥	丁巳	戊子	己未	己丑	庚申	庚寅
11日	丙辰	丁亥	丙辰	丁亥	丁巳	戊子	戊午	己丑	庚申	庚寅	辛酉	辛卯
12日	丁巳	戊子	丁巳	戊子	戊午	己丑	己未	庚寅	辛酉	辛卯	壬戌	壬辰
13日	戊午	己丑	戊午	己丑	己未	庚寅	庚申	辛卯	壬戌	壬辰	癸亥	癸巳
14日	己未	庚寅	己未	庚寅	庚申	辛卯	辛酉	壬辰	癸亥	癸巳	甲子	甲午
15日	庚申	辛卯	庚申	辛卯	辛酉	壬辰	壬戌	癸巳	甲子	甲午	乙丑	乙未
16日	辛酉	壬辰	辛酉	壬辰	壬戌	癸巳	癸亥	甲午	乙丑	乙未	丙寅	丙申
17日	壬戌	癸巳	壬戌	癸巳	癸亥	甲午	甲子	乙未	丙寅	丙申	丁卯	丁酉
18日	癸亥	甲午	癸亥	甲午	甲子	乙未	乙丑	丙申	丁卯	丁酉	戊辰	戊戌
19日	甲子	乙未	甲子	乙未	乙丑	丙申	丙寅	丁酉	戊辰	戊戌	己巳	己亥
20日	乙丑	丙申	乙丑	丙申	丙寅	丁酉	丁卯	戊戌	己巳	己亥	庚午	庚子
21日	丙寅	丁酉	丙寅	丁酉	丁卯	戊戌	戊辰	己亥	庚午	庚子	辛未	辛丑
22日	丁卯	戊戌	丁卯	戊戌	戊辰	己亥	己巳	庚子	辛未	辛丑	壬申	壬寅
23日	戊辰	己亥	戊辰	己亥	己巳	庚子	庚午	辛丑	壬申	壬寅	癸酉	癸卯
24日	己巳	庚子	己巳	庚子	庚午	辛丑	辛未	壬寅	癸酉	癸卯	甲戌	甲辰
25日	庚午	辛丑	庚午	辛丑	辛未	壬寅	壬申	癸卯	甲戌	甲辰	乙亥	乙巳
26日	辛未	壬寅	辛未	壬寅	壬申	癸卯	癸酉	甲辰	乙亥	乙巳	丙子	丙午
27日	壬申	癸卯	壬申	癸卯	癸酉	甲辰	甲戌	乙巳	丙子	丙午	丁丑	丁未
28日	癸酉	甲辰	癸酉	甲辰	甲戌	乙巳	乙亥	丙午	丁丑	丁未	戊寅	戊申
29日	甲戌	乙巳	甲戌	乙巳	乙亥	丙午	丙子	丁未	戊寅	戊申	己卯	己酉
30日	乙亥		乙亥	丙午	丙子	丁未	丁丑	戊申	己卯	己酉	庚辰	庚戌
31日	丙子		丙子		丁丑		戊寅	己酉		庚戌		辛亥

1953年（昭和28年）癸巳

月	月干支	節入り	1日	2日	3日	4日	5日	6日	7日	8日	9日	10日	11日	12日	13日	14日	15日	16日	17日	18日	19日	20日	21日	22日	23日	24日	25日	26日	27日	28日	29日	30日	31日
1月	癸丑	6日 00時 02分	壬子	癸丑	甲寅	乙卯	丙辰	丁巳	戊午	己未	庚申	辛酉	壬戌	癸亥	甲子	乙丑	丙寅	丁卯	戊辰	己巳	庚午	辛未	壬申	癸酉	甲戌	乙亥	丙子	丁丑	戊寅	己卯	庚辰	辛巳	壬午
2月	甲寅	4日 11時 46分	癸未	甲申	乙酉	丙戌	丁亥	戊子	己丑	庚寅	辛卯	壬辰	癸巳	甲午	乙未	丙申	丁酉	戊戌	己亥	庚子	辛丑	壬寅	癸卯	甲辰	乙巳	丙午	丁未	戊申	己酉	庚戌			
3月	乙卯	6日 06時 02分	辛亥	壬子	癸丑	甲寅	乙卯	丙辰	丁巳	戊午	己未	庚申	辛酉	壬戌	癸亥	甲子	乙丑	丙寅	丁卯	戊辰	己巳	庚午	辛未	壬申	癸酉	甲戌	乙亥	丙子	丁丑	戊寅	己卯	庚辰	辛巳
4月	丙辰	5日 11時 13分	壬午	癸未	甲申	乙酉	丙戌	丁亥	戊子	己丑	庚寅	辛卯	壬辰	癸巳	甲午	乙未	丙申	丁酉	戊戌	己亥	庚子	辛丑	壬寅	癸卯	甲辰	乙巳	丙午	丁未	戊申	己酉	庚戌	辛亥	
5月	丁巳	6日 04時 52分	壬子	癸丑	甲寅	乙卯	丙辰	丁巳	戊午	己未	庚申	辛酉	壬戌	癸亥	甲子	乙丑	丙寅	丁卯	戊辰	己巳	庚午	辛未	壬申	癸酉	甲戌	乙亥	丙子	丁丑	戊寅	己卯	庚辰	辛巳	壬午
6月	戊午	6日 09時 16分	癸未	甲申	乙酉	丙戌	丁亥	戊子	己丑	庚寅	辛卯	壬辰	癸巳	甲午	乙未	丙申	丁酉	戊戌	己亥	庚子	辛丑	壬寅	癸卯	甲辰	乙巳	丙午	丁未	戊申	己酉	庚戌	辛亥	壬子	
7月	己未	7日 19時 35分	癸丑	甲寅	乙卯	丙辰	丁巳	戊午	己未	庚申	辛酉	壬戌	癸亥	甲子	乙丑	丙寅	丁卯	戊辰	己巳	庚午	辛未	壬申	癸酉	甲戌	乙亥	丙子	丁丑	戊寅	己卯	庚辰	辛巳	壬午	癸未
8月	庚申	8日 05時 15分	甲申	乙酉	丙戌	丁亥	戊子	己丑	庚寅	辛卯	壬辰	癸巳	甲午	乙未	丙申	丁酉	戊戌	己亥	庚子	辛丑	壬寅	癸卯	甲辰	乙巳	丙午	丁未	戊申	己酉	庚戌	辛亥	壬子	癸丑	甲寅
9月	辛酉	8日 07時 53分	乙卯	丙辰	丁巳	戊午	己未	庚申	辛酉	壬戌	癸亥	甲子	乙丑	丙寅	丁卯	戊辰	己巳	庚午	辛未	壬申	癸酉	甲戌	乙亥	丙子	丁丑	戊寅	己卯	庚辰	辛巳	壬午	癸未	甲申	
10月	壬戌	8日 23時 10分	乙酉	丙戌	丁亥	戊子	己丑	庚寅	辛卯	壬辰	癸巳	甲午	乙未	丙申	丁酉	戊戌	己亥	庚子	辛丑	壬寅	癸卯	甲辰	乙巳	丙午	丁未	戊申	己酉	庚戌	辛亥	壬子	癸丑	甲寅	乙卯
11月	癸亥	8日 02時 01分	丙辰	丁巳	戊午	己未	庚申	辛酉	壬戌	癸亥	甲子	乙丑	丙寅	丁卯	戊辰	己巳	庚午	辛未	壬申	癸酉	甲戌	乙亥	丙子	丁丑	戊寅	己卯	庚辰	辛巳	壬午	癸未	甲申	乙酉	
12月	甲子	7日 18時 37分	丙戌	丁亥	戊子	己丑	庚寅	辛卯	壬辰	癸巳	甲午	乙未	丙申	丁酉	戊戌	己亥	庚子	辛丑	壬寅	癸卯	甲辰	乙巳	丙午	丁未	戊申	己酉	庚戌	辛亥	壬子	癸丑	甲寅	乙卯	丙辰

1954年（昭和29年）甲午

月	月干支	節入り	1日	2日	3日	4日	5日	6日	7日	8日	9日	10日	11日	12日	13日	14日	15日	16日	17日	18日	19日	20日	21日	22日	23日	24日	25日	26日	27日	28日	29日	30日	31日
1月	乙丑	6日 05時 45分	丁巳	戊午	己未	庚申	辛酉	壬戌	癸亥	甲子	乙丑	丙寅	丁卯	戊辰	己巳	庚午	辛未	壬申	癸酉	甲戌	乙亥	丙子	丁丑	戊寅	己卯	庚辰	辛巳	壬午	癸未	甲申	乙酉	丙戌	丁亥
2月	丙寅	4日 17時 31分	戊子	己丑	庚寅	辛卯	壬辰	癸巳	甲午	乙未	丙申	丁酉	戊戌	己亥	庚子	辛丑	壬寅	癸卯	甲辰	乙巳	丙午	丁未	戊申	己酉	庚戌	辛亥	壬子	癸丑	甲寅	乙卯			
3月	丁卯	6日 11時 49分	丙辰	丁巳	戊午	己未	庚申	辛酉	壬戌	癸亥	甲子	乙丑	丙寅	丁卯	戊辰	己巳	庚午	辛未	壬申	癸酉	甲戌	乙亥	丙子	丁丑	戊寅	己卯	庚辰	辛巳	壬午	癸未	甲申	乙酉	丙戌
4月	戊辰	5日 16時 59分	丁亥	戊子	己丑	庚寅	辛卯	壬辰	癸巳	甲午	乙未	丙申	丁酉	戊戌	己亥	庚子	辛丑	壬寅	癸卯	甲辰	乙巳	丙午	丁未	戊申	己酉	庚戌	辛亥	壬子	癸丑	甲寅	乙卯	丙辰	
5月	己巳	6日 10時 38分	丁巳	戊午	己未	庚申	辛酉	壬戌	癸亥	甲子	乙丑	丙寅	丁卯	戊辰	己巳	庚午	辛未	壬申	癸酉	甲戌	乙亥	丙子	丁丑	戊寅	己卯	庚辰	辛巳	壬午	癸未	甲申	乙酉	丙戌	丁亥
6月	庚午	6日 15時 01分	戊子	己丑	庚寅	辛卯	壬辰	癸巳	甲午	乙未	丙申	丁酉	戊戌	己亥	庚子	辛丑	壬寅	癸卯	甲辰	乙巳	丙午	丁未	戊申	己酉	庚戌	辛亥	壬子	癸丑	甲寅	乙卯	丙辰	丁巳	
7月	辛未	8日 01時 19分	戊午	己未	庚申	辛酉	壬戌	癸亥	甲子	乙丑	丙寅	丁卯	戊辰	己巳	庚午	辛未	壬申	癸酉	甲戌	乙亥	丙子	丁丑	戊寅	己卯	庚辰	辛巳	壬午	癸未	甲申	乙酉	丙戌	丁亥	戊子
8月	壬申	8日 10時 59分	己丑	庚寅	辛卯	壬辰	癸巳	甲午	乙未	丙申	丁酉	戊戌	己亥	庚子	辛丑	壬寅	癸卯	甲辰	乙巳	丙午	丁未	戊申	己酉	庚戌	辛亥	壬子	癸丑	甲寅	乙卯	丙辰	丁巳	戊午	己未
9月	癸酉	8日 13時 38分	庚申	辛酉	壬戌	癸亥	甲子	乙丑	丙寅	丁卯	戊辰	己巳	庚午	辛未	壬申	癸酉	甲戌	乙亥	丙子	丁丑	戊寅	己卯	庚辰	辛巳	壬午	癸未	甲申	乙酉	丙戌	丁亥	戊子	己丑	
10月	甲戌	9日 04時 57分	庚寅	辛卯	壬辰	癸巳	甲午	乙未	丙申	丁酉	戊戌	己亥	庚子	辛丑	壬寅	癸卯	甲辰	乙巳	丙午	丁未	戊申	己酉	庚戌	辛亥	壬子	癸丑	甲寅	乙卯	丙辰	丁巳	戊午	己未	庚申
11月	乙亥	8日 07時 51分	辛酉	壬戌	癸亥	甲子	乙丑	丙寅	丁卯	戊辰	己巳	庚午	辛未	壬申	癸酉	甲戌	乙亥	丙子	丁丑	戊寅	己卯	庚辰	辛巳	壬午	癸未	甲申	乙酉	丙戌	丁亥	戊子	己丑	庚寅	
12月	丙子	8日 00時 29分	辛卯	壬辰	癸巳	甲午	乙未	丙申	丁酉	戊戌	己亥	庚子	辛丑	壬寅	癸卯	甲辰	乙巳	丙午	丁未	戊申	己酉	庚戌	辛亥	壬子	癸丑	甲寅	乙卯	丙辰	丁巳	戊午	己未	庚申	辛酉

1955年（昭和30年）乙未

月	月干支	節入り	1日	2日	3日	4日	5日	6日	7日	8日	9日	10日	11日	12日	13日	14日	15日	16日	17日	18日	19日	20日	21日	22日	23日	24日	25日	26日	27日	28日	29日	30日	31日
1月	丁丑	6日 11時 37分	壬戌	癸亥	甲子	乙丑	丙寅	**丁卯**	戊辰	己巳	庚午	辛未	壬申	癸酉	甲戌	乙亥	丙子	丁丑	戊寅	己卯	庚辰	辛巳	壬午	癸未	甲申	乙酉	丙戌	丁亥	戊子	己丑	庚寅	辛卯	壬辰
2月	戊寅	4日 23時 18分	癸巳	甲午	乙未	**丙申**	丁酉	戊戌	己亥	庚子	辛丑	壬寅	癸卯	甲辰	乙巳	丙午	丁未	戊申	己酉	庚戌	辛亥	壬子	癸丑	甲寅	乙卯	丙辰	丁巳	戊午	己未	庚申			
3月	己卯	6日 17時 32分	辛酉	壬戌	癸亥	甲子	乙丑	**丙寅**	丁卯	戊辰	己巳	庚午	辛未	壬申	癸酉	甲戌	乙亥	丙子	丁丑	戊寅	己卯	庚辰	辛巳	壬午	癸未	甲申	乙酉	丙戌	丁亥	戊子	己丑	庚寅	辛卯
4月	庚辰	5日 22時 39分	壬辰	癸巳	甲午	乙未	**丙申**	丁酉	戊戌	己亥	庚子	辛丑	壬寅	癸卯	甲辰	乙巳	丙午	丁未	戊申	己酉	庚戌	辛亥	壬子	癸丑	甲寅	乙卯	丙辰	丁巳	戊午	己未	庚申	辛酉	
5月	辛巳	6日 16時 18分	壬戌	癸亥	甲子	乙丑	丙寅	**丁卯**	戊辰	己巳	庚午	辛未	壬申	癸酉	甲戌	乙亥	丙子	丁丑	戊寅	己卯	庚辰	辛巳	壬午	癸未	甲申	乙酉	丙戌	丁亥	戊子	己丑	庚寅	辛卯	壬辰
6月	壬午	6日 20時 44分	癸巳	甲午	乙未	丙申	丁酉	**戊戌**	己亥	庚子	辛丑	壬寅	癸卯	甲辰	乙巳	丙午	丁未	戊申	己酉	庚戌	辛亥	壬子	癸丑	甲寅	乙卯	丙辰	丁巳	戊午	己未	庚申	辛酉	壬戌	
7月	癸未	8日 07時 06分	癸亥	甲子	乙丑	丙寅	丁卯	戊辰	己巳	**庚午**	辛未	壬申	癸酉	甲戌	乙亥	丙子	丁丑	戊寅	己卯	庚辰	辛巳	壬午	癸未	甲申	乙酉	丙戌	丁亥	戊子	己丑	庚寅	辛卯	壬辰	癸巳
8月	甲申	8日 16時 51分	甲午	乙未	丙申	丁酉	戊戌	己亥	庚子	**辛丑**	壬寅	癸卯	甲辰	乙巳	丙午	丁未	戊申	己酉	庚戌	辛亥	壬子	癸丑	甲寅	乙卯	丙辰	丁巳	戊午	己未	庚申	辛酉	壬戌	癸亥	甲子
9月	乙酉	8日 19時 32分	乙丑	丙寅	丁卯	戊辰	己巳	庚午	辛未	**壬申**	癸酉	甲戌	乙亥	丙子	丁丑	戊寅	己卯	庚辰	辛巳	壬午	癸未	甲申	乙酉	丙戌	丁亥	戊子	己丑	庚寅	辛卯	壬辰	癸巳	甲午	
10月	丙戌	9日 10時 53分	乙未	丙申	丁酉	戊戌	己亥	庚子	辛丑	壬寅	**癸卯**	甲辰	乙巳	丙午	丁未	戊申	己酉	庚戌	辛亥	壬子	癸丑	甲寅	乙卯	丙辰	丁巳	戊午	己未	庚申	辛酉	壬戌	癸亥	甲子	乙丑
11月	丁亥	8日 13時 46分	丙寅	丁卯	戊辰	己巳	庚午	辛未	壬申	**癸酉**	甲戌	乙亥	丙子	丁丑	戊寅	己卯	庚辰	辛巳	壬午	癸未	甲申	乙酉	丙戌	丁亥	戊子	己丑	庚寅	辛卯	壬辰	癸巳	甲午	乙未	
12月	戊子	8日 06時 24分	丙申	丁酉	戊戌	己亥	庚子	辛丑	壬寅	**癸卯**	甲辰	乙巳	丙午	丁未	戊申	己酉	庚戌	辛亥	壬子	癸丑	甲寅	乙卯	丙辰	丁巳	戊午	己未	庚申	辛酉	壬戌	癸亥	甲子	乙丑	丙寅

1956年（昭和31年）丙申

月	月干支	節入り	1日	2日	3日	4月	5日	6日	7日	8日	9日	10日	11日	12日	13日	14日	15日	16日	17日	18日	19日	20日	21日	22日	23日	24日	25日	26日	27日	28日	29日	30日	31日
1月	己丑	6日 17時 31分	丁卯	戊辰	己巳	庚午	辛未	**壬申**	癸酉	甲戌	乙亥	丙子	丁丑	戊寅	己卯	庚辰	辛巳	壬午	癸未	甲申	乙酉	丙戌	丁亥	戊子	己丑	庚寅	辛卯	壬辰	癸巳	甲午	乙未	丙申	丁酉
2月	庚寅	5日 05時 13分	戊戌	己亥	庚子	辛丑	**壬寅**	癸卯	甲辰	乙巳	丙午	丁未	戊申	己酉	庚戌	辛亥	壬子	癸丑	甲寅	乙卯	丙辰	丁巳	戊午	己未	庚申	辛酉	壬戌	癸亥	甲子	乙丑	丙寅		
3月	辛卯	5日 23時 25分	丁卯	戊辰	己巳	庚午	**辛未**	壬申	癸酉	甲戌	乙亥	丙子	丁丑	戊寅	己卯	庚辰	辛巳	壬午	癸未	甲申	乙酉	丙戌	丁亥	戊子	己丑	庚寅	辛卯	壬辰	癸巳	甲午	乙未	丙申	丁酉
4月	壬辰	5日 04時 32分	戊戌	己亥	庚子	辛丑	**壬寅**	癸卯	甲辰	乙巳	丙午	丁未	戊申	己酉	庚戌	辛亥	壬子	癸丑	甲寅	乙卯	丙辰	丁巳	戊午	己未	庚申	辛酉	壬戌	癸亥	甲子	乙丑	丙寅	丁卯	
5月	癸巳	5日 22時 10分	戊辰	己巳	庚午	辛未	**壬申**	癸酉	甲戌	乙亥	丙子	丁丑	戊寅	己卯	庚辰	辛巳	壬午	癸未	甲申	乙酉	丙戌	丁亥	戊子	己丑	庚寅	辛卯	壬辰	癸巳	甲午	乙未	丙申	丁酉	戊戌
6月	甲午	6日 02時 36分	己亥	庚子	辛丑	壬寅	癸卯	**甲辰**	乙巳	丙午	丁未	戊申	己酉	庚戌	辛亥	壬子	癸丑	甲寅	乙卯	丙辰	丁巳	戊午	己未	庚申	辛酉	壬戌	癸亥	甲子	乙丑	丙寅	丁卯	戊辰	
7月	乙未	7日 12時 59分	己巳	庚午	辛未	壬申	癸酉	甲戌	**乙亥**	丙子	丁丑	戊寅	己卯	庚辰	辛巳	壬午	癸未	甲申	乙酉	丙戌	丁亥	戊子	己丑	庚寅	辛卯	壬辰	癸巳	甲午	乙未	丙申	丁酉	戊戌	己亥
8月	丙申	7日 22時 41分	庚子	辛丑	壬寅	癸卯	甲辰	乙巳	**丙午**	丁未	戊申	己酉	庚戌	辛亥	壬子	癸丑	甲寅	乙卯	丙辰	丁巳	戊午	己未	庚申	辛酉	壬戌	癸亥	甲子	乙丑	丙寅	丁卯	戊辰	己巳	庚午
9月	丁酉	8日 01時 20分	辛未	壬申	癸酉	甲戌	乙亥	丙子	丁丑	**戊寅**	己卯	庚辰	辛巳	壬午	癸未	甲申	乙酉	丙戌	丁亥	戊子	己丑	庚寅	辛卯	壬辰	癸巳	甲午	乙未	丙申	丁酉	戊戌	己亥	庚子	
10月	戊戌	8日 16時 37分	辛丑	壬寅	癸卯	甲辰	乙巳	丙午	丁未	**戊申**	己酉	庚戌	辛亥	壬子	癸丑	甲寅	乙卯	丙辰	丁巳	戊午	己未	庚申	辛酉	壬戌	癸亥	甲子	乙丑	丙寅	丁卯	戊辰	己巳	庚午	辛未
11月	己亥	7日 19時 27分	壬申	癸酉	甲戌	乙亥	丙子	丁丑	**戊寅**	己卯	庚辰	辛巳	壬午	癸未	甲申	乙酉	丙戌	丁亥	戊子	己丑	庚寅	辛卯	壬辰	癸巳	甲午	乙未	丙申	丁酉	戊戌	己亥	庚子	辛丑	
12月	庚子	7日 12時 03分	壬寅	癸卯	甲辰	乙巳	丙午	丁未	**戊申**	己酉	庚戌	辛亥	壬子	癸丑	甲寅	乙卯	丙辰	丁巳	戊午	己未	庚申	辛酉	壬戌	癸亥	甲子	乙丑	丙寅	丁卯	戊辰	己巳	庚午	辛未	壬申

1957年（昭和32年）丁酉

月	月干支	節入り	1日	2日	3日	4日	5日	6日	7日	8日	9日	10日	11日	12日	13日	14日	15日	16日	17日	18日	19日	20日	21日	22日	23日	24日	25日	26日	27日	28日	29日	30日	31日
1月	辛丑	5日 23時 11分	癸酉	甲戌	乙亥	丙子	丁丑	戊寅	己卯	庚辰	辛巳	壬午	癸未	甲申	乙酉	丙戌	丁亥	戊子	己丑	庚寅	辛卯	壬辰	癸巳	甲午	乙未	丙申	丁酉	戊戌	己亥	庚子	辛丑	壬寅	癸卯
2月	壬寅	4日 10時 55分	甲辰	乙巳	丙午	丁未	戊申	己酉	庚戌	辛亥	壬子	癸丑	甲寅	乙卯	丙辰	丁巳	戊午	己未	庚申	辛酉	壬戌	癸亥	甲子	乙丑	丙寅	丁卯	戊辰	己巳	庚午	辛未			
3月	癸卯	6日 05時 11分	壬申	癸酉	甲戌	乙亥	丙子	丁丑	戊寅	己卯	庚辰	辛巳	壬午	癸未	甲申	乙酉	丙戌	丁亥	戊子	己丑	庚寅	辛卯	壬辰	癸巳	甲午	乙未	丙申	丁酉	戊戌	己亥	庚子	辛丑	壬寅
4月	甲辰	5日 10時 19分	癸卯	甲辰	乙巳	丙午	丁未	戊申	己酉	庚戌	辛亥	壬子	癸丑	甲寅	乙卯	丙辰	丁巳	戊午	己未	庚申	辛酉	壬戌	癸亥	甲子	乙丑	丙寅	丁卯	戊辰	己巳	庚午	辛未	壬申	
5月	乙巳	6日 03時 59分	癸酉	甲戌	乙亥	丙子	丁丑	戊寅	己卯	庚辰	辛巳	壬午	癸未	甲申	乙酉	丙戌	丁亥	戊子	己丑	庚寅	辛卯	壬辰	癸巳	甲午	乙未	丙申	丁酉	戊戌	己亥	庚子	辛丑	壬寅	癸卯
6月	丙午	6日 08時 25分	甲辰	乙巳	丙午	丁未	戊申	己酉	庚戌	辛亥	壬子	癸丑	甲寅	乙卯	丙辰	丁巳	戊午	己未	庚申	辛酉	壬戌	癸亥	甲子	乙丑	丙寅	丁卯	戊辰	己巳	庚午	辛未	壬申	癸酉	
7月	丁未	7日 18時 49分	甲戌	乙亥	丙子	丁丑	戊寅	己卯	庚辰	辛巳	壬午	癸未	甲申	乙酉	丙戌	丁亥	戊子	己丑	庚寅	辛卯	壬辰	癸巳	甲午	乙未	丙申	丁酉	戊戌	己亥	庚子	辛丑	壬寅	癸卯	甲辰
8月	戊申	8日 04時 33分	乙巳	丙午	丁未	戊申	己酉	庚戌	辛亥	壬子	癸丑	甲寅	乙卯	丙辰	丁巳	戊午	己未	庚申	辛酉	壬戌	癸亥	甲子	乙丑	丙寅	丁卯	戊辰	己巳	庚午	辛未	壬申	癸酉	甲戌	乙亥
9月	己酉	8日 07時 13分	丙子	丁丑	戊寅	己卯	庚辰	辛巳	壬午	癸未	甲申	乙酉	丙戌	丁亥	戊子	己丑	庚寅	辛卯	壬辰	癸巳	甲午	乙未	丙申	丁酉	戊戌	己亥	庚子	辛丑	壬寅	癸卯	甲辰	乙巳	
10月	庚戌	8日 22時 31分	丙午	丁未	戊申	己酉	庚戌	辛亥	壬子	癸丑	甲寅	乙卯	丙辰	丁巳	戊午	己未	庚申	辛酉	壬戌	癸亥	甲子	乙丑	丙寅	丁卯	戊辰	己巳	庚午	辛未	壬申	癸酉	甲戌	乙亥	丙子
11月	辛亥	8日 01時 21分	丁丑	戊寅	己卯	庚辰	辛巳	壬午	癸未	甲申	乙酉	丙戌	丁亥	戊子	己丑	庚寅	辛卯	壬辰	癸巳	甲午	乙未	丙申	丁酉	戊戌	己亥	庚子	辛丑	壬寅	癸卯	甲辰	乙巳	丙午	
12月	壬子	7日 17時 57分	丁未	戊申	己酉	庚戌	辛亥	壬子	癸丑	甲寅	乙卯	丙辰	丁巳	戊午	己未	庚申	辛酉	壬戌	癸亥	甲子	乙丑	丙寅	丁卯	戊辰	己巳	庚午	辛未	壬申	癸酉	甲戌	乙亥	丙子	丁丑

1958年（昭和33年）戊戌

月	月干支	節入り	1日	2日	3日	4日	5日	6日	7日	8日	9日	10日	11日	12日	13日	14日	15日	16日	17日	18日	19日	20日	21日	22日	23日	24日	25日	26日	27日	28日	29日	30日	31日
1月	癸丑	6日 05時 05分	戊寅	己卯	庚辰	辛巳	壬午	癸未	甲申	乙酉	丙戌	丁亥	戊子	己丑	庚寅	辛卯	壬辰	癸巳	甲午	乙未	丙申	丁酉	戊戌	己亥	庚子	辛丑	壬寅	癸卯	甲辰	乙巳	丙午	丁未	戊申
2月	甲寅	4日 16時 50分	己酉	庚戌	辛亥	壬子	癸丑	甲寅	乙卯	丙辰	丁巳	戊午	己未	庚申	辛酉	壬戌	癸亥	甲子	乙丑	丙寅	丁卯	戊辰	己巳	庚午	辛未	壬申	癸酉	甲戌	乙亥	丙子			
3月	乙卯	6日 11時 06分	丁丑	戊寅	己卯	庚辰	辛巳	壬午	癸未	甲申	乙酉	丙戌	丁亥	戊子	己丑	庚寅	辛卯	壬辰	癸巳	甲午	乙未	丙申	丁酉	戊戌	己亥	庚子	辛丑	壬寅	癸卯	甲辰	乙巳	丙午	丁未
4月	丙辰	5日 16時 13分	戊申	己酉	庚戌	辛亥	壬子	癸丑	甲寅	乙卯	丙辰	丁巳	戊午	己未	庚申	辛酉	壬戌	癸亥	甲子	乙丑	丙寅	丁卯	戊辰	己巳	庚午	辛未	壬申	癸酉	甲戌	乙亥	丙子	丁丑	
5月	丁巳	6日 09時 50分	戊寅	己卯	庚辰	辛巳	壬午	癸未	甲申	乙酉	丙戌	丁亥	戊子	己丑	庚寅	辛卯	壬辰	癸巳	甲午	乙未	丙申	丁酉	戊戌	己亥	庚子	辛丑	壬寅	癸卯	甲辰	乙巳	丙午	丁未	戊申
6月	戊午	6日 14時 13分	己酉	庚戌	辛亥	壬子	癸丑	甲寅	乙卯	丙辰	丁巳	戊午	己未	庚申	辛酉	壬戌	癸亥	甲子	乙丑	丙寅	丁卯	戊辰	己巳	庚午	辛未	壬申	癸酉	甲戌	乙亥	丙子	丁丑	戊寅	
7月	己未	8日 00時 34分	己卯	庚辰	辛巳	壬午	癸未	甲申	乙酉	丙戌	丁亥	戊子	己丑	庚寅	辛卯	壬辰	癸巳	甲午	乙未	丙申	丁酉	戊戌	己亥	庚子	辛丑	壬寅	癸卯	甲辰	乙巳	丙午	丁未	戊申	己酉
8月	庚申	8日 10時 18分	庚戌	辛亥	壬子	癸丑	甲寅	乙卯	丙辰	丁巳	戊午	己未	庚申	辛酉	壬戌	癸亥	甲子	乙丑	丙寅	丁卯	戊辰	己巳	庚午	辛未	壬申	癸酉	甲戌	乙亥	丙子	丁丑	戊寅	己卯	庚辰
9月	辛酉	8日 13時 00分	辛巳	壬午	癸未	甲申	乙酉	丙戌	丁亥	戊子	己丑	庚寅	辛卯	壬辰	癸巳	甲午	乙未	丙申	丁酉	戊戌	己亥	庚子	辛丑	壬寅	癸卯	甲辰	乙巳	丙午	丁未	戊申	己酉	庚戌	
10月	壬戌	9日 04時 20分	辛亥	壬子	癸丑	甲寅	乙卯	丙辰	丁巳	戊午	己未	庚申	辛酉	壬戌	癸亥	甲子	乙丑	丙寅	丁卯	戊辰	己巳	庚午	辛未	壬申	癸酉	甲戌	乙亥	丙子	丁丑	戊寅	己卯	庚辰	辛巳
11月	癸亥	8日 07時 13分	壬午	癸未	甲申	乙酉	丙戌	丁亥	戊子	己丑	庚寅	辛卯	壬辰	癸巳	甲午	乙未	丙申	丁酉	戊戌	己亥	庚子	辛丑	壬寅	癸卯	甲辰	乙巳	丙午	丁未	戊申	己酉	庚戌	辛亥	
12月	甲子	7日 23時 50分	壬子	癸丑	甲寅	乙卯	丙辰	丁巳	戊午	己未	庚申	辛酉	壬戌	癸亥	甲子	乙丑	丙寅	丁卯	戊辰	己巳	庚午	辛未	壬申	癸酉	甲戌	乙亥	丙子	丁丑	戊寅	己卯	庚辰	辛巳	壬午

1959年（昭和34年）己亥

月	月干支	節入り	1日	2日	3日	4日	5日	6日	7日	8日	9日	10日	11日	12日	13日	14日	15日	16日	17日	18日	19日	20日	21日	22日	23日	24日	25日	26日	27日	28日	29日	30日	31日
1月	乙丑	6日 10時 59分	癸未	甲申	乙酉	丙戌	丁亥	戊子	己丑	庚寅	辛卯	壬辰	癸巳	甲午	乙未	丙申	丁酉	戊戌	己亥	庚子	辛丑	壬寅	癸卯	甲辰	乙巳	丙午	丁未	戊申	己酉	庚戌	辛亥	壬子	癸丑
2月	丙寅	4日 22時 43分	甲寅	乙卯	丙辰	丁巳	戊午	己未	庚申	辛酉	壬戌	癸亥	甲子	乙丑	丙寅	丁卯	戊辰	己巳	庚午	辛未	壬申	癸酉	甲戌	乙亥	丙子	丁丑	戊寅	己卯	庚辰	辛巳			
3月	丁卯	6日 16時 57分	壬午	癸未	甲申	乙酉	丙戌	丁亥	戊子	己丑	庚寅	辛卯	壬辰	癸巳	甲午	乙未	丙申	丁酉	戊戌	己亥	庚子	辛丑	壬寅	癸卯	甲辰	乙巳	丙午	丁未	戊申	己酉	庚戌	辛亥	壬子
4月	戊辰	5日 22時 04分	癸丑	甲寅	乙卯	丙辰	丁巳	戊午	己未	庚申	辛酉	壬戌	癸亥	甲子	乙丑	丙寅	丁卯	戊辰	己巳	庚午	辛未	壬申	癸酉	甲戌	乙亥	丙子	丁丑	戊寅	己卯	庚辰	辛巳	壬午	
5月	己巳	6日 15時 39分	癸未	甲申	乙酉	丙戌	丁亥	戊子	己丑	庚寅	辛卯	壬辰	癸巳	甲午	乙未	丙申	丁酉	戊戌	己亥	庚子	辛丑	壬寅	癸卯	甲辰	乙巳	丙午	丁未	戊申	己酉	庚戌	辛亥	壬子	癸丑
6月	庚午	6日 20時 01分	甲寅	乙卯	丙辰	丁巳	戊午	己未	庚申	辛酉	壬戌	癸亥	甲子	乙丑	丙寅	丁卯	戊辰	己巳	庚午	辛未	壬申	癸酉	甲戌	乙亥	丙子	丁丑	戊寅	己卯	庚辰	辛巳	壬午	癸未	
7月	辛未	8日 06時 20分	甲申	乙酉	丙戌	丁亥	戊子	己丑	庚寅	辛卯	壬辰	癸巳	甲午	乙未	丙申	丁酉	戊戌	己亥	庚子	辛丑	壬寅	癸卯	甲辰	乙巳	丙午	丁未	戊申	己酉	庚戌	辛亥	壬子	癸丑	甲寅
8月	壬申	8日 16時 05分	乙卯	丙辰	丁巳	戊午	己未	庚申	辛酉	壬戌	癸亥	甲子	乙丑	丙寅	丁卯	戊辰	己巳	庚午	辛未	壬申	癸酉	甲戌	乙亥	丙子	丁丑	戊寅	己卯	庚辰	辛巳	壬午	癸未	甲申	乙酉
9月	癸酉	8日 18時 49分	丙戌	丁亥	戊子	己丑	庚寅	辛卯	壬辰	癸巳	甲午	乙未	丙申	丁酉	戊戌	己亥	庚子	辛丑	壬寅	癸卯	甲辰	乙巳	丙午	丁未	戊申	己酉	庚戌	辛亥	壬子	癸丑	甲寅	乙卯	
10月	甲戌	9日 10時 11分	丙辰	丁巳	戊午	己未	庚申	辛酉	壬戌	癸亥	甲子	乙丑	丙寅	丁卯	戊辰	己巳	庚午	辛未	壬申	癸酉	甲戌	乙亥	丙子	丁丑	戊寅	己卯	庚辰	辛巳	壬午	癸未	甲申	乙酉	丙戌
11月	乙亥	8日 13時 03分	丁亥	戊子	己丑	庚寅	辛卯	壬辰	癸巳	甲午	乙未	丙申	丁酉	戊戌	己亥	庚子	辛丑	壬寅	癸卯	甲辰	乙巳	丙午	丁未	戊申	己酉	庚戌	辛亥	壬子	癸丑	甲寅	乙卯	丙辰	
12月	丙子	8日 05時 38分	丁巳	戊午	己未	庚申	辛酉	壬戌	癸亥	甲子	乙丑	丙寅	丁卯	戊辰	己巳	庚午	辛未	壬申	癸酉	甲戌	乙亥	丙子	丁丑	戊寅	己卯	庚辰	辛巳	壬午	癸未	甲申	乙酉	丙戌	丁亥

1960年（昭和35年）庚子

月	月干支	節入り	1日	2日	3日	4日	5日	6日	7日	8日	9日	10日	11日	12日	13日	14日	15日	16日	17日	18日	19日	20日	21日	22日	23日	24日	25日	26日	27日	28日	29日	30日	31日
1月	丁丑	6日 16時 43分	戊子	己丑	庚寅	辛卯	壬辰	癸巳	甲午	乙未	丙申	丁酉	戊戌	己亥	庚子	辛丑	壬寅	癸卯	甲辰	乙巳	丙午	丁未	戊申	己酉	庚戌	辛亥	壬子	癸丑	甲寅	乙卯	丙辰	丁巳	戊午
2月	戊寅	5日 04時 23分	己未	庚申	辛酉	壬戌	癸亥	甲子	乙丑	丙寅	丁卯	戊辰	己巳	庚午	辛未	壬申	癸酉	甲戌	乙亥	丙子	丁丑	戊寅	己卯	庚辰	辛巳	壬午	癸未	甲申	乙酉	丙戌	丁亥		
3月	己卯	5日 22時 36分	戊子	己丑	庚寅	辛卯	壬辰	癸巳	甲午	乙未	丙申	丁酉	戊戌	己亥	庚子	辛丑	壬寅	癸卯	甲辰	乙巳	丙午	丁未	戊申	己酉	庚戌	辛亥	壬子	癸丑	甲寅	乙卯	丙辰	丁巳	戊午
4月	庚辰	5日 03時 44分	己未	庚申	辛酉	壬戌	癸亥	甲子	乙丑	丙寅	丁卯	戊辰	己巳	庚午	辛未	壬申	癸酉	甲戌	乙亥	丙子	丁丑	戊寅	己卯	庚辰	辛巳	壬午	癸未	甲申	乙酉	丙戌	丁亥	戊子	
5月	辛巳	5日 21時 23分	己丑	庚寅	辛卯	壬辰	癸巳	甲午	乙未	丙申	丁酉	戊戌	己亥	庚子	辛丑	壬寅	癸卯	甲辰	乙巳	丙午	丁未	戊申	己酉	庚戌	辛亥	壬子	癸丑	甲寅	乙卯	丙辰	丁巳	戊午	己未
6月	壬午	6日 01時 48分	庚申	辛酉	壬戌	癸亥	甲子	乙丑	丙寅	丁卯	戊辰	己巳	庚午	辛未	壬申	癸酉	甲戌	乙亥	丙子	丁丑	戊寅	己卯	庚辰	辛巳	壬午	癸未	甲申	乙酉	丙戌	丁亥	戊子	己丑	
7月	癸未	7日 12時 13分	庚寅	辛卯	壬辰	癸巳	甲午	乙未	丙申	丁酉	戊戌	己亥	庚子	辛丑	壬寅	癸卯	甲辰	乙巳	丙午	丁未	戊申	己酉	庚戌	辛亥	壬子	癸丑	甲寅	乙卯	丙辰	丁巳	戊午	己未	庚申
8月	甲申	7日 22時 00分	辛酉	壬戌	癸亥	甲子	乙丑	丙寅	丁卯	戊辰	己巳	庚午	辛未	壬申	癸酉	甲戌	乙亥	丙子	丁丑	戊寅	己卯	庚辰	辛巳	壬午	癸未	甲申	乙酉	丙戌	丁亥	戊子	己丑	庚寅	辛卯
9月	乙酉	8日 00時 46分	壬辰	癸巳	甲午	乙未	丙申	丁酉	戊戌	己亥	庚子	辛丑	壬寅	癸卯	甲辰	乙巳	丙午	丁未	戊申	己酉	庚戌	辛亥	壬子	癸丑	甲寅	乙卯	丙辰	丁巳	戊午	己未	庚申	辛酉	
10月	丙戌	8日 16時 09分	壬戌	癸亥	甲子	乙丑	丙寅	丁卯	戊辰	己巳	庚午	辛未	壬申	癸酉	甲戌	乙亥	丙子	丁丑	戊寅	己卯	庚辰	辛巳	壬午	癸未	甲申	乙酉	丙戌	丁亥	戊子	己丑	庚寅	辛卯	壬辰
11月	丁亥	7日 19時 02分	癸巳	甲午	乙未	丙申	丁酉	戊戌	己亥	庚子	辛丑	壬寅	癸卯	甲辰	乙巳	丙午	丁未	戊申	己酉	庚戌	辛亥	壬子	癸丑	甲寅	乙卯	丙辰	丁巳	戊午	己未	庚申	辛酉	壬戌	
12月	戊子	7日 11時 38分	癸亥	甲子	乙丑	丙寅	丁卯	戊辰	己巳	庚午	辛未	壬申	癸酉	甲戌	乙亥	丙子	丁丑	戊寅	己卯	庚辰	辛巳	壬午	癸未	甲申	乙酉	丙戌	丁亥	戊子	己丑	庚寅	辛卯	壬辰	癸巳

1961年（昭和36年）辛丑

月	月干支	節入り	1日	2日	3日	4日	5日	6日	7日	8日	9日	10日	11日	12日	13日	14日	15日	16日	17日	18日	19日	20日	21日	22日	23日	24日	25日	26日	27日	28日	29日	30日	31日
1月	己丑	5日 22時 43分	甲午	乙未	丙申	丁酉	戊戌	己亥	庚子	辛丑	壬寅	癸卯	甲辰	乙巳	丙午	丁未	戊申	己酉	庚戌	辛亥	壬子	癸丑	甲寅	乙卯	丙辰	丁巳	戊午	己未	庚申	辛酉	壬戌	癸亥	甲子
2月	庚寅	4日 10時 23分	乙丑	丙寅	丁卯	戊辰	己巳	庚午	辛未	壬申	癸酉	甲戌	乙亥	丙子	丁丑	戊寅	己卯	庚辰	辛巳	壬午	癸未	甲申	乙酉	丙戌	丁亥	戊子	己丑	庚寅	辛卯	壬辰			
3月	辛卯	6日 04時 35分	癸巳	甲午	乙未	丙申	丁酉	戊戌	己亥	庚子	辛丑	壬寅	癸卯	甲辰	乙巳	丙午	丁未	戊申	己酉	庚戌	辛亥	壬子	癸丑	甲寅	乙卯	丙辰	丁巳	戊午	己未	庚申	辛酉	壬戌	癸亥
4月	壬辰	5日 09時 42分	甲子	乙丑	丙寅	丁卯	戊辰	己巳	庚午	辛未	壬申	癸酉	甲戌	乙亥	丙子	丁丑	戊寅	己卯	庚辰	辛巳	壬午	癸未	甲申	乙酉	丙戌	丁亥	戊子	己丑	庚寅	辛卯	壬辰	癸巳	
5月	癸巳	6日 03時 21分	甲午	乙未	丙申	丁酉	戊戌	己亥	庚子	辛丑	壬寅	癸卯	甲辰	乙巳	丙午	丁未	戊申	己酉	庚戌	辛亥	壬子	癸丑	甲寅	乙卯	丙辰	丁巳	戊午	己未	庚申	辛酉	壬戌	癸亥	甲子
6月	甲午	6日 07時 46分	乙丑	丙寅	丁卯	戊辰	己巳	庚午	辛未	壬申	癸酉	甲戌	乙亥	丙子	丁丑	戊寅	己卯	庚辰	辛巳	壬午	癸未	甲申	乙酉	丙戌	丁亥	戊子	己丑	庚寅	辛卯	壬辰	癸巳	甲午	
7月	乙未	7日 18時 07分	乙未	丙申	丁酉	戊戌	己亥	庚子	辛丑	壬寅	癸卯	甲辰	乙巳	丙午	丁未	戊申	己酉	庚戌	辛亥	壬子	癸丑	甲寅	乙卯	丙辰	丁巳	戊午	己未	庚申	辛酉	壬戌	癸亥	甲子	乙丑
8月	丙申	8日 03時 48分	丙申	丁酉	戊戌	己亥	庚子	辛丑	壬寅	癸卯	甲辰	乙巳	丙午	丁未	戊申	己酉	庚戌	辛亥	壬子	癸丑	甲寅	乙卯	丙辰	丁巳	戊午	己未	庚申	辛酉	壬戌	癸亥	甲子	乙丑	丙寅
9月	丁酉	8日 06時 29分	丁酉	戊戌	己亥	庚子	辛丑	壬寅	癸卯	甲辰	乙巳	丙午	丁未	戊申	己酉	庚戌	辛亥	壬子	癸丑	甲寅	乙卯	丙辰	丁巳	戊午	己未	庚申	辛酉	壬戌	癸亥	甲子	乙丑	丙寅	
10月	戊戌	8日 21時 51分	丁卯	戊辰	己巳	庚午	辛未	壬申	癸酉	甲戌	乙亥	丙子	丁丑	戊寅	己卯	庚辰	辛巳	壬午	癸未	甲申	乙酉	丙戌	丁亥	戊子	己丑	庚寅	辛卯	壬辰	癸巳	甲午	乙未	丙申	丁酉
11月	己亥	8日 00時 46分	戊戌	己亥	庚子	辛丑	壬寅	癸卯	甲辰	乙巳	丙午	丁未	戊申	己酉	庚戌	辛亥	壬子	癸丑	甲寅	乙卯	丙辰	丁巳	戊午	己未	庚申	辛酉	壬戌	癸亥	甲子	乙丑	丙寅	丁卯	
12月	庚子	7日 17時 26分	戊辰	己巳	庚午	辛未	壬申	癸酉	甲戌	乙亥	丙子	丁丑	戊寅	己卯	庚辰	辛巳	壬午	癸未	甲申	乙酉	丙戌	丁亥	戊子	己丑	庚寅	辛卯	壬辰	癸巳	甲午	乙未	丙申	丁酉	戊戌

1962年（昭和37年）壬寅

月	月干支	節入り	1日	2日	3日	4日	5日	6日	7日	8日	9日	10日	11日	12日	13日	14日	15日	16日	17日	18日	19日	20日	21日	22日	23日	24日	25日	26日	27日	28日	29日	30日	31日
1月	辛丑	6日 04時 35分	己亥	庚子	辛丑	壬寅	癸卯	甲辰	乙巳	丙午	丁未	戊申	己酉	庚戌	辛亥	壬子	癸丑	甲寅	乙卯	丙辰	丁巳	戊午	己未	庚申	辛酉	壬戌	癸亥	甲子	乙丑	丙寅	丁卯	戊辰	己巳
2月	壬寅	4日 16時 18分	庚午	辛未	壬申	癸酉	甲戌	乙亥	丙子	丁丑	戊寅	己卯	庚辰	辛巳	壬午	癸未	甲申	乙酉	丙戌	丁亥	戊子	己丑	庚寅	辛卯	壬辰	癸巳	甲午	乙未	丙申	丁酉			
3月	癸卯	6日 10時 30分	戊戌	己亥	庚子	辛丑	壬寅	癸卯	甲辰	乙巳	丙午	丁未	戊申	己酉	庚戌	辛亥	壬子	癸丑	甲寅	乙卯	丙辰	丁巳	戊午	己未	庚申	辛酉	壬戌	癸亥	甲子	乙丑	丙寅	丁卯	戊辰
4月	甲辰	5日 15時 34分	己巳	庚午	辛未	壬申	癸酉	甲戌	乙亥	丙子	丁丑	戊寅	己卯	庚辰	辛巳	壬午	癸未	甲申	乙酉	丙戌	丁亥	戊子	己丑	庚寅	辛卯	壬辰	癸巳	甲午	乙未	丙申	丁酉	戊戌	
5月	乙巳	6日 09時 09分	己亥	庚子	辛丑	壬寅	癸卯	甲辰	乙巳	丙午	丁未	戊申	己酉	庚戌	辛亥	壬子	癸丑	甲寅	乙卯	丙辰	丁巳	戊午	己未	庚申	辛酉	壬戌	癸亥	甲子	乙丑	丙寅	丁卯	戊辰	己巳
6月	丙午	6日 13時 31分	庚午	辛未	壬申	癸酉	甲戌	乙亥	丙子	丁丑	戊寅	己卯	庚辰	辛巳	壬午	癸未	甲申	乙酉	丙戌	丁亥	戊子	己丑	庚寅	辛卯	壬辰	癸巳	甲午	乙未	丙申	丁酉	戊戌	己亥	
7月	丁未	7日 23時 51分	庚子	辛丑	壬寅	癸卯	甲辰	乙巳	丙午	丁未	戊申	己酉	庚戌	辛亥	壬子	癸丑	甲寅	乙卯	丙辰	丁巳	戊午	己未	庚申	辛酉	壬戌	癸亥	甲子	乙丑	丙寅	丁卯	戊辰	己巳	庚午
8月	戊申	8日 09時 34分	辛未	壬申	癸酉	甲戌	乙亥	丙子	丁丑	戊寅	己卯	庚辰	辛巳	壬午	癸未	甲申	乙酉	丙戌	丁亥	戊子	己丑	庚寅	辛卯	壬辰	癸巳	甲午	乙未	丙申	丁酉	戊戌	己亥	庚子	辛丑
9月	己酉	8日 12時 16分	壬寅	癸卯	甲辰	乙巳	丙午	丁未	戊申	己酉	庚戌	辛亥	壬子	癸丑	甲寅	乙卯	丙辰	丁巳	戊午	己未	庚申	辛酉	壬戌	癸亥	甲子	乙丑	丙寅	丁卯	戊辰	己巳	庚午	辛未	
10月	庚戌	9日 03時 38分	壬申	癸酉	甲戌	乙亥	丙子	丁丑	戊寅	己卯	庚辰	辛巳	壬午	癸未	甲申	乙酉	丙戌	丁亥	戊子	己丑	庚寅	辛卯	壬辰	癸巳	甲午	乙未	丙申	丁酉	戊戌	己亥	庚子	辛丑	壬寅
11月	辛亥	8日 06時 35分	癸卯	甲辰	乙巳	丙午	丁未	戊申	己酉	庚戌	辛亥	壬子	癸丑	甲寅	乙卯	丙辰	丁巳	戊午	己未	庚申	辛酉	壬戌	癸亥	甲子	乙丑	丙寅	丁卯	戊辰	己巳	庚午	辛未	壬申	
12月	壬子	7日 23時 17分	癸酉	甲戌	乙亥	丙子	丁丑	戊寅	己卯	庚辰	辛巳	壬午	癸未	甲申	乙酉	丙戌	丁亥	戊子	己丑	庚寅	辛卯	壬辰	癸巳	甲午	乙未	丙申	丁酉	戊戌	己亥	庚子	辛丑	壬寅	癸卯

1963年（昭和38年）癸卯

月	月干支	節入り	1日	2日	3日	4日	5日	6日	7日	8日	9日	10日	11日	12日	13日	14日	15日	16日	17日	18日	19日	20日	21日	22日	23日	24日	25日	26日	27日	28日	29日	30日	31日
1月	癸丑	6日 10時 27分	甲辰	乙巳	丙午	丁未	戊申	己酉	庚戌	辛亥	壬子	癸丑	甲寅	乙卯	丙辰	丁巳	戊午	己未	庚申	辛酉	壬戌	癸亥	甲子	乙丑	丙寅	丁卯	戊辰	己巳	庚午	辛未	壬申	癸酉	甲戌
2月	甲寅	4日 22時 08分	乙亥	丙子	丁丑	戊寅	己卯	庚辰	辛巳	壬午	癸未	甲申	乙酉	丙戌	丁亥	戊子	己丑	庚寅	辛卯	壬辰	癸巳	甲午	乙未	丙申	丁酉	戊戌	己亥	庚子	辛丑	壬寅			
3月	乙卯	6日 16時 17分	癸卯	甲辰	乙巳	丙午	丁未	戊申	己酉	庚戌	辛亥	壬子	癸丑	甲寅	乙卯	丙辰	丁巳	戊午	己未	庚申	辛酉	壬戌	癸亥	甲子	乙丑	丙寅	丁卯	戊辰	己巳	庚午	辛未	壬申	癸酉
4月	丙辰	5日 21時 19分	甲戌	乙亥	丙子	丁丑	戊寅	己卯	庚辰	辛巳	壬午	癸未	甲申	乙酉	丙戌	丁亥	戊子	己丑	庚寅	辛卯	壬辰	癸巳	甲午	乙未	丙申	丁酉	戊戌	己亥	庚子	辛丑	壬寅	癸卯	
5月	丁巳	6日 14時 52分	甲辰	乙巳	丙午	丁未	戊申	己酉	庚戌	辛亥	壬子	癸丑	甲寅	乙卯	丙辰	丁巳	戊午	己未	庚申	辛酉	壬戌	癸亥	甲子	乙丑	丙寅	丁卯	戊辰	己巳	庚午	辛未	壬申	癸酉	甲戌
6月	戊午	6日 19時 14分	乙亥	丙子	丁丑	戊寅	己卯	庚辰	辛巳	壬午	癸未	甲申	乙酉	丙戌	丁亥	戊子	己丑	庚寅	辛卯	壬辰	癸巳	甲午	乙未	丙申	丁酉	戊戌	己亥	庚子	辛丑	壬寅	癸卯	甲辰	
7月	己未	8日 05時 38分	乙巳	丙午	丁未	戊申	己酉	庚戌	辛亥	壬子	癸丑	甲寅	乙卯	丙辰	丁巳	戊午	己未	庚申	辛酉	壬戌	癸亥	甲子	乙丑	丙寅	丁卯	戊辰	己巳	庚午	辛未	壬申	癸酉	甲戌	乙亥
8月	庚申	8日 15時 26分	丙子	丁丑	戊寅	己卯	庚辰	辛巳	壬午	癸未	甲申	乙酉	丙戌	丁亥	戊子	己丑	庚寅	辛卯	壬辰	癸巳	甲午	乙未	丙申	丁酉	戊戌	己亥	庚子	辛丑	壬寅	癸卯	甲辰	乙巳	丙午
9月	辛酉	8日 18時 12分	丁未	戊申	己酉	庚戌	辛亥	壬子	癸丑	甲寅	乙卯	丙辰	丁巳	戊午	己未	庚申	辛酉	壬戌	癸亥	甲子	乙丑	丙寅	丁卯	戊辰	己巳	庚午	辛未	壬申	癸酉	甲戌	乙亥	丙子	
10月	壬戌	9日 09時 36分	丁丑	戊寅	己卯	庚辰	辛巳	壬午	癸未	甲申	乙酉	丙戌	丁亥	戊子	己丑	庚寅	辛卯	壬辰	癸巳	甲午	乙未	丙申	丁酉	戊戌	己亥	庚子	辛丑	壬寅	癸卯	甲辰	乙巳	丙午	丁未
11月	癸亥	8日 12時 33分	戊申	己酉	庚戌	辛亥	壬子	癸丑	甲寅	乙卯	丙辰	丁巳	戊午	己未	庚申	辛酉	壬戌	癸亥	甲子	乙丑	丙寅	丁卯	戊辰	己巳	庚午	辛未	壬申	癸酉	甲戌	乙亥	丙子	丁丑	
12月	甲子	8日 05時 13分	戊寅	己卯	庚辰	辛巳	壬午	癸未	甲申	乙酉	丙戌	丁亥	戊子	己丑	庚寅	辛卯	壬辰	癸巳	甲午	乙未	丙申	丁酉	戊戌	己亥	庚子	辛丑	壬寅	癸卯	甲辰	乙巳	丙午	丁未	戊申

1964年（昭和39年）甲辰

月	月干支	節入り	1日	2日	3日	4日	5日	6日	7日	8日	9日	10日	11日	12日	13日	14日	15日	16日	17日	18日	19日	20日	21日	22日	23日	24日	25日	26日	27日	28日	29日	30日	31日
1月	乙丑	6日 16時 23分	己酉	庚戌	辛亥	壬子	癸丑	甲寅	乙卯	丙辰	丁巳	戊午	己未	庚申	辛酉	壬戌	癸亥	甲子	乙丑	丙寅	丁卯	戊辰	己巳	庚午	辛未	壬申	癸酉	甲戌	乙亥	丙子	丁丑	戊寅	己卯
2月	丙寅	5日 04時 05分	庚辰	辛巳	壬午	癸未	甲申	乙酉	丙戌	丁亥	戊子	己丑	庚寅	辛卯	壬辰	癸巳	甲午	乙未	丙申	丁酉	戊戌	己亥	庚子	辛丑	壬寅	癸卯	甲辰	乙巳	丙午	丁未	戊申		
3月	丁卯	5日 22時 16分	己酉	庚戌	辛亥	壬子	癸丑	甲寅	乙卯	丙辰	丁巳	戊午	己未	庚申	辛酉	壬戌	癸亥	甲子	乙丑	丙寅	丁卯	戊辰	己巳	庚午	辛未	壬申	癸酉	甲戌	乙亥	丙子	丁丑	戊寅	己卯
4月	戊辰	5日 03時 18分	庚辰	辛巳	壬午	癸未	甲申	乙酉	丙戌	丁亥	戊子	己丑	庚寅	辛卯	壬辰	癸巳	甲午	乙未	丙申	丁酉	戊戌	己亥	庚子	辛丑	壬寅	癸卯	甲辰	乙巳	丙午	丁未	戊申	己酉	
5月	己巳	5日 20時 51分	庚戌	辛亥	壬子	癸丑	甲寅	乙卯	丙辰	丁巳	戊午	己未	庚申	辛酉	壬戌	癸亥	甲子	乙丑	丙寅	丁卯	戊辰	己巳	庚午	辛未	壬申	癸酉	甲戌	乙亥	丙子	丁丑	戊寅	己卯	庚辰
6月	庚午	6日 01時 12分	辛巳	壬午	癸未	甲申	乙酉	丙戌	丁亥	戊子	己丑	庚寅	辛卯	壬辰	癸巳	甲午	乙未	丙申	丁酉	戊戌	己亥	庚子	辛丑	壬寅	癸卯	甲辰	乙巳	丙午	丁未	戊申	己酉	庚戌	
7月	辛未	7日 11時 32分	辛亥	壬子	癸丑	甲寅	乙卯	丙辰	丁巳	戊午	己未	庚申	辛酉	壬戌	癸亥	甲子	乙丑	丙寅	丁卯	戊辰	己巳	庚午	辛未	壬申	癸酉	甲戌	乙亥	丙子	丁丑	戊寅	己卯	庚辰	辛巳
8月	壬申	7日 21時 16分	壬午	癸未	甲申	乙酉	丙戌	丁亥	戊子	己丑	庚寅	辛卯	壬辰	癸巳	甲午	乙未	丙申	丁酉	戊戌	己亥	庚子	辛丑	壬寅	癸卯	甲辰	乙巳	丙午	丁未	戊申	己酉	庚戌	辛亥	壬子
9月	癸酉	8日 00時 00分	癸丑	甲寅	乙卯	丙辰	丁巳	戊午	己未	庚申	辛酉	壬戌	癸亥	甲子	乙丑	丙寅	丁卯	戊辰	己巳	庚午	辛未	壬申	癸酉	甲戌	乙亥	丙子	丁丑	戊寅	己卯	庚辰	辛巳	壬午	
10月	甲戌	8日 15時 22分	癸未	甲申	乙酉	丙戌	丁亥	戊子	己丑	庚寅	辛卯	壬辰	癸巳	甲午	乙未	丙申	丁酉	戊戌	己亥	庚子	辛丑	壬寅	癸卯	甲辰	乙巳	丙午	丁未	戊申	己酉	庚戌	辛亥	壬子	癸丑
11月	乙亥	7日 18時 15分	甲寅	乙卯	丙辰	丁巳	戊午	己未	庚申	辛酉	壬戌	癸亥	甲子	乙丑	丙寅	丁卯	戊辰	己巳	庚午	辛未	壬申	癸酉	甲戌	乙亥	丙子	丁丑	戊寅	己卯	庚辰	辛巳	壬午	癸未	
12月	丙子	7日 10時 53分	甲申	乙酉	丙戌	丁亥	戊子	己丑	庚寅	辛卯	壬辰	癸巳	甲午	乙未	丙申	丁酉	戊戌	己亥	庚子	辛丑	壬寅	癸卯	甲辰	乙巳	丙午	丁未	戊申	己酉	庚戌	辛亥	壬子	癸丑	甲寅

1965年（昭和40年）乙巳

月	月干支	節入り	1日	2日	3日	4日	5日	6日	7日	8日	9日	10日	11日	12日	13日	14日	15日	16日	17日	18日	19日	20日	21日	22日	23日	24日	25日	26日	27日	28日	29日	30日	31日
1月	丁丑	5日 22時 02分	乙卯	丙辰	丁巳	戊午	己未	庚申	辛酉	壬戌	癸亥	甲子	乙丑	丙寅	丁卯	戊辰	己巳	庚午	辛未	壬申	癸酉	甲戌	乙亥	丙子	丁丑	戊寅	己卯	庚辰	辛巳	壬午	癸未	甲申	乙酉
2月	戊寅	4日 09時 46分	丙戌	丁亥	戊子	己丑	庚寅	辛卯	壬辰	癸巳	甲午	乙未	丙申	丁酉	戊戌	己亥	庚子	辛丑	壬寅	癸卯	甲辰	乙巳	丙午	丁未	戊申	己酉	庚戌	辛亥	壬子	癸丑			
3月	己卯	6日 04時 01分	甲寅	乙卯	丙辰	丁巳	戊午	己未	庚申	辛酉	壬戌	癸亥	甲子	乙丑	丙寅	丁卯	戊辰	己巳	庚午	辛未	壬申	癸酉	甲戌	乙亥	丙子	丁丑	戊寅	己卯	庚辰	辛巳	壬午	癸未	甲申
4月	庚辰	5日 09時 07分	乙酉	丙戌	丁亥	戊子	己丑	庚寅	辛卯	壬辰	癸巳	甲午	乙未	丙申	丁酉	戊戌	己亥	庚子	辛丑	壬寅	癸卯	甲辰	乙巳	丙午	丁未	戊申	己酉	庚戌	辛亥	壬子	癸丑	甲寅	
5月	辛巳	6日 02時 42分	乙卯	丙辰	丁巳	戊午	己未	庚申	辛酉	壬戌	癸亥	甲子	乙丑	丙寅	丁卯	戊辰	己巳	庚午	辛未	壬申	癸酉	甲戌	乙亥	丙子	丁丑	戊寅	己卯	庚辰	辛巳	壬午	癸未	甲申	乙酉
6月	壬午	6日 07時 02分	丙戌	丁亥	戊子	己丑	庚寅	辛卯	壬辰	癸巳	甲午	乙未	丙申	丁酉	戊戌	己亥	庚子	辛丑	壬寅	癸卯	甲辰	乙巳	丙午	丁未	戊申	己酉	庚戌	辛亥	壬子	癸丑	甲寅	乙卯	
7月	癸未	7日 17時 21分	丙辰	丁巳	戊午	己未	庚申	辛酉	壬戌	癸亥	甲子	乙丑	丙寅	丁卯	戊辰	己巳	庚午	辛未	壬申	癸酉	甲戌	乙亥	丙子	丁丑	戊寅	己卯	庚辰	辛巳	壬午	癸未	甲申	乙酉	丙戌
8月	甲申	8日 03時 05分	丁亥	戊子	己丑	庚寅	辛卯	壬辰	癸巳	甲午	乙未	丙申	丁酉	戊戌	己亥	庚子	辛丑	壬寅	癸卯	甲辰	乙巳	丙午	丁未	戊申	己酉	庚戌	辛亥	壬子	癸丑	甲寅	乙卯	丙辰	丁巳
9月	乙酉	8日 05時 48分	戊午	己未	庚申	辛酉	壬戌	癸亥	甲子	乙丑	丙寅	丁卯	戊辰	己巳	庚午	辛未	壬申	癸酉	甲戌	乙亥	丙子	丁丑	戊寅	己卯	庚辰	辛巳	壬午	癸未	甲申	乙酉	丙戌	丁亥	
10月	丙戌	8日 21時 11分	戊子	己丑	庚寅	辛卯	壬辰	癸巳	甲午	乙未	丙申	丁酉	戊戌	己亥	庚子	辛丑	壬寅	癸卯	甲辰	乙巳	丙午	丁未	戊申	己酉	庚戌	辛亥	壬子	癸丑	甲寅	乙卯	丙辰	丁巳	戊午
11月	丁亥	8日 00時 07分	己未	庚申	辛酉	壬戌	癸亥	甲子	乙丑	丙寅	丁卯	戊辰	己巳	庚午	辛未	壬申	癸酉	甲戌	乙亥	丙子	丁丑	戊寅	己卯	庚辰	辛巳	壬午	癸未	甲申	乙酉	丙戌	丁亥	戊子	
12月	戊子	7日 16時 46分	己丑	庚寅	辛卯	壬辰	癸巳	甲午	乙未	丙申	丁酉	戊戌	己亥	庚子	辛丑	壬寅	癸卯	甲辰	乙巳	丙午	丁未	戊申	己酉	庚戌	辛亥	壬子	癸丑	甲寅	乙卯	丙辰	丁巳	戊午	己未

1966年（昭和41年）丙午

月	月干支	節入り	1日	2日	3日	4日	5日	6日	7日	8日	9日	10日	11日	12日	13日	14日	15日	16日	17日	18日	19日	20日	21日	22日	23日	24日	25日	26日	27日	28日	29日	30日	31日
1月	己丑	6日 03時 55分	庚申	辛酉	壬戌	癸亥	甲子	乙丑	丙寅	丁卯	戊辰	己巳	庚午	辛未	壬申	癸酉	甲戌	乙亥	丙子	丁丑	戊寅	己卯	庚辰	辛巳	壬午	癸未	甲申	乙酉	丙戌	丁亥	戊子	己丑	庚寅
2月	庚寅	4日 15時 38分	辛卯	壬辰	癸巳	甲午	乙未	丙申	丁酉	戊戌	己亥	庚子	辛丑	壬寅	癸卯	甲辰	乙巳	丙午	丁未	戊申	己酉	庚戌	辛亥	壬子	癸丑	甲寅	乙卯	丙辰	丁巳	戊午			
3月	辛卯	6日 09時 52分	己未	庚申	辛酉	壬戌	癸亥	甲子	乙丑	丙寅	丁卯	戊辰	己巳	庚午	辛未	壬申	癸酉	甲戌	乙亥	丙子	丁丑	戊寅	己卯	庚辰	辛巳	壬午	癸未	甲申	乙酉	丙戌	丁亥	戊子	己丑
4月	壬辰	5日 14時 57分	庚寅	辛卯	壬辰	癸巳	甲午	乙未	丙申	丁酉	戊戌	己亥	庚子	辛丑	壬寅	癸卯	甲辰	乙巳	丙午	丁未	戊申	己酉	庚戌	辛亥	壬子	癸丑	甲寅	乙卯	丙辰	丁巳	戊午	己未	
5月	癸巳	6日 08時 30分	庚申	辛酉	壬戌	癸亥	甲子	乙丑	丙寅	丁卯	戊辰	己巳	庚午	辛未	壬申	癸酉	甲戌	乙亥	丙子	丁丑	戊寅	己卯	庚辰	辛巳	壬午	癸未	甲申	乙酉	丙戌	丁亥	戊子	己丑	庚寅
6月	甲午	6日 12時 50分	辛卯	壬辰	癸巳	甲午	乙未	丙申	丁酉	戊戌	己亥	庚子	辛丑	壬寅	癸卯	甲辰	乙巳	丙午	丁未	戊申	己酉	庚戌	辛亥	壬子	癸丑	甲寅	乙卯	丙辰	丁巳	戊午	己未	庚申	
7月	乙未	7日 23時 07分	辛酉	壬戌	癸亥	甲子	乙丑	丙寅	丁卯	戊辰	己巳	庚午	辛未	壬申	癸酉	甲戌	乙亥	丙子	丁丑	戊寅	己卯	庚辰	辛巳	壬午	癸未	甲申	乙酉	丙戌	丁亥	戊子	己丑	庚寅	辛卯
8月	丙申	8日 08時 49分	壬辰	癸巳	甲午	乙未	丙申	丁酉	戊戌	己亥	庚子	辛丑	壬寅	癸卯	甲辰	乙巳	丙午	丁未	戊申	己酉	庚戌	辛亥	壬子	癸丑	甲寅	乙卯	丙辰	丁巳	戊午	己未	庚申	辛酉	壬戌
9月	丁酉	8日 11時 32分	癸亥	甲子	乙丑	丙寅	丁卯	戊辰	己巳	庚午	辛未	壬申	癸酉	甲戌	乙亥	丙子	丁丑	戊寅	己卯	庚辰	辛巳	壬午	癸未	甲申	乙酉	丙戌	丁亥	戊子	己丑	庚寅	辛卯	壬辰	
10月	戊戌	9日 02時 57分	癸巳	甲午	乙未	丙申	丁酉	戊戌	己亥	庚子	辛丑	壬寅	癸卯	甲辰	乙巳	丙午	丁未	戊申	己酉	庚戌	辛亥	壬子	癸丑	甲寅	乙卯	丙辰	丁巳	戊午	己未	庚申	辛酉	壬戌	癸亥
11月	己亥	8日 05時 56分	甲子	乙丑	丙寅	丁卯	戊辰	己巳	庚午	辛未	壬申	癸酉	甲戌	乙亥	丙子	丁丑	戊寅	己卯	庚辰	辛巳	壬午	癸未	甲申	乙酉	丙戌	丁亥	戊子	己丑	庚寅	辛卯	壬辰	癸巳	
12月	庚子	7日 22時 38分	甲午	乙未	丙申	丁酉	戊戌	己亥	庚子	辛丑	壬寅	癸卯	甲辰	乙巳	丙午	丁未	戊申	己酉	庚戌	辛亥	壬子	癸丑	甲寅	乙卯	丙辰	丁巳	戊午	己未	庚申	辛酉	壬戌	癸亥	甲子

1967年（昭和42年）丁未

月	月干支	節入り	1日	2日	3日	4日	5日	6日	7日	8日	9日	10日	11日	12日	13日	14日	15日	16日
1月	辛丑	6日 09時 49分	乙丑	丙寅	丁卯	戊辰	己巳	**庚午**	辛未	壬申	癸酉	甲戌	乙亥	丙子	丁丑	戊寅	己卯	庚辰
2月	壬寅	4日 21時 31分	丙申	丁酉	戊戌	**己亥**	庚子	辛丑	壬寅	癸卯	甲辰	乙巳	丙午	丁未	戊申	己酉	庚戌	辛亥
3月	癸卯	6日 15時 42分	甲子	乙丑	丙寅	丁卯	戊辰	**己巳**	庚午	辛未	壬申	癸酉	甲戌	乙亥	丙子	丁丑	戊寅	己卯
4月	甲辰	5日 20時 45分	乙未	丙申	丁酉	戊戌	**己亥**	庚子	辛丑	壬寅	癸卯	甲辰	乙巳	丙午	丁未	戊申	己酉	庚戌
5月	乙巳	6日 14時 17分	乙丑	丙寅	丁卯	戊辰	己巳	**庚午**	辛未	壬申	癸酉	甲戌	乙亥	丙子	丁丑	戊寅	己卯	庚辰
6月	丙午	6日 18時 36分	丙申	丁酉	戊戌	己亥	庚子	**辛丑**	壬寅	癸卯	甲辰	乙巳	丙午	丁未	戊申	己酉	庚戌	辛亥
7月	丁未	8日 04時 53分	丙寅	丁卯	戊辰	己巳	庚午	辛未	壬申	**癸酉**	甲戌	乙亥	丙子	丁丑	戊寅	己卯	庚辰	辛巳
8月	戊申	8日 14時 35分	丁酉	戊戌	己亥	庚子	辛丑	壬寅	癸卯	**甲辰**	乙巳	丙午	丁未	戊申	己酉	庚戌	辛亥	壬子
9月	己酉	8日 17時 18分	戊辰	己巳	庚午	辛未	壬申	癸酉	甲戌	**乙亥**	丙子	丁丑	戊寅	己卯	庚辰	辛巳	壬午	癸未
10月	庚戌	9日 08時 41分	戊戌	己亥	庚子	辛丑	壬寅	癸卯	甲辰	乙巳	**丙午**	丁未	戊申	己酉	庚戌	辛亥	壬子	癸丑
11月	辛亥	8日 11時 38分	己巳	庚午	辛未	壬申	癸酉	甲戌	乙亥	**丙子**	丁丑	戊寅	己卯	庚辰	辛巳	壬午	癸未	甲申
12月	壬子	8日 04時 18分	己亥	庚子	辛丑	壬寅	癸卯	甲辰	乙巳	**丙午**	丁未	戊申	己酉	庚戌	辛亥	壬子	癸丑	甲寅

月	17日	18日	19日	20日	21日	22日	23日	24日	25日	26日	27日	28日	29日	30日	31日
1月	辛巳	壬午	癸未	甲申	乙酉	丙戌	丁亥	戊子	己丑	庚寅	辛卯	壬辰	癸巳	甲午	乙未
2月	壬子	癸丑	甲寅	乙卯	丙辰	丁巳	戊午	己未	庚申	辛酉	壬戌	癸亥			
3月	庚辰	辛巳	壬午	癸未	甲申	乙酉	丙戌	丁亥	戊子	己丑	庚寅	辛卯	壬辰	癸巳	甲午
4月	辛亥	壬子	癸丑	甲寅	乙卯	丙辰	丁巳	戊午	己未	庚申	辛酉	壬戌	癸亥	甲子	
5月	辛巳	壬午	癸未	甲申	乙酉	丙戌	丁亥	戊子	己丑	庚寅	辛卯	壬辰	癸巳	甲午	乙未
6月	壬子	癸丑	甲寅	乙卯	丙辰	丁巳	戊午	己未	庚申	辛酉	壬戌	癸亥	甲子	乙丑	
7月	壬午	癸未	甲申	乙酉	丙戌	丁亥	戊子	己丑	庚寅	辛卯	壬辰	癸巳	甲午	乙未	丙申
8月	癸丑	甲寅	乙卯	丙辰	丁巳	戊午	己未	庚申	辛酉	壬戌	癸亥	甲子	乙丑	丙寅	丁卯
9月	甲申	乙酉	丙戌	丁亥	戊子	己丑	庚寅	辛卯	壬辰	癸巳	甲午	乙未	丙申	丁酉	
10月	甲寅	乙卯	丙辰	丁巳	戊午	己未	庚申	辛酉	壬戌	癸亥	甲子	乙丑	丙寅	丁卯	戊辰
11月	乙酉	丙戌	丁亥	戊子	己丑	庚寅	辛卯	壬辰	癸巳	甲午	乙未	丙申	丁酉	戊戌	
12月	乙卯	丙辰	丁巳	戊午	己未	庚申	辛酉	壬戌	癸亥	甲子	乙丑	丙寅	丁卯	戊辰	己巳

1968年（昭和43年）戊申

月	月干支	節入り	1日	2日	3日	4日	5日	6日	7日	8日	9日	10日	11日	12日	13日	14日	15日	16日
1月	癸丑	6日 15時 27分	庚午	辛未	壬申	癸酉	甲戌	**乙亥**	丙子	丁丑	戊寅	己卯	庚辰	辛巳	壬午	癸未	甲申	乙酉
2月	甲寅	5日 03時 08分	辛丑	壬寅	癸卯	甲辰	**乙巳**	丙午	丁未	戊申	己酉	庚戌	辛亥	壬子	癸丑	甲寅	乙卯	丙辰
3月	乙卯	5日 21時 18分	庚午	辛未	壬申	癸酉	**甲戌**	乙亥	丙子	丁丑	戊寅	己卯	庚辰	辛巳	壬午	癸未	甲申	乙酉
4月	丙辰	5日 02時 21分	辛丑	壬寅	癸卯	甲辰	**乙巳**	丙午	丁未	戊申	己酉	庚戌	辛亥	壬子	癸丑	甲寅	乙卯	丙辰
5月	丁巳	5日 19時 56分	辛未	壬申	癸酉	甲戌	**乙亥**	丙子	丁丑	戊寅	己卯	庚辰	辛巳	壬午	癸未	甲申	乙酉	丙戌
6月	戊午	6日 00時 19分	壬寅	癸卯	甲辰	乙巳	丙午	**丁未**	戊申	己酉	庚戌	辛亥	壬子	癸丑	甲寅	乙卯	丙辰	丁巳
7月	己未	7日 10時 42分	壬申	癸酉	甲戌	乙亥	丙子	丁丑	**戊寅**	己卯	庚辰	辛巳	壬午	癸未	甲申	乙酉	丙戌	丁亥
8月	庚申	7日 20時 27分	癸卯	甲辰	乙巳	丙午	丁未	戊申	**己酉**	庚戌	辛亥	壬子	癸丑	甲寅	乙卯	丙辰	丁巳	戊午
9月	辛酉	7日 23時 12分	甲戌	乙亥	丙子	丁丑	戊寅	己卯	**庚辰**	辛巳	壬午	癸未	甲申	乙酉	丙戌	丁亥	戊子	己丑
10月	壬戌	8日 14時 35分	甲辰	乙巳	丙午	丁未	戊申	己酉	庚戌	**辛亥**	壬子	癸丑	甲寅	乙卯	丙辰	丁巳	戊午	己未
11月	癸亥	7日 17時 30分	乙亥	丙子	丁丑	戊寅	己卯	庚辰	**辛巳**	壬午	癸未	甲申	乙酉	丙戌	丁亥	戊子	己丑	庚寅
12月	甲子	7日 10時 09分	乙巳	丙午	丁未	戊申	己酉	庚戌	**辛亥**	壬子	癸丑	甲寅	乙卯	丙辰	丁巳	戊午	己未	庚申

月	17日	18日	19日	20日	21日	22日	23日	24日	25日	26日	27日	28日	29日	30日	31日
1月	丙戌	丁亥	戊子	己丑	庚寅	辛卯	壬辰	癸巳	甲午	乙未	丙申	丁酉	戊戌	己亥	庚子
2月	丁巳	戊午	己未	庚申	辛酉	壬戌	癸亥	甲子	乙丑	丙寅	丁卯	戊辰	己巳		
3月	丙戌	丁亥	戊子	己丑	庚寅	辛卯	壬辰	癸巳	甲午	乙未	丙申	丁酉	戊戌	己亥	庚子
4月	丁巳	戊午	己未	庚申	辛酉	壬戌	癸亥	甲子	乙丑	丙寅	丁卯	戊辰	己巳	庚午	
5月	丁亥	戊子	己丑	庚寅	辛卯	壬辰	癸巳	甲午	乙未	丙申	丁酉	戊戌	己亥	庚子	辛丑
6月	戊午	己未	庚申	辛酉	壬戌	癸亥	甲子	乙丑	丙寅	丁卯	戊辰	己巳	庚午	辛未	
7月	戊子	己丑	庚寅	辛卯	壬辰	癸巳	甲午	乙未	丙申	丁酉	戊戌	己亥	庚子	辛丑	壬寅
8月	己未	庚申	辛酉	壬戌	癸亥	甲子	乙丑	丙寅	丁卯	戊辰	己巳	庚午	辛未	壬申	癸酉
9月	庚寅	辛卯	壬辰	癸巳	甲午	乙未	丙申	丁酉	戊戌	己亥	庚子	辛丑	壬寅	癸卯	
10月	庚申	辛酉	壬戌	癸亥	甲子	乙丑	丙寅	丁卯	戊辰	己巳	庚午	辛未	壬申	癸酉	甲戌
11月	辛卯	壬辰	癸巳	甲午	乙未	丙申	丁酉	戊戌	己亥	庚子	辛丑	壬寅	癸卯	甲辰	
12月	辛酉	壬戌	癸亥	甲子	乙丑	丙寅	丁卯	戊辰	己巳	庚午	辛未	壬申	癸酉	甲戌	乙亥

1969年（昭和44年）己酉

月	月干支	節入り	1日	2日	3日	4日	5日	6日	7日	8日	9日	10日	11日	12日	13日	14日	15日	16日	17日	18日	19日	20日	21日	22日	23日	24日	25日	26日	27日	28日	29日	30日	31日
1月	乙丑	5日 21時 17分	丙子	丁丑	戊寅	己卯	庚辰	辛巳	壬午	癸未	甲申	乙酉	丙戌	丁亥	戊子	己丑	庚寅	辛卯	壬辰	癸巳	甲午	乙未	丙申	丁酉	戊戌	己亥	庚子	辛丑	壬寅	癸卯	甲辰	乙巳	丙午
2月	丙寅	4日 08時 59分	丁未	戊申	己酉	庚戌	辛亥	壬子	癸丑	甲寅	乙卯	丙辰	丁巳	戊午	己未	庚申	辛酉	壬戌	癸亥	甲子	乙丑	丙寅	丁卯	戊辰	己巳	庚午	辛未	壬申	癸酉	甲戌			
3月	丁卯	6日 03時 11分	乙亥	丙子	丁丑	戊寅	己卯	庚辰	辛巳	壬午	癸未	甲申	乙酉	丙戌	丁亥	戊子	己丑	庚寅	辛卯	壬辰	癸巳	甲午	乙未	丙申	丁酉	戊戌	己亥	庚子	辛丑	壬寅	癸卯	甲辰	乙巳
4月	戊辰	5日 08時 15分	丙午	丁未	戊申	己酉	庚戌	辛亥	壬子	癸丑	甲寅	乙卯	丙辰	丁巳	戊午	己未	庚申	辛酉	壬戌	癸亥	甲子	乙丑	丙寅	丁卯	戊辰	己巳	庚午	辛未	壬申	癸酉	甲戌	乙亥	
5月	己巳	6日 01時 50分	丙子	丁丑	戊寅	己卯	庚辰	辛巳	壬午	癸未	甲申	乙酉	丙戌	丁亥	戊子	己丑	庚寅	辛卯	壬辰	癸巳	甲午	乙未	丙申	丁酉	戊戌	己亥	庚子	辛丑	壬寅	癸卯	甲辰	乙巳	丙午
6月	庚午	6日 06時 11分	丁未	戊申	己酉	庚戌	辛亥	壬子	癸丑	甲寅	乙卯	丙辰	丁巳	戊午	己未	庚申	辛酉	壬戌	癸亥	甲子	乙丑	丙寅	丁卯	戊辰	己巳	庚午	辛未	壬申	癸酉	甲戌	乙亥	丙子	
7月	辛未	7日 16時 32分	丁丑	戊寅	己卯	庚辰	辛巳	壬午	癸未	甲申	乙酉	丙戌	丁亥	戊子	己丑	庚寅	辛卯	壬辰	癸巳	甲午	乙未	丙申	丁酉	戊戌	己亥	庚子	辛丑	壬寅	癸卯	甲辰	乙巳	丙午	丁未
8月	壬申	8日 02時 14分	戊申	己酉	庚戌	辛亥	壬子	癸丑	甲寅	乙卯	丙辰	丁巳	戊午	己未	庚申	辛酉	壬戌	癸亥	甲子	乙丑	丙寅	丁卯	戊辰	己巳	庚午	辛未	壬申	癸酉	甲戌	乙亥	丙子	丁丑	戊寅
9月	癸酉	8日 04時 56分	己卯	庚辰	辛巳	壬午	癸未	甲申	乙酉	丙戌	丁亥	戊子	己丑	庚寅	辛卯	壬辰	癸巳	甲午	乙未	丙申	丁酉	戊戌	己亥	庚子	辛丑	壬寅	癸卯	甲辰	乙巳	丙午	丁未	戊申	
10月	甲戌	8日 20時 17分	己酉	庚戌	辛亥	壬子	癸丑	甲寅	乙卯	丙辰	丁巳	戊午	己未	庚申	辛酉	壬戌	癸亥	甲子	乙丑	丙寅	丁卯	戊辰	己巳	庚午	辛未	壬申	癸酉	甲戌	乙亥	丙子	丁丑	戊寅	己卯
11月	乙亥	7日 23時 12分	庚辰	辛巳	壬午	癸未	甲申	乙酉	丙戌	丁亥	戊子	己丑	庚寅	辛卯	壬辰	癸巳	甲午	乙未	丙申	丁酉	戊戌	己亥	庚子	辛丑	壬寅	癸卯	甲辰	乙巳	丙午	丁未	戊申	己酉	
12月	丙子	7日 15時 52分	庚戌	辛亥	壬子	癸丑	甲寅	乙卯	丙辰	丁巳	戊午	己未	庚申	辛酉	壬戌	癸亥	甲子	乙丑	丙寅	丁卯	戊辰	己巳	庚午	辛未	壬申	癸酉	甲戌	乙亥	丙子	丁丑	戊寅	己卯	庚辰

1970年（昭和45年）庚戌

月	月干支	節入り	1日	2日	3日	4日	5日	6日	7日	8日	9日	10日	11日	12日	13日	14日	15日	16日	17日	18日	19日	20日	21日	22日	23日	24日	25日	26日	27日	28日	29日	30日	31日
1月	丁丑	6日 03時 02分	辛巳	壬午	癸未	甲申	乙酉	丙戌	丁亥	戊子	己丑	庚寅	辛卯	壬辰	癸巳	甲午	乙未	丙申	丁酉	戊戌	己亥	庚子	辛丑	壬寅	癸卯	甲辰	乙巳	丙午	丁未	戊申	己酉	庚戌	辛亥
2月	戊寅	4日 14時 46分	壬子	癸丑	甲寅	乙卯	丙辰	丁巳	戊午	己未	庚申	辛酉	壬戌	癸亥	甲子	乙丑	丙寅	丁卯	戊辰	己巳	庚午	辛未	壬申	癸酉	甲戌	乙亥	丙子	丁丑	戊寅	己卯			
3月	己卯	6日 08時 59分	庚辰	辛巳	壬午	癸未	甲申	乙酉	丙戌	丁亥	戊子	己丑	庚寅	辛卯	壬辰	癸巳	甲午	乙未	丙申	丁酉	戊戌	己亥	庚子	辛丑	壬寅	癸卯	甲辰	乙巳	丙午	丁未	戊申	己酉	庚戌
4月	庚辰	5日 14時 02分	辛亥	壬子	癸丑	甲寅	乙卯	丙辰	丁巳	戊午	己未	庚申	辛酉	壬戌	癸亥	甲子	乙丑	丙寅	丁卯	戊辰	己巳	庚午	辛未	壬申	癸酉	甲戌	乙亥	丙子	丁丑	戊寅	己卯	庚辰	
5月	辛巳	6日 07時 34分	辛巳	壬午	癸未	甲申	乙酉	丙戌	丁亥	戊子	己丑	庚寅	辛卯	壬辰	癸巳	甲午	乙未	丙申	丁酉	戊戌	己亥	庚子	辛丑	壬寅	癸卯	甲辰	乙巳	丙午	丁未	戊申	己酉	庚戌	辛亥
6月	壬午	6日 11時 52分	壬子	癸丑	甲寅	乙卯	丙辰	丁巳	戊午	己未	庚申	辛酉	壬戌	癸亥	甲子	乙丑	丙寅	丁卯	戊辰	己巳	庚午	辛未	壬申	癸酉	甲戌	乙亥	丙子	丁丑	戊寅	己卯	庚辰	辛巳	
7月	癸未	7日 22時 11分	壬午	癸未	甲申	乙酉	丙戌	丁亥	戊子	己丑	庚寅	辛卯	壬辰	癸巳	甲午	乙未	丙申	丁酉	戊戌	己亥	庚子	辛丑	壬寅	癸卯	甲辰	乙巳	丙午	丁未	戊申	己酉	庚戌	辛亥	壬子
8月	甲申	8日 07時 54分	癸丑	甲寅	乙卯	丙辰	丁巳	戊午	己未	庚申	辛酉	壬戌	癸亥	甲子	乙丑	丙寅	丁卯	戊辰	己巳	庚午	辛未	壬申	癸酉	甲戌	乙亥	丙子	丁丑	戊寅	己卯	庚辰	辛巳	壬午	癸未
9月	乙酉	8日 10時 38分	甲申	乙酉	丙戌	丁亥	戊子	己丑	庚寅	辛卯	壬辰	癸巳	甲午	乙未	丙申	丁酉	戊戌	己亥	庚子	辛丑	壬寅	癸卯	甲辰	乙巳	丙午	丁未	戊申	己酉	庚戌	辛亥	壬子	癸丑	
10月	丙戌	9日 02時 02分	甲寅	乙卯	丙辰	丁巳	戊午	己未	庚申	辛酉	壬戌	癸亥	甲子	乙丑	丙寅	丁卯	戊辰	己巳	庚午	辛未	壬申	癸酉	甲戌	乙亥	丙子	丁丑	戊寅	己卯	庚辰	辛巳	壬午	癸未	甲申
11月	丁亥	8日 04時 58分	乙酉	丙戌	丁亥	戊子	己丑	庚寅	辛卯	壬辰	癸巳	甲午	乙未	丙申	丁酉	戊戌	己亥	庚子	辛丑	壬寅	癸卯	甲辰	乙巳	丙午	丁未	戊申	己酉	庚戌	辛亥	壬子	癸丑	甲寅	
12月	戊子	7日 21時 38分	乙卯	丙辰	丁巳	戊午	己未	庚申	辛酉	壬戌	癸亥	甲子	乙丑	丙寅	丁卯	戊辰	己巳	庚午	辛未	壬申	癸酉	甲戌	乙亥	丙子	丁丑	戊寅	己卯	庚辰	辛巳	壬午	癸未	甲申	乙酉

1971年（昭和46年）辛亥

月	月干支	節入り	1日	2日	3日	4日	5日	6日	7日	8日	9日	10日	11日	12日	13日	14日	15日	16日	17日	18日	19日	20日	21日	22日	23日	24日	25日	26日	27日	28日	29日	30日	31日
1月	己丑	6日 08時 45分	丙戌	丁亥	戊子	己丑	庚寅	辛卯	壬辰	癸巳	甲午	乙未	丙申	丁酉	戊戌	己亥	庚子	辛丑	壬寅	癸卯	甲辰	乙巳	丙午	丁未	戊申	己酉	庚戌	辛亥	壬子	癸丑	甲寅	乙卯	丙辰
2月	庚寅	4日 20時 26分	丁巳	戊午	己未	庚申	辛酉	壬戌	癸亥	甲子	乙丑	丙寅	丁卯	戊辰	己巳	庚午	辛未	壬申	癸酉	甲戌	乙亥	丙子	丁丑	戊寅	己卯	庚辰	辛巳	壬午	癸未	甲申			
3月	辛卯	6日 14時 35分	乙酉	丙戌	丁亥	戊子	己丑	庚寅	辛卯	壬辰	癸巳	甲午	乙未	丙申	丁酉	戊戌	己亥	庚子	辛丑	壬寅	癸卯	甲辰	乙巳	丙午	丁未	戊申	己酉	庚戌	辛亥	壬子	癸丑	甲寅	乙卯
4月	壬辰	5日 19時 36分	丙辰	丁巳	戊午	己未	庚申	辛酉	壬戌	癸亥	甲子	乙丑	丙寅	丁卯	戊辰	己巳	庚午	辛未	壬申	癸酉	甲戌	乙亥	丙子	丁丑	戊寅	己卯	庚辰	辛巳	壬午	癸未	甲申	乙酉	
5月	癸巳	6日 13時 08分	丙戌	丁亥	戊子	己丑	庚寅	辛卯	壬辰	癸巳	甲午	乙未	丙申	丁酉	戊戌	己亥	庚子	辛丑	壬寅	癸卯	甲辰	乙巳	丙午	丁未	戊申	己酉	庚戌	辛亥	壬子	癸丑	甲寅	乙卯	丙辰
6月	甲午	6日 17時 29分	丁巳	戊午	己未	庚申	辛酉	壬戌	癸亥	甲子	乙丑	丙寅	丁卯	戊辰	己巳	庚午	辛未	壬申	癸酉	甲戌	乙亥	丙子	丁丑	戊寅	己卯	庚辰	辛巳	壬午	癸未	甲申	乙酉	丙戌	
7月	乙未	8日 03時 51分	丁亥	戊子	己丑	庚寅	辛卯	壬辰	癸巳	甲午	乙未	丙申	丁酉	戊戌	己亥	庚子	辛丑	壬寅	癸卯	甲辰	乙巳	丙午	丁未	戊申	己酉	庚戌	辛亥	壬子	癸丑	甲寅	乙卯	丙辰	丁巳
8月	丙申	8日 13時 40分	戊午	己未	庚申	辛酉	壬戌	癸亥	甲子	乙丑	丙寅	丁卯	戊辰	己巳	庚午	辛未	壬申	癸酉	甲戌	乙亥	丙子	丁丑	戊寅	己卯	庚辰	辛巳	壬午	癸未	甲申	乙酉	丙戌	丁亥	戊子
9月	丁酉	8日 16時 30分	己丑	庚寅	辛卯	壬辰	癸巳	甲午	乙未	丙申	丁酉	戊戌	己亥	庚子	辛丑	壬寅	癸卯	甲辰	乙巳	丙午	丁未	戊申	己酉	庚戌	辛亥	壬子	癸丑	甲寅	乙卯	丙辰	丁巳	戊午	
10月	戊戌	9日 07時 59分	己未	庚申	辛酉	壬戌	癸亥	甲子	乙丑	丙寅	丁卯	戊辰	己巳	庚午	辛未	壬申	癸酉	甲戌	乙亥	丙子	丁丑	戊寅	己卯	庚辰	辛巳	壬午	癸未	甲申	乙酉	丙戌	丁亥	戊子	己丑
11月	己亥	8日 10時 57分	庚寅	辛卯	壬辰	癸巳	甲午	乙未	丙申	丁酉	戊戌	己亥	庚子	辛丑	壬寅	癸卯	甲辰	乙巳	丙午	丁未	戊申	己酉	庚戌	辛亥	壬子	癸丑	甲寅	乙卯	丙辰	丁巳	戊午	己未	
12月	庚子	8日 03時 36分	庚申	辛酉	壬戌	癸亥	甲子	乙丑	丙寅	丁卯	戊辰	己巳	庚午	辛未	壬申	癸酉	甲戌	乙亥	丙子	丁丑	戊寅	己卯	庚辰	辛巳	壬午	癸未	甲申	乙酉	丙戌	丁亥	戊子	己丑	庚寅

1972年（昭和47年）壬子

月	月干支	節入り	1日	2日	3日	4日	5日	6日	7日	8日	9日	10日	11日	12日	13日	14日	15日	16日	17日	18日	19日	20日	21日	22日	23日	24日	25日	26日	27日	28日	29日	30日	31日
1月	辛丑	6日 14時 42分	辛卯	壬辰	癸巳	甲午	乙未	丙申	丁酉	戊戌	己亥	庚子	辛丑	壬寅	癸卯	甲辰	乙巳	丙午	丁未	戊申	己酉	庚戌	辛亥	壬子	癸丑	甲寅	乙卯	丙辰	丁巳	戊午	己未	庚申	辛酉
2月	壬寅	5日 02時 20分	壬戌	癸亥	甲子	乙丑	丙寅	丁卯	戊辰	己巳	庚午	辛未	壬申	癸酉	甲戌	乙亥	丙子	丁丑	戊寅	己卯	庚辰	辛巳	壬午	癸未	甲申	乙酉	丙戌	丁亥	戊子	己丑	庚寅		
3月	癸卯	5日 20時 28分	辛卯	壬辰	癸巳	甲午	乙未	丙申	丁酉	戊戌	己亥	庚子	辛丑	壬寅	癸卯	甲辰	乙巳	丙午	丁未	戊申	己酉	庚戌	辛亥	壬子	癸丑	甲寅	乙卯	丙辰	丁巳	戊午	己未	庚申	辛酉
4月	甲辰	5日 01時 29分	壬戌	癸亥	甲子	乙丑	丙寅	丁卯	戊辰	己巳	庚午	辛未	壬申	癸酉	甲戌	乙亥	丙子	丁丑	戊寅	己卯	庚辰	辛巳	壬午	癸未	甲申	乙酉	丙戌	丁亥	戊子	己丑	庚寅	辛卯	
5月	乙巳	5日 19時 01分	壬辰	癸巳	甲午	乙未	丙申	丁酉	戊戌	己亥	庚子	辛丑	壬寅	癸卯	甲辰	乙巳	丙午	丁未	戊申	己酉	庚戌	辛亥	壬子	癸丑	甲寅	乙卯	丙辰	丁巳	戊午	己未	庚申	辛酉	壬戌
6月	丙午	5日 23時 22分	癸亥	甲子	乙丑	丙寅	丁卯	戊辰	己巳	庚午	辛未	壬申	癸酉	甲戌	乙亥	丙子	丁丑	戊寅	己卯	庚辰	辛巳	壬午	癸未	甲申	乙酉	丙戌	丁亥	戊子	己丑	庚寅	辛卯	壬辰	
7月	丁未	7日 09時 43分	癸巳	甲午	乙未	丙申	丁酉	戊戌	己亥	庚子	辛丑	壬寅	癸卯	甲辰	乙巳	丙午	丁未	戊申	己酉	庚戌	辛亥	壬子	癸丑	甲寅	乙卯	丙辰	丁巳	戊午	己未	庚申	辛酉	壬戌	癸亥
8月	戊申	7日 19時 29分	甲子	乙丑	丙寅	丁卯	戊辰	己巳	庚午	辛未	壬申	癸酉	甲戌	乙亥	丙子	丁丑	戊寅	己卯	庚辰	辛巳	壬午	癸未	甲申	乙酉	丙戌	丁亥	戊子	己丑	庚寅	辛卯	壬辰	癸巳	甲午
9月	己酉	7日 22時 15分	乙未	丙申	丁酉	戊戌	己亥	庚子	辛丑	壬寅	癸卯	甲辰	乙巳	丙午	丁未	戊申	己酉	庚戌	辛亥	壬子	癸丑	甲寅	乙卯	丙辰	丁巳	戊午	己未	庚申	辛酉	壬戌	癸亥	甲子	
10月	庚戌	8日 13時 42分	乙丑	丙寅	丁卯	戊辰	己巳	庚午	辛未	壬申	癸酉	甲戌	乙亥	丙子	丁丑	戊寅	己卯	庚辰	辛巳	壬午	癸未	甲申	乙酉	丙戌	丁亥	戊子	己丑	庚寅	辛卯	壬辰	癸巳	甲午	乙未
11月	辛亥	7日 16時 40分	丙申	丁酉	戊戌	己亥	庚子	辛丑	壬寅	癸卯	甲辰	乙巳	丙午	丁未	戊申	己酉	庚戌	辛亥	壬子	癸丑	甲寅	乙卯	丙辰	丁巳	戊午	己未	庚申	辛酉	壬戌	癸亥	甲子	乙丑	
12月	壬子	7日 09時 19分	丙寅	丁卯	戊辰	己巳	庚午	辛未	壬申	癸酉	甲戌	乙亥	丙子	丁丑	戊寅	己卯	庚辰	辛巳	壬午	癸未	甲申	乙酉	丙戌	丁亥	戊子	己丑	庚寅	辛卯	壬辰	癸巳	甲午	乙未	丙申

1973年（昭和48年）癸丑

月	月干支	節入り	1日	2日	3日	4日	5日	6日	7日	8日	9日	10日	11日	12日	13日	14日	15日	16日	17日	18日	19日	20日	21日	22日	23日	24日	25日	26日	27日	28日	29日	30日	31日
1月	癸丑	5日 20時 26分	丁酉	戊戌	己亥	庚子	辛丑	壬寅	癸卯	甲辰	乙巳	丙午	丁未	戊申	己酉	庚戌	辛亥	壬子	癸丑	甲寅	乙卯	丙辰	丁巳	戊午	己未	庚申	辛酉	壬戌	癸亥	甲子	乙丑	丙寅	丁卯
2月	甲寅	4日 08時 04分	戊辰	己巳	庚午	辛未	壬申	癸酉	甲戌	乙亥	丙子	丁丑	戊寅	己卯	庚辰	辛巳	壬午	癸未	甲申	乙酉	丙戌	丁亥	戊子	己丑	庚寅	辛卯	壬辰	癸巳	甲午	乙未			
3月	乙卯	6日 02時 13分	丙申	丁酉	戊戌	己亥	庚子	辛丑	壬寅	癸卯	甲辰	乙巳	丙午	丁未	戊申	己酉	庚戌	辛亥	壬子	癸丑	甲寅	乙卯	丙辰	丁巳	戊午	己未	庚申	辛酉	壬戌	癸亥	甲子	乙丑	丙寅
4月	丙辰	5日 07時 14分	丁卯	戊辰	己巳	庚午	辛未	壬申	癸酉	甲戌	乙亥	丙子	丁丑	戊寅	己卯	庚辰	辛巳	壬午	癸未	甲申	乙酉	丙戌	丁亥	戊子	己丑	庚寅	辛卯	壬辰	癸巳	甲午	乙未	丙申	
5月	丁巳	6日 00時 46分	丁酉	戊戌	己亥	庚子	辛丑	壬寅	癸卯	甲辰	乙巳	丙午	丁未	戊申	己酉	庚戌	辛亥	壬子	癸丑	甲寅	乙卯	丙辰	丁巳	戊午	己未	庚申	辛酉	壬戌	癸亥	甲子	乙丑	丙寅	丁卯
6月	戊午	6日 05時 07分	戊辰	己巳	庚午	辛未	壬申	癸酉	甲戌	乙亥	丙子	丁丑	戊寅	己卯	庚辰	辛巳	壬午	癸未	甲申	乙酉	丙戌	丁亥	戊子	己丑	庚寅	辛卯	壬辰	癸巳	甲午	乙未	丙申	丁酉	
7月	己未	7日 15時 27分	戊戌	己亥	庚子	辛丑	壬寅	癸卯	甲辰	乙巳	丙午	丁未	戊申	己酉	庚戌	辛亥	壬子	癸丑	甲寅	乙卯	丙辰	丁巳	戊午	己未	庚申	辛酉	壬戌	癸亥	甲子	乙丑	丙寅	丁卯	戊辰
8月	庚申	8日 01時 13分	己巳	庚午	辛未	壬申	癸酉	甲戌	乙亥	丙子	丁丑	戊寅	己卯	庚辰	辛巳	壬午	癸未	甲申	乙酉	丙戌	丁亥	戊子	己丑	庚寅	辛卯	壬辰	癸巳	甲午	乙未	丙申	丁酉	戊戌	己亥
9月	辛酉	8日 04時 00分	庚子	辛丑	壬寅	癸卯	甲辰	乙巳	丙午	丁未	戊申	己酉	庚戌	辛亥	壬子	癸丑	甲寅	乙卯	丙辰	丁巳	戊午	己未	庚申	辛酉	壬戌	癸亥	甲子	乙丑	丙寅	丁卯	戊辰	己巳	
10月	壬戌	8日 19時 28分	庚午	辛未	壬申	癸酉	甲戌	乙亥	丙子	丁丑	戊寅	己卯	庚辰	辛巳	壬午	癸未	甲申	乙酉	丙戌	丁亥	戊子	己丑	庚寅	辛卯	壬辰	癸巳	甲午	乙未	丙申	丁酉	戊戌	己亥	庚子
11月	癸亥	7日 22時 28分	辛丑	壬寅	癸卯	甲辰	乙巳	丙午	丁未	戊申	己酉	庚戌	辛亥	壬子	癸丑	甲寅	乙卯	丙辰	丁巳	戊午	己未	庚申	辛酉	壬戌	癸亥	甲子	乙丑	丙寅	丁卯	戊辰	己巳	庚午	
12月	甲子	7日 15時 11分	辛未	壬申	癸酉	甲戌	乙亥	丙子	丁丑	戊寅	己卯	庚辰	辛巳	壬午	癸未	甲申	乙酉	丙戌	丁亥	戊子	己丑	庚寅	辛卯	壬辰	癸巳	甲午	乙未	丙申	丁酉	戊戌	己亥	庚子	辛丑

1974年（昭和49年）甲寅

月	月干支	節入り	1日	2日	3日	4日	5日	6日	7日	8日	9日	10日	11日	12日	13日	14日	15日	16日	17日	18日	19日	20日	21日	22日	23日	24日	25日	26日	27日	28日	29日	30日	31日
1月	乙丑	6日 02時 20分	壬寅	癸卯	甲辰	乙巳	丙午	丁未	戊申	己酉	庚戌	辛亥	壬子	癸丑	甲寅	乙卯	丙辰	丁巳	戊午	己未	庚申	辛酉	壬戌	癸亥	甲子	乙丑	丙寅	丁卯	戊辰	己巳	庚午	辛未	壬申
2月	丙寅	4日 14時 00分	癸酉	甲戌	乙亥	丙子	丁丑	戊寅	己卯	庚辰	辛巳	壬午	癸未	甲申	乙酉	丙戌	丁亥	戊子	己丑	庚寅	辛卯	壬辰	癸巳	甲午	乙未	丙申	丁酉	戊戌	己亥	庚子			
3月	丁卯	6日 08時 07分	辛丑	壬寅	癸卯	甲辰	乙巳	丙午	丁未	戊申	己酉	庚戌	辛亥	壬子	癸丑	甲寅	乙卯	丙辰	丁巳	戊午	己未	庚申	辛酉	壬戌	癸亥	甲子	乙丑	丙寅	丁卯	戊辰	己巳	庚午	辛未
4月	戊辰	5日 13時 05分	壬申	癸酉	甲戌	乙亥	丙子	丁丑	戊寅	己卯	庚辰	辛巳	壬午	癸未	甲申	乙酉	丙戌	丁亥	戊子	己丑	庚寅	辛卯	壬辰	癸巳	甲午	乙未	丙申	丁酉	戊戌	己亥	庚子	辛丑	
5月	己巳	6日 06時 34分	壬寅	癸卯	甲辰	乙巳	丙午	丁未	戊申	己酉	庚戌	辛亥	壬子	癸丑	甲寅	乙卯	丙辰	丁巳	戊午	己未	庚申	辛酉	壬戌	癸亥	甲子	乙丑	丙寅	丁卯	戊辰	己巳	庚午	辛未	壬申
6月	庚午	6日 10時 52分	癸酉	甲戌	乙亥	丙子	丁丑	戊寅	己卯	庚辰	辛巳	壬午	癸未	甲申	乙酉	丙戌	丁亥	戊子	己丑	庚寅	辛卯	壬辰	癸巳	甲午	乙未	丙申	丁酉	戊戌	己亥	庚子	辛丑	壬寅	
7月	辛未	7日 21時 11分	癸卯	甲辰	乙巳	丙午	丁未	戊申	己酉	庚戌	辛亥	壬子	癸丑	甲寅	乙卯	丙辰	丁巳	戊午	己未	庚申	辛酉	壬戌	癸亥	甲子	乙丑	丙寅	丁卯	戊辰	己巳	庚午	辛未	壬申	癸酉
8月	壬申	8日 06時 57分	甲戌	乙亥	丙子	丁丑	戊寅	己卯	庚辰	辛巳	壬午	癸未	甲申	乙酉	丙戌	丁亥	戊子	己丑	庚寅	辛卯	壬辰	癸巳	甲午	乙未	丙申	丁酉	戊戌	己亥	庚子	辛丑	壬寅	癸卯	甲辰
9月	癸酉	8日 09時 45分	乙巳	丙午	丁未	戊申	己酉	庚戌	辛亥	壬子	癸丑	甲寅	乙卯	丙辰	丁巳	戊午	己未	庚申	辛酉	壬戌	癸亥	甲子	乙丑	丙寅	丁卯	戊辰	己巳	庚午	辛未	壬申	癸酉	甲戌	
10月	甲戌	9日 01時 15分	乙亥	丙子	丁丑	戊寅	己卯	庚辰	辛巳	壬午	癸未	甲申	乙酉	丙戌	丁亥	戊子	己丑	庚寅	辛卯	壬辰	癸巳	甲午	乙未	丙申	丁酉	戊戌	己亥	庚子	辛丑	壬寅	癸卯	甲辰	乙巳
11月	乙亥	8日 04時 18分	丙午	丁未	戊申	己酉	庚戌	辛亥	壬子	癸丑	甲寅	乙卯	丙辰	丁巳	戊午	己未	庚申	辛酉	壬戌	癸亥	甲子	乙丑	丙寅	丁卯	戊辰	己巳	庚午	辛未	壬申	癸酉	甲戌	乙亥	
12月	丙子	7日 21時 05分	丙子	丁丑	戊寅	己卯	庚辰	辛巳	壬午	癸未	甲申	乙酉	丙戌	丁亥	戊子	己丑	庚寅	辛卯	壬辰	癸巳	甲午	乙未	丙申	丁酉	戊戌	己亥	庚子	辛丑	壬寅	癸卯	甲辰	乙巳	丙午

1975年（昭和50年）乙卯

月	月干支	節入り	1日	2日	3日	4日	5日	6日	7日	8日	9日	10日	11日	12日	13日	14日	15日	16日	17日	18日	19日	20日	21日	22日	23日	24日	25日	26日	27日	28日	29日	30日	31日
1月	丁丑	6日 08時 18分	丁未	戊申	己酉	庚戌	辛亥	壬子	癸丑	甲寅	乙卯	丙辰	丁巳	戊午	己未	庚申	辛酉	壬戌	癸亥	甲子	乙丑	丙寅	丁卯	戊辰	己巳	庚午	辛未	壬申	癸酉	甲戌	乙亥	丙子	丁丑
2月	戊寅	4日 19時 59分	戊寅	己卯	庚辰	辛巳	壬午	癸未	甲申	乙酉	丙戌	丁亥	戊子	己丑	庚寅	辛卯	壬辰	癸巳	甲午	乙未	丙申	丁酉	戊戌	己亥	庚子	辛丑	壬寅	癸卯	甲辰	乙巳			
3月	己卯	6日 14時 06分	丙午	丁未	戊申	己酉	庚戌	辛亥	壬子	癸丑	甲寅	乙卯	丙辰	丁巳	戊午	己未	庚申	辛酉	壬戌	癸亥	甲子	乙丑	丙寅	丁卯	戊辰	己巳	庚午	辛未	壬申	癸酉	甲戌	乙亥	丙子
4月	庚辰	5日 19時 02分	丁丑	戊寅	己卯	庚辰	辛巳	壬午	癸未	甲申	乙酉	丙戌	丁亥	戊子	己丑	庚寅	辛卯	壬辰	癸巳	甲午	乙未	丙申	丁酉	戊戌	己亥	庚子	辛丑	壬寅	癸卯	甲辰	乙巳	丙午	
5月	辛巳	6日 12時 27分	丁未	戊申	己酉	庚戌	辛亥	壬子	癸丑	甲寅	乙卯	丙辰	丁巳	戊午	己未	庚申	辛酉	壬戌	癸亥	甲子	乙丑	丙寅	丁卯	戊辰	己巳	庚午	辛未	壬申	癸酉	甲戌	乙亥	丙子	丁丑
6月	壬午	6日 16時 42分	戊寅	己卯	庚辰	辛巳	壬午	癸未	甲申	乙酉	丙戌	丁亥	戊子	己丑	庚寅	辛卯	壬辰	癸巳	甲午	乙未	丙申	丁酉	戊戌	己亥	庚子	辛丑	壬寅	癸卯	甲辰	乙巳	丙午	丁未	
7月	癸未	8日 02時 59分	戊申	己酉	庚戌	辛亥	壬子	癸丑	甲寅	乙卯	丙辰	丁巳	戊午	己未	庚申	辛酉	壬戌	癸亥	甲子	乙丑	丙寅	丁卯	戊辰	己巳	庚午	辛未	壬申	癸酉	甲戌	乙亥	丙子	丁丑	戊寅
8月	甲申	8日 12時 45分	己卯	庚辰	辛巳	壬午	癸未	甲申	乙酉	丙戌	丁亥	戊子	己丑	庚寅	辛卯	壬辰	癸巳	甲午	乙未	丙申	丁酉	戊戌	己亥	庚子	辛丑	壬寅	癸卯	甲辰	乙巳	丙午	丁未	戊申	己酉
9月	乙酉	8日 15時 33分	庚戌	辛亥	壬子	癸丑	甲寅	乙卯	丙辰	丁巳	戊午	己未	庚申	辛酉	壬戌	癸亥	甲子	乙丑	丙寅	丁卯	戊辰	己巳	庚午	辛未	壬申	癸酉	甲戌	乙亥	丙子	丁丑	戊寅	己卯	
10月	丙戌	9日 07時 02分	庚辰	辛巳	壬午	癸未	甲申	乙酉	丙戌	丁亥	戊子	己丑	庚寅	辛卯	壬辰	癸巳	甲午	乙未	丙申	丁酉	戊戌	己亥	庚子	辛丑	壬寅	癸卯	甲辰	乙巳	丙午	丁未	戊申	己酉	庚戌
11月	丁亥	8日 10時 03分	辛亥	壬子	癸丑	甲寅	乙卯	丙辰	丁巳	戊午	己未	庚申	辛酉	壬戌	癸亥	甲子	乙丑	丙寅	丁卯	戊辰	己巳	庚午	辛未	壬申	癸酉	甲戌	乙亥	丙子	丁丑	戊寅	己卯	庚辰	
12月	戊子	8日 02時 47分	辛巳	壬午	癸未	甲申	乙酉	丙戌	丁亥	戊子	己丑	庚寅	辛卯	壬辰	癸巳	甲午	乙未	丙申	丁酉	戊戌	己亥	庚子	辛丑	壬寅	癸卯	甲辰	乙巳	丙午	丁未	戊申	己酉	庚戌	辛亥

1976年（昭和51年）丙辰

月	月干支	節入り	1日	2日	3日	4日	5日	6日	7日	8日	9日	10日	11日	12日	13日	14日	15日	16日	17日	18日	19日	20日	21日	22日	23日	24日	25日	26日	27日	28日	29日	30日	31日
1月	己丑	6日 13時 58分	壬子	癸丑	甲寅	乙卯	丙辰	丁巳	戊午	己未	庚申	辛酉	壬戌	癸亥	甲子	乙丑	丙寅	丁卯	戊辰	己巳	庚午	辛未	壬申	癸酉	甲戌	乙亥	丙子	丁丑	戊寅	己卯	庚辰	辛巳	壬午
2月	庚寅	5日 01時 40分	癸未	甲申	乙酉	丙戌	丁亥	戊子	己丑	庚寅	辛卯	壬辰	癸巳	甲午	乙未	丙申	丁酉	戊戌	己亥	庚子	辛丑	壬寅	癸卯	甲辰	乙巳	丙午	丁未	戊申	己酉	庚戌	辛亥		
3月	辛卯	5日 19時 48分	壬子	癸丑	甲寅	乙卯	丙辰	丁巳	戊午	己未	庚申	辛酉	壬戌	癸亥	甲子	乙丑	丙寅	丁卯	戊辰	己巳	庚午	辛未	壬申	癸酉	甲戌	乙亥	丙子	丁丑	戊寅	己卯	庚辰	辛巳	壬午
4月	壬辰	5日 00時 47分	癸未	甲申	乙酉	丙戌	丁亥	戊子	己丑	庚寅	辛卯	壬辰	癸巳	甲午	乙未	丙申	丁酉	戊戌	己亥	庚子	辛丑	壬寅	癸卯	甲辰	乙巳	丙午	丁未	戊申	己酉	庚戌	辛亥	壬子	
5月	癸巳	5日 18時 14分	癸丑	甲寅	乙卯	丙辰	丁巳	戊午	己未	庚申	辛酉	壬戌	癸亥	甲子	乙丑	丙寅	丁卯	戊辰	己巳	庚午	辛未	壬申	癸酉	甲戌	乙亥	丙子	丁丑	戊寅	己卯	庚辰	辛巳	壬午	癸未
6月	甲午	5日 22時 31分	甲申	乙酉	丙戌	丁亥	戊子	己丑	庚寅	辛卯	壬辰	癸巳	甲午	乙未	丙申	丁酉	戊戌	己亥	庚子	辛丑	壬寅	癸卯	甲辰	乙巳	丙午	丁未	戊申	己酉	庚戌	辛亥	壬子	癸丑	
7月	乙未	7日 08時 51分	甲寅	乙卯	丙辰	丁巳	戊午	己未	庚申	辛酉	壬戌	癸亥	甲子	乙丑	丙寅	丁卯	戊辰	己巳	庚午	辛未	壬申	癸酉	甲戌	乙亥	丙子	丁丑	戊寅	己卯	庚辰	辛巳	壬午	癸未	甲申
8月	丙申	7日 18時 39分	乙酉	丙戌	丁亥	戊子	己丑	庚寅	辛卯	壬辰	癸巳	甲午	乙未	丙申	丁酉	戊戌	己亥	庚子	辛丑	壬寅	癸卯	甲辰	乙巳	丙午	丁未	戊申	己酉	庚戌	辛亥	壬子	癸丑	甲寅	乙卯
9月	丁酉	7日 21時 28分	丙辰	丁巳	戊午	己未	庚申	辛酉	壬戌	癸亥	甲子	乙丑	丙寅	丁卯	戊辰	己巳	庚午	辛未	壬申	癸酉	甲戌	乙亥	丙子	丁丑	戊寅	己卯	庚辰	辛巳	壬午	癸未	甲申	乙酉	
10月	戊戌	8日 12時 58分	丙戌	丁亥	戊子	己丑	庚寅	辛卯	壬辰	癸巳	甲午	乙未	丙申	丁酉	戊戌	己亥	庚子	辛丑	壬寅	癸卯	甲辰	乙巳	丙午	丁未	戊申	己酉	庚戌	辛亥	壬子	癸丑	甲寅	乙卯	丙辰
11月	己亥	7日 15時 59分	丁巳	戊午	己未	庚申	辛酉	壬戌	癸亥	甲子	乙丑	丙寅	丁卯	戊辰	己巳	庚午	辛未	壬申	癸酉	甲戌	乙亥	丙子	丁丑	戊寅	己卯	庚辰	辛巳	壬午	癸未	甲申	乙酉	丙戌	
12月	庚子	7日 08時 41分	丁亥	戊子	己丑	庚寅	辛卯	壬辰	癸巳	甲午	乙未	丙申	丁酉	戊戌	己亥	庚子	辛丑	壬寅	癸卯	甲辰	乙巳	丙午	丁未	戊申	己酉	庚戌	辛亥	壬子	癸丑	甲寅	乙卯	丙辰	丁巳

1977年（昭和52年）丁巳

月	月干支	節入り	1日	2日	3日	4日	5日	6日	7日	8日	9日	10日	11日	12日	13日	14日	15日	16日	17日	18日	19日	20日	21日	22日	23日	24日	25日	26日	27日	28日	29日	30日	31日
1月	辛丑	5日 19時 51分	戊午	己未	庚申	辛酉	壬戌	癸亥	甲子	乙丑	丙寅	丁卯	戊辰	己巳	庚午	辛未	壬申	癸酉	甲戌	乙亥	丙子	丁丑	戊寅	己卯	庚辰	辛巳	壬午	癸未	甲申	乙酉	丙戌	丁亥	戊子
2月	壬寅	4日 07時 34分	己丑	庚寅	辛卯	壬辰	癸巳	甲午	乙未	丙申	丁酉	戊戌	己亥	庚子	辛丑	壬寅	癸卯	甲辰	乙巳	丙午	丁未	戊申	己酉	庚戌	辛亥	壬子	癸丑	甲寅	乙卯	丙辰			
3月	癸卯	6日 01時 44分	丁巳	戊午	己未	庚申	辛酉	壬戌	癸亥	甲子	乙丑	丙寅	丁卯	戊辰	己巳	庚午	辛未	壬申	癸酉	甲戌	乙亥	丙子	丁丑	戊寅	己卯	庚辰	辛巳	壬午	癸未	甲申	乙酉	丙戌	丁亥
4月	甲辰	5日 06時 46分	戊子	己丑	庚寅	辛卯	壬辰	癸巳	甲午	乙未	丙申	丁酉	戊戌	己亥	庚子	辛丑	壬寅	癸卯	甲辰	乙巳	丙午	丁未	戊申	己酉	庚戌	辛亥	壬子	癸丑	甲寅	乙卯	丙辰	丁巳	
5月	乙巳	6日 00時 16分	戊午	己未	庚申	辛酉	壬戌	癸亥	甲子	乙丑	丙寅	丁卯	戊辰	己巳	庚午	辛未	壬申	癸酉	甲戌	乙亥	丙子	丁丑	戊寅	己卯	庚辰	辛巳	壬午	癸未	甲申	乙酉	丙戌	丁亥	戊子
6月	丙午	6日 04時 32分	己丑	庚寅	辛卯	壬辰	癸巳	甲午	乙未	丙申	丁酉	戊戌	己亥	庚子	辛丑	壬寅	癸卯	甲辰	乙巳	丙午	丁未	戊申	己酉	庚戌	辛亥	壬子	癸丑	甲寅	乙卯	丙辰	丁巳	戊午	
7月	丁未	7日 14時 48分	己未	庚申	辛酉	壬戌	癸亥	甲子	乙丑	丙寅	丁卯	戊辰	己巳	庚午	辛未	壬申	癸酉	甲戌	乙亥	丙子	丁丑	戊寅	己卯	庚辰	辛巳	壬午	癸未	甲申	乙酉	丙戌	丁亥	戊子	己丑
8月	戊申	8日 00時 30分	庚寅	辛卯	壬辰	癸巳	甲午	乙未	丙申	丁酉	戊戌	己亥	庚子	辛丑	壬寅	癸卯	甲辰	乙巳	丙午	丁未	戊申	己酉	庚戌	辛亥	壬子	癸丑	甲寅	乙卯	丙辰	丁巳	戊午	己未	庚申
9月	己酉	8日 03時 16分	辛酉	壬戌	癸亥	甲子	乙丑	丙寅	丁卯	戊辰	己巳	庚午	辛未	壬申	癸酉	甲戌	乙亥	丙子	丁丑	戊寅	己卯	庚辰	辛巳	壬午	癸未	甲申	乙酉	丙戌	丁亥	戊子	己丑	庚寅	
10月	庚戌	8日 18時 44分	辛卯	壬辰	癸巳	甲午	乙未	丙申	丁酉	戊戌	己亥	庚子	辛丑	壬寅	癸卯	甲辰	乙巳	丙午	丁未	戊申	己酉	庚戌	辛亥	壬子	癸丑	甲寅	乙卯	丙辰	丁巳	戊午	己未	庚申	辛酉
11月	辛亥	7日 21時 46分	壬戌	癸亥	甲子	乙丑	丙寅	丁卯	戊辰	己巳	庚午	辛未	壬申	癸酉	甲戌	乙亥	丙子	丁丑	戊寅	己卯	庚辰	辛巳	壬午	癸未	甲申	乙酉	丙戌	丁亥	戊子	己丑	庚寅	辛卯	
12月	壬子	7日 14時 31分	壬辰	癸巳	甲午	乙未	丙申	丁酉	戊戌	己亥	庚子	辛丑	壬寅	癸卯	甲辰	乙巳	丙午	丁未	戊申	己酉	庚戌	辛亥	壬子	癸丑	甲寅	乙卯	丙辰	丁巳	戊午	己未	庚申	辛酉	壬戌

1978年（昭和53年）戊午

月	月干支	節入り	1日	2日	3日	4日	5日	6日	7日	8日	9日	10日	11日	12日	13日	14日	15日	16日	17日	18日	19日	20日	21日	22日	23日	24日	25日	26日	27日	28日	29日	30日	31日
1月	癸丑	6日 01時 44分	癸亥	甲子	乙丑	丙寅	丁卯	戊辰	己巳	庚午	辛未	壬申	癸酉	甲戌	乙亥	丙子	丁丑	戊寅	己卯	庚辰	辛巳	壬午	癸未	甲申	乙酉	丙戌	丁亥	戊子	己丑	庚寅	辛卯	壬辰	癸巳
2月	甲寅	4日 13時 27分	甲午	乙未	丙申	丁酉	戊戌	己亥	庚子	辛丑	壬寅	癸卯	甲辰	乙巳	丙午	丁未	戊申	己酉	庚戌	辛亥	壬子	癸丑	甲寅	乙卯	丙辰	丁巳	戊午	己未	庚申	辛酉			
3月	乙卯	6日 07時 38分	壬戌	癸亥	甲子	乙丑	丙寅	丁卯	戊辰	己巳	庚午	辛未	壬申	癸酉	甲戌	乙亥	丙子	丁丑	戊寅	己卯	庚辰	辛巳	壬午	癸未	甲申	乙酉	丙戌	丁亥	戊子	己丑	庚寅	辛卯	壬辰
4月	丙辰	5日 12時 39分	癸巳	甲午	乙未	丙申	丁酉	戊戌	己亥	庚子	辛丑	壬寅	癸卯	甲辰	乙巳	丙午	丁未	戊申	己酉	庚戌	辛亥	壬子	癸丑	甲寅	乙卯	丙辰	丁巳	戊午	己未	庚申	辛酉	壬戌	
5月	丁巳	6日 06時 09分	癸亥	甲子	乙丑	丙寅	丁卯	戊辰	己巳	庚午	辛未	壬申	癸酉	甲戌	乙亥	丙子	丁丑	戊寅	己卯	庚辰	辛巳	壬午	癸未	甲申	乙酉	丙戌	丁亥	戊子	己丑	庚寅	辛卯	壬辰	癸巳
6月	戊午	6日 10時 23分	甲午	乙未	丙申	丁酉	戊戌	己亥	庚子	辛丑	壬寅	癸卯	甲辰	乙巳	丙午	丁未	戊申	己酉	庚戌	辛亥	壬子	癸丑	甲寅	乙卯	丙辰	丁巳	戊午	己未	庚申	辛酉	壬戌	癸亥	
7月	己未	7日 20時 37分	甲子	乙丑	丙寅	丁卯	戊辰	己巳	庚午	辛未	壬申	癸酉	甲戌	乙亥	丙子	丁丑	戊寅	己卯	庚辰	辛巳	壬午	癸未	甲申	乙酉	丙戌	丁亥	戊子	己丑	庚寅	辛卯	壬辰	癸巳	甲午
8月	庚申	8日 06時 18分	乙未	丙申	丁酉	戊戌	己亥	庚子	辛丑	壬寅	癸卯	甲辰	乙巳	丙午	丁未	戊申	己酉	庚戌	辛亥	壬子	癸丑	甲寅	乙卯	丙辰	丁巳	戊午	己未	庚申	辛酉	壬戌	癸亥	甲子	乙丑
9月	辛酉	8日 09時 03分	丙寅	丁卯	戊辰	己巳	庚午	辛未	壬申	癸酉	甲戌	乙亥	丙子	丁丑	戊寅	己卯	庚辰	辛巳	壬午	癸未	甲申	乙酉	丙戌	丁亥	戊子	己丑	庚寅	辛卯	壬辰	癸巳	甲午	乙未	
10月	壬戌	9日 00時 31分	丙申	丁酉	戊戌	己亥	庚子	辛丑	壬寅	癸卯	甲辰	乙巳	丙午	丁未	戊申	己酉	庚戌	辛亥	壬子	癸丑	甲寅	乙卯	丙辰	丁巳	戊午	己未	庚申	辛酉	壬戌	癸亥	甲子	乙丑	丙寅
11月	癸亥	8日 03時 34分	丁卯	戊辰	己巳	庚午	辛未	壬申	癸酉	甲戌	乙亥	丙子	丁丑	戊寅	己卯	庚辰	辛巳	壬午	癸未	甲申	乙酉	丙戌	丁亥	戊子	己丑	庚寅	辛卯	壬辰	癸巳	甲午	乙未	丙申	
12月	甲子	7日 20時 20分	丁酉	戊戌	己亥	庚子	辛丑	壬寅	癸卯	甲辰	乙巳	丙午	丁未	戊申	己酉	庚戌	辛亥	壬子	癸丑	甲寅	乙卯	丙辰	丁巳	戊午	己未	庚申	辛酉	壬戌	癸亥	甲子	乙丑	丙寅	丁卯

1979年（昭和54年）己未

月	月干支	節入り	1日	2日	3日	4日	5日	6日	7日	8日	9日	10日	11日	12日	13日	14日	15日	16日	17日	18日	19日	20日	21日	22日	23日	24日	25日	26日	27日	28日	29日	30日	31日
1月	乙丑	6日 07時 32分	戊辰	己巳	庚午	辛未	壬申	**癸酉**	甲戌	乙亥	丙子	丁丑	戊寅	己卯	庚辰	辛巳	壬午	癸未	甲申	乙酉	丙戌	丁亥	戊子	己丑	庚寅	辛卯	壬辰	癸巳	甲午	乙未	丙申	丁酉	戊戌
2月	丙寅	4日 19時 13分	己亥	庚子	辛丑	**壬寅**	癸卯	甲辰	乙巳	丙午	丁未	戊申	己酉	庚戌	辛亥	壬子	癸丑	甲寅	乙卯	丙辰	丁巳	戊午	己未	庚申	辛酉	壬戌	癸亥	甲子	乙丑	丙寅			
3月	丁卯	6日 13時 20分	丁卯	戊辰	己巳	庚午	辛未	**壬申**	癸酉	甲戌	乙亥	丙子	丁丑	戊寅	己卯	庚辰	辛巳	壬午	癸未	甲申	乙酉	丙戌	丁亥	戊子	己丑	庚寅	辛卯	壬辰	癸巳	甲午	乙未	丙申	丁酉
4月	戊辰	5日 18時 18分	戊戌	己亥	庚子	辛丑	**壬寅**	癸卯	甲辰	乙巳	丙午	丁未	戊申	己酉	庚戌	辛亥	壬子	癸丑	甲寅	乙卯	丙辰	丁巳	戊午	己未	庚申	辛酉	壬戌	癸亥	甲子	乙丑	丙寅	丁卯	
5月	己巳	6日 11時 47分	戊辰	己巳	庚午	辛未	壬申	**癸酉**	甲戌	乙亥	丙子	丁丑	戊寅	己卯	庚辰	辛巳	壬午	癸未	甲申	乙酉	丙戌	丁亥	戊子	己丑	庚寅	辛卯	壬辰	癸巳	甲午	乙未	丙申	丁酉	戊戌
6月	庚午	6日 16時 05分	己亥	庚子	辛丑	壬寅	癸卯	**甲辰**	乙巳	丙午	丁未	戊申	己酉	庚戌	辛亥	壬子	癸丑	甲寅	乙卯	丙辰	丁巳	戊午	己未	庚申	辛酉	壬戌	癸亥	甲子	乙丑	丙寅	丁卯	戊辰	
7月	辛未	8日 02時 25分	己巳	庚午	辛未	壬申	癸酉	甲戌	乙亥	**丙子**	丁丑	戊寅	己卯	庚辰	辛巳	壬午	癸未	甲申	乙酉	丙戌	丁亥	戊子	己丑	庚寅	辛卯	壬辰	癸巳	甲午	乙未	丙申	丁酉	戊戌	己亥
8月	壬申	8日 12時 11分	庚子	辛丑	壬寅	癸卯	甲辰	乙巳	丙午	**丁未**	戊申	己酉	庚戌	辛亥	壬子	癸丑	甲寅	乙卯	丙辰	丁巳	戊午	己未	庚申	辛酉	壬戌	癸亥	甲子	乙丑	丙寅	丁卯	戊辰	己巳	庚午
9月	癸酉	8日 15時 00分	辛未	壬申	癸酉	甲戌	乙亥	丙子	丁丑	**戊寅**	己卯	庚辰	辛巳	壬午	癸未	甲申	乙酉	丙戌	丁亥	戊子	己丑	庚寅	辛卯	壬辰	癸巳	甲午	乙未	丙申	丁酉	戊戌	己亥	庚子	
10月	甲戌	9日 06時 30分	辛丑	壬寅	癸卯	甲辰	乙巳	丙午	丁未	戊申	**己酉**	庚戌	辛亥	壬子	癸丑	甲寅	乙卯	丙辰	丁巳	戊午	己未	庚申	辛酉	壬戌	癸亥	甲子	乙丑	丙寅	丁卯	戊辰	己巳	庚午	辛未
11月	乙亥	8日 09時 33分	壬申	癸酉	甲戌	乙亥	丙子	丁丑	戊寅	**己卯**	庚辰	辛巳	壬午	癸未	甲申	乙酉	丙戌	丁亥	戊子	己丑	庚寅	辛卯	壬辰	癸巳	甲午	乙未	丙申	丁酉	戊戌	己亥	庚子	辛丑	
12月	丙子	8日 02時 18分	壬寅	癸卯	甲辰	乙巳	丙午	丁未	戊申	**己酉**	庚戌	辛亥	壬子	癸丑	甲寅	乙卯	丙辰	丁巳	戊午	己未	庚申	辛酉	壬戌	癸亥	甲子	乙丑	丙寅	丁卯	戊辰	己巳	庚午	辛未	壬申

1980年（昭和55年）庚申

月	月干支	節入り	1日	2日	3日	4日	5日	6日	7日	8日	9日	10日	11日	12日	13日	14月	15日	16日	17日	18日	19日	20日	21日	22日	23日	24日	25日	26日	27日	28日	29日	30日	31日
1月	丁丑	6日 13時 29分	癸酉	甲戌	乙亥	丙子	丁丑	**戊寅**	己卯	庚辰	辛巳	壬午	癸未	甲申	乙酉	丙戌	丁亥	戊子	己丑	庚寅	辛卯	壬辰	癸巳	甲午	乙未	丙申	丁酉	戊戌	己亥	庚子	辛丑	壬寅	癸卯
2月	戊寅	5日 01時 10分	甲辰	乙巳	丙午	丁未	**戊申**	己酉	庚戌	辛亥	壬子	癸丑	甲寅	乙卯	丙辰	丁巳	戊午	己未	庚申	辛酉	壬戌	癸亥	甲子	乙丑	丙寅	丁卯	戊辰	己巳	庚午	辛未	壬申		
3月	己卯	5日 19時 17分	癸酉	甲戌	乙亥	丙子	**丁丑**	戊寅	己卯	庚辰	辛巳	壬午	癸未	甲申	乙酉	丙戌	丁亥	戊子	己丑	庚寅	辛卯	壬辰	癸巳	甲午	乙未	丙申	丁酉	戊戌	己亥	庚子	辛丑	壬寅	癸卯
4月	庚辰	5日 00時 15分	甲辰	乙巳	丙午	丁未	**戊申**	己酉	庚戌	辛亥	壬子	癸丑	甲寅	乙卯	丙辰	丁巳	戊午	己未	庚申	辛酉	壬戌	癸亥	甲子	乙丑	丙寅	丁卯	戊辰	己巳	庚午	辛未	壬申	癸酉	
5月	辛巳	5日 17時 45分	甲戌	乙亥	丙子	丁丑	**戊寅**	己卯	庚辰	辛巳	壬午	癸未	甲申	乙酉	丙戌	丁亥	戊子	己丑	庚寅	辛卯	壬辰	癸巳	甲午	乙未	丙申	丁酉	戊戌	己亥	庚子	辛丑	壬寅	癸卯	甲辰
6月	壬午	5日 22時 04分	乙巳	丙午	丁未	戊申	**己酉**	庚戌	辛亥	壬子	癸丑	甲寅	乙卯	丙辰	丁巳	戊午	己未	庚申	辛酉	壬戌	癸亥	甲子	乙丑	丙寅	丁卯	戊辰	己巳	庚午	辛未	壬申	癸酉	甲戌	
7月	癸未	7日 08時 24分	乙亥	丙子	丁丑	戊寅	己卯	庚辰	**辛巳**	壬午	癸未	甲申	乙酉	丙戌	丁亥	戊子	己丑	庚寅	辛卯	壬辰	癸巳	甲午	乙未	丙申	丁酉	戊戌	己亥	庚子	辛丑	壬寅	癸卯	甲辰	乙巳
8月	甲申	7日 18時 09分	丙午	丁未	戊申	己酉	庚戌	辛亥	**壬子**	癸丑	甲寅	乙卯	丙辰	丁巳	戊午	己未	庚申	辛酉	壬戌	癸亥	甲子	乙丑	丙寅	丁卯	戊辰	己巳	庚午	辛未	壬申	癸酉	甲戌	乙亥	丙子
9月	乙酉	7日 20時 54分	丁丑	戊寅	己卯	庚辰	辛巳	壬午	**癸未**	甲申	乙酉	丙戌	丁亥	戊子	己丑	庚寅	辛卯	壬辰	癸巳	甲午	乙未	丙申	丁酉	戊戌	己亥	庚子	辛丑	壬寅	癸卯	甲辰	乙巳	丙午	
10月	丙戌	8日 12時 20分	丁未	戊申	己酉	庚戌	辛亥	壬子	癸丑	**甲寅**	乙卯	丙辰	丁巳	戊午	己未	庚申	辛酉	壬戌	癸亥	甲子	乙丑	丙寅	丁卯	戊辰	己巳	庚午	辛未	壬申	癸酉	甲戌	乙亥	丙子	丁丑
11月	丁亥	7日 15時 19分	戊寅	己卯	庚辰	辛巳	壬午	癸未	**甲申**	乙酉	丙戌	丁亥	戊子	己丑	庚寅	辛卯	壬辰	癸巳	甲午	乙未	丙申	丁酉	戊戌	己亥	庚子	辛丑	壬寅	癸卯	甲辰	乙巳	丙午	丁未	
12月	戊子	7日 08時 02分	戊申	己酉	庚戌	辛亥	壬子	癸丑	**甲寅**	乙卯	丙辰	丁巳	戊午	己未	庚申	辛酉	壬戌	癸亥	甲子	乙丑	丙寅	丁卯	戊辰	己巳	庚午	辛未	壬申	癸酉	甲戌	乙亥	丙子	丁丑	戊寅

1981年（昭和56年）辛酉

月	月干支	節入り	1日	2日	3日	4日	5日	6日	7日	8日	9日	10日	11日	12日	13日	14日	15日	16日	17日	18日	19日	20日	21日	22日	23日	24日	25日	26日	27日	28日	29日	30日	31日
1月	己丑	5日 19時 13分	己卯	庚辰	辛巳	壬午	癸未	甲申	乙酉	丙戌	丁亥	戊子	己丑	庚寅	辛卯	壬辰	癸巳	甲午	乙未	丙申	丁酉	戊戌	己亥	庚子	辛丑	壬寅	癸卯	甲辰	乙巳	丙午	丁未	戊申	己酉
2月	庚寅	4日 06時 56分	庚戌	辛亥	壬子	癸丑	甲寅	乙卯	丙辰	丁巳	戊午	己未	庚申	辛酉	壬戌	癸亥	甲子	乙丑	丙寅	丁卯	戊辰	己巳	庚午	辛未	壬申	癸酉	甲戌	乙亥	丙子	丁丑			
3月	辛卯	6日 01時 05分	戊寅	己卯	庚辰	辛巳	壬午	癸未	甲申	乙酉	丙戌	丁亥	戊子	己丑	庚寅	辛卯	壬辰	癸巳	甲午	乙未	丙申	丁酉	戊戌	己亥	庚子	辛丑	壬寅	癸卯	甲辰	乙巳	丙午	丁未	戊申
4月	壬辰	5日 06時 05分	己酉	庚戌	辛亥	壬子	癸丑	甲寅	乙卯	丙辰	丁巳	戊午	己未	庚申	辛酉	壬戌	癸亥	甲子	乙丑	丙寅	丁卯	戊辰	己巳	庚午	辛未	壬申	癸酉	甲戌	乙亥	丙子	丁丑	戊寅	
5月	癸巳	5日 23時 35分	己卯	庚辰	辛巳	壬午	癸未	甲申	乙酉	丙戌	丁亥	戊子	己丑	庚寅	辛卯	壬辰	癸巳	甲午	乙未	丙申	丁酉	戊戌	己亥	庚子	辛丑	壬寅	癸卯	甲辰	乙巳	丙午	丁未	戊申	己酉
6月	甲午	6日 03時 53分	庚戌	辛亥	壬子	癸丑	甲寅	乙卯	丙辰	丁巳	戊午	己未	庚申	辛酉	壬戌	癸亥	甲子	乙丑	丙寅	丁卯	戊辰	己巳	庚午	辛未	壬申	癸酉	甲戌	乙亥	丙子	丁丑	戊寅	己卯	
7月	乙未	7日 14時 12分	庚辰	辛巳	壬午	癸未	甲申	乙酉	丙戌	丁亥	戊子	己丑	庚寅	辛卯	壬辰	癸巳	甲午	乙未	丙申	丁酉	戊戌	己亥	庚子	辛丑	壬寅	癸卯	甲辰	乙巳	丙午	丁未	戊申	己酉	庚戌
8月	丙申	7日 23時 57分	辛亥	壬子	癸丑	甲寅	乙卯	丙辰	丁巳	戊午	己未	庚申	辛酉	壬戌	癸亥	甲子	乙丑	丙寅	丁卯	戊辰	己巳	庚午	辛未	壬申	癸酉	甲戌	乙亥	丙子	丁丑	戊寅	己卯	庚辰	辛巳
9月	丁酉	8日 02時 43分	壬午	癸未	甲申	乙酉	丙戌	丁亥	戊子	己丑	庚寅	辛卯	壬辰	癸巳	甲午	乙未	丙申	丁酉	戊戌	己亥	庚子	辛丑	壬寅	癸卯	甲辰	乙巳	丙午	丁未	戊申	己酉	庚戌	辛亥	
10月	戊戌	8日 18時 10分	壬子	癸丑	甲寅	乙卯	丙辰	丁巳	戊午	己未	庚申	辛酉	壬戌	癸亥	甲子	乙丑	丙寅	丁卯	戊辰	己巳	庚午	辛未	壬申	癸酉	甲戌	乙亥	丙子	丁丑	戊寅	己卯	庚辰	辛巳	壬午
11月	己亥	7日 21時 09分	癸未	甲申	乙酉	丙戌	丁亥	戊子	己丑	庚寅	辛卯	壬辰	癸巳	甲午	乙未	丙申	丁酉	戊戌	己亥	庚子	辛丑	壬寅	癸卯	甲辰	乙巳	丙午	丁未	戊申	己酉	庚戌	辛亥	壬子	
12月	庚子	7日 13時 52分	癸丑	甲寅	乙卯	丙辰	丁巳	戊午	己未	庚申	辛酉	壬戌	癸亥	甲子	乙丑	丙寅	丁卯	戊辰	己巳	庚午	辛未	壬申	癸酉	甲戌	乙亥	丙子	丁丑	戊寅	己卯	庚辰	辛巳	壬午	癸未

1982年（昭和57年）壬戌

月	月干支	節入り	1日	2日	3日	4日	5日	6日	7日	8日	9日	10日	11日	12日	13日	14日	15日	16日	17日	18日	19日	20日	21日	22日	23日	24日	25日	26日	27日	28日	29日	30日	31日
1月	辛丑	6日 01時 03分	甲申	乙酉	丙戌	丁亥	戊子	己丑	庚寅	辛卯	壬辰	癸巳	甲午	乙未	丙申	丁酉	戊戌	己亥	庚子	辛丑	壬寅	癸卯	甲辰	乙巳	丙午	丁未	戊申	己酉	庚戌	辛亥	壬子	癸丑	甲寅
2月	壬寅	4日 12時 46分	乙卯	丙辰	丁巳	戊午	己未	庚申	辛酉	壬戌	癸亥	甲子	乙丑	丙寅	丁卯	戊辰	己巳	庚午	辛未	壬申	癸酉	甲戌	乙亥	丙子	丁丑	戊寅	己卯	庚辰	辛巳	壬午			
3月	癸卯	6日 06時 55分	癸未	甲申	乙酉	丙戌	丁亥	戊子	己丑	庚寅	辛卯	壬辰	癸巳	甲午	乙未	丙申	丁酉	戊戌	己亥	庚子	辛丑	壬寅	癸卯	甲辰	乙巳	丙午	丁未	戊申	己酉	庚戌	辛亥	壬子	癸丑
4月	甲辰	5日 11時 53分	甲寅	乙卯	丙辰	丁巳	戊午	己未	庚申	辛酉	壬戌	癸亥	甲子	乙丑	丙寅	丁卯	戊辰	己巳	庚午	辛未	壬申	癸酉	甲戌	乙亥	丙子	丁丑	戊寅	己卯	庚辰	辛巳	壬午	癸未	
5月	乙巳	6日 05時 20分	甲申	乙酉	丙戌	丁亥	戊子	己丑	庚寅	辛卯	壬辰	癸巳	甲午	乙未	丙申	丁酉	戊戌	己亥	庚子	辛丑	壬寅	癸卯	甲辰	乙巳	丙午	丁未	戊申	己酉	庚戌	辛亥	壬子	癸丑	甲寅
6月	丙午	6日 09時 36分	乙卯	丙辰	丁巳	戊午	己未	庚申	辛酉	壬戌	癸亥	甲子	乙丑	丙寅	丁卯	戊辰	己巳	庚午	辛未	壬申	癸酉	甲戌	乙亥	丙子	丁丑	戊寅	己卯	庚辰	辛巳	壬午	癸未	甲申	
7月	丁未	7日 19時 55分	乙酉	丙戌	丁亥	戊子	己丑	庚寅	辛卯	壬辰	癸巳	甲午	乙未	丙申	丁酉	戊戌	己亥	庚子	辛丑	壬寅	癸卯	甲辰	乙巳	丙午	丁未	戊申	己酉	庚戌	辛亥	壬子	癸丑	甲寅	乙卯
8月	戊申	8日 05時 42分	丙辰	丁巳	戊午	己未	庚申	辛酉	壬戌	癸亥	甲子	乙丑	丙寅	丁卯	戊辰	己巳	庚午	辛未	壬申	癸酉	甲戌	乙亥	丙子	丁丑	戊寅	己卯	庚辰	辛巳	壬午	癸未	甲申	乙酉	丙戌
9月	己酉	8日 08時 32分	丁亥	戊子	己丑	庚寅	辛卯	壬辰	癸巳	甲午	乙未	丙申	丁酉	戊戌	己亥	庚子	辛丑	壬寅	癸卯	甲辰	乙巳	丙午	丁未	戊申	己酉	庚戌	辛亥	壬子	癸丑	甲寅	乙卯	丙辰	
10月	庚戌	9日 00時 02分	丁巳	戊午	己未	庚申	辛酉	壬戌	癸亥	甲子	乙丑	丙寅	丁卯	戊辰	己巳	庚午	辛未	壬申	癸酉	甲戌	乙亥	丙子	丁丑	戊寅	己卯	庚辰	辛巳	壬午	癸未	甲申	乙酉	丙戌	丁亥
11月	辛亥	8日 03時 04分	戊子	己丑	庚寅	辛卯	壬辰	癸巳	甲午	乙未	丙申	丁酉	戊戌	己亥	庚子	辛丑	壬寅	癸卯	甲辰	乙巳	丙午	丁未	戊申	己酉	庚戌	辛亥	壬子	癸丑	甲寅	乙卯	丙辰	丁巳	
12月	壬子	7日 19時 48分	戊午	己未	庚申	辛酉	壬戌	癸亥	甲子	乙丑	丙寅	丁卯	戊辰	己巳	庚午	辛未	壬申	癸酉	甲戌	乙亥	丙子	丁丑	戊寅	己卯	庚辰	辛巳	壬午	癸未	甲申	乙酉	丙戌	丁亥	戊子

1983年（昭和58年）癸亥

月	月干支	節入り			1日	2日	3日	4日	5日	6日	7日	8日	9日	10日	11日	12日	13日	14日	15日	16日	17日	18日	19日	20日	21日	22日	23日	24日	25日	26日	27日	28日	29日	30日	31日
1月	癸丑	6日	06時	59分	己丑	庚寅	辛卯	壬辰	癸巳	甲午	乙未	丙申	丁酉	戊戌	己亥	庚子	辛丑	壬寅	癸卯	甲辰	乙巳	丙午	丁未	戊申	己酉	庚戌	辛亥	壬子	癸丑	甲寅	乙卯	丙辰	丁巳	戊午	己未
2月	甲寅	4日	18時	40分	庚申	辛酉	壬戌	癸亥	甲子	乙丑	丙寅	丁卯	戊辰	己巳	庚午	辛未	壬申	癸酉	甲戌	乙亥	丙子	丁丑	戊寅	己卯	庚辰	辛巳	壬午	癸未	甲申	乙酉	丙戌	丁亥			
3月	乙卯	6日	12時	47分	戊子	己丑	庚寅	辛卯	壬辰	癸巳	甲午	乙未	丙申	丁酉	戊戌	己亥	庚子	辛丑	壬寅	癸卯	甲辰	乙巳	丙午	丁未	戊申	己酉	庚戌	辛亥	壬子	癸丑	甲寅	乙卯	丙辰	丁巳	戊午
4月	丙辰	5日	17時	44分	己未	庚申	辛酉	壬戌	癸亥	甲子	乙丑	丙寅	丁卯	戊辰	己巳	庚午	辛未	壬申	癸酉	甲戌	乙亥	丙子	丁丑	戊寅	己卯	庚辰	辛巳	壬午	癸未	甲申	乙酉	丙戌	丁亥	戊子	
5月	丁巳	6日	11時	11分	己丑	庚寅	辛卯	壬辰	癸巳	甲午	乙未	丙申	丁酉	戊戌	己亥	庚子	辛丑	壬寅	癸卯	甲辰	乙巳	丙午	丁未	戊申	己酉	庚戌	辛亥	壬子	癸丑	甲寅	乙卯	丙辰	丁巳	戊午	己未
6月	戊午	6日	15時	26分	庚申	辛酉	壬戌	癸亥	甲子	乙丑	丙寅	丁卯	戊辰	己巳	庚午	辛未	壬申	癸酉	甲戌	乙亥	丙子	丁丑	戊寅	己卯	庚辰	辛巳	壬午	癸未	甲申	乙酉	丙戌	丁亥	戊子	己丑	
7月	己未	8日	01時	43分	庚寅	辛卯	壬辰	癸巳	甲午	乙未	丙申	丁酉	戊戌	己亥	庚子	辛丑	壬寅	癸卯	甲辰	乙巳	丙午	丁未	戊申	己酉	庚戌	辛亥	壬子	癸丑	甲寅	乙卯	丙辰	丁巳	戊午	己未	庚申
8月	庚申	8日	11時	30分	辛酉	壬戌	癸亥	甲子	乙丑	丙寅	丁卯	戊辰	己巳	庚午	辛未	壬申	癸酉	甲戌	乙亥	丙子	丁丑	戊寅	己卯	庚辰	辛巳	壬午	癸未	甲申	乙酉	丙戌	丁亥	戊子	己丑	庚寅	辛卯
9月	辛酉	8日	14時	20分	壬辰	癸巳	甲午	乙未	丙申	丁酉	戊戌	己亥	庚子	辛丑	壬寅	癸卯	甲辰	乙巳	丙午	丁未	戊申	己酉	庚戌	辛亥	壬子	癸丑	甲寅	乙卯	丙辰	丁巳	戊午	己未	庚申	辛酉	
10月	壬戌	9日	05時	51分	壬戌	癸亥	甲子	乙丑	丙寅	丁卯	戊辰	己巳	庚午	辛未	壬申	癸酉	甲戌	乙亥	丙子	丁丑	戊寅	己卯	庚辰	辛巳	壬午	癸未	甲申	乙酉	丙戌	丁亥	戊子	己丑	庚寅	辛卯	壬辰
11月	癸亥	8日	08時	53分	癸巳	甲午	乙未	丙申	丁酉	戊戌	己亥	庚子	辛丑	壬寅	癸卯	甲辰	乙巳	丙午	丁未	戊申	己酉	庚戌	辛亥	壬子	癸丑	甲寅	乙卯	丙辰	丁巳	戊午	己未	庚申	辛酉	壬戌	
12月	甲子	8日	01時	34分	癸亥	甲子	乙丑	丙寅	丁卯	戊辰	己巳	庚午	辛未	壬申	癸酉	甲戌	乙亥	丙子	丁丑	戊寅	己卯	庚辰	辛巳	壬午	癸未	甲申	乙酉	丙戌	丁亥	戊子	己丑	庚寅	辛卯	壬辰	癸巳

1984年（昭和59年）甲子

月	月干支	節入り			1日	2日	3日	4日	5日	6日	7日	8日	9日	10日	11日	12日	13日	14日	15日	16日	17日	18日	19日	20日	21日	22日	23日	24日	25日	26日	27日	28日	29日	30日	31日
1月	乙丑	6日	12時	41分	甲午	乙未	丙申	丁酉	戊戌	己亥	庚子	辛丑	壬寅	癸卯	甲辰	乙巳	丙午	丁未	戊申	己酉	庚戌	辛亥	壬子	癸丑	甲寅	乙卯	丙辰	丁巳	戊午	己未	庚申	辛酉	壬戌	癸亥	甲子
2月	丙寅	5日	00時	19分	乙丑	丙寅	丁卯	戊辰	己巳	庚午	辛未	壬申	癸酉	甲戌	乙亥	丙子	丁丑	戊寅	己卯	庚辰	辛巳	壬午	癸未	甲申	乙酉	丙戌	丁亥	戊子	己丑	庚寅	辛卯	壬辰	癸巳		
3月	丁卯	5日	18時	25分	甲午	乙未	丙申	丁酉	戊戌	己亥	庚子	辛丑	壬寅	癸卯	甲辰	乙巳	丙午	丁未	戊申	己酉	庚戌	辛亥	壬子	癸丑	甲寅	乙卯	丙辰	丁巳	戊午	己未	庚申	辛酉	壬戌	癸亥	甲子
4月	戊辰	4日	23時	22分	乙丑	丙寅	丁卯	戊辰	己巳	庚午	辛未	壬申	癸酉	甲戌	乙亥	丙子	丁丑	戊寅	己卯	庚辰	辛巳	壬午	癸未	甲申	乙酉	丙戌	丁亥	戊子	己丑	庚寅	辛卯	壬辰	癸巳	甲午	
5月	己巳	5日	16時	51分	乙未	丙申	丁酉	戊戌	己亥	庚子	辛丑	壬寅	癸卯	甲辰	乙巳	丙午	丁未	戊申	己酉	庚戌	辛亥	壬子	癸丑	甲寅	乙卯	丙辰	丁巳	戊午	己未	庚申	辛酉	壬戌	癸亥	甲子	乙丑
6月	庚午	5日	21時	09分	丙寅	丁卯	戊辰	己巳	庚午	辛未	壬申	癸酉	甲戌	乙亥	丙子	丁丑	戊寅	己卯	庚辰	辛巳	壬午	癸未	甲申	乙酉	丙戌	丁亥	戊子	己丑	庚寅	辛卯	壬辰	癸巳	甲午	乙未	
7月	辛未	7日	07時	29分	丙申	丁酉	戊戌	己亥	庚子	辛丑	壬寅	癸卯	甲辰	乙巳	丙午	丁未	戊申	己酉	庚戌	辛亥	壬子	癸丑	甲寅	乙卯	丙辰	丁巳	戊午	己未	庚申	辛酉	壬戌	癸亥	甲子	乙丑	丙寅
8月	壬申	7日	17時	18分	丁卯	戊辰	己巳	庚午	辛未	壬申	癸酉	甲戌	乙亥	丙子	丁丑	戊寅	己卯	庚辰	辛巳	壬午	癸未	甲申	乙酉	丙戌	丁亥	戊子	己丑	庚寅	辛卯	壬辰	癸巳	甲午	乙未	丙申	丁酉
9月	癸酉	7日	20時	10分	戊戌	己亥	庚子	辛丑	壬寅	癸卯	甲辰	乙巳	丙午	丁未	戊申	己酉	庚戌	辛亥	壬子	癸丑	甲寅	乙卯	丙辰	丁巳	戊午	己未	庚申	辛酉	壬戌	癸亥	甲子	乙丑	丙寅	丁卯	
10月	甲戌	8日	11時	43分	戊辰	己巳	庚午	辛未	壬申	癸酉	甲戌	乙亥	丙子	丁丑	戊寅	己卯	庚辰	辛巳	壬午	癸未	甲申	乙酉	丙戌	丁亥	戊子	己丑	庚寅	辛卯	壬辰	癸巳	甲午	乙未	丙申	丁酉	戊戌
11月	乙亥	7日	14時	46分	己亥	庚子	辛丑	壬寅	癸卯	甲辰	乙巳	丙午	丁未	戊申	己酉	庚戌	辛亥	壬子	癸丑	甲寅	乙卯	丙辰	丁巳	戊午	己未	庚申	辛酉	壬戌	癸亥	甲子	乙丑	丙寅	丁卯	戊辰	
12月	丙子	7日	07時	28分	己巳	庚午	辛未	壬申	癸酉	甲戌	乙亥	丙子	丁丑	戊寅	己卯	庚辰	辛巳	壬午	癸未	甲申	乙酉	丙戌	丁亥	戊子	己丑	庚寅	辛卯	壬辰	癸巳	甲午	乙未	丙申	丁酉	戊戌	己亥

1985年（昭和60年）乙丑

月	月干支	節入り	1日	2日	3日	4日	5日	6日	7日	8日	9日	10日	11日	12日	13日	14日	15日	16日	17日	18日	19日	20日	21日	22日	23日	24日	25日	26日	27日	28日	29日	30日	31日
1月	丁丑	5日 18時 35分	庚子	辛丑	壬寅	癸卯	甲辰	乙巳	丙午	丁未	戊申	己酉	庚戌	辛亥	壬子	癸丑	甲寅	乙卯	丙辰	丁巳	戊午	己未	庚申	辛酉	壬戌	癸亥	甲子	乙丑	丙寅	丁卯	戊辰	己巳	庚午
2月	戊寅	4日 06時 12分	辛未	壬申	癸酉	甲戌	乙亥	丙子	丁丑	戊寅	己卯	庚辰	辛巳	壬午	癸未	甲申	乙酉	丙戌	丁亥	戊子	己丑	庚寅	辛卯	壬辰	癸巳	甲午	乙未	丙申	丁酉	戊戌			
3月	己卯	6日 00時 16分	己亥	庚子	辛丑	壬寅	癸卯	甲辰	乙巳	丙午	丁未	戊申	己酉	庚戌	辛亥	壬子	癸丑	甲寅	乙卯	丙辰	丁巳	戊午	己未	庚申	辛酉	壬戌	癸亥	甲子	乙丑	丙寅	丁卯	戊辰	己巳
4月	庚辰	5日 05時 14分	庚午	辛未	壬申	癸酉	甲戌	乙亥	丙子	丁丑	戊寅	己卯	庚辰	辛巳	壬午	癸未	甲申	乙酉	丙戌	丁亥	戊子	己丑	庚寅	辛卯	壬辰	癸巳	甲午	乙未	丙申	丁酉	戊戌	己亥	
5月	辛巳	5日 22時 43分	庚子	辛丑	壬寅	癸卯	甲辰	乙巳	丙午	丁未	戊申	己酉	庚戌	辛亥	壬子	癸丑	甲寅	乙卯	丙辰	丁巳	戊午	己未	庚申	辛酉	壬戌	癸亥	甲子	乙丑	丙寅	丁卯	戊辰	己巳	庚午
6月	壬午	6日 03時 00分	辛未	壬申	癸酉	甲戌	乙亥	丙子	丁丑	戊寅	己卯	庚辰	辛巳	壬午	癸未	甲申	乙酉	丙戌	丁亥	戊子	己丑	庚寅	辛卯	壬辰	癸巳	甲午	乙未	丙申	丁酉	戊戌	己亥	庚子	
7月	癸未	7日 13時 19分	辛丑	壬寅	癸卯	甲辰	乙巳	丙午	丁未	戊申	己酉	庚戌	辛亥	壬子	癸丑	甲寅	乙卯	丙辰	丁巳	戊午	己未	庚申	辛酉	壬戌	癸亥	甲子	乙丑	丙寅	丁卯	戊辰	己巳	庚午	辛未
8月	甲申	7日 23時 04分	壬申	癸酉	甲戌	乙亥	丙子	丁丑	戊寅	己卯	庚辰	辛巳	壬午	癸未	甲申	乙酉	丙戌	丁亥	戊子	己丑	庚寅	辛卯	壬辰	癸巳	甲午	乙未	丙申	丁酉	戊戌	己亥	庚子	辛丑	壬寅
9月	乙酉	8日 01時 53分	癸卯	甲辰	乙巳	丙午	丁未	戊申	己酉	庚戌	辛亥	壬子	癸丑	甲寅	乙卯	丙辰	丁巳	戊午	己未	庚申	辛酉	壬戌	癸亥	甲子	乙丑	丙寅	丁卯	戊辰	己巳	庚午	辛未	壬申	
10月	丙戌	8日 17時 25分	癸酉	甲戌	乙亥	丙子	丁丑	戊寅	己卯	庚辰	辛巳	壬午	癸未	甲申	乙酉	丙戌	丁亥	戊子	己丑	庚寅	辛卯	壬辰	癸巳	甲午	乙未	丙申	丁酉	戊戌	己亥	庚子	辛丑	壬寅	癸卯
11月	丁亥	7日 20時 29分	甲辰	乙巳	丙午	丁未	戊申	己酉	庚戌	辛亥	壬子	癸丑	甲寅	乙卯	丙辰	丁巳	戊午	己未	庚申	辛酉	壬戌	癸亥	甲子	乙丑	丙寅	丁卯	戊辰	己巳	庚午	辛未	壬申	癸酉	
12月	戊子	7日 13時 16分	甲戌	乙亥	丙子	丁丑	戊寅	己卯	庚辰	辛巳	壬午	癸未	甲申	乙酉	丙戌	丁亥	戊子	己丑	庚寅	辛卯	壬辰	癸巳	甲午	乙未	丙申	丁酉	戊戌	己亥	庚子	辛丑	壬寅	癸卯	甲辰

1986年（昭和61年）丙寅

月	月干支	節入り	1日	2日	3日	4日	5日	6日	7日	8日	9日	10日	11日	12日	13日	14日	15日	16日	17日	18日	19日	20日	21日	22日	23日	24日	25日	26日	27日	28日	29日	30日	31日
1月	己丑	6日 00時 28分	乙巳	丙午	丁未	戊申	己酉	庚戌	辛亥	壬子	癸丑	甲寅	乙卯	丙辰	丁巳	戊午	己未	庚申	辛酉	壬戌	癸亥	甲子	乙丑	丙寅	丁卯	戊辰	己巳	庚午	辛未	壬申	癸酉	甲戌	乙亥
2月	庚寅	4日 12時 08分	丙子	丁丑	戊寅	己卯	庚辰	辛巳	壬午	癸未	甲申	乙酉	丙戌	丁亥	戊子	己丑	庚寅	辛卯	壬辰	癸巳	甲午	乙未	丙申	丁酉	戊戌	己亥	庚子	辛丑	壬寅	癸卯			
3月	辛卯	6日 06時 12分	甲辰	乙巳	丙午	丁未	戊申	己酉	庚戌	辛亥	壬子	癸丑	甲寅	乙卯	丙辰	丁巳	戊午	己未	庚申	辛酉	壬戌	癸亥	甲子	乙丑	丙寅	丁卯	戊辰	己巳	庚午	辛未	壬申	癸酉	甲戌
4月	壬辰	5日 11時 06分	乙亥	丙子	丁丑	戊寅	己卯	庚辰	辛巳	壬午	癸未	甲申	乙酉	丙戌	丁亥	戊子	己丑	庚寅	辛卯	壬辰	癸巳	甲午	乙未	丙申	丁酉	戊戌	己亥	庚子	辛丑	壬寅	癸卯	甲辰	
5月	癸巳	6日 04時 31分	乙巳	丙午	丁未	戊申	己酉	庚戌	辛亥	壬子	癸丑	甲寅	乙卯	丙辰	丁巳	戊午	己未	庚申	辛酉	壬戌	癸亥	甲子	乙丑	丙寅	丁卯	戊辰	己巳	庚午	辛未	壬申	癸酉	甲戌	乙亥
6月	甲午	6日 08時 44分	丙子	丁丑	戊寅	己卯	庚辰	辛巳	壬午	癸未	甲申	乙酉	丙戌	丁亥	戊子	己丑	庚寅	辛卯	壬辰	癸巳	甲午	乙未	丙申	丁酉	戊戌	己亥	庚子	辛丑	壬寅	癸卯	甲辰	乙巳	
7月	乙未	7日 19時 01分	丙午	丁未	戊申	己酉	庚戌	辛亥	壬子	癸丑	甲寅	乙卯	丙辰	丁巳	戊午	己未	庚申	辛酉	壬戌	癸亥	甲子	乙丑	丙寅	丁卯	戊辰	己巳	庚午	辛未	壬申	癸酉	甲戌	乙亥	丙子
8月	丙申	8日 04時 46分	丁丑	戊寅	己卯	庚辰	辛巳	壬午	癸未	甲申	乙酉	丙戌	丁亥	戊子	己丑	庚寅	辛卯	壬辰	癸巳	甲午	乙未	丙申	丁酉	戊戌	己亥	庚子	辛丑	壬寅	癸卯	甲辰	乙巳	丙午	丁未
9月	丁酉	8日 07時 35分	戊申	己酉	庚戌	辛亥	壬子	癸丑	甲寅	乙卯	丙辰	丁巳	戊午	己未	庚申	辛酉	壬戌	癸亥	甲子	乙丑	丙寅	丁卯	戊辰	己巳	庚午	辛未	壬申	癸酉	甲戌	乙亥	丙子	丁丑	
10月	戊戌	8日 23時 07分	戊寅	己卯	庚辰	辛巳	壬午	癸未	甲申	乙酉	丙戌	丁亥	戊子	己丑	庚寅	辛卯	壬辰	癸巳	甲午	乙未	丙申	丁酉	戊戌	己亥	庚子	辛丑	壬寅	癸卯	甲辰	乙巳	丙午	丁未	戊申
11月	己亥	8日 02時 13分	己酉	庚戌	辛亥	壬子	癸丑	甲寅	乙卯	丙辰	丁巳	戊午	己未	庚申	辛酉	壬戌	癸亥	甲子	乙丑	丙寅	丁卯	戊辰	己巳	庚午	辛未	壬申	癸酉	甲戌	乙亥	丙子	丁丑	戊寅	
12月	庚子	7日 19時 01分	己卯	庚辰	辛巳	壬午	癸未	甲申	乙酉	丙戌	丁亥	戊子	己丑	庚寅	辛卯	壬辰	癸巳	甲午	乙未	丙申	丁酉	戊戌	己亥	庚子	辛丑	壬寅	癸卯	甲辰	乙巳	丙午	丁未	戊申	己酉

1987年（昭和62年）丁卯

月	月干支	節入り	1日	2日	3日	4日	5日	6日	7日	8日	9日	10日	11日	12日	13日	14日	15日	16日	17日	18日	19日	20日	21日	22日	23日	24日	25日	26日	27日	28日	29日	30日	31日
1月	辛丑	6日 06時 13分	庚戌	辛亥	壬子	癸丑	甲寅	乙卯	丙辰	丁巳	戊午	己未	庚申	辛酉	壬戌	癸亥	甲子	乙丑	丙寅	丁卯	戊辰	己巳	庚午	辛未	壬申	癸酉	甲戌	乙亥	丙子	丁丑	戊寅	己卯	庚辰
2月	壬寅	4日 17時 52分	辛巳	壬午	癸未	甲申	乙酉	丙戌	丁亥	戊子	己丑	庚寅	辛卯	壬辰	癸巳	甲午	乙未	丙申	丁酉	戊戌	己亥	庚子	辛丑	壬寅	癸卯	甲辰	乙巳	丙午	丁未	戊申			
3月	癸卯	6日 11時 54分	己酉	庚戌	辛亥	壬子	癸丑	甲寅	乙卯	丙辰	丁巳	戊午	己未	庚申	辛酉	壬戌	癸亥	甲子	乙丑	丙寅	丁卯	戊辰	己巳	庚午	辛未	壬申	癸酉	甲戌	乙亥	丙子	丁丑	戊寅	己卯
4月	甲辰	5日 16時 44分	庚辰	辛巳	壬午	癸未	甲申	乙酉	丙戌	丁亥	戊子	己丑	庚寅	辛卯	壬辰	癸巳	甲午	乙未	丙申	丁酉	戊戌	己亥	庚子	辛丑	壬寅	癸卯	甲辰	乙巳	丙午	丁未	戊申	己酉	
5月	乙巳	6日 10時 06分	庚戌	辛亥	壬子	癸丑	甲寅	乙卯	丙辰	丁巳	戊午	己未	庚申	辛酉	壬戌	癸亥	甲子	乙丑	丙寅	丁卯	戊辰	己巳	庚午	辛未	壬申	癸酉	甲戌	乙亥	丙子	丁丑	戊寅	己卯	庚辰
6月	丙午	6日 14時 19分	辛巳	壬午	癸未	甲申	乙酉	丙戌	丁亥	戊子	己丑	庚寅	辛卯	壬辰	癸巳	甲午	乙未	丙申	丁酉	戊戌	己亥	庚子	辛丑	壬寅	癸卯	甲辰	乙巳	丙午	丁未	戊申	己酉	庚戌	
7月	丁未	8日 00時 39分	辛亥	壬子	癸丑	甲寅	乙卯	丙辰	丁巳	戊午	己未	庚申	辛酉	壬戌	癸亥	甲子	乙丑	丙寅	丁卯	戊辰	己巳	庚午	辛未	壬申	癸酉	甲戌	乙亥	丙子	丁丑	戊寅	己卯	庚辰	辛巳
8月	戊申	8日 10時 29分	壬午	癸未	甲申	乙酉	丙戌	丁亥	戊子	己丑	庚寅	辛卯	壬辰	癸巳	甲午	乙未	丙申	丁酉	戊戌	己亥	庚子	辛丑	壬寅	癸卯	甲辰	乙巳	丙午	丁未	戊申	己酉	庚戌	辛亥	壬子
9月	己酉	8日 13時 24分	癸丑	甲寅	乙卯	丙辰	丁巳	戊午	己未	庚申	辛酉	壬戌	癸亥	甲子	乙丑	丙寅	丁卯	戊辰	己巳	庚午	辛未	壬申	癸酉	甲戌	乙亥	丙子	丁丑	戊寅	己卯	庚辰	辛巳	壬午	
10月	庚戌	9日 05時 00分	癸未	甲申	乙酉	丙戌	丁亥	戊子	己丑	庚寅	辛卯	壬辰	癸巳	甲午	乙未	丙申	丁酉	戊戌	己亥	庚子	辛丑	壬寅	癸卯	甲辰	乙巳	丙午	丁未	戊申	己酉	庚戌	辛亥	壬子	癸丑
11月	辛亥	8日 08時 06分	甲寅	乙卯	丙辰	丁巳	戊午	己未	庚申	辛酉	壬戌	癸亥	甲子	乙丑	丙寅	丁卯	戊辰	己巳	庚午	辛未	壬申	癸酉	甲戌	乙亥	丙子	丁丑	戊寅	己卯	庚辰	辛巳	壬午	癸未	
12月	壬子	8日 00時 52分	甲申	乙酉	丙戌	丁亥	戊子	己丑	庚寅	辛卯	壬辰	癸巳	甲午	乙未	丙申	丁酉	戊戌	己亥	庚子	辛丑	壬寅	癸卯	甲辰	乙巳	丙午	丁未	戊申	己酉	庚戌	辛亥	壬子	癸丑	甲寅

1988年（昭和63年）戊辰

月	月干支	節入り	1日	2日	3日	4日	5日	6日	7日	8日	9日	10日	11日	12日	13日	14日	15日	16日	17日	18日	19日	20日	21日	22日	23日	24日	25日	26日	27日	28日	29日	30日	31日
1月	癸丑	6日 12時 04分	乙卯	丙辰	丁巳	戊午	己未	庚申	辛酉	壬戌	癸亥	甲子	乙丑	丙寅	丁卯	戊辰	己巳	庚午	辛未	壬申	癸酉	甲戌	乙亥	丙子	丁丑	戊寅	己卯	庚辰	辛巳	壬午	癸未	甲申	乙酉
2月	甲寅	4日 23時 43分	丙戌	丁亥	戊子	己丑	庚寅	辛卯	壬辰	癸巳	甲午	乙未	丙申	丁酉	戊戌	己亥	庚子	辛丑	壬寅	癸卯	甲辰	乙巳	丙午	丁未	戊申	己酉	庚戌	辛亥	壬子	癸丑	甲寅		
3月	乙卯	5日 17時 47分	乙卯	丙辰	丁巳	戊午	己未	庚申	辛酉	壬戌	癸亥	甲子	乙丑	丙寅	丁卯	戊辰	己巳	庚午	辛未	壬申	癸酉	甲戌	乙亥	丙子	丁丑	戊寅	己卯	庚辰	辛巳	壬午	癸未	甲申	乙酉
4月	丙辰	4日 22時 39分	丙戌	丁亥	戊子	己丑	庚寅	辛卯	壬辰	癸巳	甲午	乙未	丙申	丁酉	戊戌	己亥	庚子	辛丑	壬寅	癸卯	甲辰	乙巳	丙午	丁未	戊申	己酉	庚戌	辛亥	壬子	癸丑	甲寅	乙卯	
5月	丁巳	5日 16時 02分	丙辰	丁巳	戊午	己未	庚申	辛酉	壬戌	癸亥	甲子	乙丑	丙寅	丁卯	戊辰	己巳	庚午	辛未	壬申	癸酉	甲戌	乙亥	丙子	丁丑	戊寅	己卯	庚辰	辛巳	壬午	癸未	甲申	乙酉	丙戌
6月	戊午	5日 20時 15分	丁亥	戊子	己丑	庚寅	辛卯	壬辰	癸巳	甲午	乙未	丙申	丁酉	戊戌	己亥	庚子	辛丑	壬寅	癸卯	甲辰	乙巳	丙午	丁未	戊申	己酉	庚戌	辛亥	壬子	癸丑	甲寅	乙卯	丙辰	
7月	己未	7日 06時 33分	丁巳	戊午	己未	庚申	辛酉	壬戌	癸亥	甲子	乙丑	丙寅	丁卯	戊辰	己巳	庚午	辛未	壬申	癸酉	甲戌	乙亥	丙子	丁丑	戊寅	己卯	庚辰	辛巳	壬午	癸未	甲申	乙酉	丙戌	丁亥
8月	庚申	7日 16時 20分	戊子	己丑	庚寅	辛卯	壬辰	癸巳	甲午	乙未	丙申	丁酉	戊戌	己亥	庚子	辛丑	壬寅	癸卯	甲辰	乙巳	丙午	丁未	戊申	己酉	庚戌	辛亥	壬子	癸丑	甲寅	乙卯	丙辰	丁巳	戊午
9月	辛酉	7日 19時 12分	己未	庚申	辛酉	壬戌	癸亥	甲子	乙丑	丙寅	丁卯	戊辰	己巳	庚午	辛未	壬申	癸酉	甲戌	乙亥	丙子	丁丑	戊寅	己卯	庚辰	辛巳	壬午	癸未	甲申	乙酉	丙戌	丁亥	戊子	
10月	壬戌	8日 10時 45分	己丑	庚寅	辛卯	壬辰	癸巳	甲午	乙未	丙申	丁酉	戊戌	己亥	庚子	辛丑	壬寅	癸卯	甲辰	乙巳	丙午	丁未	戊申	己酉	庚戌	辛亥	壬子	癸丑	甲寅	乙卯	丙辰	丁巳	戊午	己未
11月	癸亥	7日 13時 49分	庚申	辛酉	壬戌	癸亥	甲子	乙丑	丙寅	丁卯	戊辰	己巳	庚午	辛未	壬申	癸酉	甲戌	乙亥	丙子	丁丑	戊寅	己卯	庚辰	辛巳	壬午	癸未	甲申	乙酉	丙戌	丁亥	戊子	己丑	
12月	甲子	7日 06時 34分	庚寅	辛卯	壬辰	癸巳	甲午	乙未	丙申	丁酉	戊戌	己亥	庚子	辛丑	壬寅	癸卯	甲辰	乙巳	丙午	丁未	戊申	己酉	庚戌	辛亥	壬子	癸丑	甲寅	乙卯	丙辰	丁巳	戊午	己未	庚申

1989年（昭和64年・平成元年）己巳

月	月干支	節入り	1日	2日	3日	4日	5日	6日	7日	8日	9日	10日	11日	12日	13日	14日	15日	16日	17日	18日	19日	20日	21日	22日	23日	24日	25日	26日	27日	28日	29日	30日	31日
1月	乙丑	5日17時46分	辛酉	壬戌	癸亥	甲子	乙丑	丙寅	丁卯	戊辰	己巳	庚午	辛未	壬申	癸酉	甲戌	乙亥	丙子	丁丑	戊寅	己卯	庚辰	辛巳	壬午	癸未	甲申	乙酉	丙戌	丁亥	戊子	己丑	庚寅	辛卯
2月	丙寅	4日05時27分	壬辰	癸巳	甲午	乙未	丙申	丁酉	戊戌	己亥	庚子	辛丑	壬寅	癸卯	甲辰	乙巳	丙午	丁未	戊申	己酉	庚戌	辛亥	壬子	癸丑	甲寅	乙卯	丙辰	丁巳	戊午	己未			
3月	丁卯	5日23時34分	庚申	辛酉	壬戌	癸亥	甲子	乙丑	丙寅	丁卯	戊辰	己巳	庚午	辛未	壬申	癸酉	甲戌	乙亥	丙子	丁丑	戊寅	己卯	庚辰	辛巳	壬午	癸未	甲申	乙酉	丙戌	丁亥	戊子	己丑	庚寅
4月	戊辰	5日04時30分	辛卯	壬辰	癸巳	甲午	乙未	丙申	丁酉	戊戌	己亥	庚子	辛丑	壬寅	癸卯	甲辰	乙巳	丙午	丁未	戊申	己酉	庚戌	辛亥	壬子	癸丑	甲寅	乙卯	丙辰	丁巳	戊午	己未	庚申	
5月	己巳	5日21時54分	辛酉	壬戌	癸亥	甲子	乙丑	丙寅	丁卯	戊辰	己巳	庚午	辛未	壬申	癸酉	甲戌	乙亥	丙子	丁丑	戊寅	己卯	庚辰	辛巳	壬午	癸未	甲申	乙酉	丙戌	丁亥	戊子	己丑	庚寅	辛卯
6月	庚午	6日02時05分	壬辰	癸巳	甲午	乙未	丙申	丁酉	戊戌	己亥	庚子	辛丑	壬寅	癸卯	甲辰	乙巳	丙午	丁未	戊申	己酉	庚戌	辛亥	壬子	癸丑	甲寅	乙卯	丙辰	丁巳	戊午	己未	庚申	辛酉	
7月	辛未	7日12時19分	壬戌	癸亥	甲子	乙丑	丙寅	丁卯	戊辰	己巳	庚午	辛未	壬申	癸酉	甲戌	乙亥	丙子	丁丑	戊寅	己卯	庚辰	辛巳	壬午	癸未	甲申	乙酉	丙戌	丁亥	戊子	己丑	庚寅	辛卯	壬辰
8月	壬申	7日22時04分	癸巳	甲午	乙未	丙申	丁酉	戊戌	己亥	庚子	辛丑	壬寅	癸卯	甲辰	乙巳	丙午	丁未	戊申	己酉	庚戌	辛亥	壬子	癸丑	甲寅	乙卯	丙辰	丁巳	戊午	己未	庚申	辛酉	壬戌	癸亥
9月	癸酉	8日00時54分	甲子	乙丑	丙寅	丁卯	戊辰	己巳	庚午	辛未	壬申	癸酉	甲戌	乙亥	丙子	丁丑	戊寅	己卯	庚辰	辛巳	壬午	癸未	甲申	乙酉	丙戌	丁亥	戊子	己丑	庚寅	辛卯	壬辰	癸巳	
10月	甲戌	8日16時27分	甲午	乙未	丙申	丁酉	戊戌	己亥	庚子	辛丑	壬寅	癸卯	甲辰	乙巳	丙午	丁未	戊申	己酉	庚戌	辛亥	壬子	癸丑	甲寅	乙卯	丙辰	丁巳	戊午	己未	庚申	辛酉	壬戌	癸亥	甲子
11月	乙亥	7日19時34分	乙丑	丙寅	丁卯	戊辰	己巳	庚午	辛未	壬申	癸酉	甲戌	乙亥	丙子	丁丑	戊寅	己卯	庚辰	辛巳	壬午	癸未	甲申	乙酉	丙戌	丁亥	戊子	己丑	庚寅	辛卯	壬辰	癸巳	甲午	
12月	丙子	7日12時21分	乙未	丙申	丁酉	戊戌	己亥	庚子	辛丑	壬寅	癸卯	甲辰	乙巳	丙午	丁未	戊申	己酉	庚戌	辛亥	壬子	癸丑	甲寅	乙卯	丙辰	丁巳	戊午	己未	庚申	辛酉	壬戌	癸亥	甲子	乙丑

1990年（平成2年）庚午

月	月干支	節入り	1日	2日	3日	4日	5日	6日	7日	8日	9日	10日	11日	12日	13日	14日	15日	16日	17日	18日	19日	20日	21日	22日	23日	24日	25日	26日	27日	28日	29日	30日	31日
1月	丁丑	5日23時33分	丙寅	丁卯	戊辰	己巳	庚午	辛未	壬申	癸酉	甲戌	乙亥	丙子	丁丑	戊寅	己卯	庚辰	辛巳	壬午	癸未	甲申	乙酉	丙戌	丁亥	戊子	己丑	庚寅	辛卯	壬辰	癸巳	甲午	乙未	丙申
2月	戊寅	4日11時14分	丁酉	戊戌	己亥	庚子	辛丑	壬寅	癸卯	甲辰	乙巳	丙午	丁未	戊申	己酉	庚戌	辛亥	壬子	癸丑	甲寅	乙卯	丙辰	丁巳	戊午	己未	庚申	辛酉	壬戌	癸亥	甲子			
3月	己卯	6日05時19分	乙丑	丙寅	丁卯	戊辰	己巳	庚午	辛未	壬申	癸酉	甲戌	乙亥	丙子	丁丑	戊寅	己卯	庚辰	辛巳	壬午	癸未	甲申	乙酉	丙戌	丁亥	戊子	己丑	庚寅	辛卯	壬辰	癸巳	甲午	乙未
4月	庚辰	5日10時13分	丙申	丁酉	戊戌	己亥	庚子	辛丑	壬寅	癸卯	甲辰	乙巳	丙午	丁未	戊申	己酉	庚戌	辛亥	壬子	癸丑	甲寅	乙卯	丙辰	丁巳	戊午	己未	庚申	辛酉	壬戌	癸亥	甲子	乙丑	
5月	辛巳	6日03時35分	丙寅	丁卯	戊辰	己巳	庚午	辛未	壬申	癸酉	甲戌	乙亥	丙子	丁丑	戊寅	己卯	庚辰	辛巳	壬午	癸未	甲申	乙酉	丙戌	丁亥	戊子	己丑	庚寅	辛卯	壬辰	癸巳	甲午	乙未	丙申
6月	壬午	6日07時46分	丁酉	戊戌	己亥	庚子	辛丑	壬寅	癸卯	甲辰	乙巳	丙午	丁未	戊申	己酉	庚戌	辛亥	壬子	癸丑	甲寅	乙卯	丙辰	丁巳	戊午	己未	庚申	辛酉	壬戌	癸亥	甲子	乙丑	丙寅	
7月	癸未	7日18時00分	丁卯	戊辰	己巳	庚午	辛未	壬申	癸酉	甲戌	乙亥	丙子	丁丑	戊寅	己卯	庚辰	辛巳	壬午	癸未	甲申	乙酉	丙戌	丁亥	戊子	己丑	庚寅	辛卯	壬辰	癸巳	甲午	乙未	丙申	丁酉
8月	甲申	8日03時46分	戊戌	己亥	庚子	辛丑	壬寅	癸卯	甲辰	乙巳	丙午	丁未	戊申	己酉	庚戌	辛亥	壬子	癸丑	甲寅	乙卯	丙辰	丁巳	戊午	己未	庚申	辛酉	壬戌	癸亥	甲子	乙丑	丙寅	丁卯	戊辰
9月	乙酉	8日06時37分	己巳	庚午	辛未	壬申	癸酉	甲戌	乙亥	丙子	丁丑	戊寅	己卯	庚辰	辛巳	壬午	癸未	甲申	乙酉	丙戌	丁亥	戊子	己丑	庚寅	辛卯	壬辰	癸巳	甲午	乙未	丙申	丁酉	戊戌	
10月	丙戌	8日22時14分	己亥	庚子	辛丑	壬寅	癸卯	甲辰	乙巳	丙午	丁未	戊申	己酉	庚戌	辛亥	壬子	癸丑	甲寅	乙卯	丙辰	丁巳	戊午	己未	庚申	辛酉	壬戌	癸亥	甲子	乙丑	丙寅	丁卯	戊辰	己巳
11月	丁亥	8日01時23分	庚午	辛未	壬申	癸酉	甲戌	乙亥	丙子	丁丑	戊寅	己卯	庚辰	辛巳	壬午	癸未	甲申	乙酉	丙戌	丁亥	戊子	己丑	庚寅	辛卯	壬辰	癸巳	甲午	乙未	丙申	丁酉	戊戌	己亥	
12月	戊子	7日18時14分	庚子	辛丑	壬寅	癸卯	甲辰	乙巳	丙午	丁未	戊申	己酉	庚戌	辛亥	壬子	癸丑	甲寅	乙卯	丙辰	丁巳	戊午	己未	庚申	辛酉	壬戌	癸亥	甲子	乙丑	丙寅	丁卯	戊辰	己巳	庚午

1991年（平成3年）辛未

月	月干支	節入り	1日	2日	3日	4日	5日	6日	7日	8日	9日	10日	11日	12日	13日	14日	15日	16日	17日	18日	19日	20日	21日	22日	23日	24日	25日	26日	27日	28日	29日	30日	31日
1月	己丑	6日 05時 28分	辛未	壬申	癸酉	甲戌	乙亥	**丙子**	丁丑	戊寅	己卯	庚辰	辛巳	壬午	癸未	甲申	乙酉	丙戌	丁亥	戊子	己丑	庚寅	辛卯	壬辰	癸巳	甲午	乙未	丙申	丁酉	戊戌	己亥	庚子	辛丑
2月	庚寅	4日 17時 08分	壬寅	癸卯	甲辰	**乙巳**	丙午	丁未	戊申	己酉	庚戌	辛亥	壬子	癸丑	甲寅	乙卯	丙辰	丁巳	戊午	己未	庚申	辛酉	壬戌	癸亥	甲子	乙丑	丙寅	丁卯	戊辰	己巳			
3月	辛卯	6日 11時 12分	庚午	辛未	壬申	癸酉	甲戌	**乙亥**	丙子	丁丑	戊寅	己卯	庚辰	辛巳	壬午	癸未	甲申	乙酉	丙戌	丁亥	戊子	己丑	庚寅	辛卯	壬辰	癸巳	甲午	乙未	丙申	丁酉	戊戌	己亥	庚子
4月	壬辰	5日 16時 05分	辛丑	壬寅	癸卯	甲辰	**乙巳**	丙午	丁未	戊申	己酉	庚戌	辛亥	壬子	癸丑	甲寅	乙卯	丙辰	丁巳	戊午	己未	庚申	辛酉	壬戌	癸亥	甲子	乙丑	丙寅	丁卯	戊辰	己巳	庚午	
5月	癸巳	6日 09時 27分	辛未	壬申	癸酉	甲戌	乙亥	**丙子**	丁丑	戊寅	己卯	庚辰	辛巳	壬午	癸未	甲申	乙酉	丙戌	丁亥	戊子	己丑	庚寅	辛卯	壬辰	癸巳	甲午	乙未	丙申	丁酉	戊戌	己亥	庚子	辛丑
6月	甲午	6日 13時 38分	壬寅	癸卯	甲辰	乙巳	丙午	**丁未**	戊申	己酉	庚戌	辛亥	壬子	癸丑	甲寅	乙卯	丙辰	丁巳	戊午	己未	庚申	辛酉	壬戌	癸亥	甲子	乙丑	丙寅	丁卯	戊辰	己巳	庚午	辛未	
7月	乙未	7日 23時 53分	壬申	癸酉	甲戌	乙亥	丙子	丁丑	**戊寅**	己卯	庚辰	辛巳	壬午	癸未	甲申	乙酉	丙戌	丁亥	戊子	己丑	庚寅	辛卯	壬辰	癸巳	甲午	乙未	丙申	丁酉	戊戌	己亥	庚子	辛丑	壬寅
8月	丙申	8日 09時 37分	癸卯	甲辰	乙巳	丙午	丁未	戊申	己酉	**庚戌**	辛亥	壬子	癸丑	甲寅	乙卯	丙辰	丁巳	戊午	己未	庚申	辛酉	壬戌	癸亥	甲子	乙丑	丙寅	丁卯	戊辰	己巳	庚午	辛未	壬申	癸酉
9月	丁酉	8日 12時 27分	甲戌	乙亥	丙子	丁丑	戊寅	己卯	庚辰	**辛巳**	壬午	癸未	甲申	乙酉	丙戌	丁亥	戊子	己丑	庚寅	辛卯	壬辰	癸巳	甲午	乙未	丙申	丁酉	戊戌	己亥	庚子	辛丑	壬寅	癸卯	
10月	戊戌	9日 04時 01分	甲辰	乙巳	丙午	丁未	戊申	己酉	庚戌	辛亥	**壬子**	癸丑	甲寅	乙卯	丙辰	丁巳	戊午	己未	庚申	辛酉	壬戌	癸亥	甲子	乙丑	丙寅	丁卯	戊辰	己巳	庚午	辛未	壬申	癸酉	甲戌
11月	己亥	8日 07時 08分	乙亥	丙子	丁丑	戊寅	己卯	庚辰	辛巳	**壬午**	癸未	甲申	乙酉	丙戌	丁亥	戊子	己丑	庚寅	辛卯	壬辰	癸巳	甲午	乙未	丙申	丁酉	戊戌	己亥	庚子	辛丑	壬寅	癸卯	甲辰	
12月	庚子	7日 23時 56分	乙巳	丙午	丁未	戊申	己酉	庚戌	**辛亥**	壬子	癸丑	甲寅	乙卯	丙辰	丁巳	戊午	己未	庚申	辛酉	壬戌	癸亥	甲子	乙丑	丙寅	丁卯	戊辰	己巳	庚午	辛未	壬申	癸酉	甲戌	乙亥

1992年（平成4年）壬申

月	月干支	節入り	1日	2日	3日	4日	5日	6日	7日	8日	9日	10日	11日	12日	13日	14日	15日	16日	17日	18日	19日	20日	21日	22日	23日	24日	25日	26日	27日	28日	29日	30日	31日
1月	辛丑	6日 11時 09分	丙子	丁丑	戊寅	己卯	庚辰	**辛巳**	壬午	癸未	甲申	乙酉	丙戌	丁亥	戊子	己丑	庚寅	辛卯	壬辰	癸巳	甲午	乙未	丙申	丁酉	戊戌	己亥	庚子	辛丑	壬寅	癸卯	甲辰	乙巳	丙午
2月	壬寅	4日 22時 48分	丁未	戊申	己酉	**庚戌**	辛亥	壬子	癸丑	甲寅	乙卯	丙辰	丁巳	戊午	己未	庚申	辛酉	壬戌	癸亥	甲子	乙丑	丙寅	丁卯	戊辰	己巳	庚午	辛未	壬申	癸酉	甲戌	乙亥		
3月	癸卯	5日 16時 52分	丙子	丁丑	戊寅	己卯	**庚辰**	辛巳	壬午	癸未	甲申	乙酉	丙戌	丁亥	戊子	己丑	庚寅	辛卯	壬辰	癸巳	甲午	乙未	丙申	丁酉	戊戌	己亥	庚子	辛丑	壬寅	癸卯	甲辰	乙巳	丙午
4月	甲辰	4日 21時 45分	丁未	戊申	己酉	**庚戌**	辛亥	壬子	癸丑	甲寅	乙卯	丙辰	丁巳	戊午	己未	庚申	辛酉	壬戌	癸亥	甲子	乙丑	丙寅	丁卯	戊辰	己巳	庚午	辛未	壬申	癸酉	甲戌	乙亥	丙子	
5月	乙巳	5日 15時 09分	丁丑	戊寅	己卯	庚辰	**辛巳**	壬午	癸未	甲申	乙酉	丙戌	丁亥	戊子	己丑	庚寅	辛卯	壬辰	癸巳	甲午	乙未	丙申	丁酉	戊戌	己亥	庚子	辛丑	壬寅	癸卯	甲辰	乙巳	丙午	丁未
6月	丙午	5日 19時 22分	戊申	己酉	庚戌	辛亥	**壬子**	癸丑	甲寅	乙卯	丙辰	丁巳	戊午	己未	庚申	辛酉	壬戌	癸亥	甲子	乙丑	丙寅	丁卯	戊辰	己巳	庚午	辛未	壬申	癸酉	甲戌	乙亥	丙子	丁丑	
7月	丁未	7日 05時 40分	戊寅	己卯	庚辰	辛巳	壬午	癸未	**甲申**	乙酉	丙戌	丁亥	戊子	己丑	庚寅	辛卯	壬辰	癸巳	甲午	乙未	丙申	丁酉	戊戌	己亥	庚子	辛丑	壬寅	癸卯	甲辰	乙巳	丙午	丁未	戊申
8月	戊申	7日 15時 27分	己酉	庚戌	辛亥	壬子	癸丑	甲寅	**乙卯**	丙辰	丁巳	戊午	己未	庚申	辛酉	壬戌	癸亥	甲子	乙丑	丙寅	丁卯	戊辰	己巳	庚午	辛未	壬申	癸酉	甲戌	乙亥	丙子	丁丑	戊寅	己卯
9月	己酉	7日 18時 18分	庚辰	辛巳	壬午	癸未	甲申	乙酉	**丙戌**	丁亥	戊子	己丑	庚寅	辛卯	壬辰	癸巳	甲午	乙未	丙申	丁酉	戊戌	己亥	庚子	辛丑	壬寅	癸卯	甲辰	乙巳	丙午	丁未	戊申	己酉	
10月	庚戌	8日 09時 51分	庚戌	辛亥	壬子	癸丑	甲寅	乙卯	丙辰	**丁巳**	戊午	己未	庚申	辛酉	壬戌	癸亥	甲子	乙丑	丙寅	丁卯	戊辰	己巳	庚午	辛未	壬申	癸酉	甲戌	乙亥	丙子	丁丑	戊寅	己卯	庚辰
11月	辛亥	7日 12時 57分	辛巳	壬午	癸未	甲申	乙酉	丙戌	**丁亥**	戊子	己丑	庚寅	辛卯	壬辰	癸巳	甲午	乙未	丙申	丁酉	戊戌	己亥	庚子	辛丑	壬寅	癸卯	甲辰	乙巳	丙午	丁未	戊申	己酉	庚戌	
12月	壬子	7日 05時 44分	辛亥	壬子	癸丑	甲寅	乙卯	丙辰	**丁巳**	戊午	己未	庚申	辛酉	壬戌	癸亥	甲子	乙丑	丙寅	丁卯	戊辰	己巳	庚午	辛未	壬申	癸酉	甲戌	乙亥	丙子	丁丑	戊寅	己卯	庚辰	辛巳

1993年（平成5年）癸酉

月	月干支	節入り	1日	2日	3日	4日	5日	6日	7日	8日	9日	10日	11日	12日	13日	14日	15日	16日	17日	18日	19日	20日	21日	22日	23日	24日	25日	26日	27日	28日	29日	30日	31日
1月	癸丑	5日 16時 57分	壬午	癸未	甲申	乙酉	丙戌	丁亥	戊子	己丑	庚寅	辛卯	壬辰	癸巳	甲午	乙未	丙申	丁酉	戊戌	己亥	庚子	辛丑	壬寅	癸卯	甲辰	乙巳	丙午	丁未	戊申	己酉	庚戌	辛亥	壬子
2月	丙寅	4日 04時 07分	癸丑	甲寅	乙卯	丙辰	丁巳	戊午	己未	庚申	辛酉	壬戌	癸亥	甲子	乙丑	丙寅	丁卯	戊辰	己巳	庚午	辛未	壬申	癸酉	甲戌	乙亥	丙子	丁丑	戊寅	己卯	庚辰			
3月	乙卯	5日 22時 43分	辛巳	壬午	癸未	甲申	乙酉	丙戌	丁亥	戊子	己丑	庚寅	辛卯	壬辰	癸巳	甲午	乙未	丙申	丁酉	戊戌	己亥	庚子	辛丑	壬寅	癸卯	甲辰	乙巳	丙午	丁未	戊申	己酉	庚戌	辛亥
4月	丙辰	5日 03時 37分	壬子	癸丑	甲寅	乙卯	丙辰	丁巳	戊午	己未	庚申	辛酉	壬戌	癸亥	甲子	乙丑	丙寅	丁卯	戊辰	己巳	庚午	辛未	壬申	癸酉	甲戌	乙亥	丙子	丁丑	戊寅	己卯	庚辰	辛巳	
5月	丁巳	5日 21時 02分	壬午	癸未	甲申	乙酉	丙戌	丁亥	戊子	己丑	庚寅	辛卯	壬辰	癸巳	甲午	乙未	丙申	丁酉	戊戌	己亥	庚子	辛丑	壬寅	癸卯	甲辰	乙巳	丙午	丁未	戊申	己酉	庚戌	辛亥	壬子
6月	戊午	6日 01時 15分	癸丑	甲寅	乙卯	丙辰	丁巳	戊午	己未	庚申	辛酉	壬戌	癸亥	甲子	乙丑	丙寅	丁卯	戊辰	己巳	庚午	辛未	壬申	癸酉	甲戌	乙亥	丙子	丁丑	戊寅	己卯	庚辰	辛巳	壬午	
7月	己未	7日 11時 32分	癸未	甲申	乙酉	丙戌	丁亥	戊子	己丑	庚寅	辛卯	壬辰	癸巳	甲午	乙未	丙申	丁酉	戊戌	己亥	庚子	辛丑	壬寅	癸卯	甲辰	乙巳	丙午	丁未	戊申	己酉	庚戌	辛亥	壬子	癸丑
8月	庚申	7日 21時 18分	甲寅	乙卯	丙辰	丁巳	戊午	己未	庚申	辛酉	壬戌	癸亥	甲子	乙丑	丙寅	丁卯	戊辰	己巳	庚午	辛未	壬申	癸酉	甲戌	乙亥	丙子	丁丑	戊寅	己卯	庚辰	辛巳	壬午	癸未	甲申
9月	辛酉	8日 00時 08分	乙酉	丙戌	丁亥	戊子	己丑	庚寅	辛卯	壬辰	癸巳	甲午	乙未	丙申	丁酉	戊戌	己亥	庚子	辛丑	壬寅	癸卯	甲辰	乙巳	丙午	丁未	戊申	己酉	庚戌	辛亥	壬子	癸丑	甲寅	
10月	壬戌	8日 15時 40分	乙卯	丙辰	丁巳	戊午	己未	庚申	辛酉	壬戌	癸亥	甲子	乙丑	丙寅	丁卯	戊辰	己巳	庚午	辛未	壬申	癸酉	甲戌	乙亥	丙子	丁丑	戊寅	己卯	庚辰	辛巳	壬午	癸未	甲申	乙酉
11月	癸亥	7日 18時 46分	丙戌	丁亥	戊子	己丑	庚寅	辛卯	壬辰	癸巳	甲午	乙未	丙申	丁酉	戊戌	己亥	庚子	辛丑	壬寅	癸卯	甲辰	乙巳	丙午	丁未	戊申	己酉	庚戌	辛亥	壬子	癸丑	甲寅	乙卯	
12月	甲子	7日 11時 34分	丙辰	丁巳	戊午	己未	庚申	辛酉	壬戌	癸亥	甲子	乙丑	丙寅	丁卯	戊辰	己巳	庚午	辛未	壬申	癸酉	甲戌	乙亥	丙子	丁丑	戊寅	己卯	庚辰	辛巳	壬午	癸未	甲申	乙酉	丙戌

1994年（平成6年）甲戌

月	月干支	節入り	1日	2日	3日	4日	5日	6日	7日	8日	9日	10日	11日	12日	13日	14日	15日	16日	17日	18日	19日	20日	21日	22日	23日	24日	25日	26日	27日	28日	29日	30日	31日
1月	乙丑	5日 22時 48分	丁亥	戊子	己丑	庚寅	辛卯	壬辰	癸巳	甲午	乙未	丙申	丁酉	戊戌	己亥	庚子	辛丑	壬寅	癸卯	甲辰	乙巳	丙午	丁未	戊申	己酉	庚戌	辛亥	壬子	癸丑	甲寅	乙卯	丙辰	丁巳
2月	丙寅	4日 10時 31分	戊午	己未	庚申	辛酉	壬戌	癸亥	甲子	乙丑	丙寅	丁卯	戊辰	己巳	庚午	辛未	壬申	癸酉	甲戌	乙亥	丙子	丁丑	戊寅	己卯	庚辰	辛巳	壬午	癸未	甲申	乙酉			
3月	丁卯	6日 04時 38分	丙戌	丁亥	戊子	己丑	庚寅	辛卯	壬辰	癸巳	甲午	乙未	丙申	丁酉	戊戌	己亥	庚子	辛丑	壬寅	癸卯	甲辰	乙巳	丙午	丁未	戊申	己酉	庚戌	辛亥	壬子	癸丑	甲寅	乙卯	丙辰
4月	戊辰	5日 09時 32分	丁巳	戊午	己未	庚申	辛酉	壬戌	癸亥	甲子	乙丑	丙寅	丁卯	戊辰	己巳	庚午	辛未	壬申	癸酉	甲戌	乙亥	丙子	丁丑	戊寅	己卯	庚辰	辛巳	壬午	癸未	甲申	乙酉	丙戌	
5月	己巳	6日 02時 54分	丁亥	戊子	己丑	庚寅	辛卯	壬辰	癸巳	甲午	乙未	丙申	丁酉	戊戌	己亥	庚子	辛丑	壬寅	癸卯	甲辰	乙巳	丙午	丁未	戊申	己酉	庚戌	辛亥	壬子	癸丑	甲寅	乙卯	丙辰	丁巳
6月	庚午	6日 07時 05分	戊午	己未	庚申	辛酉	壬戌	癸亥	甲子	乙丑	丙寅	丁卯	戊辰	己巳	庚午	辛未	壬申	癸酉	甲戌	乙亥	丙子	丁丑	戊寅	己卯	庚辰	辛巳	壬午	癸未	甲申	乙酉	丙戌	丁亥	
7月	辛未	7日 17時 19分	戊子	己丑	庚寅	辛卯	壬辰	癸巳	甲午	乙未	丙申	丁酉	戊戌	己亥	庚子	辛丑	壬寅	癸卯	甲辰	乙巳	丙午	丁未	戊申	己酉	庚戌	辛亥	壬子	癸丑	甲寅	乙卯	丙辰	丁巳	戊午
8月	壬申	8日 03時 04分	己未	庚申	辛酉	壬戌	癸亥	甲子	乙丑	丙寅	丁卯	戊辰	己巳	庚午	辛未	壬申	癸酉	甲戌	乙亥	丙子	丁丑	戊寅	己卯	庚辰	辛巳	壬午	癸未	甲申	乙酉	丙戌	丁亥	戊子	己丑
9月	癸酉	8日 05時 55分	庚寅	辛卯	壬辰	癸巳	甲午	乙未	丙申	丁酉	戊戌	己亥	庚子	辛丑	壬寅	癸卯	甲辰	乙巳	丙午	丁未	戊申	己酉	庚戌	辛亥	壬子	癸丑	甲寅	乙卯	丙辰	丁巳	戊午	己未	
10月	甲戌	8日 21時 29分	庚申	辛酉	壬戌	癸亥	甲子	乙丑	丙寅	丁卯	戊辰	己巳	庚午	辛未	壬申	癸酉	甲戌	乙亥	丙子	丁丑	戊寅	己卯	庚辰	辛巳	壬午	癸未	甲申	乙酉	丙戌	丁亥	戊子	己丑	庚寅
11月	乙亥	8日 00時 36分	辛卯	壬辰	癸巳	甲午	乙未	丙申	丁酉	戊戌	己亥	庚子	辛丑	壬寅	癸卯	甲辰	乙巳	丙午	丁未	戊申	己酉	庚戌	辛亥	壬子	癸丑	甲寅	乙卯	丙辰	丁巳	戊午	己未	庚申	
12月	丙子	7日 17時 23分	辛酉	壬戌	癸亥	甲子	乙丑	丙寅	丁卯	戊辰	己巳	庚午	辛未	壬申	癸酉	甲戌	乙亥	丙子	丁丑	戊寅	己卯	庚辰	辛巳	壬午	癸未	甲申	乙酉	丙戌	丁亥	戊子	己丑	庚寅	辛卯

1995年（平成7年）乙亥

月	月干支	節入り	1日	2日	3日	4日	5日	6日	7日	8日	9日	10日	11日	12日	13日	14日	15日	16日	17日	18日	19日	20日	21日	22日	23日	24日	25日	26日	27日	28日	29日	30日	31日
1月	丁丑	6日04時34分	壬辰	癸巳	甲午	乙未	丙申	丁酉	戊戌	己亥	庚子	辛丑	壬寅	癸卯	甲辰	乙巳	丙午	丁未	戊申	己酉	庚戌	辛亥	壬子	癸丑	甲寅	乙卯	丙辰	丁巳	戊午	己未	庚申	辛酉	壬戌
2月	戊寅	4日16時13分	癸亥	甲子	乙丑	丙寅	丁卯	戊辰	己巳	庚午	辛未	壬申	癸酉	甲戌	乙亥	丙子	丁丑	戊寅	己卯	庚辰	辛巳	壬午	癸未	甲申	乙酉	丙戌	丁亥	戊子	己丑	庚寅			
3月	己卯	6日10時16分	辛卯	壬辰	癸巳	甲午	乙未	丙申	丁酉	戊戌	己亥	庚子	辛丑	壬寅	癸卯	甲辰	乙巳	丙午	丁未	戊申	己酉	庚戌	辛亥	壬子	癸丑	甲寅	乙卯	丙辰	丁巳	戊午	己未	庚申	辛酉
4月	庚辰	5日15時08分	壬戌	癸亥	甲子	乙丑	丙寅	丁卯	戊辰	己巳	庚午	辛未	壬申	癸酉	甲戌	乙亥	丙子	丁丑	戊寅	己卯	庚辰	辛巳	壬午	癸未	甲申	乙酉	丙戌	丁亥	戊子	己丑	庚寅	辛卯	
5月	辛巳	6日08時30分	壬辰	癸巳	甲午	乙未	丙申	丁酉	戊戌	己亥	庚子	辛丑	壬寅	癸卯	甲辰	乙巳	丙午	丁未	戊申	己酉	庚戌	辛亥	壬子	癸丑	甲寅	乙卯	丙辰	丁巳	戊午	己未	庚申	辛酉	壬戌
6月	壬午	6日12時42分	癸亥	甲子	乙丑	丙寅	丁卯	戊辰	己巳	庚午	辛未	壬申	癸酉	甲戌	乙亥	丙子	丁丑	戊寅	己卯	庚辰	辛巳	壬午	癸未	甲申	乙酉	丙戌	丁亥	戊子	己丑	庚寅	辛卯	壬辰	
7月	癸未	7日23時01分	癸巳	甲午	乙未	丙申	丁酉	戊戌	己亥	庚子	辛丑	壬寅	癸卯	甲辰	乙巳	丙午	丁未	戊申	己酉	庚戌	辛亥	壬子	癸丑	甲寅	乙卯	丙辰	丁巳	戊午	己未	庚申	辛酉	壬戌	癸亥
8月	甲申	8日08時52分	甲子	乙丑	丙寅	丁卯	戊辰	己巳	庚午	辛未	壬申	癸酉	甲戌	乙亥	丙子	丁丑	戊寅	己卯	庚辰	辛巳	壬午	癸未	甲申	乙酉	丙戌	丁亥	戊子	己丑	庚寅	辛卯	壬辰	癸巳	甲午
9月	乙酉	8日11時49分	乙未	丙申	丁酉	戊戌	己亥	庚子	辛丑	壬寅	癸卯	甲辰	乙巳	丙午	丁未	戊申	己酉	庚戌	辛亥	壬子	癸丑	甲寅	乙卯	丙辰	丁巳	戊午	己未	庚申	辛酉	壬戌	癸亥	甲子	
10月	丙戌	9日03時27分	乙丑	丙寅	丁卯	戊辰	己巳	庚午	辛未	壬申	癸酉	甲戌	乙亥	丙子	丁丑	戊寅	己卯	庚辰	辛巳	壬午	癸未	甲申	乙酉	丙戌	丁亥	戊子	己丑	庚寅	辛卯	壬辰	癸巳	甲午	乙未
11月	丁亥	8日06時36分	丙申	丁酉	戊戌	己亥	庚子	辛丑	壬寅	癸卯	甲辰	乙巳	丙午	丁未	戊申	己酉	庚戌	辛亥	壬子	癸丑	甲寅	乙卯	丙辰	丁巳	戊午	己未	庚申	辛酉	壬戌	癸亥	甲子	乙丑	
12月	戊子	7日23時22分	丙寅	丁卯	戊辰	己巳	庚午	辛未	壬申	癸酉	甲戌	乙亥	丙子	丁丑	戊寅	己卯	庚辰	辛巳	壬午	癸未	甲申	乙酉	丙戌	丁亥	戊子	己丑	庚寅	辛卯	壬辰	癸巳	甲午	乙未	丙申

1996年（平成8年）丙子

月	月干支	節入り	1日	2日	3日	4日	5日	6日	7日	8日	9日	10日	11日	12日	13日	14日	15日	16日	17日	18日	19日	20日	21日	22日	23日	24日	25日	26日	27日	28日	29日	30日	31日
1月	己丑	6日10時31分	丁酉	戊戌	己亥	庚子	辛丑	壬寅	癸卯	甲辰	乙巳	丙午	丁未	戊申	己酉	庚戌	辛亥	壬子	癸丑	甲寅	乙卯	丙辰	丁巳	戊午	己未	庚申	辛酉	壬戌	癸亥	甲子	乙丑	丙寅	丁卯
2月	庚寅	4日22時08分	戊辰	己巳	庚午	辛未	壬申	癸酉	甲戌	乙亥	丙子	丁丑	戊寅	己卯	庚辰	辛巳	壬午	癸未	甲申	乙酉	丙戌	丁亥	戊子	己丑	庚寅	辛卯	壬辰	癸巳	甲午	乙未	丙申		
3月	辛卯	5日16時10分	丁酉	戊戌	己亥	庚子	辛丑	壬寅	癸卯	甲辰	乙巳	丙午	丁未	戊申	己酉	庚戌	辛亥	壬子	癸丑	甲寅	乙卯	丙辰	丁巳	戊午	己未	庚申	辛酉	壬戌	癸亥	甲子	乙丑	丙寅	丁卯
4月	壬辰	4日21時02分	戊辰	己巳	庚午	辛未	壬申	癸酉	甲戌	乙亥	丙子	丁丑	戊寅	己卯	庚辰	辛巳	壬午	癸未	甲申	乙酉	丙戌	丁亥	戊子	己丑	庚寅	辛卯	壬辰	癸巳	甲午	乙未	丙申	丁酉	
5月	癸巳	5日14時26分	戊戌	己亥	庚子	辛丑	壬寅	癸卯	甲辰	乙巳	丙午	丁未	戊申	己酉	庚戌	辛亥	壬子	癸丑	甲寅	乙卯	丙辰	丁巳	戊午	己未	庚申	辛酉	壬戌	癸亥	甲子	乙丑	丙寅	丁卯	戊辰
6月	甲午	5日18時41分	己巳	庚午	辛未	壬申	癸酉	甲戌	乙亥	丙子	丁丑	戊寅	己卯	庚辰	辛巳	壬午	癸未	甲申	乙酉	丙戌	丁亥	戊子	己丑	庚寅	辛卯	壬辰	癸巳	甲午	乙未	丙申	丁酉	戊戌	
7月	乙未	7日05時00分	己亥	庚子	辛丑	壬寅	癸卯	甲辰	乙巳	丙午	丁未	戊申	己酉	庚戌	辛亥	壬子	癸丑	甲寅	乙卯	丙辰	丁巳	戊午	己未	庚申	辛酉	壬戌	癸亥	甲子	乙丑	丙寅	丁卯	戊辰	己巳
8月	丙申	7日14時49分	庚午	辛未	壬申	癸酉	甲戌	乙亥	丙子	丁丑	戊寅	己卯	庚辰	辛巳	壬午	癸未	甲申	乙酉	丙戌	丁亥	戊子	己丑	庚寅	辛卯	壬辰	癸巳	甲午	乙未	丙申	丁酉	戊戌	己亥	庚子
9月	丁酉	7日17時42分	辛丑	壬寅	癸卯	甲辰	乙巳	丙午	丁未	戊申	己酉	庚戌	辛亥	壬子	癸丑	甲寅	乙卯	丙辰	丁巳	戊午	己未	庚申	辛酉	壬戌	癸亥	甲子	乙丑	丙寅	丁卯	戊辰	己巳	庚午	
10月	戊戌	8日09時19分	辛未	壬申	癸酉	甲戌	乙亥	丙子	丁丑	戊寅	己卯	庚辰	辛巳	壬午	癸未	甲申	乙酉	丙戌	丁亥	戊子	己丑	庚寅	辛卯	壬辰	癸巳	甲午	乙未	丙申	丁酉	戊戌	己亥	庚子	辛丑
11月	己亥	7日12時27分	壬寅	癸卯	甲辰	乙巳	丙午	丁未	戊申	己酉	庚戌	辛亥	壬子	癸丑	甲寅	乙卯	丙辰	丁巳	戊午	己未	庚申	辛酉	壬戌	癸亥	甲子	乙丑	丙寅	丁卯	戊辰	己巳	庚午	辛未	
12月	庚子	7日05時14分	壬申	癸酉	甲戌	乙亥	丙子	丁丑	戊寅	己卯	庚辰	辛巳	壬午	癸未	甲申	乙酉	丙戌	丁亥	戊子	己丑	庚寅	辛卯	壬辰	癸巳	甲午	乙未	丙申	丁酉	戊戌	己亥	庚子	辛丑	壬寅

1997年（平成9年）丁丑

月	月干支	節入り	1日	2日	3日	4日	5日	6日	7日	8日	9日	10日	11日	12日	13日	14日	15日	16日	17日	18日	19日	20日	21日	22日	23日	24日	25日	26日	27日	28日	29日	30日	31日
1月	辛丑	5日 16時 24分	癸卯	甲辰	乙巳	丙午	丁未	戊申	己酉	庚戌	辛亥	壬子	癸丑	甲寅	乙卯	丙辰	丁巳	戊午	己未	庚申	辛酉	壬戌	癸亥	甲子	乙丑	丙寅	丁卯	戊辰	己巳	庚午	辛未	壬申	癸酉
2月	壬寅	4日 04時 02分	甲戌	乙亥	丙子	丁丑	戊寅	己卯	庚辰	辛巳	壬午	癸未	甲申	乙酉	丙戌	丁亥	戊子	己丑	庚寅	辛卯	壬辰	癸巳	甲午	乙未	丙申	丁酉	戊戌	己亥	庚子	辛丑			
3月	癸卯	5日 22時 04分	壬寅	癸卯	甲辰	乙巳	丙午	丁未	戊申	己酉	庚戌	辛亥	壬子	癸丑	甲寅	乙卯	丙辰	丁巳	戊午	己未	庚申	辛酉	壬戌	癸亥	甲子	乙丑	丙寅	丁卯	戊辰	己巳	庚午	辛未	壬申
4月	甲辰	5日 02時 56分	癸酉	甲戌	乙亥	丙子	丁丑	戊寅	己卯	庚辰	辛巳	壬午	癸未	甲申	乙酉	丙戌	丁亥	戊子	己丑	庚寅	辛卯	壬辰	癸巳	甲午	乙未	丙申	丁酉	戊戌	己亥	庚子	辛丑	壬寅	
5月	乙巳	5日 20時 19分	癸卯	甲辰	乙巳	丙午	丁未	戊申	己酉	庚戌	辛亥	壬子	癸丑	甲寅	乙卯	丙辰	丁巳	戊午	己未	庚申	辛酉	壬戌	癸亥	甲子	乙丑	丙寅	丁卯	戊辰	己巳	庚午	辛未	壬申	癸酉
6月	丙午	6日 00時 33分	甲戌	乙亥	丙子	丁丑	戊寅	己卯	庚辰	辛巳	壬午	癸未	甲申	乙酉	丙戌	丁亥	戊子	己丑	庚寅	辛卯	壬辰	癸巳	甲午	乙未	丙申	丁酉	戊戌	己亥	庚子	辛丑	壬寅	癸卯	
7月	丁未	7日 10時 49分	甲辰	乙巳	丙午	丁未	戊申	己酉	庚戌	辛亥	壬子	癸丑	甲寅	乙卯	丙辰	丁巳	戊午	己未	庚申	辛酉	壬戌	癸亥	甲子	乙丑	丙寅	丁卯	戊辰	己巳	庚午	辛未	壬申	癸酉	甲戌
8月	戊申	7日 20時 36分	乙亥	丙子	丁丑	戊寅	己卯	庚辰	辛巳	壬午	癸未	甲申	乙酉	丙戌	丁亥	戊子	己丑	庚寅	辛卯	壬辰	癸巳	甲午	乙未	丙申	丁酉	戊戌	己亥	庚子	辛丑	壬寅	癸卯	甲辰	乙巳
9月	己酉	7日 23時 29分	丙午	丁未	戊申	己酉	庚戌	辛亥	壬子	癸丑	甲寅	乙卯	丙辰	丁巳	戊午	己未	庚申	辛酉	壬戌	癸亥	甲子	乙丑	丙寅	丁卯	戊辰	己巳	庚午	辛未	壬申	癸酉	甲戌	乙亥	
10月	庚戌	8日 15時 05分	丙子	丁丑	戊寅	己卯	庚辰	辛巳	壬午	癸未	甲申	乙酉	丙戌	丁亥	戊子	己丑	庚寅	辛卯	壬辰	癸巳	甲午	乙未	丙申	丁酉	戊戌	己亥	庚子	辛丑	壬寅	癸卯	甲辰	乙巳	丙午
11月	辛亥	7日 18時 15分	丁未	戊申	己酉	庚戌	辛亥	壬子	癸丑	甲寅	乙卯	丙辰	丁巳	戊午	己未	庚申	辛酉	壬戌	癸亥	甲子	乙丑	丙寅	丁卯	戊辰	己巳	庚午	辛未	壬申	癸酉	甲戌	乙亥	丙子	
12月	壬子	7日 11時 05分	丁丑	戊寅	己卯	庚辰	辛巳	壬午	癸未	甲申	乙酉	丙戌	丁亥	戊子	己丑	庚寅	辛卯	壬辰	癸巳	甲午	乙未	丙申	丁酉	戊戌	己亥	庚子	辛丑	壬寅	癸卯	甲辰	乙巳	丙午	丁未

1998年（平成10年）戊寅

月	月干支	節入り	1日	2日	3日	4日	5日	6日	7日	8日	9日	10日	11日	12日	13日	14日	15日	16日	17日	18日	19日	20日	21日	22日	23日	24日	25日	26日	27日	28日	29日	30日	31日
1月	癸丑	5日 22時 18分	戊申	己酉	庚戌	辛亥	壬子	癸丑	甲寅	乙卯	丙辰	丁巳	戊午	己未	庚申	辛酉	壬戌	癸亥	甲子	乙丑	丙寅	丁卯	戊辰	己巳	庚午	辛未	壬申	癸酉	甲戌	乙亥	丙子	丁丑	戊寅
2月	甲寅	4日 09時 57分	己卯	庚辰	辛巳	壬午	癸未	甲申	乙酉	丙戌	丁亥	戊子	己丑	庚寅	辛卯	壬辰	癸巳	甲午	乙未	丙申	丁酉	戊戌	己亥	庚子	辛丑	壬寅	癸卯	甲辰	乙巳	丙午			
3月	乙卯	6日 03時 57分	丁未	戊申	己酉	庚戌	辛亥	壬子	癸丑	甲寅	乙卯	丙辰	丁巳	戊午	己未	庚申	辛酉	壬戌	癸亥	甲子	乙丑	丙寅	丁卯	戊辰	己巳	庚午	辛未	壬申	癸酉	甲戌	乙亥	丙子	丁丑
4月	丙辰	5日 08時 45分	戊寅	己卯	庚辰	辛巳	壬午	癸未	甲申	乙酉	丙戌	丁亥	戊子	己丑	庚寅	辛卯	壬辰	癸巳	甲午	乙未	丙申	丁酉	戊戌	己亥	庚子	辛丑	壬寅	癸卯	甲辰	乙巳	丙午	丁未	
5月	丁巳	6日 02時 03分	戊申	己酉	庚戌	辛亥	壬子	癸丑	甲寅	乙卯	丙辰	丁巳	戊午	己未	庚申	辛酉	壬戌	癸亥	甲子	乙丑	丙寅	丁卯	戊辰	己巳	庚午	辛未	壬申	癸酉	甲戌	乙亥	丙子	丁丑	戊寅
6月	戊午	6日 06時 13分	己卯	庚辰	辛巳	壬午	癸未	甲申	乙酉	丙戌	丁亥	戊子	己丑	庚寅	辛卯	壬辰	癸巳	甲午	乙未	丙申	丁酉	戊戌	己亥	庚子	辛丑	壬寅	癸卯	甲辰	乙巳	丙午	丁未	戊申	
7月	己未	7日 16時 30分	己酉	庚戌	辛亥	壬子	癸丑	甲寅	乙卯	丙辰	丁巳	戊午	己未	庚申	辛酉	壬戌	癸亥	甲子	乙丑	丙寅	丁卯	戊辰	己巳	庚午	辛未	壬申	癸酉	甲戌	乙亥	丙子	丁丑	戊寅	己卯
8月	庚申	8日 02時 20分	庚辰	辛巳	壬午	癸未	甲申	乙酉	丙戌	丁亥	戊子	己丑	庚寅	辛卯	壬辰	癸巳	甲午	乙未	丙申	丁酉	戊戌	己亥	庚子	辛丑	壬寅	癸卯	甲辰	乙巳	丙午	丁未	戊申	己酉	庚戌
9月	辛酉	8日 05時 16分	辛亥	壬子	癸丑	甲寅	乙卯	丙辰	丁巳	戊午	己未	庚申	辛酉	壬戌	癸亥	甲子	乙丑	丙寅	丁卯	戊辰	己巳	庚午	辛未	壬申	癸酉	甲戌	乙亥	丙子	丁丑	戊寅	己卯	庚辰	
10月	壬戌	8日 20時 56分	辛巳	壬午	癸未	甲申	乙酉	丙戌	丁亥	戊子	己丑	庚寅	辛卯	壬辰	癸巳	甲午	乙未	丙申	丁酉	戊戌	己亥	庚子	辛丑	壬寅	癸卯	甲辰	乙巳	丙午	丁未	戊申	己酉	庚戌	辛亥
11月	癸亥	8日 00時 08分	壬子	癸丑	甲寅	乙卯	丙辰	丁巳	戊午	己未	庚申	辛酉	壬戌	癸亥	甲子	乙丑	丙寅	丁卯	戊辰	己巳	庚午	辛未	壬申	癸酉	甲戌	乙亥	丙子	丁丑	戊寅	己卯	庚辰	辛巳	
12月	甲子	7日 17時 02分	壬午	癸未	甲申	乙酉	丙戌	丁亥	戊子	己丑	庚寅	辛卯	壬辰	癸巳	甲午	乙未	丙申	丁酉	戊戌	己亥	庚子	辛丑	壬寅	癸卯	甲辰	乙巳	丙午	丁未	戊申	己酉	庚戌	辛亥	壬子

1999年（平成11年）己卯

月	月干支	節入り	1日	2日	3日	4日	5日	6日	7日	8日	9日	10日	11日	12日	13日	14日	15日	16日	17日	18日	19日	20日	21日	22日	23日	24日	25日	26日	27日	28日	29日	30日	31日
1月	乙丑	6日 04時 17分	癸丑	甲寅	乙卯	丙辰	丁巳	戊午	己未	庚申	辛酉	壬戌	癸亥	甲子	乙丑	丙寅	丁卯	戊辰	己巳	庚午	辛未	壬申	癸酉	甲戌	乙亥	丙子	丁丑	戊寅	己卯	庚辰	辛巳	壬午	癸未
2月	丙寅	4日 15時 57分	甲申	乙酉	丙戌	丁亥	戊子	己丑	庚寅	辛卯	壬辰	癸巳	甲午	乙未	丙申	丁酉	戊戌	己亥	庚子	辛丑	壬寅	癸卯	甲辰	乙巳	丙午	丁未	戊申	己酉	庚戌	辛亥			
3月	丁卯	6日 09時 58分	壬子	癸丑	甲寅	乙卯	丙辰	丁巳	戊午	己未	庚申	辛酉	壬戌	癸亥	甲子	乙丑	丙寅	丁卯	戊辰	己巳	庚午	辛未	壬申	癸酉	甲戌	乙亥	丙子	丁丑	戊寅	己卯	庚辰	辛巳	壬午
4月	戊辰	5日 14時 45分	癸未	甲申	乙酉	丙戌	丁亥	戊子	己丑	庚寅	辛卯	壬辰	癸巳	甲午	乙未	丙申	丁酉	戊戌	己亥	庚子	辛丑	壬寅	癸卯	甲辰	乙巳	丙午	丁未	戊申	己酉	庚戌	辛亥	壬子	
5月	己巳	6日 08時 01分	癸丑	甲寅	乙卯	丙辰	丁巳	戊午	己未	庚申	辛酉	壬戌	癸亥	甲子	乙丑	丙寅	丁卯	戊辰	己巳	庚午	辛未	壬申	癸酉	甲戌	乙亥	丙子	丁丑	戊寅	己卯	庚辰	辛巳	壬午	癸未
6月	庚午	6日 12時 09分	甲申	乙酉	丙戌	丁亥	戊子	己丑	庚寅	辛卯	壬辰	癸巳	甲午	乙未	丙申	丁酉	戊戌	己亥	庚子	辛丑	壬寅	癸卯	甲辰	乙巳	丙午	丁未	戊申	己酉	庚戌	辛亥	壬子	癸丑	
7月	辛未	7日 22時 25分	甲寅	乙卯	丙辰	丁巳	戊午	己未	庚申	辛酉	壬戌	癸亥	甲子	乙丑	丙寅	丁卯	戊辰	己巳	庚午	辛未	壬申	癸酉	甲戌	乙亥	丙子	丁丑	戊寅	己卯	庚辰	辛巳	壬午	癸未	甲申
8月	壬申	8日 08時 14分	乙酉	丙戌	丁亥	戊子	己丑	庚寅	辛卯	壬辰	癸巳	甲午	乙未	丙申	丁酉	戊戌	己亥	庚子	辛丑	壬寅	癸卯	甲辰	乙巳	丙午	丁未	戊申	己酉	庚戌	辛亥	壬子	癸丑	甲寅	乙卯
9月	癸酉	8日 11時 10分	丙辰	丁巳	戊午	己未	庚申	辛酉	壬戌	癸亥	甲子	乙丑	丙寅	丁卯	戊辰	己巳	庚午	辛未	壬申	癸酉	甲戌	乙亥	丙子	丁丑	戊寅	己卯	庚辰	辛巳	壬午	癸未	甲申	乙酉	
10月	甲戌	9日 02時 48分	丙戌	丁亥	戊子	己丑	庚寅	辛卯	壬辰	癸巳	甲午	乙未	丙申	丁酉	戊戌	己亥	庚子	辛丑	壬寅	癸卯	甲辰	乙巳	丙午	丁未	戊申	己酉	庚戌	辛亥	壬子	癸丑	甲寅	乙卯	丙辰
11月	乙亥	8日 05時 58分	丁巳	戊午	己未	庚申	辛酉	壬戌	癸亥	甲子	乙丑	丙寅	丁卯	戊辰	己巳	庚午	辛未	壬申	癸酉	甲戌	乙亥	丙子	丁丑	戊寅	己卯	庚辰	辛巳	壬午	癸未	甲申	乙酉	丙戌	
12月	丙子	7日 22時 47分	丁亥	戊子	己丑	庚寅	辛卯	壬辰	癸巳	甲午	乙未	丙申	丁酉	戊戌	己亥	庚子	辛丑	壬寅	癸卯	甲辰	乙巳	丙午	丁未	戊申	己酉	庚戌	辛亥	壬子	癸丑	甲寅	乙卯	丙辰	丁巳

2000年（平成12年）庚辰

月	月干支	節入り	1日	2日	3日	4日	5日	6日	7日	8日	9日	10日	11日	12日	13日	14日	15日	16日	17日	18日	19日	20日	21日	22日	23日	24日	25日	26日	27日	28日	29日	30日	31日
1月	丁丑	6日 10時 01分	戊午	己未	庚申	辛酉	壬戌	癸亥	甲子	乙丑	丙寅	丁卯	戊辰	己巳	庚午	辛未	壬申	癸酉	甲戌	乙亥	丙子	丁丑	戊寅	己卯	庚辰	辛巳	壬午	癸未	甲申	乙酉	丙戌	丁亥	戊子
2月	戊寅	4日 21時 40分	己丑	庚寅	辛卯	壬辰	癸巳	甲午	乙未	丙申	丁酉	戊戌	己亥	庚子	辛丑	壬寅	癸卯	甲辰	乙巳	丙午	丁未	戊申	己酉	庚戌	辛亥	壬子	癸丑	甲寅	乙卯	丙辰	丁巳		
3月	己卯	5日 15時 43分	戊午	己未	庚申	辛酉	壬戌	癸亥	甲子	乙丑	丙寅	丁卯	戊辰	己巳	庚午	辛未	壬申	癸酉	甲戌	乙亥	丙子	丁丑	戊寅	己卯	庚辰	辛巳	壬午	癸未	甲申	乙酉	丙戌	丁亥	戊子
4月	庚辰	4日 20時 32分	己丑	庚寅	辛卯	壬辰	癸巳	甲午	乙未	丙申	丁酉	戊戌	己亥	庚子	辛丑	壬寅	癸卯	甲辰	乙巳	丙午	丁未	戊申	己酉	庚戌	辛亥	壬子	癸丑	甲寅	乙卯	丙辰	丁巳	戊午	
5月	辛巳	5日 13時 50分	己未	庚申	辛酉	壬戌	癸亥	甲子	乙丑	丙寅	丁卯	戊辰	己巳	庚午	辛未	壬申	癸酉	甲戌	乙亥	丙子	丁丑	戊寅	己卯	庚辰	辛巳	壬午	癸未	甲申	乙酉	丙戌	丁亥	戊子	己丑
6月	壬午	5日 17時 59分	庚寅	辛卯	壬辰	癸巳	甲午	乙未	丙申	丁酉	戊戌	己亥	庚子	辛丑	壬寅	癸卯	甲辰	乙巳	丙午	丁未	戊申	己酉	庚戌	辛亥	壬子	癸丑	甲寅	乙卯	丙辰	丁巳	戊午	己未	
7月	癸未	7日 04時 14分	庚申	辛酉	壬戌	癸亥	甲子	乙丑	丙寅	丁卯	戊辰	己巳	庚午	辛未	壬申	癸酉	甲戌	乙亥	丙子	丁丑	戊寅	己卯	庚辰	辛巳	壬午	癸未	甲申	乙酉	丙戌	丁亥	戊子	己丑	庚寅
8月	甲申	7日 14時 03分	辛卯	壬辰	癸巳	甲午	乙未	丙申	丁酉	戊戌	己亥	庚子	辛丑	壬寅	癸卯	甲辰	乙巳	丙午	丁未	戊申	己酉	庚戌	辛亥	壬子	癸丑	甲寅	乙卯	丙辰	丁巳	戊午	己未	庚申	辛酉
9月	乙酉	7日 16時 59分	壬戌	癸亥	甲子	乙丑	丙寅	丁卯	戊辰	己巳	庚午	辛未	壬申	癸酉	甲戌	乙亥	丙子	丁丑	戊寅	己卯	庚辰	辛巳	壬午	癸未	甲申	乙酉	丙戌	丁亥	戊子	己丑	庚寅	辛卯	
10月	丙戌	8日 08時 38分	壬辰	癸巳	甲午	乙未	丙申	丁酉	戊戌	己亥	庚子	辛丑	壬寅	癸卯	甲辰	乙巳	丙午	丁未	戊申	己酉	庚戌	辛亥	壬子	癸丑	甲寅	乙卯	丙辰	丁巳	戊午	己未	庚申	辛酉	壬戌
11月	丁亥	7日 11時 48分	癸亥	甲子	乙丑	丙寅	丁卯	戊辰	己巳	庚午	辛未	壬申	癸酉	甲戌	乙亥	丙子	丁丑	戊寅	己卯	庚辰	辛巳	壬午	癸未	甲申	乙酉	丙戌	丁亥	戊子	己丑	庚寅	辛卯	壬辰	
12月	戊子	7日 04時 37分	癸巳	甲午	乙未	丙申	丁酉	戊戌	己亥	庚子	辛丑	壬寅	癸卯	甲辰	乙巳	丙午	丁未	戊申	己酉	庚戌	辛亥	壬子	癸丑	甲寅	乙卯	丙辰	丁巳	戊午	己未	庚申	辛酉	壬戌	癸亥

2001年（平成13年）辛巳

月	月干支	節入り	1日	2日	3日	4日	5日	6日	7日	8日	9日	10日	11日	12日	13日	14日	15日	16日	17日	18日	19日	20日	21日	22日	23日	24日	25日	26日	27日	28日	29日	30日	31日
1月	己丑	5日15時49分	甲子	乙丑	丙寅	丁卯	戊辰	己巳	庚午	辛未	壬申	癸酉	甲戌	乙亥	丙子	丁丑	戊寅	己卯	庚辰	辛巳	壬午	癸未	甲申	乙酉	丙戌	丁亥	戊子	己丑	庚寅	辛卯	壬辰	癸巳	甲午
2月	庚寅	4日03時29分	乙未	丙申	丁酉	戊戌	己亥	庚子	辛丑	壬寅	癸卯	甲辰	乙巳	丙午	丁未	戊申	己酉	庚戌	辛亥	壬子	癸丑	甲寅	乙卯	丙辰	丁巳	戊午	己未	庚申	辛酉	壬戌			
3月	辛卯	5日21時32分	癸亥	甲子	乙丑	丙寅	丁卯	戊辰	己巳	庚午	辛未	壬申	癸酉	甲戌	乙亥	丙子	丁丑	戊寅	己卯	庚辰	辛巳	壬午	癸未	甲申	乙酉	丙戌	丁亥	戊子	己丑	庚寅	辛卯	壬辰	癸巳
4月	壬辰	5日02時24分	甲午	乙未	丙申	丁酉	戊戌	己亥	庚子	辛丑	壬寅	癸卯	甲辰	乙巳	丙午	丁未	戊申	己酉	庚戌	辛亥	壬子	癸丑	甲寅	乙卯	丙辰	丁巳	戊午	己未	庚申	辛酉	壬戌	癸亥	
5月	癸巳	5日19時45分	甲子	乙丑	丙寅	丁卯	戊辰	己巳	庚午	辛未	壬申	癸酉	甲戌	乙亥	丙子	丁丑	戊寅	己卯	庚辰	辛巳	壬午	癸未	甲申	乙酉	丙戌	丁亥	戊子	己丑	庚寅	辛卯	壬辰	癸巳	甲午
6月	甲午	5日23時54分	乙未	丙申	丁酉	戊戌	己亥	庚子	辛丑	壬寅	癸卯	甲辰	乙巳	丙午	丁未	戊申	己酉	庚戌	辛亥	壬子	癸丑	甲寅	乙卯	丙辰	丁巳	戊午	己未	庚申	辛酉	壬戌	癸亥	甲子	
7月	乙未	7日10時07分	乙丑	丙寅	丁卯	戊辰	己巳	庚午	辛未	壬申	癸酉	甲戌	乙亥	丙子	丁丑	戊寅	己卯	庚辰	辛巳	壬午	癸未	甲申	乙酉	丙戌	丁亥	戊子	己丑	庚寅	辛卯	壬辰	癸巳	甲午	乙未
8月	丙申	7日19時52分	丙申	丁酉	戊戌	己亥	庚子	辛丑	壬寅	癸卯	甲辰	乙巳	丙午	丁未	戊申	己酉	庚戌	辛亥	壬子	癸丑	甲寅	乙卯	丙辰	丁巳	戊午	己未	庚申	辛酉	壬戌	癸亥	甲子	乙丑	丙寅
9月	丁酉	7日22時46分	丁卯	戊辰	己巳	庚午	辛未	壬申	癸酉	甲戌	乙亥	丙子	丁丑	戊寅	己卯	庚辰	辛巳	壬午	癸未	甲申	乙酉	丙戌	丁亥	戊子	己丑	庚寅	辛卯	壬辰	癸巳	甲午	乙未	丙申	
10月	戊戌	8日14時25分	丁酉	戊戌	己亥	庚子	辛丑	壬寅	癸卯	甲辰	乙巳	丙午	丁未	戊申	己酉	庚戌	辛亥	壬子	癸丑	甲寅	乙卯	丙辰	丁巳	戊午	己未	庚申	辛酉	壬戌	癸亥	甲子	乙丑	丙寅	丁卯
11月	己亥	7日17時37分	戊辰	己巳	庚午	辛未	壬申	癸酉	甲戌	乙亥	丙子	丁丑	戊寅	己卯	庚辰	辛巳	壬午	癸未	甲申	乙酉	丙戌	丁亥	戊子	己丑	庚寅	辛卯	壬辰	癸巳	甲午	乙未	丙申	丁酉	
12月	庚子	7日10時29分	戊戌	己亥	庚子	辛丑	壬寅	癸卯	甲辰	乙巳	丙午	丁未	戊申	己酉	庚戌	辛亥	壬子	癸丑	甲寅	乙卯	丙辰	丁巳	戊午	己未	庚申	辛酉	壬戌	癸亥	甲子	乙丑	丙寅	丁卯	戊辰

2002年（平成14年）壬午

月	月干支	節入り	1日	2日	3日	4日	5日	6日	7日	8日	9日	10日	11日	12日	13日	14日	15日	16日	17日	18日	19日	20日	21日	22日	23日	24日	25日	26日	27日	28日	29日	30日	31日
1月	辛丑	5日21時43分	己巳	庚午	辛未	壬申	癸酉	甲戌	乙亥	丙子	丁丑	戊寅	己卯	庚辰	辛巳	壬午	癸未	甲申	乙酉	丙戌	丁亥	戊子	己丑	庚寅	辛卯	壬辰	癸巳	甲午	乙未	丙申	丁酉	戊戌	己亥
2月	壬寅	4日09時24分	庚子	辛丑	壬寅	癸卯	甲辰	乙巳	丙午	丁未	戊申	己酉	庚戌	辛亥	壬子	癸丑	甲寅	乙卯	丙辰	丁巳	戊午	己未	庚申	辛酉	壬戌	癸亥	甲子	乙丑	丙寅	丁卯			
3月	癸卯	6日03時28分	戊辰	己巳	庚午	辛未	壬申	癸酉	甲戌	乙亥	丙子	丁丑	戊寅	己卯	庚辰	辛巳	壬午	癸未	甲申	乙酉	丙戌	丁亥	戊子	己丑	庚寅	辛卯	壬辰	癸巳	甲午	乙未	丙申	丁酉	戊戌
4月	甲辰	5日08時18分	己亥	庚子	辛丑	壬寅	癸卯	甲辰	乙巳	丙午	丁未	戊申	己酉	庚戌	辛亥	壬子	癸丑	甲寅	乙卯	丙辰	丁巳	戊午	己未	庚申	辛酉	壬戌	癸亥	甲子	乙丑	丙寅	丁卯	戊辰	
5月	乙巳	6日01時37分	己巳	庚午	辛未	壬申	癸酉	甲戌	乙亥	丙子	丁丑	戊寅	己卯	庚辰	辛巳	壬午	癸未	甲申	乙酉	丙戌	丁亥	戊子	己丑	庚寅	辛卯	壬辰	癸巳	甲午	乙未	丙申	丁酉	戊戌	己亥
6月	丙午	6日05時45分	庚子	辛丑	壬寅	癸卯	甲辰	乙巳	丙午	丁未	戊申	己酉	庚戌	辛亥	壬子	癸丑	甲寅	乙卯	丙辰	丁巳	戊午	己未	庚申	辛酉	壬戌	癸亥	甲子	乙丑	丙寅	丁卯	戊辰	己巳	
7月	丁未	7日15時56分	庚午	辛未	壬申	癸酉	甲戌	乙亥	丙子	丁丑	戊寅	己卯	庚辰	辛巳	壬午	癸未	甲申	乙酉	丙戌	丁亥	戊子	己丑	庚寅	辛卯	壬辰	癸巳	甲午	乙未	丙申	丁酉	戊戌	己亥	庚子
8月	戊申	8日01時39分	辛丑	壬寅	癸卯	甲辰	乙巳	丙午	丁未	戊申	己酉	庚戌	辛亥	壬子	癸丑	甲寅	乙卯	丙辰	丁巳	戊午	己未	庚申	辛酉	壬戌	癸亥	甲子	乙丑	丙寅	丁卯	戊辰	己巳	庚午	辛未
9月	己酉	8日04時31分	壬申	癸酉	甲戌	乙亥	丙子	丁丑	戊寅	己卯	庚辰	辛巳	壬午	癸未	甲申	乙酉	丙戌	丁亥	戊子	己丑	庚寅	辛卯	壬辰	癸巳	甲午	乙未	丙申	丁酉	戊戌	己亥	庚子	辛丑	
10月	庚戌	8日20時09分	壬寅	癸卯	甲辰	乙巳	丙午	丁未	戊申	己酉	庚戌	辛亥	壬子	癸丑	甲寅	乙卯	丙辰	丁巳	戊午	己未	庚申	辛酉	壬戌	癸亥	甲子	乙丑	丙寅	丁卯	戊辰	己巳	庚午	辛未	壬申
11月	辛亥	7日23時22分	癸酉	甲戌	乙亥	丙子	丁丑	戊寅	己卯	庚辰	辛巳	壬午	癸未	甲申	乙酉	丙戌	丁亥	戊子	己丑	庚寅	辛卯	壬辰	癸巳	甲午	乙未	丙申	丁酉	戊戌	己亥	庚子	辛丑	壬寅	
12月	壬子	7日16時14分	癸卯	甲辰	乙巳	丙午	丁未	戊申	己酉	庚戌	辛亥	壬子	癸丑	甲寅	乙卯	丙辰	丁巳	戊午	己未	庚申	辛酉	壬戌	癸亥	甲子	乙丑	丙寅	丁卯	戊辰	己巳	庚午	辛未	壬申	癸酉

2003年（平成15年）癸未

月	月干支	節入り	1日	2日	3日	4日	5日	6日	7日	8日	9日	10日	11日	12日	13日	14日	15日	16日
1月	癸丑	6日 03時 28分	甲戌	乙亥	丙子	丁丑	戊寅	己卯	庚辰	辛巳	壬午	癸未	甲申	乙酉	丙戌	丁亥	戊子	己丑
2月	甲寅	4日 15時 05分	乙巳	丙午	丁未	戊申	己酉	庚戌	辛亥	壬子	癸丑	甲寅	乙卯	丙辰	丁巳	戊午	己未	庚申
3月	乙卯	6日 09時 05分	癸酉	甲戌	乙亥	丙子	丁丑	戊寅	己卯	庚辰	辛巳	壬午	癸未	甲申	乙酉	丙戌	丁亥	戊子
4月	丙辰	5日 13時 52分	甲辰	乙巳	丙午	丁未	戊申	己酉	庚戌	辛亥	壬子	癸丑	甲寅	乙卯	丙辰	丁巳	戊午	己未
5月	丁巳	6日 07時 10分	甲戌	乙亥	丙子	丁丑	戊寅	己卯	庚辰	辛巳	壬午	癸未	甲申	乙酉	丙戌	丁亥	戊子	己丑
6月	戊午	6日 11時 20分	乙巳	丙午	丁未	戊申	己酉	庚戌	辛亥	壬子	癸丑	甲寅	乙卯	丙辰	丁巳	戊午	己未	庚申
7月	己未	7日 21時 36分	乙亥	丙子	丁丑	戊寅	己卯	庚辰	辛巳	壬午	癸未	甲申	乙酉	丙戌	丁亥	戊子	己丑	庚寅
8月	庚申	8日 07時 24分	丙午	丁未	戊申	己酉	庚戌	辛亥	壬子	癸丑	甲寅	乙卯	丙辰	丁巳	戊午	己未	庚申	辛酉
9月	辛酉	8日 10時 20分	丁丑	戊寅	己卯	庚辰	辛巳	壬午	癸未	甲申	乙酉	丙戌	丁亥	戊子	己丑	庚寅	辛卯	壬辰
10月	壬戌	9日 02時 01分	丁未	戊申	己酉	庚戌	辛亥	壬子	癸丑	甲寅	乙卯	丙辰	丁巳	戊午	己未	庚申	辛酉	壬戌
11月	癸亥	8日 05時 13分	戊寅	己卯	庚辰	辛巳	壬午	癸未	甲申	乙酉	丙戌	丁亥	戊子	己丑	庚寅	辛卯	壬辰	癸巳
12月	甲子	7日 22時 05分	戊申	己酉	庚戌	辛亥	壬子	癸丑	甲寅	乙卯	丙辰	丁巳	戊午	己未	庚申	辛酉	壬戌	癸亥

月	17日	18日	19日	20日	21日	22日	23日	24日	25日	26日	27日	28日	29日	30日	31日
1月	庚寅	辛卯	壬辰	癸巳	甲午	乙未	丙申	丁酉	戊戌	己亥	庚子	辛丑	壬寅	癸卯	甲辰
2月	辛酉	壬戌	癸亥	甲子	乙丑	丙寅	丁卯	戊辰	己巳	庚午	辛未	壬申			
3月	己丑	庚寅	辛卯	壬辰	癸巳	甲午	乙未	丙申	丁酉	戊戌	己亥	庚子	辛丑	壬寅	癸卯
4月	庚申	辛酉	壬戌	癸亥	甲子	乙丑	丙寅	丁卯	戊辰	己巳	庚午	辛未	壬申	癸酉	
5月	庚寅	辛卯	壬辰	癸巳	甲午	乙未	丙申	丁酉	戊戌	己亥	庚子	辛丑	壬寅	癸卯	甲辰
6月	辛酉	壬戌	癸亥	甲子	乙丑	丙寅	丁卯	戊辰	己巳	庚午	辛未	壬申	癸酉	甲戌	
7月	辛卯	壬辰	癸巳	甲午	乙未	丙申	丁酉	戊戌	己亥	庚子	辛丑	壬寅	癸卯	甲辰	乙巳
8月	壬戌	癸亥	甲子	乙丑	丙寅	丁卯	戊辰	己巳	庚午	辛未	壬申	癸酉	甲戌	乙亥	丙子
9月	癸巳	甲午	乙未	丙申	丁酉	戊戌	己亥	庚子	辛丑	壬寅	癸卯	甲辰	乙巳	丙午	
10月	癸亥	甲子	乙丑	丙寅	丁卯	戊辰	己巳	庚午	辛未	壬申	癸酉	甲戌	乙亥	丙子	丁丑
11月	甲午	乙未	丙申	丁酉	戊戌	己亥	庚子	辛丑	壬寅	癸卯	甲辰	乙巳	丙午	丁未	
12月	甲子	乙丑	丙寅	丁卯	戊辰	己巳	庚午	辛未	壬申	癸酉	甲戌	乙亥	丙子	丁丑	戊寅

2004年（平成16年）甲申

月	月干支	節入り	1日	2日	3日	4日	5日	6日	7日	8日	9日	10日	11日	12日	13日	14日	15日	16日
1月	乙丑	6日 09時 19分	己卯	庚辰	辛巳	壬午	癸未	甲申	乙酉	丙戌	丁亥	戊子	己丑	庚寅	辛卯	壬辰	癸巳	甲午
2月	丙寅	4日 20時 56分	庚戌	辛亥	壬子	癸丑	甲寅	乙卯	丙辰	丁巳	戊午	己未	庚申	辛酉	壬戌	癸亥	甲子	乙丑
3月	丁卯	5日 14時 56分	己卯	庚辰	辛巳	壬午	癸未	甲申	乙酉	丙戌	丁亥	戊子	己丑	庚寅	辛卯	壬辰	癸巳	甲午
4月	戊辰	4日 19時 43分	庚戌	辛亥	壬子	癸丑	甲寅	乙卯	丙辰	丁巳	戊午	己未	庚申	辛酉	壬戌	癸亥	甲子	乙丑
5月	己巳	5日 13時 02分	庚辰	辛巳	壬午	癸未	甲申	乙酉	丙戌	丁亥	戊子	己丑	庚寅	辛卯	壬辰	癸巳	甲午	乙未
6月	庚午	5日 17時 14分	辛亥	壬子	癸丑	甲寅	乙卯	丙辰	丁巳	戊午	己未	庚申	辛酉	壬戌	癸亥	甲子	乙丑	丙寅
7月	辛未	7日 03時 31分	辛巳	壬午	癸未	甲申	乙酉	丙戌	丁亥	戊子	己丑	庚寅	辛卯	壬辰	癸巳	甲午	乙未	丙申
8月	壬申	7日 13時 20分	壬子	癸丑	甲寅	乙卯	丙辰	丁巳	戊午	己未	庚申	辛酉	壬戌	癸亥	甲子	乙丑	丙寅	丁卯
9月	癸酉	7日 16時 13分	癸未	甲申	乙酉	丙戌	丁亥	戊子	己丑	庚寅	辛卯	壬辰	癸巳	甲午	乙未	丙申	丁酉	戊戌
10月	甲戌	8日 07時 49分	癸丑	甲寅	乙卯	丙辰	丁巳	戊午	己未	庚申	辛酉	壬戌	癸亥	甲子	乙丑	丙寅	丁卯	戊辰
11月	乙亥	7日 10時 59分	甲申	乙酉	丙戌	丁亥	戊子	己丑	庚寅	辛卯	壬辰	癸巳	甲午	乙未	丙申	丁酉	戊戌	己亥
12月	丙子	7日 03時 49分	甲寅	乙卯	丙辰	丁巳	戊午	己未	庚申	辛酉	壬戌	癸亥	甲子	乙丑	丙寅	丁卯	戊辰	己巳

月	17日	18日	19日	20日	21日	22日	23日	24日	25日	26日	27日	28日	29日	30日	31日
1月	乙未	丙申	丁酉	戊戌	己亥	庚子	辛丑	壬寅	癸卯	甲辰	乙巳	丙午	丁未	戊申	己酉
2月	丙寅	丁卯	戊辰	己巳	庚午	辛未	壬申	癸酉	甲戌	乙亥	丙子	丁丑	戊寅		
3月	乙未	丙申	丁酉	戊戌	己亥	庚子	辛丑	壬寅	癸卯	甲辰	乙巳	丙午	丁未	戊申	己酉
4月	丙寅	丁卯	戊辰	己巳	庚午	辛未	壬申	癸酉	甲戌	乙亥	丙子	丁丑	戊寅	己卯	
5月	丙申	丁酉	戊戌	己亥	庚子	辛丑	壬寅	癸卯	甲辰	乙巳	丙午	丁未	戊申	己酉	庚戌
6月	丁卯	戊辰	己巳	庚午	辛未	壬申	癸酉	甲戌	乙亥	丙子	丁丑	戊寅	己卯	庚辰	
7月	丁酉	戊戌	己亥	庚子	辛丑	壬寅	癸卯	甲辰	乙巳	丙午	丁未	戊申	己酉	庚戌	辛亥
8月	戊辰	己巳	庚午	辛未	壬申	癸酉	甲戌	乙亥	丙子	丁丑	戊寅	己卯	庚辰	辛巳	壬午
9月	己亥	庚子	辛丑	壬寅	癸卯	甲辰	乙巳	丙午	丁未	戊申	己酉	庚戌	辛亥	壬子	
10月	己巳	庚午	辛未	壬申	癸酉	甲戌	乙亥	丙子	丁丑	戊寅	己卯	庚辰	辛巳	壬午	癸未
11月	庚子	辛丑	壬寅	癸卯	甲辰	乙巳	丙午	丁未	戊申	己酉	庚戌	辛亥	壬子	癸丑	
12月	庚午	辛未	壬申	癸酉	甲戌	乙亥	丙子	丁丑	戊寅	己卯	庚辰	辛巳	壬午	癸未	甲申

2005年（平成17年）乙酉

月	月干支	節入り	1日	2日	3日	4日	5日	6日	7日	8日	9日	10日	11日	12日	13日	14日	15日	16日	17日	18日	19日	20日	21日	22日	23日	24日	25日	26日	27日	28日	29日	30日	31日
1月	丁丑	5日 15時 03分	乙酉	丙戌	丁亥	戊子	己丑	庚寅	辛卯	壬辰	癸巳	甲午	乙未	丙申	丁酉	戊戌	己亥	庚子	辛丑	壬寅	癸卯	甲辰	乙巳	丙午	丁未	戊申	己酉	庚戌	辛亥	壬子	癸丑	甲寅	乙卯
2月	戊寅	4日 02時 43分	丙辰	丁巳	戊午	己未	庚申	辛酉	壬戌	癸亥	甲子	乙丑	丙寅	丁卯	戊辰	己巳	庚午	辛未	壬申	癸酉	甲戌	乙亥	丙子	丁丑	戊寅	己卯	庚辰	辛巳	壬午	癸未			
3月	己卯	5日 20時 45分	甲申	乙酉	丙戌	丁亥	戊子	己丑	庚寅	辛卯	壬辰	癸巳	甲午	乙未	丙申	丁酉	戊戌	己亥	庚子	辛丑	壬寅	癸卯	甲辰	乙巳	丙午	丁未	戊申	己酉	庚戌	辛亥	壬子	癸丑	甲寅
4月	庚辰	5日 01時 34分	乙卯	丙辰	丁巳	戊午	己未	庚申	辛酉	壬戌	癸亥	甲子	乙丑	丙寅	丁卯	戊辰	己巳	庚午	辛未	壬申	癸酉	甲戌	乙亥	丙子	丁丑	戊寅	己卯	庚辰	辛巳	壬午	癸未	甲申	
5月	辛巳	5日 18時 53分	乙酉	丙戌	丁亥	戊子	己丑	庚寅	辛卯	壬辰	癸巳	甲午	乙未	丙申	丁酉	戊戌	己亥	庚子	辛丑	壬寅	癸卯	甲辰	乙巳	丙午	丁未	戊申	己酉	庚戌	辛亥	壬子	癸丑	甲寅	乙卯
6月	壬午	5日 23時 02分	丙辰	丁巳	戊午	己未	庚申	辛酉	壬戌	癸亥	甲子	乙丑	丙寅	丁卯	戊辰	己巳	庚午	辛未	壬申	癸酉	甲戌	乙亥	丙子	丁丑	戊寅	己卯	庚辰	辛巳	壬午	癸未	甲申	乙酉	
7月	癸未	7日 09時 17分	丙戌	丁亥	戊子	己丑	庚寅	辛卯	壬辰	癸巳	甲午	乙未	丙申	丁酉	戊戌	己亥	庚子	辛丑	壬寅	癸卯	甲辰	乙巳	丙午	丁未	戊申	己酉	庚戌	辛亥	壬子	癸丑	甲寅	乙卯	丙辰
8月	甲申	7日 19時 03分	丁巳	戊午	己未	庚申	辛酉	壬戌	癸亥	甲子	乙丑	丙寅	丁卯	戊辰	己巳	庚午	辛未	壬申	癸酉	甲戌	乙亥	丙子	丁丑	戊寅	己卯	庚辰	辛巳	壬午	癸未	甲申	乙酉	丙戌	丁亥
9月	乙酉	7日 21時 57分	戊子	己丑	庚寅	辛卯	壬辰	癸巳	甲午	乙未	丙申	丁酉	戊戌	己亥	庚子	辛丑	壬寅	癸卯	甲辰	乙巳	丙午	丁未	戊申	己酉	庚戌	辛亥	壬子	癸丑	甲寅	乙卯	丙辰	丁巳	
10月	丙戌	8日 13時 33分	戊午	己未	庚申	辛酉	壬戌	癸亥	甲子	乙丑	丙寅	丁卯	戊辰	己巳	庚午	辛未	壬申	癸酉	甲戌	乙亥	丙子	丁丑	戊寅	己卯	庚辰	辛巳	壬午	癸未	甲申	乙酉	丙戌	丁亥	戊子
11月	丁亥	7日 16時 42分	己丑	庚寅	辛卯	壬辰	癸巳	甲午	乙未	丙申	丁酉	戊戌	己亥	庚子	辛丑	壬寅	癸卯	甲辰	乙巳	丙午	丁未	戊申	己酉	庚戌	辛亥	壬子	癸丑	甲寅	乙卯	丙辰	丁巳	戊午	
12月	戊子	7日 09時 33分	己未	庚申	辛酉	壬戌	癸亥	甲子	乙丑	丙寅	丁卯	戊辰	己巳	庚午	辛未	壬申	癸酉	甲戌	乙亥	丙子	丁丑	戊寅	己卯	庚辰	辛巳	壬午	癸未	甲申	乙酉	丙戌	丁亥	戊子	己丑

2006年（平成18年）丙戌

月	月干支	節入り	1日	2日	3日	4日	5日	6日	7日	8日	9日	10日	11日	12日	13日	14日	15日	16日	17日	18日	19日	20日	21日	22日	23日	24日	25日	26日	27日	28日	29日	30日	31日
1月	己丑	5日 20時 47分	庚寅	辛卯	壬辰	癸巳	甲午	乙未	丙申	丁酉	戊戌	己亥	庚子	辛丑	壬寅	癸卯	甲辰	乙巳	丙午	丁未	戊申	己酉	庚戌	辛亥	壬子	癸丑	甲寅	乙卯	丙辰	丁巳	戊午	己未	庚申
2月	庚寅	4日 08時 27分	辛酉	壬戌	癸亥	甲子	乙丑	丙寅	丁卯	戊辰	己巳	庚午	辛未	壬申	癸酉	甲戌	乙亥	丙子	丁丑	戊寅	己卯	庚辰	辛巳	壬午	癸未	甲申	乙酉	丙戌	丁亥	戊子			
3月	辛卯	6日 02時 29分	己丑	庚寅	辛卯	壬辰	癸巳	甲午	乙未	丙申	丁酉	戊戌	己亥	庚子	辛丑	壬寅	癸卯	甲辰	乙巳	丙午	丁未	戊申	己酉	庚戌	辛亥	壬子	癸丑	甲寅	乙卯	丙辰	丁巳	戊午	己未
4月	壬辰	5日 07時 15分	庚申	辛酉	壬戌	癸亥	甲子	乙丑	丙寅	丁卯	戊辰	己巳	庚午	辛未	壬申	癸酉	甲戌	乙亥	丙子	丁丑	戊寅	己卯	庚辰	辛巳	壬午	癸未	甲申	乙酉	丙戌	丁亥	戊子	己丑	
5月	癸巳	6日 00時 31分	庚寅	辛卯	壬辰	癸巳	甲午	乙未	丙申	丁酉	戊戌	己亥	庚子	辛丑	壬寅	癸卯	甲辰	乙巳	丙午	丁未	戊申	己酉	庚戌	辛亥	壬子	癸丑	甲寅	乙卯	丙辰	丁巳	戊午	己未	庚申
6月	甲午	6日 04時 37分	辛酉	壬戌	癸亥	甲子	乙丑	丙寅	丁卯	戊辰	己巳	庚午	辛未	壬申	癸酉	甲戌	乙亥	丙子	丁丑	戊寅	己卯	庚辰	辛巳	壬午	癸未	甲申	乙酉	丙戌	丁亥	戊子	己丑	庚寅	
7月	乙未	7日 14時 51分	辛卯	壬辰	癸巳	甲午	乙未	丙申	丁酉	戊戌	己亥	庚子	辛丑	壬寅	癸卯	甲辰	乙巳	丙午	丁未	戊申	己酉	庚戌	辛亥	壬子	癸丑	甲寅	乙卯	丙辰	丁巳	戊午	己未	庚申	辛酉
8月	丙申	8日 00時 41分	壬戌	癸亥	甲子	乙丑	丙寅	丁卯	戊辰	己巳	庚午	辛未	壬申	癸酉	甲戌	乙亥	丙子	丁丑	戊寅	己卯	庚辰	辛巳	壬午	癸未	甲申	乙酉	丙戌	丁亥	戊子	己丑	庚寅	辛卯	壬辰
9月	丁酉	8日 03時 39分	癸巳	甲午	乙未	丙申	丁酉	戊戌	己亥	庚子	辛丑	壬寅	癸卯	甲辰	乙巳	丙午	丁未	戊申	己酉	庚戌	辛亥	壬子	癸丑	甲寅	乙卯	丙辰	丁巳	戊午	己未	庚申	辛酉	壬戌	
10月	戊戌	8日 19時 21分	癸亥	甲子	乙丑	丙寅	丁卯	戊辰	己巳	庚午	辛未	壬申	癸酉	甲戌	乙亥	丙子	丁丑	戊寅	己卯	庚辰	辛巳	壬午	癸未	甲申	乙酉	丙戌	丁亥	戊子	己丑	庚寅	辛卯	壬辰	癸巳
11月	己亥	7日 22時 35分	甲午	乙未	丙申	丁酉	戊戌	己亥	庚子	辛丑	壬寅	癸卯	甲辰	乙巳	丙午	丁未	戊申	己酉	庚戌	辛亥	壬子	癸丑	甲寅	乙卯	丙辰	丁巳	戊午	己未	庚申	辛酉	壬戌	癸亥	
12月	庚子	7日 15時 27分	甲子	乙丑	丙寅	丁卯	戊辰	己巳	庚午	辛未	壬申	癸酉	甲戌	乙亥	丙子	丁丑	戊寅	己卯	庚辰	辛巳	壬午	癸未	甲申	乙酉	丙戌	丁亥	戊子	己丑	庚寅	辛卯	壬辰	癸巳	甲午

2007年（平成19年）丁亥

月	月干支	節入り	1日	2日	3日	4日	5日	6日	7日	8日	9日	10日	11日	12日	13日	14日	15日	16日	17日	18日	19日	20日	21日	22日	23日	24日	25日	26日	27日	28日	29日	30日	31日
1月	辛丑	6日 02時 40分	乙未	丙申	丁酉	戊戌	己亥	庚子	辛丑	壬寅	癸卯	甲辰	乙巳	丙午	丁未	戊申	己酉	庚戌	辛亥	壬子	癸丑	甲寅	乙卯	丙辰	丁巳	戊午	己未	庚申	辛酉	壬戌	癸亥	甲子	乙丑
2月	壬寅	4日 14時 18分	丙寅	丁卯	戊辰	己巳	庚午	辛未	壬申	癸酉	甲戌	乙亥	丙子	丁丑	戊寅	己卯	庚辰	辛巳	壬午	癸未	甲申	乙酉	丙戌	丁亥	戊子	己丑	庚寅	辛卯	壬辰	癸巳			
3月	癸卯	6日 08時 18分	甲午	乙未	丙申	丁酉	戊戌	己亥	庚子	辛丑	壬寅	癸卯	甲辰	乙巳	丙午	丁未	戊申	己酉	庚戌	辛亥	壬子	癸丑	甲寅	乙卯	丙辰	丁巳	戊午	己未	庚申	辛酉	壬戌	癸亥	甲子
4月	甲辰	5日 13時 05分	乙丑	丙寅	丁卯	戊辰	己巳	庚午	辛未	壬申	癸酉	甲戌	乙亥	丙子	丁丑	戊寅	己卯	庚辰	辛巳	壬午	癸未	甲申	乙酉	丙戌	丁亥	戊子	己丑	庚寅	辛卯	壬辰	癸巳	甲午	
5月	乙巳	6日 06時 20分	乙未	丙申	丁酉	戊戌	己亥	庚子	辛丑	壬寅	癸卯	甲辰	乙巳	丙午	丁未	戊申	己酉	庚戌	辛亥	壬子	癸丑	甲寅	乙卯	丙辰	丁巳	戊午	己未	庚申	辛酉	壬戌	癸亥	甲子	乙丑
6月	丙午	6日 10時 27分	丙寅	丁卯	戊辰	己巳	庚午	辛未	壬申	癸酉	甲戌	乙亥	丙子	丁丑	戊寅	己卯	庚辰	辛巳	壬午	癸未	甲申	乙酉	丙戌	丁亥	戊子	己丑	庚寅	辛卯	壬辰	癸巳	甲午	乙未	
7月	丁未	7日 20時 42分	丙申	丁酉	戊戌	己亥	庚子	辛丑	壬寅	癸卯	甲辰	乙巳	丙午	丁未	戊申	己酉	庚戌	辛亥	壬子	癸丑	甲寅	乙卯	丙辰	丁巳	戊午	己未	庚申	辛酉	壬戌	癸亥	甲子	乙丑	丙寅
8月	戊申	8日 06時 31分	丁卯	戊辰	己巳	庚午	辛未	壬申	癸酉	甲戌	乙亥	丙子	丁丑	戊寅	己卯	庚辰	辛巳	壬午	癸未	甲申	乙酉	丙戌	丁亥	戊子	己丑	庚寅	辛卯	壬辰	癸巳	甲午	乙未	丙申	丁酉
9月	己酉	8日 09時 29分	戊戌	己亥	庚子	辛丑	壬寅	癸卯	甲辰	乙巳	丙午	丁未	戊申	己酉	庚戌	辛亥	壬子	癸丑	甲寅	乙卯	丙辰	丁巳	戊午	己未	庚申	辛酉	壬戌	癸亥	甲子	乙丑	丙寅	丁卯	
10月	庚戌	9日 01時 12分	戊辰	己巳	庚午	辛未	壬申	癸酉	甲戌	乙亥	丙子	丁丑	戊寅	己卯	庚辰	辛巳	壬午	癸未	甲申	乙酉	丙戌	丁亥	戊子	己丑	庚寅	辛卯	壬辰	癸巳	甲午	乙未	丙申	丁酉	戊戌
11月	辛亥	8日 04時 24分	己亥	庚子	辛丑	壬寅	癸卯	甲辰	乙巳	丙午	丁未	戊申	己酉	庚戌	辛亥	壬子	癸丑	甲寅	乙卯	丙辰	丁巳	戊午	己未	庚申	辛酉	壬戌	癸亥	甲子	乙丑	丙寅	丁卯	戊辰	
12月	壬子	7日 21時 14分	己巳	庚午	辛未	壬申	癸酉	甲戌	乙亥	丙子	丁丑	戊寅	己卯	庚辰	辛巳	壬午	癸未	甲申	乙酉	丙戌	丁亥	戊子	己丑	庚寅	辛卯	壬辰	癸巳	甲午	乙未	丙申	丁酉	戊戌	己亥

2008年（平成20年）戊子

月	月干支	節入り	1日	2日	3日	4日	5日	6日	7日	8日	9日	10日	11日	12日	13日	14日	15日	16日	17日	18日	19日	20日	21日	22日	23日	24日	25日	26日	27日	28日	29日	30日	31日
1月	癸丑	6日 08時 25分	庚子	辛丑	壬寅	癸卯	甲辰	乙巳	丙午	丁未	戊申	己酉	庚戌	辛亥	壬子	癸丑	甲寅	乙卯	丙辰	丁巳	戊午	己未	庚申	辛酉	壬戌	癸亥	甲子	乙丑	丙寅	丁卯	戊辰	己巳	庚午
2月	甲寅	4日 20時 00分	辛未	壬申	癸酉	甲戌	乙亥	丙子	丁丑	戊寅	己卯	庚辰	辛巳	壬午	癸未	甲申	乙酉	丙戌	丁亥	戊子	己丑	庚寅	辛卯	壬辰	癸巳	甲午	乙未	丙申	丁酉	戊戌	己亥		
3月	乙卯	5日 13時 59分	庚子	辛丑	壬寅	癸卯	甲辰	乙巳	丙午	丁未	戊申	己酉	庚戌	辛亥	壬子	癸丑	甲寅	乙卯	丙辰	丁巳	戊午	己未	庚申	辛酉	壬戌	癸亥	甲子	乙丑	丙寅	丁卯	戊辰	己巳	庚午
4月	丙辰	4日 18時 46分	辛未	壬申	癸酉	甲戌	乙亥	丙子	丁丑	戊寅	己卯	庚辰	辛巳	壬午	癸未	甲申	乙酉	丙戌	丁亥	戊子	己丑	庚寅	辛卯	壬辰	癸巳	甲午	乙未	丙申	丁酉	戊戌	己亥	庚子	
5月	丁巳	5日 12時 03分	辛丑	壬寅	癸卯	甲辰	乙巳	丙午	丁未	戊申	己酉	庚戌	辛亥	壬子	癸丑	甲寅	乙卯	丙辰	丁巳	戊午	己未	庚申	辛酉	壬戌	癸亥	甲子	乙丑	丙寅	丁卯	戊辰	己巳	庚午	辛未
6月	戊午	5日 16時 12分	壬申	癸酉	甲戌	乙亥	丙子	丁丑	戊寅	己卯	庚辰	辛巳	壬午	癸未	甲申	乙酉	丙戌	丁亥	戊子	己丑	庚寅	辛卯	壬辰	癸巳	甲午	乙未	丙申	丁酉	戊戌	己亥	庚子	辛丑	
7月	己未	7日 02時 27分	壬寅	癸卯	甲辰	乙巳	丙午	丁未	戊申	己酉	庚戌	辛亥	壬子	癸丑	甲寅	乙卯	丙辰	丁巳	戊午	己未	庚申	辛酉	壬戌	癸亥	甲子	乙丑	丙寅	丁卯	戊辰	己巳	庚午	辛未	壬申
8月	庚申	7日 12時 16分	癸酉	甲戌	乙亥	丙子	丁丑	戊寅	己卯	庚辰	辛巳	壬午	癸未	甲申	乙酉	丙戌	丁亥	戊子	己丑	庚寅	辛卯	壬辰	癸巳	甲午	乙未	丙申	丁酉	戊戌	己亥	庚子	辛丑	壬寅	癸卯
9月	辛酉	7日 15時 14分	甲辰	乙巳	丙午	丁未	戊申	己酉	庚戌	辛亥	壬子	癸丑	甲寅	乙卯	丙辰	丁巳	戊午	己未	庚申	辛酉	壬戌	癸亥	甲子	乙丑	丙寅	丁卯	戊辰	己巳	庚午	辛未	壬申	癸酉	
10月	壬戌	8日 06時 57分	甲戌	乙亥	丙子	丁丑	戊寅	己卯	庚辰	辛巳	壬午	癸未	甲申	乙酉	丙戌	丁亥	戊子	己丑	庚寅	辛卯	壬辰	癸巳	甲午	乙未	丙申	丁酉	戊戌	己亥	庚子	辛丑	壬寅	癸卯	甲辰
11月	癸亥	7日 10時 11分	乙巳	丙午	丁未	戊申	己酉	庚戌	辛亥	壬子	癸丑	甲寅	乙卯	丙辰	丁巳	戊午	己未	庚申	辛酉	壬戌	癸亥	甲子	乙丑	丙寅	丁卯	戊辰	己巳	庚午	辛未	壬申	癸酉	甲戌	
12月	甲子	7日 03時 02分	乙亥	丙子	丁丑	戊寅	己卯	庚辰	辛巳	壬午	癸未	甲申	乙酉	丙戌	丁亥	戊子	己丑	庚寅	辛卯	壬辰	癸巳	甲午	乙未	丙申	丁酉	戊戌	己亥	庚子	辛丑	壬寅	癸卯	甲辰	乙巳

2009年（平成21年）己丑

月	月干支	節入り	1日	2日	3日	4日	5日	6日	7日	8日	9日	10日	11日	12日	13日	14日	15日	16日	17日	18日	19日	20日	21日	22日	23日	24日	25日	26日	27日	28日	29日	30日	31日
1月	乙丑	5日 14時 14分	丙午	丁未	戊申	己酉	庚戌	辛亥	壬子	癸丑	甲寅	乙卯	丙辰	丁巳	戊午	己未	庚申	辛酉	壬戌	癸亥	甲子	乙丑	丙寅	丁卯	戊辰	己巳	庚午	辛未	壬申	癸酉	甲戌	乙亥	丙子
2月	丙寅	4日 01時 00分	丁丑	戊寅	己卯	庚辰	辛巳	壬午	癸未	甲申	乙酉	丙戌	丁亥	戊子	己丑	庚寅	辛卯	壬辰	癸巳	甲午	乙未	丙申	丁酉	戊戌	己亥	庚子	辛丑	壬寅	癸卯	甲辰			
3月	丁卯	5日 19時 48分	乙巳	丙午	丁未	戊申	己酉	庚戌	辛亥	壬子	癸丑	甲寅	乙卯	丙辰	丁巳	戊午	己未	庚申	辛酉	壬戌	癸亥	甲子	乙丑	丙寅	丁卯	戊辰	己巳	庚午	辛未	壬申	癸酉	甲戌	乙亥
4月	戊辰	5日 00時 34分	丙子	丁丑	戊寅	己卯	庚辰	辛巳	壬午	癸未	甲申	乙酉	丙戌	丁亥	戊子	己丑	庚寅	辛卯	壬辰	癸巳	甲午	乙未	丙申	丁酉	戊戌	己亥	庚子	辛丑	壬寅	癸卯	甲辰	乙巳	
5月	己巳	5日 17時 51分	丙午	丁未	戊申	己酉	庚戌	辛亥	壬子	癸丑	甲寅	乙卯	丙辰	丁巳	戊午	己未	庚申	辛酉	壬戌	癸亥	甲子	乙丑	丙寅	丁卯	戊辰	己巳	庚午	辛未	壬申	癸酉	甲戌	乙亥	丙子
6月	庚午	5日 21時 59分	丁丑	戊寅	己卯	庚辰	辛巳	壬午	癸未	甲申	乙酉	丙戌	丁亥	戊子	己丑	庚寅	辛卯	壬辰	癸巳	甲午	乙未	丙申	丁酉	戊戌	己亥	庚子	辛丑	壬寅	癸卯	甲辰	乙巳	丙午	
7月	辛未	7日 08時 13分	丁未	戊申	己酉	庚戌	辛亥	壬子	癸丑	甲寅	乙卯	丙辰	丁巳	戊午	己未	庚申	辛酉	壬戌	癸亥	甲子	乙丑	丙寅	丁卯	戊辰	己巳	庚午	辛未	壬申	癸酉	甲戌	乙亥	丙子	丁丑
8月	壬申	7日 18時 01分	戊寅	己卯	庚辰	辛巳	壬午	癸未	甲申	乙酉	丙戌	丁亥	戊子	己丑	庚寅	辛卯	壬辰	癸巳	甲午	乙未	丙申	丁酉	戊戌	己亥	庚子	辛丑	壬寅	癸卯	甲辰	乙巳	丙午	丁未	戊申
9月	癸酉	7日 20時 58分	己酉	庚戌	辛亥	壬子	癸丑	甲寅	乙卯	丙辰	丁巳	戊午	己未	庚申	辛酉	壬戌	癸亥	甲子	乙丑	丙寅	丁卯	戊辰	己巳	庚午	辛未	壬申	癸酉	甲戌	乙亥	丙子	丁丑	戊寅	
10月	甲戌	8日 12時 40分	己卯	庚辰	辛巳	壬午	癸未	甲申	乙酉	丙戌	丁亥	戊子	己丑	庚寅	辛卯	壬辰	癸巳	甲午	乙未	丙申	丁酉	戊戌	己亥	庚子	辛丑	壬寅	癸卯	甲辰	乙巳	丙午	丁未	戊申	己酉
11月	乙亥	7日 15時 56分	庚戌	辛亥	壬子	癸丑	甲寅	乙卯	丙辰	丁巳	戊午	己未	庚申	辛酉	壬戌	癸亥	甲子	乙丑	丙寅	丁卯	戊辰	己巳	庚午	辛未	壬申	癸酉	甲戌	乙亥	丙子	丁丑	戊寅	己卯	
12月	丙子	7日 08時 52分	庚辰	辛巳	壬午	癸未	甲申	乙酉	丙戌	丁亥	戊子	己丑	庚寅	辛卯	壬辰	癸巳	甲午	乙未	丙申	丁酉	戊戌	己亥	庚子	辛丑	壬寅	癸卯	甲辰	乙巳	丙午	丁未	戊申	己酉	庚戌

2010年（平成22年）庚寅

月	月干支	節入り	1日	2日	3日	4日	5日	6日	7日	8日	9日	10日	11日	12日	13日	14日	15日	16日	17日	18日	19日	20日	21日	22日	23日	24日	25日	26日	27日	28日	29日	30日	31日
1月	丁丑	5日 20時 09分	辛亥	壬子	癸丑	甲寅	乙卯	丙辰	丁巳	戊午	己未	庚申	辛酉	壬戌	癸亥	甲子	乙丑	丙寅	丁卯	戊辰	己巳	庚午	辛未	壬申	癸酉	甲戌	乙亥	丙子	丁丑	戊寅	己卯	庚辰	辛巳
2月	戊寅	4日 07時 48分	壬午	癸未	甲申	乙酉	丙戌	丁亥	戊子	己丑	庚寅	辛卯	壬辰	癸巳	甲午	乙未	丙申	丁酉	戊戌	己亥	庚子	辛丑	壬寅	癸卯	甲辰	乙巳	丙午	丁未	戊申	己酉			
3月	己卯	6日 01時 46分	庚戌	辛亥	壬子	癸丑	甲寅	乙卯	丙辰	丁巳	戊午	己未	庚申	辛酉	壬戌	癸亥	甲子	乙丑	丙寅	丁卯	戊辰	己巳	庚午	辛未	壬申	癸酉	甲戌	乙亥	丙子	丁丑	戊寅	己卯	庚辰
4月	庚辰	5日 06時 30分	辛巳	壬午	癸未	甲申	乙酉	丙戌	丁亥	戊子	己丑	庚寅	辛卯	壬辰	癸巳	甲午	乙未	丙申	丁酉	戊戌	己亥	庚子	辛丑	壬寅	癸卯	甲辰	乙巳	丙午	丁未	戊申	己酉	庚戌	
5月	辛巳	5日 23時 44分	辛亥	壬子	癸丑	甲寅	乙卯	丙辰	丁巳	戊午	己未	庚申	辛酉	壬戌	癸亥	甲子	乙丑	丙寅	丁卯	戊辰	己巳	庚午	辛未	壬申	癸酉	甲戌	乙亥	丙子	丁丑	戊寅	己卯	庚辰	辛巳
6月	壬午	6日 03時 49分	壬午	癸未	甲申	乙酉	丙戌	丁亥	戊子	己丑	庚寅	辛卯	壬辰	癸巳	甲午	乙未	丙申	丁酉	戊戌	己亥	庚子	辛丑	壬寅	癸卯	甲辰	乙巳	丙午	丁未	戊申	己酉	庚戌	辛亥	
7月	癸未	7日 14時 02分	壬子	癸丑	甲寅	乙卯	丙辰	丁巳	戊午	己未	庚申	辛酉	壬戌	癸亥	甲子	乙丑	丙寅	丁卯	戊辰	己巳	庚午	辛未	壬申	癸酉	甲戌	乙亥	丙子	丁丑	戊寅	己卯	庚辰	辛巳	壬午
8月	甲申	7日 23時 49分	癸未	甲申	乙酉	丙戌	丁亥	戊子	己丑	庚寅	辛卯	壬辰	癸巳	甲午	乙未	丙申	丁酉	戊戌	己亥	庚子	辛丑	壬寅	癸卯	甲辰	乙巳	丙午	丁未	戊申	己酉	庚戌	辛亥	壬子	癸丑
9月	乙酉	8日 02時 45分	甲寅	乙卯	丙辰	丁巳	戊午	己未	庚申	辛酉	壬戌	癸亥	甲子	乙丑	丙寅	丁卯	戊辰	己巳	庚午	辛未	壬申	癸酉	甲戌	乙亥	丙子	丁丑	戊寅	己卯	庚辰	辛巳	壬午	癸未	
10月	丙戌	8日 18時 26分	甲申	乙酉	丙戌	丁亥	戊子	己丑	庚寅	辛卯	壬辰	癸巳	甲午	乙未	丙申	丁酉	戊戌	己亥	庚子	辛丑	壬寅	癸卯	甲辰	乙巳	丙午	丁未	戊申	己酉	庚戌	辛亥	壬子	癸丑	甲寅
11月	丁亥	7日 21時 42分	乙卯	丙辰	丁巳	戊午	己未	庚申	辛酉	壬戌	癸亥	甲子	乙丑	丙寅	丁卯	戊辰	己巳	庚午	辛未	壬申	癸酉	甲戌	乙亥	丙子	丁丑	戊寅	己卯	庚辰	辛巳	壬午	癸未	甲申	
12月	戊子	7日 14時 38分	乙酉	丙戌	丁亥	戊子	己丑	庚寅	辛卯	壬辰	癸巳	甲午	乙未	丙申	丁酉	戊戌	己亥	庚子	辛丑	壬寅	癸卯	甲辰	乙巳	丙午	丁未	戊申	己酉	庚戌	辛亥	壬子	癸丑	甲寅	乙卯

2011年（平成23年）辛卯

月	月干支	節入り	1日	2日	3日	4日	5日	6日	7日	8日	9日	10日	11日	12日	13日	14日	15日	16日	17日	18日	19日	20日	21日	22日	23日	24日	25日	26日	27日	28日	29日	30日	31日
1月	己丑	6日 01時 55分	丙辰	丁巳	戊午	己未	庚申	辛酉	壬戌	癸亥	甲子	乙丑	丙寅	丁卯	戊辰	己巳	庚午	辛未	壬申	癸酉	甲戌	乙亥	丙子	丁丑	戊寅	己卯	庚辰	辛巳	壬午	癸未	甲申	乙酉	丙戌
2月	庚寅	4日 13時 33分	丁亥	戊子	己丑	庚寅	辛卯	壬辰	癸巳	甲午	乙未	丙申	丁酉	戊戌	己亥	庚子	辛丑	壬寅	癸卯	甲辰	乙巳	丙午	丁未	戊申	己酉	庚戌	辛亥	壬子	癸丑	甲寅			
3月	辛卯	6日 07時 30分	乙卯	丙辰	丁巳	戊午	己未	庚申	辛酉	壬戌	癸亥	甲子	乙丑	丙寅	丁卯	戊辰	己巳	庚午	辛未	壬申	癸酉	甲戌	乙亥	丙子	丁丑	戊寅	己卯	庚辰	辛巳	壬午	癸未	甲申	乙酉
4月	壬辰	5日 12時 12分	丙戌	丁亥	戊子	己丑	庚寅	辛卯	壬辰	癸巳	甲午	乙未	丙申	丁酉	戊戌	己亥	庚子	辛丑	壬寅	癸卯	甲辰	乙巳	丙午	丁未	戊申	己酉	庚戌	辛亥	壬子	癸丑	甲寅	乙卯	
5月	癸巳	6日 05時 23分	丙辰	丁巳	戊午	己未	庚申	辛酉	壬戌	癸亥	甲子	乙丑	丙寅	丁卯	戊辰	己巳	庚午	辛未	壬申	癸酉	甲戌	乙亥	丙子	丁丑	戊寅	己卯	庚辰	辛巳	壬午	癸未	甲申	乙酉	丙戌
6月	甲午	6日 09時 27分	丁亥	戊子	己丑	庚寅	辛卯	壬辰	癸巳	甲午	乙未	丙申	丁酉	戊戌	己亥	庚子	辛丑	壬寅	癸卯	甲辰	乙巳	丙午	丁未	戊申	己酉	庚戌	辛亥	壬子	癸丑	甲寅	乙卯	丙辰	
7月	乙未	7日 19時 42分	丁巳	戊午	己未	庚申	辛酉	壬戌	癸亥	甲子	乙丑	丙寅	丁卯	戊辰	己巳	庚午	辛未	壬申	癸酉	甲戌	乙亥	丙子	丁丑	戊寅	己卯	庚辰	辛巳	壬午	癸未	甲申	乙酉	丙戌	丁亥
8月	丙申	8日 05時 33分	戊子	己丑	庚寅	辛卯	壬辰	癸巳	甲午	乙未	丙申	丁酉	戊戌	己亥	庚子	辛丑	壬寅	癸卯	甲辰	乙巳	丙午	丁未	戊申	己酉	庚戌	辛亥	壬子	癸丑	甲寅	乙卯	丙辰	丁巳	戊午
9月	丁酉	8日 08時 34分	己未	庚申	辛酉	壬戌	癸亥	甲子	乙丑	丙寅	丁卯	戊辰	己巳	庚午	辛未	壬申	癸酉	甲戌	乙亥	丙子	丁丑	戊寅	己卯	庚辰	辛巳	壬午	癸未	甲申	乙酉	丙戌	丁亥	戊子	
10月	戊戌	9日 00時 19分	己丑	庚寅	辛卯	壬辰	癸巳	甲午	乙未	丙申	丁酉	戊戌	己亥	庚子	辛丑	壬寅	癸卯	甲辰	乙巳	丙午	丁未	戊申	己酉	庚戌	辛亥	壬子	癸丑	甲寅	乙卯	丙辰	丁巳	戊午	己未
11月	己亥	8日 03時 35分	庚申	辛酉	壬戌	癸亥	甲子	乙丑	丙寅	丁卯	戊辰	己巳	庚午	辛未	壬申	癸酉	甲戌	乙亥	丙子	丁丑	戊寅	己卯	庚辰	辛巳	壬午	癸未	甲申	乙酉	丙戌	丁亥	戊子	己丑	
12月	庚子	7日 20時 29分	庚寅	辛卯	壬辰	癸巳	甲午	乙未	丙申	丁酉	戊戌	己亥	庚子	辛丑	壬寅	癸卯	甲辰	乙巳	丙午	丁未	戊申	己酉	庚戌	辛亥	壬子	癸丑	甲寅	乙卯	丙辰	丁巳	戊午	己未	庚申

2012年（平成24年）壬辰

月	月干支	節入り	1日	2日	3日	4日	5日	6日	7日	8日	9日	10日	11日	12日	13日	14日	15日	16日	17日	18日	19日	20日	21日	22日	23日	24日	25日	26日	27日	28日	29日	30日	31日
1月	辛丑	6日 07時 44分	辛酉	壬戌	癸亥	甲子	乙丑	丙寅	丁卯	戊辰	己巳	庚午	辛未	壬申	癸酉	甲戌	乙亥	丙子	丁丑	戊寅	己卯	庚辰	辛巳	壬午	癸未	甲申	乙酉	丙戌	丁亥	戊子	己丑	庚寅	辛卯
2月	壬寅	4日 19時 22分	壬辰	癸巳	甲午	乙未	丙申	丁酉	戊戌	己亥	庚子	辛丑	壬寅	癸卯	甲辰	乙巳	丙午	丁未	戊申	己酉	庚戌	辛亥	壬子	癸丑	甲寅	乙卯	丙辰	丁巳	戊午	己未	庚申		
3月	癸卯	5日 13時 21分	辛酉	壬戌	癸亥	甲子	乙丑	丙寅	丁卯	戊辰	己巳	庚午	辛未	壬申	癸酉	甲戌	乙亥	丙子	丁丑	戊寅	己卯	庚辰	辛巳	壬午	癸未	甲申	乙酉	丙戌	丁亥	戊子	己丑	庚寅	辛卯
4月	甲辰	4日 18時 06分	壬辰	癸巳	甲午	乙未	丙申	丁酉	戊戌	己亥	庚子	辛丑	壬寅	癸卯	甲辰	乙巳	丙午	丁未	戊申	己酉	庚戌	辛亥	壬子	癸丑	甲寅	乙卯	丙辰	丁巳	戊午	己未	庚申	辛酉	
5月	乙巳	5日 11時 20分	壬戌	癸亥	甲子	乙丑	丙寅	丁卯	戊辰	己巳	庚午	辛未	壬申	癸酉	甲戌	乙亥	丙子	丁丑	戊寅	己卯	庚辰	辛巳	壬午	癸未	甲申	乙酉	丙戌	丁亥	戊子	己丑	庚寅	辛卯	壬辰
6月	丙午	5日 15時 26分	癸巳	甲午	乙未	丙申	丁酉	戊戌	己亥	庚子	辛丑	壬寅	癸卯	甲辰	乙巳	丙午	丁未	戊申	己酉	庚戌	辛亥	壬子	癸丑	甲寅	乙卯	丙辰	丁巳	戊午	己未	庚申	辛酉	壬戌	
7月	丁未	7日 01時 41分	癸亥	甲子	乙丑	丙寅	丁卯	戊辰	己巳	庚午	辛未	壬申	癸酉	甲戌	乙亥	丙子	丁丑	戊寅	己卯	庚辰	辛巳	壬午	癸未	甲申	乙酉	丙戌	丁亥	戊子	己丑	庚寅	辛卯	壬辰	癸巳
8月	戊申	7日 11時 31分	甲午	乙未	丙申	丁酉	戊戌	己亥	庚子	辛丑	壬寅	癸卯	甲辰	乙巳	丙午	丁未	戊申	己酉	庚戌	辛亥	壬子	癸丑	甲寅	乙卯	丙辰	丁巳	戊午	己未	庚申	辛酉	壬戌	癸亥	甲子
9月	己酉	7日 14時 29分	乙丑	丙寅	丁卯	戊辰	己巳	庚午	辛未	壬申	癸酉	甲戌	乙亥	丙子	丁丑	戊寅	己卯	庚辰	辛巳	壬午	癸未	甲申	乙酉	丙戌	丁亥	戊子	己丑	庚寅	辛卯	壬辰	癸巳	甲午	
10月	庚戌	8日 06時 12分	乙未	丙申	丁酉	戊戌	己亥	庚子	辛丑	壬寅	癸卯	甲辰	乙巳	丙午	丁未	戊申	己酉	庚戌	辛亥	壬子	癸丑	甲寅	乙卯	丙辰	丁巳	戊午	己未	庚申	辛酉	壬戌	癸亥	甲子	乙丑
11月	辛亥	7日 09時 26分	丙寅	丁卯	戊辰	己巳	庚午	辛未	壬申	癸酉	甲戌	乙亥	丙子	丁丑	戊寅	己卯	庚辰	辛巳	壬午	癸未	甲申	乙酉	丙戌	丁亥	戊子	己丑	庚寅	辛卯	壬辰	癸巳	甲午	乙未	
12月	壬子	7日 02時 19分	丙申	丁酉	戊戌	己亥	庚子	辛丑	壬寅	癸卯	甲辰	乙巳	丙午	丁未	戊申	己酉	庚戌	辛亥	壬子	癸丑	甲寅	乙卯	丙辰	丁巳	戊午	己未	庚申	辛酉	壬戌	癸亥	甲子	乙丑	丙寅

2013年（平成25年）癸巳

月	月干支	節入り	1日	2日	3日	4日	5日	6日	7日	8日	9日	10日	11日	12日	13日	14日	15日	16日	17日	18日	19日	20日	21日	22日	23日	24日	25日	26日	27日	28日	29日	30日	31日
1月	癸丑	5日13時34分	丁卯	戊辰	己巳	庚午	辛未	壬申	癸酉	甲戌	乙亥	丙子	丁丑	戊寅	己卯	庚辰	辛巳	壬午	癸未	甲申	乙酉	丙戌	丁亥	戊子	己丑	庚寅	辛卯	壬辰	癸巳	甲午	乙未	丙申	丁酉
2月	甲寅	4日01時13分	戊戌	己亥	庚子	辛丑	壬寅	癸卯	甲辰	乙巳	丙午	丁未	戊申	己酉	庚戌	辛亥	壬子	癸丑	甲寅	乙卯	丙辰	丁巳	戊午	己未	庚申	辛酉	壬戌	癸亥	甲子	乙丑			
3月	乙卯	5日19時15分	丙寅	丁卯	戊辰	己巳	庚午	辛未	壬申	癸酉	甲戌	乙亥	丙子	丁丑	戊寅	己卯	庚辰	辛巳	壬午	癸未	甲申	乙酉	丙戌	丁亥	戊子	己丑	庚寅	辛卯	壬辰	癸巳	甲午	乙未	丙申
4月	丙辰	5日00時02分	丁酉	戊戌	己亥	庚子	辛丑	壬寅	癸卯	甲辰	乙巳	丙午	丁未	戊申	己酉	庚戌	辛亥	壬子	癸丑	甲寅	乙卯	丙辰	丁巳	戊午	己未	庚申	辛酉	壬戌	癸亥	甲子	乙丑	丙寅	
5月	丁巳	5日17時18分	丁卯	戊辰	己巳	庚午	辛未	壬申	癸酉	甲戌	乙亥	丙子	丁丑	戊寅	己卯	庚辰	辛巳	壬午	癸未	甲申	乙酉	丙戌	丁亥	戊子	己丑	庚寅	辛卯	壬辰	癸巳	甲午	乙未	丙申	丁酉
6月	戊午	5日21時23分	戊戌	己亥	庚子	辛丑	壬寅	癸卯	甲辰	乙巳	丙午	丁未	戊申	己酉	庚戌	辛亥	壬子	癸丑	甲寅	乙卯	丙辰	丁巳	戊午	己未	庚申	辛酉	壬戌	癸亥	甲子	乙丑	丙寅	丁卯	
7月	己未	7日07時35分	戊辰	己巳	庚午	辛未	壬申	癸酉	甲戌	乙亥	丙子	丁丑	戊寅	己卯	庚辰	辛巳	壬午	癸未	甲申	乙酉	丙戌	丁亥	戊子	己丑	庚寅	辛卯	壬辰	癸巳	甲午	乙未	丙申	丁酉	戊戌
8月	庚申	7日17時20分	己亥	庚子	辛丑	壬寅	癸卯	甲辰	乙巳	丙午	丁未	戊申	己酉	庚戌	辛亥	壬子	癸丑	甲寅	乙卯	丙辰	丁巳	戊午	己未	庚申	辛酉	壬戌	癸亥	甲子	乙丑	丙寅	丁卯	戊辰	己巳
9月	辛酉	7日20時16分	庚午	辛未	壬申	癸酉	甲戌	乙亥	丙子	丁丑	戊寅	己卯	庚辰	辛巳	壬午	癸未	甲申	乙酉	丙戌	丁亥	戊子	己丑	庚寅	辛卯	壬辰	癸巳	甲午	乙未	丙申	丁酉	戊戌	己亥	
10月	壬戌	8日11時58分	庚子	辛丑	壬寅	癸卯	甲辰	乙巳	丙午	丁未	戊申	己酉	庚戌	辛亥	壬子	癸丑	甲寅	乙卯	丙辰	丁巳	戊午	己未	庚申	辛酉	壬戌	癸亥	甲子	乙丑	丙寅	丁卯	戊辰	己巳	庚午
11月	癸亥	7日15時14分	辛未	壬申	癸酉	甲戌	乙亥	丙子	丁丑	戊寅	己卯	庚辰	辛巳	壬午	癸未	甲申	乙酉	丙戌	丁亥	戊子	己丑	庚寅	辛卯	壬辰	癸巳	甲午	乙未	丙申	丁酉	戊戌	己亥	庚子	
12月	甲子	7日08時09分	辛丑	壬寅	癸卯	甲辰	乙巳	丙午	丁未	戊申	己酉	庚戌	辛亥	壬子	癸丑	甲寅	乙卯	丙辰	丁巳	戊午	己未	庚申	辛酉	壬戌	癸亥	甲子	乙丑	丙寅	丁卯	戊辰	己巳	庚午	辛未

2014年（平成26年）甲午

月	月干支	節入り	1日	2日	3日	4日	5日	6日	7日	8日	9日	10日	11日	12日	13日	14日	15日	16日	17日	18日	19日	20日	21日	22日	23日	24日	25日	26日	27日	28日	29日	30日	31日
1月	乙丑	5日19時24分	壬申	癸酉	甲戌	乙亥	丙子	丁丑	戊寅	己卯	庚辰	辛巳	壬午	癸未	甲申	乙酉	丙戌	丁亥	戊子	己丑	庚寅	辛卯	壬辰	癸巳	甲午	乙未	丙申	丁酉	戊戌	己亥	庚子	辛丑	壬寅
2月	丙寅	4日07時03分	癸卯	甲辰	乙巳	丙午	丁未	戊申	己酉	庚戌	辛亥	壬子	癸丑	甲寅	乙卯	丙辰	丁巳	戊午	己未	庚申	辛酉	壬戌	癸亥	甲子	乙丑	丙寅	丁卯	戊辰	己巳	庚午			
3月	丁卯	6日01時02分	辛未	壬申	癸酉	甲戌	乙亥	丙子	丁丑	戊寅	己卯	庚辰	辛巳	壬午	癸未	甲申	乙酉	丙戌	丁亥	戊子	己丑	庚寅	辛卯	壬辰	癸巳	甲午	乙未	丙申	丁酉	戊戌	己亥	庚子	辛丑
4月	戊辰	5日05時47分	壬寅	癸卯	甲辰	乙巳	丙午	丁未	戊申	己酉	庚戌	辛亥	壬子	癸丑	甲寅	乙卯	丙辰	丁巳	戊午	己未	庚申	辛酉	壬戌	癸亥	甲子	乙丑	丙寅	丁卯	戊辰	己巳	庚午	辛未	
5月	己巳	5日22時59分	壬申	癸酉	甲戌	乙亥	丙子	丁丑	戊寅	己卯	庚辰	辛巳	壬午	癸未	甲申	乙酉	丙戌	丁亥	戊子	己丑	庚寅	辛卯	壬辰	癸巳	甲午	乙未	丙申	丁酉	戊戌	己亥	庚子	辛丑	壬寅
6月	庚午	6日03時03分	癸卯	甲辰	乙巳	丙午	丁未	戊申	己酉	庚戌	辛亥	壬子	癸丑	甲寅	乙卯	丙辰	丁巳	戊午	己未	庚申	辛酉	壬戌	癸亥	甲子	乙丑	丙寅	丁卯	戊辰	己巳	庚午	辛未	壬申	
7月	辛未	7日13時15分	癸酉	甲戌	乙亥	丙子	丁丑	戊寅	己卯	庚辰	辛巳	壬午	癸未	甲申	乙酉	丙戌	丁亥	戊子	己丑	庚寅	辛卯	壬辰	癸巳	甲午	乙未	丙申	丁酉	戊戌	己亥	庚子	辛丑	壬寅	癸卯
8月	壬申	7日23時02分	甲辰	乙巳	丙午	丁未	戊申	己酉	庚戌	辛亥	壬子	癸丑	甲寅	乙卯	丙辰	丁巳	戊午	己未	庚申	辛酉	壬戌	癸亥	甲子	乙丑	丙寅	丁卯	戊辰	己巳	庚午	辛未	壬申	癸酉	甲戌
9月	癸酉	8日02時01分	乙亥	丙子	丁丑	戊寅	己卯	庚辰	辛巳	壬午	癸未	甲申	乙酉	丙戌	丁亥	戊子	己丑	庚寅	辛卯	壬辰	癸巳	甲午	乙未	丙申	丁酉	戊戌	己亥	庚子	辛丑	壬寅	癸卯	甲辰	
10月	甲戌	8日17時47分	乙巳	丙午	丁未	戊申	己酉	庚戌	辛亥	壬子	癸丑	甲寅	乙卯	丙辰	丁巳	戊午	己未	庚申	辛酉	壬戌	癸亥	甲子	乙丑	丙寅	丁卯	戊辰	己巳	庚午	辛未	壬申	癸酉	甲戌	乙亥
11月	乙亥	7日21時07分	丙子	丁丑	戊寅	己卯	庚辰	辛巳	壬午	癸未	甲申	乙酉	丙戌	丁亥	戊子	己丑	庚寅	辛卯	壬辰	癸巳	甲午	乙未	丙申	丁酉	戊戌	己亥	庚子	辛丑	壬寅	癸卯	甲辰	乙巳	
12月	丙子	7日14時04分	丙午	丁未	戊申	己酉	庚戌	辛亥	壬子	癸丑	甲寅	乙卯	丙辰	丁巳	戊午	己未	庚申	辛酉	壬戌	癸亥	甲子	乙丑	丙寅	丁卯	戊辰	己巳	庚午	辛未	壬申	癸酉	甲戌	乙亥	丙子

2015年（平成27年）乙未

月	月干支	節入り	1日	2日	3日	4日	5日	6日	7日	8日	9日	10日	11日	12日	13日	14日	15日	16日	17日	18日	19日	20日	21日	22日	23日	24日	25日	26日	27日	28日	29日	30日	31日
1月	丁丑	6日 01時 21分	丁丑	戊寅	己卯	庚辰	辛巳	壬午	癸未	甲申	乙酉	丙戌	丁亥	戊子	己丑	庚寅	辛卯	壬辰	癸巳	甲午	乙未	丙申	丁酉	戊戌	己亥	庚子	辛丑	壬寅	癸卯	甲辰	乙巳	丙午	丁未
2月	戊寅	4日 12時 58分	戊申	己酉	庚戌	辛亥	壬子	癸丑	甲寅	乙卯	丙辰	丁巳	戊午	己未	庚申	辛酉	壬戌	癸亥	甲子	乙丑	丙寅	丁卯	戊辰	己巳	庚午	辛未	壬申	癸酉	甲戌	乙亥			
3月	己卯	6日 06時 56分	丙子	丁丑	戊寅	己卯	庚辰	辛巳	壬午	癸未	甲申	乙酉	丙戌	丁亥	戊子	己丑	庚寅	辛卯	壬辰	癸巳	甲午	乙未	丙申	丁酉	戊戌	己亥	庚子	辛丑	壬寅	癸卯	甲辰	乙巳	丙午
4月	庚辰	5日 11時 39分	丁未	戊申	己酉	庚戌	辛亥	壬子	癸丑	甲寅	乙卯	丙辰	丁巳	戊午	己未	庚申	辛酉	壬戌	癸亥	甲子	乙丑	丙寅	丁卯	戊辰	己巳	庚午	辛未	壬申	癸酉	甲戌	乙亥	丙子	
5月	辛巳	6日 04時 53分	丁丑	戊寅	己卯	庚辰	辛巳	壬午	癸未	甲申	乙酉	丙戌	丁亥	戊子	己丑	庚寅	辛卯	壬辰	癸巳	甲午	乙未	丙申	丁酉	戊戌	己亥	庚子	辛丑	壬寅	癸卯	甲辰	乙巳	丙午	丁未
6月	壬午	6日 08時 58分	戊申	己酉	庚戌	辛亥	壬子	癸丑	甲寅	乙卯	丙辰	丁巳	戊午	己未	庚申	辛酉	壬戌	癸亥	甲子	乙丑	丙寅	丁卯	戊辰	己巳	庚午	辛未	壬申	癸酉	甲戌	乙亥	丙子	丁丑	
7月	癸未	7日 19時 12分	戊寅	己卯	庚辰	辛巳	壬午	癸未	甲申	乙酉	丙戌	丁亥	戊子	己丑	庚寅	辛卯	壬辰	癸巳	甲午	乙未	丙申	丁酉	戊戌	己亥	庚子	辛丑	壬寅	癸卯	甲辰	乙巳	丙午	丁未	戊申
8月	甲申	8日 05時 01分	己酉	庚戌	辛亥	壬子	癸丑	甲寅	乙卯	丙辰	丁巳	戊午	己未	庚申	辛酉	壬戌	癸亥	甲子	乙丑	丙寅	丁卯	戊辰	己巳	庚午	辛未	壬申	癸酉	甲戌	乙亥	丙子	丁丑	戊寅	己卯
9月	乙酉	8日 08時 00分	庚辰	辛巳	壬午	癸未	甲申	乙酉	丙戌	丁亥	戊子	己丑	庚寅	辛卯	壬辰	癸巳	甲午	乙未	丙申	丁酉	戊戌	己亥	庚子	辛丑	壬寅	癸卯	甲辰	乙巳	丙午	丁未	戊申	己酉	
10月	丙戌	8日 23時 43分	庚戌	辛亥	壬子	癸丑	甲寅	乙卯	丙辰	丁巳	戊午	己未	庚申	辛酉	壬戌	癸亥	甲子	乙丑	丙寅	丁卯	戊辰	己巳	庚午	辛未	壬申	癸酉	甲戌	乙亥	丙子	丁丑	戊寅	己卯	庚辰
11月	丁亥	8日 02時 59分	辛巳	壬午	癸未	甲申	乙酉	丙戌	丁亥	戊子	己丑	庚寅	辛卯	壬辰	癸巳	甲午	乙未	丙申	丁酉	戊戌	己亥	庚子	辛丑	壬寅	癸卯	甲辰	乙巳	丙午	丁未	戊申	己酉	庚戌	
12月	戊子	7日 19時 53分	辛亥	壬子	癸丑	甲寅	乙卯	丙辰	丁巳	戊午	己未	庚申	辛酉	壬戌	癸亥	甲子	乙丑	丙寅	丁卯	戊辰	己巳	庚午	辛未	壬申	癸酉	甲戌	乙亥	丙子	丁丑	戊寅	己卯	庚辰	辛巳

2016年（平成28年）丙申

月	月干支	節入り	1日	2日	3日	4日	5日	6日	7日	8日	9日	10日	11日	12日	13日	14日	15日	16日	17日	18日	19日	20日	21日	22日	23日	24日	25日	26日	27日	28日	29日	30日	31日
1月	己丑	6日 07時 08分	壬午	癸未	甲申	乙酉	丙戌	丁亥	戊子	己丑	庚寅	辛卯	壬辰	癸巳	甲午	乙未	丙申	丁酉	戊戌	己亥	庚子	辛丑	壬寅	癸卯	甲辰	乙巳	丙午	丁未	戊申	己酉	庚戌	辛亥	壬子
2月	庚寅	4日 18時 46分	癸丑	甲寅	乙卯	丙辰	丁巳	戊午	己未	庚申	辛酉	壬戌	癸亥	甲子	乙丑	丙寅	丁卯	戊辰	己巳	庚午	辛未	壬申	癸酉	甲戌	乙亥	丙子	丁丑	戊寅	己卯	庚辰	辛巳		
3月	辛卯	5日 12時 44分	壬午	癸未	甲申	乙酉	丙戌	丁亥	戊子	己丑	庚寅	辛卯	壬辰	癸巳	甲午	乙未	丙申	丁酉	戊戌	己亥	庚子	辛丑	壬寅	癸卯	甲辰	乙巳	丙午	丁未	戊申	己酉	庚戌	辛亥	壬子
4月	壬辰	4日 17時 27分	癸丑	甲寅	乙卯	丙辰	丁巳	戊午	己未	庚申	辛酉	壬戌	癸亥	甲子	乙丑	丙寅	丁卯	戊辰	己巳	庚午	辛未	壬申	癸酉	甲戌	乙亥	丙子	丁丑	戊寅	己卯	庚辰	辛巳	壬午	
5月	癸巳	5日 10時 42分	癸未	甲申	乙酉	丙戌	丁亥	戊子	己丑	庚寅	辛卯	壬辰	癸巳	甲午	乙未	丙申	丁酉	戊戌	己亥	庚子	辛丑	壬寅	癸卯	甲辰	乙巳	丙午	丁未	戊申	己酉	庚戌	辛亥	壬子	癸丑
6月	甲午	5日 14時 48分	甲寅	乙卯	丙辰	丁巳	戊午	己未	庚申	辛酉	壬戌	癸亥	甲子	乙丑	丙寅	丁卯	戊辰	己巳	庚午	辛未	壬申	癸酉	甲戌	乙亥	丙子	丁丑	戊寅	己卯	庚辰	辛巳	壬午	癸未	
7月	乙未	7日 01時 03分	甲申	乙酉	丙戌	丁亥	戊子	己丑	庚寅	辛卯	壬辰	癸巳	甲午	乙未	丙申	丁酉	戊戌	己亥	庚子	辛丑	壬寅	癸卯	甲辰	乙巳	丙午	丁未	戊申	己酉	庚戌	辛亥	壬子	癸丑	甲寅
8月	丙申	7日 10時 53分	乙卯	丙辰	丁巳	戊午	己未	庚申	辛酉	壬戌	癸亥	甲子	乙丑	丙寅	丁卯	戊辰	己巳	庚午	辛未	壬申	癸酉	甲戌	乙亥	丙子	丁丑	戊寅	己卯	庚辰	辛巳	壬午	癸未	甲申	乙酉
9月	丁酉	7日 13時 51分	丙戌	丁亥	戊子	己丑	庚寅	辛卯	壬辰	癸巳	甲午	乙未	丙申	丁酉	戊戌	己亥	庚子	辛丑	壬寅	癸卯	甲辰	乙巳	丙午	丁未	戊申	己酉	庚戌	辛亥	壬子	癸丑	甲寅	乙卯	
10月	戊戌	8日 05時 33分	丙辰	丁巳	戊午	己未	庚申	辛酉	壬戌	癸亥	甲子	乙丑	丙寅	丁卯	戊辰	己巳	庚午	辛未	壬申	癸酉	甲戌	乙亥	丙子	丁丑	戊寅	己卯	庚辰	辛巳	壬午	癸未	甲申	乙酉	丙戌
11月	己亥	7日 08時 48分	丁亥	戊子	己丑	庚寅	辛卯	壬辰	癸巳	甲午	乙未	丙申	丁酉	戊戌	己亥	庚子	辛丑	壬寅	癸卯	甲辰	乙巳	丙午	丁未	戊申	己酉	庚戌	辛亥	壬子	癸丑	甲寅	乙卯	丙辰	
12月	庚子	7日 01時 41分	丁巳	戊午	己未	庚申	辛酉	壬戌	癸亥	甲子	乙丑	丙寅	丁卯	戊辰	己巳	庚午	辛未	壬申	癸酉	甲戌	乙亥	丙子	丁丑	戊寅	己卯	庚辰	辛巳	壬午	癸未	甲申	乙酉	丙戌	丁亥

2017年（平成29年）丁酉

月	月干支	節入り	1日	2日	3日	4日	5日	6日	7日	8日	9日	10日	11日	12日	13日	14日	15日	16日	17日	18日	19日	20日	21日	22日	23日	24日	25日	26日	27日	28日	29日	30日	31日
1月	辛丑	5日 12時 56分	戊子	己丑	庚寅	辛卯	壬辰	癸巳	甲午	乙未	丙申	丁酉	戊戌	己亥	庚子	辛丑	壬寅	癸卯	甲辰	乙巳	丙午	丁未	戊申	己酉	庚戌	辛亥	壬子	癸丑	甲寅	乙卯	丙辰	丁巳	戊午
2月	壬寅	4日 00時 34分	己未	庚申	辛酉	壬戌	癸亥	甲子	乙丑	丙寅	丁卯	戊辰	己巳	庚午	辛未	壬申	癸酉	甲戌	乙亥	丙子	丁丑	戊寅	己卯	庚辰	辛巳	壬午	癸未	甲申	乙酉	丙戌			
3月	癸卯	5日 18時 33分	丁亥	戊子	己丑	庚寅	辛卯	壬辰	癸巳	甲午	乙未	丙申	丁酉	戊戌	己亥	庚子	辛丑	壬寅	癸卯	甲辰	乙巳	丙午	丁未	戊申	己酉	庚戌	辛亥	壬子	癸丑	甲寅	乙卯	丙辰	丁巳
4月	甲辰	4日 23時 17分	戊午	己未	庚申	辛酉	壬戌	癸亥	甲子	乙丑	丙寅	丁卯	戊辰	己巳	庚午	辛未	壬申	癸酉	甲戌	乙亥	丙子	丁丑	戊寅	己卯	庚辰	辛巳	壬午	癸未	甲申	乙酉	丙戌	丁亥	
5月	乙巳	5日 16時 31分	戊子	己丑	庚寅	辛卯	壬辰	癸巳	甲午	乙未	丙申	丁酉	戊戌	己亥	庚子	辛丑	壬寅	癸卯	甲辰	乙巳	丙午	丁未	戊申	己酉	庚戌	辛亥	壬子	癸丑	甲寅	乙卯	丙辰	丁巳	戊午
6月	丙午	5日 20時 37分	己未	庚申	辛酉	壬戌	癸亥	甲子	乙丑	丙寅	丁卯	戊辰	己巳	庚午	辛未	壬申	癸酉	甲戌	乙亥	丙子	丁丑	戊寅	己卯	庚辰	辛巳	壬午	癸未	甲申	乙酉	丙戌	丁亥	戊子	
7月	丁未	7日 06時 51分	己丑	庚寅	辛卯	壬辰	癸巳	甲午	乙未	丙申	丁酉	戊戌	己亥	庚子	辛丑	壬寅	癸卯	甲辰	乙巳	丙午	丁未	戊申	己酉	庚戌	辛亥	壬子	癸丑	甲寅	乙卯	丙辰	丁巳	戊午	己未
8月	戊申	7日 16時 40分	庚申	辛酉	壬戌	癸亥	甲子	乙丑	丙寅	丁卯	戊辰	己巳	庚午	辛未	壬申	癸酉	甲戌	乙亥	丙子	丁丑	戊寅	己卯	庚辰	辛巳	壬午	癸未	甲申	乙酉	丙戌	丁亥	戊子	己丑	庚寅
9月	己酉	7日 19時 39分	辛卯	壬辰	癸巳	甲午	乙未	丙申	丁酉	戊戌	己亥	庚子	辛丑	壬寅	癸卯	甲辰	乙巳	丙午	丁未	戊申	己酉	庚戌	辛亥	壬子	癸丑	甲寅	乙卯	丙辰	丁巳	戊午	己未	庚申	
10月	庚戌	8日 11時 22分	辛酉	壬戌	癸亥	甲子	乙丑	丙寅	丁卯	戊辰	己巳	庚午	辛未	壬申	癸酉	甲戌	乙亥	丙子	丁丑	戊寅	己卯	庚辰	辛巳	壬午	癸未	甲申	乙酉	丙戌	丁亥	戊子	己丑	庚寅	辛卯
11月	辛亥	7日 14時 38分	壬辰	癸巳	甲午	乙未	丙申	丁酉	戊戌	己亥	庚子	辛丑	壬寅	癸卯	甲辰	乙巳	丙午	丁未	戊申	己酉	庚戌	辛亥	壬子	癸丑	甲寅	乙卯	丙辰	丁巳	戊午	己未	庚申	辛酉	
12月	壬子	7日 07時 33分	壬戌	癸亥	甲子	乙丑	丙寅	丁卯	戊辰	己巳	庚午	辛未	壬申	癸酉	甲戌	乙亥	丙子	丁丑	戊寅	己卯	庚辰	辛巳	壬午	癸未	甲申	乙酉	丙戌	丁亥	戊子	己丑	庚寅	辛卯	壬辰

2018年（平成30年）戊戌

月	月干支	節入り	1日	2日	3日	4日	5日	6日	7日	8日	9日	10日	11日	12日	13日	14日	15日	16日	17日	18日	19日	20日	21日	22日	23日	24日	25日	26日	27日	28日	29日	30日	31日
1月	癸丑	5日 18時 49分	癸巳	甲午	乙未	丙申	丁酉	戊戌	己亥	庚子	辛丑	壬寅	癸卯	甲辰	乙巳	丙午	丁未	戊申	己酉	庚戌	辛亥	壬子	癸丑	甲寅	乙卯	丙辰	丁巳	戊午	己未	庚申	辛酉	壬戌	癸亥
2月	甲寅	4日 06時 28分	甲子	乙丑	丙寅	丁卯	戊辰	己巳	庚午	辛未	壬申	癸酉	甲戌	乙亥	丙子	丁丑	戊寅	己卯	庚辰	辛巳	壬午	癸未	甲申	乙酉	丙戌	丁亥	戊子	己丑	庚寅	辛卯			
3月	乙卯	6日 00時 28分	壬辰	癸巳	甲午	乙未	丙申	丁酉	戊戌	己亥	庚子	辛丑	壬寅	癸卯	甲辰	乙巳	丙午	丁未	戊申	己酉	庚戌	辛亥	壬子	癸丑	甲寅	乙卯	丙辰	丁巳	戊午	己未	庚申	辛酉	壬戌
4月	丙辰	5日 05時 13分	癸亥	甲子	乙丑	丙寅	丁卯	戊辰	己巳	庚午	辛未	壬申	癸酉	甲戌	乙亥	丙子	丁丑	戊寅	己卯	庚辰	辛巳	壬午	癸未	甲申	乙酉	丙戌	丁亥	戊子	己丑	庚寅	辛卯	壬辰	
5月	丁巳	5日 22時 25分	癸巳	甲午	乙未	丙申	丁酉	戊戌	己亥	庚子	辛丑	壬寅	癸卯	甲辰	乙巳	丙午	丁未	戊申	己酉	庚戌	辛亥	壬子	癸丑	甲寅	乙卯	丙辰	丁巳	戊午	己未	庚申	辛酉	壬戌	癸亥
6月	戊午	6日 02時 29分	甲子	乙丑	丙寅	丁卯	戊辰	己巳	庚午	辛未	壬申	癸酉	甲戌	乙亥	丙子	丁丑	戊寅	己卯	庚辰	辛巳	壬午	癸未	甲申	乙酉	丙戌	丁亥	戊子	己丑	庚寅	辛卯	壬辰	癸巳	
7月	己未	7日 12時 42分	甲午	乙未	丙申	丁酉	戊戌	己亥	庚子	辛丑	壬寅	癸卯	甲辰	乙巳	丙午	丁未	戊申	己酉	庚戌	辛亥	壬子	癸丑	甲寅	乙卯	丙辰	丁巳	戊午	己未	庚申	辛酉	壬戌	癸亥	甲子
8月	庚申	7日 22時 31分	乙丑	丙寅	丁卯	戊辰	己巳	庚午	辛未	壬申	癸酉	甲戌	乙亥	丙子	丁丑	戊寅	己卯	庚辰	辛巳	壬午	癸未	甲申	乙酉	丙戌	丁亥	戊子	己丑	庚寅	辛卯	壬辰	癸巳	甲午	乙未
9月	辛酉	8日 01時 30分	丙申	丁酉	戊戌	己亥	庚子	辛丑	壬寅	癸卯	甲辰	乙巳	丙午	丁未	戊申	己酉	庚戌	辛亥	壬子	癸丑	甲寅	乙卯	丙辰	丁巳	戊午	己未	庚申	辛酉	壬戌	癸亥	甲子	乙丑	
10月	壬戌	8日 17時 15分	丙寅	丁卯	戊辰	己巳	庚午	辛未	壬申	癸酉	甲戌	乙亥	丙子	丁丑	戊寅	己卯	庚辰	辛巳	壬午	癸未	甲申	乙酉	丙戌	丁亥	戊子	己丑	庚寅	辛卯	壬辰	癸巳	甲午	乙未	丙申
11月	癸亥	7日 20時 32分	丁酉	戊戌	己亥	庚子	辛丑	壬寅	癸卯	甲辰	乙巳	丙午	丁未	戊申	己酉	庚戌	辛亥	壬子	癸丑	甲寅	乙卯	丙辰	丁巳	戊午	己未	庚申	辛酉	壬戌	癸亥	甲子	乙丑	丙寅	
12月	甲子	7日 13時 26分	丁卯	戊辰	己巳	庚午	辛未	壬申	癸酉	甲戌	乙亥	丙子	丁丑	戊寅	己卯	庚辰	辛巳	壬午	癸未	甲申	乙酉	丙戌	丁亥	戊子	己丑	庚寅	辛卯	壬辰	癸巳	甲午	乙未	丙申	丁酉

2019年（平成31年・令和元年）己亥

月	月干支	節入り	1日	2日	3日	4日	5日	6日	7日	8日	9日	10日	11日	12日	13日	14日	15日	16日	17日	18日	19日	20日	21日	22日	23日	24日	25日	26日	27日	28日	29日	30日	31日
1月	乙丑	6日 00時 39分	戊戌	己亥	庚子	辛丑	壬寅	癸卯	甲辰	乙巳	丙午	丁未	戊申	己酉	庚戌	辛亥	壬子	癸丑	甲寅	乙卯	丙辰	丁巳	戊午	己未	庚申	辛酉	壬戌	癸亥	甲子	乙丑	丙寅	丁卯	戊辰
2月	丙寅	4日 12時 14分	己巳	庚午	辛未	壬申	癸酉	甲戌	乙亥	丙子	丁丑	戊寅	己卯	庚辰	辛巳	壬午	癸未	甲申	乙酉	丙戌	丁亥	戊子	己丑	庚寅	辛卯	壬辰	癸巳	甲午	乙未	丙申			
3月	丁卯	6日 06時 10分	丁酉	戊戌	己亥	庚子	辛丑	壬寅	癸卯	甲辰	乙巳	丙午	丁未	戊申	己酉	庚戌	辛亥	壬子	癸丑	甲寅	乙卯	丙辰	丁巳	戊午	己未	庚申	辛酉	壬戌	癸亥	甲子	乙丑	丙寅	丁卯
4月	戊辰	5日 10時 51分	戊辰	己巳	庚午	辛未	壬申	癸酉	甲戌	乙亥	丙子	丁丑	戊寅	己卯	庚辰	辛巳	壬午	癸未	甲申	乙酉	丙戌	丁亥	戊子	己丑	庚寅	辛卯	壬辰	癸巳	甲午	乙未	丙申	丁酉	
5月	己巳	6日 04時 03分	戊戌	己亥	庚子	辛丑	壬寅	癸卯	甲辰	乙巳	丙午	丁未	戊申	己酉	庚戌	辛亥	壬子	癸丑	甲寅	乙卯	丙辰	丁巳	戊午	己未	庚申	辛酉	壬戌	癸亥	甲子	乙丑	丙寅	丁卯	戊辰
6月	庚午	6日 08時 06分	己巳	庚午	辛未	壬申	癸酉	甲戌	乙亥	丙子	丁丑	戊寅	己卯	庚辰	辛巳	壬午	癸未	甲申	乙酉	丙戌	丁亥	戊子	己丑	庚寅	辛卯	壬辰	癸巳	甲午	乙未	丙申	丁酉	戊戌	
7月	辛未	7日 18時 20分	己亥	庚子	辛丑	壬寅	癸卯	甲辰	乙巳	丙午	丁未	戊申	己酉	庚戌	辛亥	壬子	癸丑	甲寅	乙卯	丙辰	丁巳	戊午	己未	庚申	辛酉	壬戌	癸亥	甲子	乙丑	丙寅	丁卯	戊辰	己巳
8月	壬申	8日 04時 13分	庚午	辛未	壬申	癸酉	甲戌	乙亥	丙子	丁丑	戊寅	己卯	庚辰	辛巳	壬午	癸未	甲申	乙酉	丙戌	丁亥	戊子	己丑	庚寅	辛卯	壬辰	癸巳	甲午	乙未	丙申	丁酉	戊戌	己亥	庚子
9月	癸酉	8日 07時 17分	辛丑	壬寅	癸卯	甲辰	乙巳	丙午	丁未	戊申	己酉	庚戌	辛亥	壬子	癸丑	甲寅	乙卯	丙辰	丁巳	戊午	己未	庚申	辛酉	壬戌	癸亥	甲子	乙丑	丙寅	丁卯	戊辰	己巳	庚午	
10月	甲戌	8日 23時 06分	辛未	壬申	癸酉	甲戌	乙亥	丙子	丁丑	戊寅	己卯	庚辰	辛巳	壬午	癸未	甲申	乙酉	丙戌	丁亥	戊子	己丑	庚寅	辛卯	壬辰	癸巳	甲午	乙未	丙申	丁酉	戊戌	己亥	庚子	辛丑
11月	乙亥	8日 02時 24分	壬寅	癸卯	甲辰	乙巳	丙午	丁未	戊申	己酉	庚戌	辛亥	壬子	癸丑	甲寅	乙卯	丙辰	丁巳	戊午	己未	庚申	辛酉	壬戌	癸亥	甲子	乙丑	丙寅	丁卯	戊辰	己巳	庚午	辛未	
12月	丙子	7日 19時 18分	壬申	癸酉	甲戌	乙亥	丙子	丁丑	戊寅	己卯	庚辰	辛巳	壬午	癸未	甲申	乙酉	丙戌	丁亥	戊子	己丑	庚寅	辛卯	壬辰	癸巳	甲午	乙未	丙申	丁酉	戊戌	己亥	庚子	辛丑	壬寅

2020年（令和2年）庚子

月	月干支	節入り	1日	2日	3日	4日	5日	6日	7日	8日	9日	10日	11日	12日	13日	14日	15日	16日	17日	18日	19日	20日	21日	22日	23日	24日	25日	26日	27日	28日	29日	30日	31日
1月	丁丑	6日 06時 30分	癸卯	甲辰	乙巳	丙午	丁未	戊申	己酉	庚戌	辛亥	壬子	癸丑	甲寅	乙卯	丙辰	丁巳	戊午	己未	庚申	辛酉	壬戌	癸亥	甲子	乙丑	丙寅	丁卯	戊辰	己巳	庚午	辛未	壬申	癸酉
2月	戊寅	4日 18時 03分	甲戌	乙亥	丙子	丁丑	戊寅	己卯	庚辰	辛巳	壬午	癸未	甲申	乙酉	丙戌	丁亥	戊子	己丑	庚寅	辛卯	壬辰	癸巳	甲午	乙未	丙申	丁酉	戊戌	己亥	庚子	辛丑	壬寅		
3月	己卯	5日 11時 57分	癸卯	甲辰	乙巳	丙午	丁未	戊申	己酉	庚戌	辛亥	壬子	癸丑	甲寅	乙卯	丙辰	丁巳	戊午	己未	庚申	辛酉	壬戌	癸亥	甲子	乙丑	丙寅	丁卯	戊辰	己巳	庚午	辛未	壬申	癸酉
4月	庚辰	4日 16時 38分	甲戌	乙亥	丙子	丁丑	戊寅	己卯	庚辰	辛巳	壬午	癸未	甲申	乙酉	丙戌	丁亥	戊子	己丑	庚寅	辛卯	壬辰	癸巳	甲午	乙未	丙申	丁酉	戊戌	己亥	庚子	辛丑	壬寅	癸卯	
5月	辛巳	5日 09時 51分	甲辰	乙巳	丙午	丁未	戊申	己酉	庚戌	辛亥	壬子	癸丑	甲寅	乙卯	丙辰	丁巳	戊午	己未	庚申	辛酉	壬戌	癸亥	甲子	乙丑	丙寅	丁卯	戊辰	己巳	庚午	辛未	壬申	癸酉	甲戌
6月	壬午	5日 13時 58分	乙亥	丙子	丁丑	戊寅	己卯	庚辰	辛巳	壬午	癸未	甲申	乙酉	丙戌	丁亥	戊子	己丑	庚寅	辛卯	壬辰	癸巳	甲午	乙未	丙申	丁酉	戊戌	己亥	庚子	辛丑	壬寅	癸卯	甲辰	
7月	癸未	7日 00時 14分	乙巳	丙午	丁未	戊申	己酉	庚戌	辛亥	壬子	癸丑	甲寅	乙卯	丙辰	丁巳	戊午	己未	庚申	辛酉	壬戌	癸亥	甲子	乙丑	丙寅	丁卯	戊辰	己巳	庚午	辛未	壬申	癸酉	甲戌	乙亥
8月	甲申	7日 10時 06分	丙子	丁丑	戊寅	己卯	庚辰	辛巳	壬午	癸未	甲申	乙酉	丙戌	丁亥	戊子	己丑	庚寅	辛卯	壬辰	癸巳	甲午	乙未	丙申	丁酉	戊戌	己亥	庚子	辛丑	壬寅	癸卯	甲辰	乙巳	丙午
9月	乙酉	7日 13時 08分	丁未	戊申	己酉	庚戌	辛亥	壬子	癸丑	甲寅	乙卯	丙辰	丁巳	戊午	己未	庚申	辛酉	壬戌	癸亥	甲子	乙丑	丙寅	丁卯	戊辰	己巳	庚午	辛未	壬申	癸酉	甲戌	乙亥	丙子	
10月	丙戌	8日 04時 55分	丁丑	戊寅	己卯	庚辰	辛巳	壬午	癸未	甲申	乙酉	丙戌	丁亥	戊子	己丑	庚寅	辛卯	壬辰	癸巳	甲午	乙未	丙申	丁酉	戊戌	己亥	庚子	辛丑	壬寅	癸卯	甲辰	乙巳	丙午	丁未
11月	丁亥	7日 08時 14分	戊申	己酉	庚戌	辛亥	壬子	癸丑	甲寅	乙卯	丙辰	丁巳	戊午	己未	庚申	辛酉	壬戌	癸亥	甲子	乙丑	丙寅	丁卯	戊辰	己巳	庚午	辛未	壬申	癸酉	甲戌	乙亥	丙子	丁丑	
12月	戊子	7日 01時 09分	戊寅	己卯	庚辰	辛巳	壬午	癸未	甲申	乙酉	丙戌	丁亥	戊子	己丑	庚寅	辛卯	壬辰	癸巳	甲午	乙未	丙申	丁酉	戊戌	己亥	庚子	辛丑	壬寅	癸卯	甲辰	乙巳	丙午	丁未	戊申

2021年（令和3年）辛丑

月	月干支	節入り	1日	2日	3日	4日	5日	6日	7日	8日	9日	10日	11日	12日	13日	14日	15日	16日	17日	18日	19日	20日	21日	22日	23日	24日	25日	26日	27日	28日	29日	30日	31日
1月	己丑	5日12時23分	己酉	庚戌	辛亥	壬子	癸丑	甲寅	乙卯	丙辰	丁巳	戊午	己未	庚申	辛酉	壬戌	癸亥	甲子	乙丑	丙寅	丁卯	戊辰	己巳	庚午	辛未	壬申	癸酉	甲戌	乙亥	丙子	丁丑	戊寅	己卯
2月	庚寅	3日23時59分	庚辰	辛巳	壬午	癸未	甲申	乙酉	丙戌	丁亥	戊子	己丑	庚寅	辛卯	壬辰	癸巳	甲午	乙未	丙申	丁酉	戊戌	己亥	庚子	辛丑	壬寅	癸卯	甲辰	乙巳	丙午	丁未			
3月	辛卯	5日17時54分	戊申	己酉	庚戌	辛亥	壬子	癸丑	甲寅	乙卯	丙辰	丁巳	戊午	己未	庚申	辛酉	壬戌	癸亥	甲子	乙丑	丙寅	丁卯	戊辰	己巳	庚午	辛未	壬申	癸酉	甲戌	乙亥	丙子	丁丑	戊寅
4月	壬辰	4日22時35分	己卯	庚辰	辛巳	壬午	癸未	甲申	乙酉	丙戌	丁亥	戊子	己丑	庚寅	辛卯	壬辰	癸巳	甲午	乙未	丙申	丁酉	戊戌	己亥	庚子	辛丑	壬寅	癸卯	甲辰	乙巳	丙午	丁未	戊申	
5月	癸巳	5日15時47分	己酉	庚戌	辛亥	壬子	癸丑	甲寅	乙卯	丙辰	丁巳	戊午	己未	庚申	辛酉	壬戌	癸亥	甲子	乙丑	丙寅	丁卯	戊辰	己巳	庚午	辛未	壬申	癸酉	甲戌	乙亥	丙子	丁丑	戊寅	己卯
6月	甲午	5日19時52分	庚辰	辛巳	壬午	癸未	甲申	乙酉	丙戌	丁亥	戊子	己丑	庚寅	辛卯	壬辰	癸巳	甲午	乙未	丙申	丁酉	戊戌	己亥	庚子	辛丑	壬寅	癸卯	甲辰	乙巳	丙午	丁未	戊申	己酉	
7月	乙未	7日06時05分	庚戌	辛亥	壬子	癸丑	甲寅	乙卯	丙辰	丁巳	戊午	己未	庚申	辛酉	壬戌	癸亥	甲子	乙丑	丙寅	丁卯	戊辰	己巳	庚午	辛未	壬申	癸酉	甲戌	乙亥	丙子	丁丑	戊寅	己卯	庚辰
8月	丙申	7日15時54分	辛巳	壬午	癸未	甲申	乙酉	丙戌	丁亥	戊子	己丑	庚寅	辛卯	壬辰	癸巳	甲午	乙未	丙申	丁酉	戊戌	己亥	庚子	辛丑	壬寅	癸卯	甲辰	乙巳	丙午	丁未	戊申	己酉	庚戌	辛亥
9月	丁酉	7日18時53分	壬子	癸丑	甲寅	乙卯	丙辰	丁巳	戊午	己未	庚申	辛酉	壬戌	癸亥	甲子	乙丑	丙寅	丁卯	戊辰	己巳	庚午	辛未	壬申	癸酉	甲戌	乙亥	丙子	丁丑	戊寅	己卯	庚辰	辛巳	
10月	戊戌	8日10時39分	壬午	癸未	甲申	乙酉	丙戌	丁亥	戊子	己丑	庚寅	辛卯	壬辰	癸巳	甲午	乙未	丙申	丁酉	戊戌	己亥	庚子	辛丑	壬寅	癸卯	甲辰	乙巳	丙午	丁未	戊申	己酉	庚戌	辛亥	壬子
11月	己亥	7日13時59分	癸丑	甲寅	乙卯	丙辰	丁巳	戊午	己未	庚申	辛酉	壬戌	癸亥	甲子	乙丑	丙寅	丁卯	戊辰	己巳	庚午	辛未	壬申	癸酉	甲戌	乙亥	丙子	丁丑	戊寅	己卯	庚辰	辛巳	壬午	
12月	庚子	7日06時57分	癸未	甲申	乙酉	丙戌	丁亥	戊子	己丑	庚寅	辛卯	壬辰	癸巳	甲午	乙未	丙申	丁酉	戊戌	己亥	庚子	辛丑	壬寅	癸卯	甲辰	乙巳	丙午	丁未	戊申	己酉	庚戌	辛亥	壬子	癸丑

2022年（令和4年）壬寅

月	月干支	節入り	1日	2日	3日	4日	5日	6日	7日	8日	9日	10日	11日	12日	13日	14日	15日	16日	17日	18日	19日	20日	21日	22日	23日	24日	25日	26日	27日	28日	29日	30日	31日
1月	辛丑	5日18時14分	甲寅	乙卯	丙辰	丁巳	戊午	己未	庚申	辛酉	壬戌	癸亥	甲子	乙丑	丙寅	丁卯	戊辰	己巳	庚午	辛未	壬申	癸酉	甲戌	乙亥	丙子	丁丑	戊寅	己卯	庚辰	辛巳	壬午	癸未	甲申
2月	壬寅	4日05時51分	乙酉	丙戌	丁亥	戊子	己丑	庚寅	辛卯	壬辰	癸巳	甲午	乙未	丙申	丁酉	戊戌	己亥	庚子	辛丑	壬寅	癸卯	甲辰	乙巳	丙午	丁未	戊申	己酉	庚戌	辛亥	壬子			
3月	癸卯	5日23時44分	癸丑	甲寅	乙卯	丙辰	丁巳	戊午	己未	庚申	辛酉	壬戌	癸亥	甲子	乙丑	丙寅	丁卯	戊辰	己巳	庚午	辛未	壬申	癸酉	甲戌	乙亥	丙子	丁丑	戊寅	己卯	庚辰	辛巳	壬午	癸未
4月	甲辰	5日04時20分	甲申	乙酉	丙戌	丁亥	戊子	己丑	庚寅	辛卯	壬辰	癸巳	甲午	乙未	丙申	丁酉	戊戌	己亥	庚子	辛丑	壬寅	癸卯	甲辰	乙巳	丙午	丁未	戊申	己酉	庚戌	辛亥	壬子	癸丑	
5月	乙巳	5日21時26分	甲寅	乙卯	丙辰	丁巳	戊午	己未	庚申	辛酉	壬戌	癸亥	甲子	乙丑	丙寅	丁卯	戊辰	己巳	庚午	辛未	壬申	癸酉	甲戌	乙亥	丙子	丁丑	戊寅	己卯	庚辰	辛巳	壬午	癸未	甲申
6月	丙午	6日01時26分	乙酉	丙戌	丁亥	戊子	己丑	庚寅	辛卯	壬辰	癸巳	甲午	乙未	丙申	丁酉	戊戌	己亥	庚子	辛丑	壬寅	癸卯	甲辰	乙巳	丙午	丁未	戊申	己酉	庚戌	辛亥	壬子	癸丑	甲寅	
7月	丁未	7日11時38分	乙卯	丙辰	丁巳	戊午	己未	庚申	辛酉	壬戌	癸亥	甲子	乙丑	丙寅	丁卯	戊辰	己巳	庚午	辛未	壬申	癸酉	甲戌	乙亥	丙子	丁丑	戊寅	己卯	庚辰	辛巳	壬午	癸未	甲申	乙酉
8月	戊申	7日21時29分	丙戌	丁亥	戊子	己丑	庚寅	辛卯	壬辰	癸巳	甲午	乙未	丙申	丁酉	戊戌	己亥	庚子	辛丑	壬寅	癸卯	甲辰	乙巳	丙午	丁未	戊申	己酉	庚戌	辛亥	壬子	癸丑	甲寅	乙卯	丙辰
9月	己酉	8日00時32分	丁巳	戊午	己未	庚申	辛酉	壬戌	癸亥	甲子	乙丑	丙寅	丁卯	戊辰	己巳	庚午	辛未	壬申	癸酉	甲戌	乙亥	丙子	丁丑	戊寅	己卯	庚辰	辛巳	壬午	癸未	甲申	乙酉	丙戌	
10月	庚戌	8日16時22分	丁亥	戊子	己丑	庚寅	辛卯	壬辰	癸巳	甲午	乙未	丙申	丁酉	戊戌	己亥	庚子	辛丑	壬寅	癸卯	甲辰	乙巳	丙午	丁未	戊申	己酉	庚戌	辛亥	壬子	癸丑	甲寅	乙卯	丙辰	丁巳
11月	辛亥	7日19時45分	戊午	己未	庚申	辛酉	壬戌	癸亥	甲子	乙丑	丙寅	丁卯	戊辰	己巳	庚午	辛未	壬申	癸酉	甲戌	乙亥	丙子	丁丑	戊寅	己卯	庚辰	辛巳	壬午	癸未	甲申	乙酉	丙戌	丁亥	
12月	壬子	7日12時46分	戊子	己丑	庚寅	辛卯	壬辰	癸巳	甲午	乙未	丙申	丁酉	戊戌	己亥	庚子	辛丑	壬寅	癸卯	甲辰	乙巳	丙午	丁未	戊申	己酉	庚戌	辛亥	壬子	癸丑	甲寅	乙卯	丙辰	丁巳	戊午

2023年（令和5年）癸卯

月	月干支	節入り	1日	2日	3日	4日	5日	6日	7日	8日	9日	10日	11日	12日	13日	14日	15日	16日	17日	18日	19日	20日	21日	22日	23日	24日	25日	26日	27日	28日	29日	30日	31日
1月	癸丑	6日 00時 5分	己未	庚申	辛酉	壬戌	癸亥	甲子	乙丑	丙寅	丁卯	戊辰	己巳	庚午	辛未	壬申	癸酉	甲戌	乙亥	丙子	丁丑	戊寅	己卯	庚辰	辛巳	壬午	癸未	甲申	乙酉	丙戌	丁亥	戊子	己丑
2月	甲寅	4日 11時 42分	庚寅	辛卯	壬辰	癸巳	甲午	乙未	丙申	丁酉	戊戌	己亥	庚子	辛丑	壬寅	癸卯	甲辰	乙巳	丙午	丁未	戊申	己酉	庚戌	辛亥	壬子	癸丑	甲寅	乙卯	丙辰	丁巳			
3月	乙卯	6日 05時 36分	戊午	己未	庚申	辛酉	壬戌	癸亥	甲子	乙丑	丙寅	丁卯	戊辰	己巳	庚午	辛未	壬申	癸酉	甲戌	乙亥	丙子	丁丑	戊寅	己卯	庚辰	辛巳	壬午	癸未	甲申	乙酉	丙戌	丁亥	戊子
4月	丙辰	5日 10時 13分	己丑	庚寅	辛卯	壬辰	癸巳	甲午	乙未	丙申	丁酉	戊戌	己亥	庚子	辛丑	壬寅	癸卯	甲辰	乙巳	丙午	丁未	戊申	己酉	庚戌	辛亥	壬子	癸丑	甲寅	乙卯	丙辰	丁巳	戊午	
5月	丁巳	6日 03時 19分	己未	庚申	辛酉	壬戌	癸亥	甲子	乙丑	丙寅	丁卯	戊辰	己巳	庚午	辛未	壬申	癸酉	甲戌	乙亥	丙子	丁丑	戊寅	己卯	庚辰	辛巳	壬午	癸未	甲申	乙酉	丙戌	丁亥	戊子	己丑
6月	戊午	6日 07時 18分	庚寅	辛卯	壬辰	癸巳	甲午	乙未	丙申	丁酉	戊戌	己亥	庚子	辛丑	壬寅	癸卯	甲辰	乙巳	丙午	丁未	戊申	己酉	庚戌	辛亥	壬子	癸丑	甲寅	乙卯	丙辰	丁巳	戊午	己未	
7月	己未	7日 17時 30分	庚申	辛酉	壬戌	癸亥	甲子	乙丑	丙寅	丁卯	戊辰	己巳	庚午	辛未	壬申	癸酉	甲戌	乙亥	丙子	丁丑	戊寅	己卯	庚辰	辛巳	壬午	癸未	甲申	乙酉	丙戌	丁亥	戊子	己丑	庚寅
8月	庚申	8日 03時 23分	辛卯	壬辰	癸巳	甲午	乙未	丙申	丁酉	戊戌	己亥	庚子	辛丑	壬寅	癸卯	甲辰	乙巳	丙午	丁未	戊申	己酉	庚戌	辛亥	壬子	癸丑	甲寅	乙卯	丙辰	丁巳	戊午	己未	庚申	辛酉
9月	辛酉	8日 06時 26分	壬戌	癸亥	甲子	乙丑	丙寅	丁卯	戊辰	己巳	庚午	辛未	壬申	癸酉	甲戌	乙亥	丙子	丁丑	戊寅	己卯	庚辰	辛巳	壬午	癸未	甲申	乙酉	丙戌	丁亥	戊子	己丑	庚寅	辛卯	
10月	壬戌	8日 22時 15分	壬辰	癸巳	甲午	乙未	丙申	丁酉	戊戌	己亥	庚子	辛丑	壬寅	癸卯	甲辰	乙巳	丙午	丁未	戊申	己酉	庚戌	辛亥	壬子	癸丑	甲寅	乙卯	丙辰	丁巳	戊午	己未	庚申	辛酉	壬戌
11月	癸亥	7日 01時 35分	癸亥	甲子	乙丑	丙寅	丁卯	戊辰	己巳	庚午	辛未	壬申	癸酉	甲戌	乙亥	丙子	丁丑	戊寅	己卯	庚辰	辛巳	壬午	癸未	甲申	乙酉	丙戌	丁亥	戊子	己丑	庚寅	辛卯	壬辰	
12月	甲子	7日 18時 33分	癸巳	甲午	乙未	丙申	丁酉	戊戌	己亥	庚子	辛丑	壬寅	癸卯	甲辰	乙巳	丙午	丁未	戊申	己酉	庚戌	辛亥	壬子	癸丑	甲寅	乙卯	丙辰	丁巳	戊午	己未	庚申	辛酉	壬戌	癸亥

2024年（令和6年）甲辰

月	月干支	節入り	1日	2日	3日	4日	5日	6日	7日	8日	9日	10日	11日	12日	13日	14日	15日	16日	17日	18日	19日	20日	21日	22日	23日	24日	25日	26日	27日	28日	29日	30日	31日
1月	乙丑	6日 05時 49分	甲子	乙丑	丙寅	丁卯	戊辰	己巳	庚午	辛未	壬申	癸酉	甲戌	乙亥	丙子	丁丑	戊寅	己卯	庚辰	辛巳	壬午	癸未	甲申	乙酉	丙戌	丁亥	戊子	己丑	庚寅	辛卯	壬辰	癸巳	甲午
2月	丙寅	4日 17時 27分	乙未	丙申	丁酉	戊戌	己亥	庚子	辛丑	壬寅	癸卯	甲辰	乙巳	丙午	丁未	戊申	己酉	庚戌	辛亥	壬子	癸丑	甲寅	乙卯	丙辰	丁巳	戊午	己未	庚申	辛酉	壬戌	癸亥		
3月	丁卯	5日 11時 23分	甲子	乙丑	丙寅	丁卯	戊辰	己巳	庚午	辛未	壬申	癸酉	甲戌	乙亥	丙子	丁丑	戊寅	己卯	庚辰	辛巳	壬午	癸未	甲申	乙酉	丙戌	丁亥	戊子	己丑	庚寅	辛卯	壬辰	癸巳	甲午
4月	戊辰	4日 16時 02分	乙未	丙申	丁酉	戊戌	己亥	庚子	辛丑	壬寅	癸卯	甲辰	乙巳	丙午	丁未	戊申	己酉	庚戌	辛亥	壬子	癸丑	甲寅	乙卯	丙辰	丁巳	戊午	己未	庚申	辛酉	壬戌	癸亥	甲子	
5月	己巳	5日 09時 10分	乙丑	丙寅	丁卯	戊辰	己巳	庚午	辛未	壬申	癸酉	甲戌	乙亥	丙子	丁丑	戊寅	己卯	庚辰	辛巳	壬午	癸未	甲申	乙酉	丙戌	丁亥	戊子	己丑	庚寅	辛卯	壬辰	癸巳	甲午	乙未
6月	庚午	5日 13時 10分	丙申	丁酉	戊戌	己亥	庚子	辛丑	壬寅	癸卯	甲辰	乙巳	丙午	丁未	戊申	己酉	庚戌	辛亥	壬子	癸丑	甲寅	乙卯	丙辰	丁巳	戊午	己未	庚申	辛酉	壬戌	癸亥	甲子	乙丑	
7月	辛未	6日 23時 20分	丙寅	丁卯	戊辰	己巳	庚午	辛未	壬申	癸酉	甲戌	乙亥	丙子	丁丑	戊寅	己卯	庚辰	辛巳	壬午	癸未	甲申	乙酉	丙戌	丁亥	戊子	己丑	庚寅	辛卯	壬辰	癸巳	甲午	乙未	丙申
8月	壬申	7日 09時 09分	丁酉	戊戌	己亥	庚子	辛丑	壬寅	癸卯	甲辰	乙巳	丙午	丁未	戊申	己酉	庚戌	辛亥	壬子	癸丑	甲寅	乙卯	丙辰	丁巳	戊午	己未	庚申	辛酉	壬戌	癸亥	甲子	乙丑	丙寅	丁卯
9月	癸酉	7日 12時 11分	戊辰	己巳	庚午	辛未	壬申	癸酉	甲戌	乙亥	丙子	丁丑	戊寅	己卯	庚辰	辛巳	壬午	癸未	甲申	乙酉	丙戌	丁亥	戊子	己丑	庚寅	辛卯	壬辰	癸巳	甲午	乙未	丙申	丁酉	
10月	甲戌	8日 04時 00分	戊戌	己亥	庚子	辛丑	壬寅	癸卯	甲辰	乙巳	丙午	丁未	戊申	己酉	庚戌	辛亥	壬子	癸丑	甲寅	乙卯	丙辰	丁巳	戊午	己未	庚申	辛酉	壬戌	癸亥	甲子	乙丑	丙寅	丁卯	戊辰
11月	乙亥	7日 07時 20分	己巳	庚午	辛未	壬申	癸酉	甲戌	乙亥	丙子	丁丑	戊寅	己卯	庚辰	辛巳	壬午	癸未	甲申	乙酉	丙戌	丁亥	戊子	己丑	庚寅	辛卯	壬辰	癸巳	甲午	乙未	丙申	丁酉	戊戌	
12月	丙子	7日 00時 17分	己亥	庚子	辛丑	壬寅	癸卯	甲辰	乙巳	丙午	丁未	戊申	己酉	庚戌	辛亥	壬子	癸丑	甲寅	乙卯	丙辰	丁巳	戊午	己未	庚申	辛酉	壬戌	癸亥	甲子	乙丑	丙寅	丁卯	戊辰	己巳

2025年（令和7年）乙巳

月	月干支	節入り	1日	2日	3日	4日	5日	6日	7日	8日	9日	10日	11日	12日	13日	14日	15日	16日	17日	18日	19日	20日	21日	22日	23日	24日	25日	26日	27日	28日	29日	30日	31日
1月	丁丑	5日11時33分	庚午	辛未	壬申	癸酉	**甲戌**	乙亥	丙子	丁丑	戊寅	己卯	庚辰	辛巳	壬午	癸未	甲申	乙酉	丙戌	丁亥	戊子	己丑	庚寅	辛卯	壬辰	癸巳	甲午	乙未	丙申	丁酉	戊戌	己亥	庚子
2月	戊寅	3日23時10分	辛丑	壬寅	**癸卯**	甲辰	乙巳	丙午	丁未	戊申	己酉	庚戌	辛亥	壬子	癸丑	甲寅	乙卯	丙辰	丁巳	戊午	己未	庚申	辛酉	壬戌	癸亥	甲子	乙丑	丙寅	丁卯	戊辰			
3月	己卯	5日17時07分	己巳	庚午	辛未	壬申	**癸酉**	甲戌	乙亥	丙子	丁丑	戊寅	己卯	庚辰	辛巳	壬午	癸未	甲申	乙酉	丙戌	丁亥	戊子	己丑	庚寅	辛卯	壬辰	癸巳	甲午	乙未	丙申	丁酉	戊戌	己亥
4月	庚辰	4日21時48分	庚子	辛丑	壬寅	**癸卯**	甲辰	乙巳	丙午	丁未	戊申	己酉	庚戌	辛亥	壬子	癸丑	甲寅	乙卯	丙辰	丁巳	戊午	己未	庚申	辛酉	壬戌	癸亥	甲子	乙丑	丙寅	丁卯	戊辰	己巳	
5月	辛巳	5日14時57分	庚午	辛未	壬申	癸酉	**甲戌**	乙亥	丙子	丁丑	戊寅	己卯	庚辰	辛巳	壬午	癸未	甲申	乙酉	丙戌	丁亥	戊子	己丑	庚寅	辛卯	壬辰	癸巳	甲午	乙未	丙申	丁酉	戊戌	己亥	庚子
6月	壬午	5日18時56分	辛丑	壬寅	癸卯	甲辰	**乙巳**	丙午	丁未	戊申	己酉	庚戌	辛亥	壬子	癸丑	甲寅	乙卯	丙辰	丁巳	戊午	己未	庚申	辛酉	壬戌	癸亥	甲子	乙丑	丙寅	丁卯	戊辰	己巳	庚午	
7月	癸未	7日05時05分	辛未	壬申	癸酉	甲戌	乙亥	丙子	**丁丑**	戊寅	己卯	庚辰	辛巳	壬午	癸未	甲申	乙酉	丙戌	丁亥	戊子	己丑	庚寅	辛卯	壬辰	癸巳	甲午	乙未	丙申	丁酉	戊戌	己亥	庚子	辛丑
8月	甲申	7日14時51分	壬寅	癸卯	甲辰	乙巳	丙午	丁未	**戊申**	己酉	庚戌	辛亥	壬子	癸丑	甲寅	乙卯	丙辰	丁巳	戊午	己未	庚申	辛酉	壬戌	癸亥	甲子	乙丑	丙寅	丁卯	戊辰	己巳	庚午	辛未	壬申
9月	乙酉	7日17時52分	癸酉	甲戌	乙亥	丙子	丁丑	戊寅	**己卯**	庚辰	辛巳	壬午	癸未	甲申	乙酉	丙戌	丁亥	戊子	己丑	庚寅	辛卯	壬辰	癸巳	甲午	乙未	丙申	丁酉	戊戌	己亥	庚子	辛丑	壬寅	
10月	丙戌	8日09時41分	癸卯	甲辰	乙巳	丙午	丁未	戊申	己酉	**庚戌**	辛亥	壬子	癸丑	甲寅	乙卯	丙辰	丁巳	戊午	己未	庚申	辛酉	壬戌	癸亥	甲子	乙丑	丙寅	丁卯	戊辰	己巳	庚午	辛未	壬申	癸酉
11月	丁亥	7日13時04分	甲戌	乙亥	丙子	丁丑	戊寅	己卯	**庚辰**	辛巳	壬午	癸未	甲申	乙酉	丙戌	丁亥	戊子	己丑	庚寅	辛卯	壬辰	癸巳	甲午	乙未	丙申	丁酉	戊戌	己亥	庚子	辛丑	壬寅	癸卯	
12月	戊子	7日06時04分	甲辰	乙巳	丙午	丁未	戊申	己酉	**庚戌**	辛亥	壬子	癸丑	甲寅	乙卯	丙辰	丁巳	戊午	己未	庚申	辛酉	壬戌	癸亥	甲子	乙丑	丙寅	丁卯	戊辰	己巳	庚午	辛未	壬申	癸酉	甲戌

2026年（令和8年）丙午

月	月干支	節入り	1日	2日	3日	4日	5日	6日	7日	8日	9日	10日	11日	12日	13日	14日	15日	16日	17日	18日	19日	20日	21日	22日	23日	24日	25日	26日	27日	28日	29日	30日	31日
1月	己丑	5日17時23分	乙亥	丙子	丁丑	戊寅	**己卯**	庚辰	辛巳	壬午	癸未	甲申	乙酉	丙戌	丁亥	戊子	己丑	庚寅	辛卯	壬辰	癸巳	甲午	乙未	丙申	丁酉	戊戌	己亥	庚子	辛丑	壬寅	癸卯	甲辰	乙巳
2月	庚寅	4日05時02分	丙午	丁未	戊申	**己酉**	庚戌	辛亥	壬子	癸丑	甲寅	乙卯	丙辰	丁巳	戊午	己未	庚申	辛酉	壬戌	癸亥	甲子	乙丑	丙寅	丁卯	戊辰	己巳	庚午	辛未	壬申	癸酉			
3月	辛卯	5日22時59分	甲戌	乙亥	丙子	丁丑	**戊寅**	己卯	庚辰	辛巳	壬午	癸未	甲申	乙酉	丙戌	丁亥	戊子	己丑	庚寅	辛卯	壬辰	癸巳	甲午	乙未	丙申	丁酉	戊戌	己亥	庚子	辛丑	壬寅	癸卯	甲辰
4月	壬辰	5日03時40分	乙巳	丙午	丁未	戊申	**己酉**	庚戌	辛亥	壬子	癸丑	甲寅	乙卯	丙辰	丁巳	戊午	己未	庚申	辛酉	壬戌	癸亥	甲子	乙丑	丙寅	丁卯	戊辰	己巳	庚午	辛未	壬申	癸酉	甲戌	
5月	癸巳	5日20時48分	乙亥	丙子	丁丑	戊寅	**己卯**	庚辰	辛巳	壬午	癸未	甲申	乙酉	丙戌	丁亥	戊子	己丑	庚寅	辛卯	壬辰	癸巳	甲午	乙未	丙申	丁酉	戊戌	己亥	庚子	辛丑	壬寅	癸卯	甲辰	乙巳
6月	甲午	6日00時48分	丙午	丁未	戊申	己酉	庚戌	**辛亥**	壬子	癸丑	甲寅	乙卯	丙辰	丁巳	戊午	己未	庚申	辛酉	壬戌	癸亥	甲子	乙丑	丙寅	丁卯	戊辰	己巳	庚午	辛未	壬申	癸酉	甲戌	乙亥	
7月	乙未	7日10時57分	丙子	丁丑	戊寅	己卯	庚辰	辛巳	**壬午**	癸未	甲申	乙酉	丙戌	丁亥	戊子	己丑	庚寅	辛卯	壬辰	癸巳	甲午	乙未	丙申	丁酉	戊戌	己亥	庚子	辛丑	壬寅	癸卯	甲辰	乙巳	丙午
8月	丙申	7日20時42分	丁未	戊申	己酉	庚戌	辛亥	壬子	**癸丑**	甲寅	乙卯	丙辰	丁巳	戊午	己未	庚申	辛酉	壬戌	癸亥	甲子	乙丑	丙寅	丁卯	戊辰	己巳	庚午	辛未	壬申	癸酉	甲戌	乙亥	丙子	丁丑
9月	丁酉	7日23時41分	戊寅	己卯	庚辰	辛巳	壬午	癸未	**甲申**	乙酉	丙戌	丁亥	戊子	己丑	庚寅	辛卯	壬辰	癸巳	甲午	乙未	丙申	丁酉	戊戌	己亥	庚子	辛丑	壬寅	癸卯	甲辰	乙巳	丙午	丁未	
10月	戊戌	8日15時29分	戊申	己酉	庚戌	辛亥	壬子	癸丑	甲寅	**乙卯**	丙辰	丁巳	戊午	己未	庚申	辛酉	壬戌	癸亥	甲子	乙丑	丙寅	丁卯	戊辰	己巳	庚午	辛未	壬申	癸酉	甲戌	乙亥	丙子	丁丑	戊寅
11月	己亥	7日18時52分	己卯	庚辰	辛巳	壬午	癸未	甲申	**乙酉**	丙戌	丁亥	戊子	己丑	庚寅	辛卯	壬辰	癸巳	甲午	乙未	丙申	丁酉	戊戌	己亥	庚子	辛丑	壬寅	癸卯	甲辰	乙巳	丙午	丁未	戊申	
12月	庚子	7日11時52分	己酉	庚戌	辛亥	壬子	癸丑	甲寅	**乙卯**	丙辰	丁巳	戊午	己未	庚申	辛酉	壬戌	癸亥	甲子	乙丑	丙寅	丁卯	戊辰	己巳	庚午	辛未	壬申	癸酉	甲戌	乙亥	丙子	丁丑	戊寅	己卯

2027年（令和9年）丁未

月	月干支	節入り	1日	2日	3日	4日	5日	6日	7日	8日	9日	10日	11日	12日	13日	14日	15日	16日	17日	18日	19日	20日	21日	22日	23日	24日	25日	26日	27日	28日	29日	30日	31日
1月	辛丑	5日 23時 10分	庚辰	辛巳	壬午	癸未	甲申	乙酉	丙戌	丁亥	戊子	己丑	庚寅	辛卯	壬辰	癸巳	甲午	乙未	丙申	丁酉	戊戌	己亥	庚子	辛丑	壬寅	癸卯	甲辰	乙巳	丙午	丁未	戊申	己酉	庚戌
2月	壬寅	4日 10時 46分	辛亥	壬子	癸丑	甲寅	乙卯	丙辰	丁巳	戊午	己未	庚申	辛酉	壬戌	癸亥	甲子	乙丑	丙寅	丁卯	戊辰	己巳	庚午	辛未	壬申	癸酉	甲戌	乙亥	丙子	丁丑	戊寅			
3月	癸卯	6日 04時 39分	己卯	庚辰	辛巳	壬午	癸未	甲申	乙酉	丙戌	丁亥	戊子	己丑	庚寅	辛卯	壬辰	癸巳	甲午	乙未	丙申	丁酉	戊戌	己亥	庚子	辛丑	壬寅	癸卯	甲辰	乙巳	丙午	丁未	戊申	己酉
4月	甲辰	5日 09時 17分	庚戌	辛亥	壬子	癸丑	甲寅	乙卯	丙辰	丁巳	戊午	己未	庚申	辛酉	壬戌	癸亥	甲子	乙丑	丙寅	丁卯	戊辰	己巳	庚午	辛未	壬申	癸酉	甲戌	乙亥	丙子	丁丑	戊寅	己卯	
5月	乙巳	6日 02時 25分	庚辰	辛巳	壬午	癸未	甲申	乙酉	丙戌	丁亥	戊子	己丑	庚寅	辛卯	壬辰	癸巳	甲午	乙未	丙申	丁酉	戊戌	己亥	庚子	辛丑	壬寅	癸卯	甲辰	乙巳	丙午	丁未	戊申	己酉	庚戌
6月	丙午	6日 06時 25分	辛亥	壬子	癸丑	甲寅	乙卯	丙辰	丁巳	戊午	己未	庚申	辛酉	壬戌	癸亥	甲子	乙丑	丙寅	丁卯	戊辰	己巳	庚午	辛未	壬申	癸酉	甲戌	乙亥	丙子	丁丑	戊寅	己卯	庚辰	
7月	丁未	7日 16時 37分	辛巳	壬午	癸未	甲申	乙酉	丙戌	丁亥	戊子	己丑	庚寅	辛卯	壬辰	癸巳	甲午	乙未	丙申	丁酉	戊戌	己亥	庚子	辛丑	壬寅	癸卯	甲辰	乙巳	丙午	丁未	戊申	己酉	庚戌	辛亥
8月	戊申	8日 02時 26分	壬子	癸丑	甲寅	乙卯	丙辰	丁巳	戊午	己未	庚申	辛酉	壬戌	癸亥	甲子	乙丑	丙寅	丁卯	戊辰	己巳	庚午	辛未	壬申	癸酉	甲戌	乙亥	丙子	丁丑	戊寅	己卯	庚辰	辛巳	壬午
9月	己酉	8日 05時 28分	癸未	甲申	乙酉	丙戌	丁亥	戊子	己丑	庚寅	辛卯	壬辰	癸巳	甲午	乙未	丙申	丁酉	戊戌	己亥	庚子	辛丑	壬寅	癸卯	甲辰	乙巳	丙午	丁未	戊申	己酉	庚戌	辛亥	壬子	
10月	庚戌	8日 21時 17分	癸丑	甲寅	乙卯	丙辰	丁巳	戊午	己未	庚申	辛酉	壬戌	癸亥	甲子	乙丑	丙寅	丁卯	戊辰	己巳	庚午	辛未	壬申	癸酉	甲戌	乙亥	丙子	丁丑	戊寅	己卯	庚辰	辛巳	壬午	癸未
11月	辛亥	8日 00時 38分	甲申	乙酉	丙戌	丁亥	戊子	己丑	庚寅	辛卯	壬辰	癸巳	甲午	乙未	丙申	丁酉	戊戌	己亥	庚子	辛丑	壬寅	癸卯	甲辰	乙巳	丙午	丁未	戊申	己酉	庚戌	辛亥	壬子	癸丑	
12月	壬子	7日 17時 37分	甲寅	乙卯	丙辰	丁巳	戊午	己未	庚申	辛酉	壬戌	癸亥	甲子	乙丑	丙寅	丁卯	戊辰	己巳	庚午	辛未	壬申	癸酉	甲戌	乙亥	丙子	丁丑	戊寅	己卯	庚辰	辛巳	壬午	癸未	甲申

2028年（令和10年）戊申

月	月干支	節入り	1日	2日	3日	4日	5日	6日	7日	8日	9日	10日	11日	12日	13日	14日	15日	16日	17日	18日	19日	20日	21日	22日	23日	24日	25日	26日	27日	28日	29日	30日	31日
1月	癸丑	6日 04時 54分	乙酉	丙戌	丁亥	戊子	己丑	庚寅	辛卯	壬辰	癸巳	甲午	乙未	丙申	丁酉	戊戌	己亥	庚子	辛丑	壬寅	癸卯	甲辰	乙巳	丙午	丁未	戊申	己酉	庚戌	辛亥	壬子	癸丑	甲寅	乙卯
2月	甲寅	4日 16時 31分	丙辰	丁巳	戊午	己未	庚申	辛酉	壬戌	癸亥	甲子	乙丑	丙寅	丁卯	戊辰	己巳	庚午	辛未	壬申	癸酉	甲戌	乙亥	丙子	丁丑	戊寅	己卯	庚辰	辛巳	壬午	癸未	甲申		
3月	乙卯	5日 10時 24分	乙酉	丙戌	丁亥	戊子	己丑	庚寅	辛卯	壬辰	癸巳	甲午	乙未	丙申	丁酉	戊戌	己亥	庚子	辛丑	壬寅	癸卯	甲辰	乙巳	丙午	丁未	戊申	己酉	庚戌	辛亥	壬子	癸丑	甲寅	乙卯
4月	丙辰	4日 15時 03分	丙辰	丁巳	戊午	己未	庚申	辛酉	壬戌	癸亥	甲子	乙丑	丙寅	丁卯	戊辰	己巳	庚午	辛未	壬申	癸酉	甲戌	乙亥	丙子	丁丑	戊寅	己卯	庚辰	辛巳	壬午	癸未	甲申	乙酉	
5月	丁巳	5日 08時 12分	丙戌	丁亥	戊子	己丑	庚寅	辛卯	壬辰	癸巳	甲午	乙未	丙申	丁酉	戊戌	己亥	庚子	辛丑	壬寅	癸卯	甲辰	乙巳	丙午	丁未	戊申	己酉	庚戌	辛亥	壬子	癸丑	甲寅	乙卯	丙辰
6月	戊午	5日 12時 16分	丁巳	戊午	己未	庚申	辛酉	壬戌	癸亥	甲子	乙丑	丙寅	丁卯	戊辰	己巳	庚午	辛未	壬申	癸酉	甲戌	乙亥	丙子	丁丑	戊寅	己卯	庚辰	辛巳	壬午	癸未	甲申	乙酉	丙戌	
7月	己未	6日 22時 30分	丁亥	戊子	己丑	庚寅	辛卯	壬辰	癸巳	甲午	乙未	丙申	丁酉	戊戌	己亥	庚子	辛丑	壬寅	癸卯	甲辰	乙巳	丙午	丁未	戊申	己酉	庚戌	辛亥	壬子	癸丑	甲寅	乙卯	丙辰	丁巳
8月	庚申	7日 08時 21分	戊午	己未	庚申	辛酉	壬戌	癸亥	甲子	乙丑	丙寅	丁卯	戊辰	己巳	庚午	辛未	壬申	癸酉	甲戌	乙亥	丙子	丁丑	戊寅	己卯	庚辰	辛巳	壬午	癸未	甲申	乙酉	丙戌	丁亥	戊子
9月	辛酉	7日 11時 22分	己丑	庚寅	辛卯	壬辰	癸巳	甲午	乙未	丙申	丁酉	戊戌	己亥	庚子	辛丑	壬寅	癸卯	甲辰	乙巳	丙午	丁未	戊申	己酉	庚戌	辛亥	壬子	癸丑	甲寅	乙卯	丙辰	丁巳	戊午	
10月	壬戌	8日 03時 08分	己未	庚申	辛酉	壬戌	癸亥	甲子	乙丑	丙寅	丁卯	戊辰	己巳	庚午	辛未	壬申	癸酉	甲戌	乙亥	丙子	丁丑	戊寅	己卯	庚辰	辛巳	壬午	癸未	甲申	乙酉	丙戌	丁亥	戊子	己丑
11月	癸亥	7日 06時 27分	庚寅	辛卯	壬辰	癸巳	甲午	乙未	丙申	丁酉	戊戌	己亥	庚子	辛丑	壬寅	癸卯	甲辰	乙巳	丙午	丁未	戊申	己酉	庚戌	辛亥	壬子	癸丑	甲寅	乙卯	丙辰	丁巳	戊午	己未	
12月	甲子	6日 23時 24分	庚申	辛酉	壬戌	癸亥	甲子	乙丑	丙寅	丁卯	戊辰	己巳	庚午	辛未	壬申	癸酉	甲戌	乙亥	丙子	丁丑	戊寅	己卯	庚辰	辛巳	壬午	癸未	甲申	乙酉	丙戌	丁亥	戊子	己丑	庚寅

2029年（令和11年）己酉

月	月干支	節入り	1日	2日	3日	4日	5日	6日	7日	8日	9日	10日	11日	12日	13日	14日	15日	16日	17日	18日	19日	20日	21日	22日	23日	24日	25日	26日	27日	28日	29日	30日	31日
1月	乙丑	5日10時42分	辛卯	壬辰	癸巳	甲午	乙未	丙申	丁酉	戊戌	己亥	庚子	辛丑	壬寅	癸卯	甲辰	乙巳	丙午	丁未	戊申	己酉	庚戌	辛亥	壬子	癸丑	甲寅	乙卯	丙辰	丁巳	戊午	己未	庚申	辛酉
2月	丙寅	3日22時20分	壬戌	癸亥	甲子	乙丑	丙寅	丁卯	戊辰	己巳	庚午	辛未	壬申	癸酉	甲戌	乙亥	丙子	丁丑	戊寅	己卯	庚辰	辛巳	壬午	癸未	甲申	乙酉	丙戌	丁亥	戊子	己丑			
3月	丁卯	5日16時17分	庚寅	辛卯	壬辰	癸巳	甲午	乙未	丙申	丁酉	戊戌	己亥	庚子	辛丑	壬寅	癸卯	甲辰	乙巳	丙午	丁未	戊申	己酉	庚戌	辛亥	壬子	癸丑	甲寅	乙卯	丙辰	丁巳	戊午	己未	庚申
4月	戊辰	4日20時58分	辛酉	壬戌	癸亥	甲子	乙丑	丙寅	丁卯	戊辰	己巳	庚午	辛未	壬申	癸酉	甲戌	乙亥	丙子	丁丑	戊寅	己卯	庚辰	辛巳	壬午	癸未	甲申	乙酉	丙戌	丁亥	戊子	己丑	庚寅	
5月	己巳	5日14時07分	辛卯	壬辰	癸巳	甲午	乙未	丙申	丁酉	戊戌	己亥	庚子	辛丑	壬寅	癸卯	甲辰	乙巳	丙午	丁未	戊申	己酉	庚戌	辛亥	壬子	癸丑	甲寅	乙卯	丙辰	丁巳	戊午	己未	庚申	辛酉
6月	庚午	5日18時10分	壬戌	癸亥	甲子	乙丑	丙寅	丁卯	戊辰	己巳	庚午	辛未	壬申	癸酉	甲戌	乙亥	丙子	丁丑	戊寅	己卯	庚辰	辛巳	壬午	癸未	甲申	乙酉	丙戌	丁亥	戊子	己丑	庚寅	辛卯	
7月	辛未	7日04時22分	壬辰	癸巳	甲午	乙未	丙申	丁酉	戊戌	己亥	庚子	辛丑	壬寅	癸卯	甲辰	乙巳	丙午	丁未	戊申	己酉	庚戌	辛亥	壬子	癸丑	甲寅	乙卯	丙辰	丁巳	戊午	己未	庚申	辛酉	壬戌
8月	壬申	7日14時11分	癸亥	甲子	乙丑	丙寅	丁卯	戊辰	己巳	庚午	辛未	壬申	癸酉	甲戌	乙亥	丙子	丁丑	戊寅	己卯	庚辰	辛巳	壬午	癸未	甲申	乙酉	丙戌	丁亥	戊子	己丑	庚寅	辛卯	壬辰	癸巳
9月	癸酉	7日17時12分	甲午	乙未	丙申	丁酉	戊戌	己亥	庚子	辛丑	壬寅	癸卯	甲辰	乙巳	丙午	丁未	戊申	己酉	庚戌	辛亥	壬子	癸丑	甲寅	乙卯	丙辰	丁巳	戊午	己未	庚申	辛酉	壬戌	癸亥	
10月	甲戌	8日08時58分	甲子	乙丑	丙寅	丁卯	戊辰	己巳	庚午	辛未	壬申	癸酉	甲戌	乙亥	丙子	丁丑	戊寅	己卯	庚辰	辛巳	壬午	癸未	甲申	乙酉	丙戌	丁亥	戊子	己丑	庚寅	辛卯	壬辰	癸巳	甲午
11月	乙亥	7日12時16分	乙未	丙申	丁酉	戊戌	己亥	庚子	辛丑	壬寅	癸卯	甲辰	乙巳	丙午	丁未	戊申	己酉	庚戌	辛亥	壬子	癸丑	甲寅	乙卯	丙辰	丁巳	戊午	己未	庚申	辛酉	壬戌	癸亥	甲子	
12月	丙子	7日05時13分	乙丑	丙寅	丁卯	戊辰	己巳	庚午	辛未	壬申	癸酉	甲戌	乙亥	丙子	丁丑	戊寅	己卯	庚辰	辛巳	壬午	癸未	甲申	乙酉	丙戌	丁亥	戊子	己丑	庚寅	辛卯	壬辰	癸巳	甲午	乙未

2030年（令和12年）庚戌

月	月干支	節入り	1日	2日	3日	4日	5日	6日	7日	8日	9日	10日	11日	12日	13日	14日	15日	16日	17日	18日	19日	20日	21日	22日	23日	24日	25日	26日	27日	28日	29日	30日	31日
1月	丁丑	5日16時30分	丙申	丁酉	戊戌	己亥	庚子	辛丑	壬寅	癸卯	甲辰	乙巳	丙午	丁未	戊申	己酉	庚戌	辛亥	壬子	癸丑	甲寅	乙卯	丙辰	丁巳	戊午	己未	庚申	辛酉	壬戌	癸亥	甲子	乙丑	丙寅
2月	戊寅	4日04時08分	丁卯	戊辰	己巳	庚午	辛未	壬申	癸酉	甲戌	乙亥	丙子	丁丑	戊寅	己卯	庚辰	辛巳	壬午	癸未	甲申	乙酉	丙戌	丁亥	戊子	己丑	庚寅	辛卯	壬辰	癸巳	甲午			
3月	己卯	5日22時03分	乙未	丙申	丁酉	戊戌	己亥	庚子	辛丑	壬寅	癸卯	甲辰	乙巳	丙午	丁未	戊申	己酉	庚戌	辛亥	壬子	癸丑	甲寅	乙卯	丙辰	丁巳	戊午	己未	庚申	辛酉	壬戌	癸亥	甲子	乙丑
4月	庚辰	5日02時41分	丙寅	丁卯	戊辰	己巳	庚午	辛未	壬申	癸酉	甲戌	乙亥	丙子	丁丑	戊寅	己卯	庚辰	辛巳	壬午	癸未	甲申	乙酉	丙戌	丁亥	戊子	己丑	庚寅	辛卯	壬辰	癸巳	甲午	乙未	
5月	辛巳	5日19時46分	丙申	丁酉	戊戌	己亥	庚子	辛丑	壬寅	癸卯	甲辰	乙巳	丙午	丁未	戊申	己酉	庚戌	辛亥	壬子	癸丑	甲寅	乙卯	丙辰	丁巳	戊午	己未	庚申	辛酉	壬戌	癸亥	甲子	乙丑	丙寅
6月	壬午	5日23時44分	丁卯	戊辰	己巳	庚午	辛未	壬申	癸酉	甲戌	乙亥	丙子	丁丑	戊寅	己卯	庚辰	辛巳	壬午	癸未	甲申	乙酉	丙戌	丁亥	戊子	己丑	庚寅	辛卯	壬辰	癸巳	甲午	乙未	丙申	
7月	癸未	7日09時55分	丁酉	戊戌	己亥	庚子	辛丑	壬寅	癸卯	甲辰	乙巳	丙午	丁未	戊申	己酉	庚戌	辛亥	壬子	癸丑	甲寅	乙卯	丙辰	丁巳	戊午	己未	庚申	辛酉	壬戌	癸亥	甲子	乙丑	丙寅	丁卯
8月	甲申	7日19時47分	戊辰	己巳	庚午	辛未	壬申	癸酉	甲戌	乙亥	丙子	丁丑	戊寅	己卯	庚辰	辛巳	壬午	癸未	甲申	乙酉	丙戌	丁亥	戊子	己丑	庚寅	辛卯	壬辰	癸巳	甲午	乙未	丙申	丁酉	戊戌
9月	乙酉	7日22時52分	己亥	庚子	辛丑	壬寅	癸卯	甲辰	乙巳	丙午	丁未	戊申	己酉	庚戌	辛亥	壬子	癸丑	甲寅	乙卯	丙辰	丁巳	戊午	己未	庚申	辛酉	壬戌	癸亥	甲子	乙丑	丙寅	丁卯	戊辰	
10月	丙戌	8日14時45分	己巳	庚午	辛未	壬申	癸酉	甲戌	乙亥	丙子	丁丑	戊寅	己卯	庚辰	辛巳	壬午	癸未	甲申	乙酉	丙戌	丁亥	戊子	己丑	庚寅	辛卯	壬辰	癸巳	甲午	乙未	丙申	丁酉	戊戌	己亥
11月	丁亥	7日18時08分	庚子	辛丑	壬寅	癸卯	甲辰	乙巳	丙午	丁未	戊申	己酉	庚戌	辛亥	壬子	癸丑	甲寅	乙卯	丙辰	丁巳	戊午	己未	庚申	辛酉	壬戌	癸亥	甲子	乙丑	丙寅	丁卯	戊辰	己巳	
12月	戊子	7日11時07分	庚午	辛未	壬申	癸酉	甲戌	乙亥	丙子	丁丑	戊寅	己卯	庚辰	辛巳	壬午	癸未	甲申	乙酉	丙戌	丁亥	戊子	己丑	庚寅	辛卯	壬辰	癸巳	甲午	乙未	丙申	丁酉	戊戌	己亥	庚子

2031年（令和13年）辛亥

月	月干支	節入り	1日	2日	3日	4日	5日	6日	7日	8日	9日	10日	11日	12日	13日	14日	15日	16日	17日	18日	19日	20日	21日	22日	23日	24日	25日	26日	27日	28日	29日	30日	31日
1月	己丑	5日22時23分	辛丑	壬寅	癸卯	甲辰	乙巳	丙午	丁未	戊申	己酉	庚戌	辛亥	壬子	癸丑	甲寅	乙卯	丙辰	丁巳	戊午	己未	庚申	辛酉	壬戌	癸亥	甲子	乙丑	丙寅	丁卯	戊辰	己巳	庚午	辛未
2月	庚寅	4日09時58分	壬申	癸酉	甲戌	乙亥	丙子	丁丑	戊寅	己卯	庚辰	辛巳	壬午	癸未	甲申	乙酉	丙戌	丁亥	戊子	己丑	庚寅	辛卯	壬辰	癸巳	甲午	乙未	丙申	丁酉	戊戌	己亥			
3月	辛卯	6日03時51分	庚子	辛丑	壬寅	癸卯	甲辰	乙巳	丙午	丁未	戊申	己酉	庚戌	辛亥	壬子	癸丑	甲寅	乙卯	丙辰	丁巳	戊午	己未	庚申	辛酉	壬戌	癸亥	甲子	乙丑	丙寅	丁卯	戊辰	己巳	庚午
4月	壬辰	5日08時28分	辛未	壬申	癸酉	甲戌	乙亥	丙子	丁丑	戊寅	己卯	庚辰	辛巳	壬午	癸未	甲申	乙酉	丙戌	丁亥	戊子	己丑	庚寅	辛卯	壬辰	癸巳	甲午	乙未	丙申	丁酉	戊戌	己亥	庚子	
5月	癸巳	6日01時35分	辛丑	壬寅	癸卯	甲辰	乙巳	丙午	丁未	戊申	己酉	庚戌	辛亥	壬子	癸丑	甲寅	乙卯	丙辰	丁巳	戊午	己未	庚申	辛酉	壬戌	癸亥	甲子	乙丑	丙寅	丁卯	戊辰	己巳	庚午	辛未
6月	甲午	6日05時35分	壬申	癸酉	甲戌	乙亥	丙子	丁丑	戊寅	己卯	庚辰	辛巳	壬午	癸未	甲申	乙酉	丙戌	丁亥	戊子	己丑	庚寅	辛卯	壬辰	癸巳	甲午	乙未	丙申	丁酉	戊戌	己亥	庚子	辛丑	
7月	乙未	7日15時48分	壬寅	癸卯	甲辰	乙巳	丙午	丁未	戊申	己酉	庚戌	辛亥	壬子	癸丑	甲寅	乙卯	丙辰	丁巳	戊午	己未	庚申	辛酉	壬戌	癸亥	甲子	乙丑	丙寅	丁卯	戊辰	己巳	庚午	辛未	壬申
8月	丙申	8日01時43分	癸酉	甲戌	乙亥	丙子	丁丑	戊寅	己卯	庚辰	辛巳	壬午	癸未	甲申	乙酉	丙戌	丁亥	戊子	己丑	庚寅	辛卯	壬辰	癸巳	甲午	乙未	丙申	丁酉	戊戌	己亥	庚子	辛丑	壬寅	癸卯
9月	丁酉	8日04時50分	甲辰	乙巳	丙午	丁未	戊申	己酉	庚戌	辛亥	壬子	癸丑	甲寅	乙卯	丙辰	丁巳	戊午	己未	庚申	辛酉	壬戌	癸亥	甲子	乙丑	丙寅	丁卯	戊辰	己巳	庚午	辛未	壬申	癸酉	
10月	戊戌	8日20時43分	甲戌	乙亥	丙子	丁丑	戊寅	己卯	庚辰	辛巳	壬午	癸未	甲申	乙酉	丙戌	丁亥	戊子	己丑	庚寅	辛卯	壬辰	癸巳	甲午	乙未	丙申	丁酉	戊戌	己亥	庚子	辛丑	壬寅	癸卯	甲辰
11月	己亥	8日00時05分	乙巳	丙午	丁未	戊申	己酉	庚戌	辛亥	壬子	癸丑	甲寅	乙卯	丙辰	丁巳	戊午	己未	庚申	辛酉	壬戌	癸亥	甲子	乙丑	丙寅	丁卯	戊辰	己巳	庚午	辛未	壬申	癸酉	甲戌	
12月	庚子	7日17時02分	乙亥	丙子	丁丑	戊寅	己卯	庚辰	辛巳	壬午	癸未	甲申	乙酉	丙戌	丁亥	戊子	己丑	庚寅	辛卯	壬辰	癸巳	甲午	乙未	丙申	丁酉	戊戌	己亥	庚子	辛丑	壬寅	癸卯	甲辰	乙巳

2032年（令和14年）壬子

月	月干支	節入り	1日	2日	3日	4日	5日	6日	7日	8日	9日	10日	11日	12日	13日	14日	15日	16日	17日	18日	19日	20日	21日	22日	23日	24日	25日	26日	27日	28日	29日	30日	31日
1月	辛丑	6日04時16分	丙午	丁未	戊申	己酉	庚戌	辛亥	壬子	癸丑	甲寅	乙卯	丙辰	丁巳	戊午	己未	庚申	辛酉	壬戌	癸亥	甲子	乙丑	丙寅	丁卯	戊辰	己巳	庚午	辛未	壬申	癸酉	甲戌	乙亥	丙子
2月	壬寅	4日15時49分	丁丑	戊寅	己卯	庚辰	辛巳	壬午	癸未	甲申	乙酉	丙戌	丁亥	戊子	己丑	庚寅	辛卯	壬辰	癸巳	甲午	乙未	丙申	丁酉	戊戌	己亥	庚子	辛丑	壬寅	癸卯	甲辰	乙巳		
3月	癸卯	5日09時40分	丙午	丁未	戊申	己酉	庚戌	辛亥	壬子	癸丑	甲寅	乙卯	丙辰	丁巳	戊午	己未	庚申	辛酉	壬戌	癸亥	甲子	乙丑	丙寅	丁卯	戊辰	己巳	庚午	辛未	壬申	癸酉	甲戌	乙亥	丙子
4月	甲辰	4日14時17分	丁丑	戊寅	己卯	庚辰	辛巳	壬午	癸未	甲申	乙酉	丙戌	丁亥	戊子	己丑	庚寅	辛卯	壬辰	癸巳	甲午	乙未	丙申	丁酉	戊戌	己亥	庚子	辛丑	壬寅	癸卯	甲辰	乙巳	丙午	
5月	乙巳	5日07時25分	丁未	戊申	己酉	庚戌	辛亥	壬子	癸丑	甲寅	乙卯	丙辰	丁巳	戊午	己未	庚申	辛酉	壬戌	癸亥	甲子	乙丑	丙寅	丁卯	戊辰	己巳	庚午	辛未	壬申	癸酉	甲戌	乙亥	丙子	丁丑
6月	丙午	5日11時28分	戊寅	己卯	庚辰	辛巳	壬午	癸未	甲申	乙酉	丙戌	丁亥	戊子	己丑	庚寅	辛卯	壬辰	癸巳	甲午	乙未	丙申	丁酉	戊戌	己亥	庚子	辛丑	壬寅	癸卯	甲辰	乙巳	丙午	丁未	
7月	丁未	6日21時40分	戊申	己酉	庚戌	辛亥	壬子	癸丑	甲寅	乙卯	丙辰	丁巳	戊午	己未	庚申	辛酉	壬戌	癸亥	甲子	乙丑	丙寅	丁卯	戊辰	己巳	庚午	辛未	壬申	癸酉	甲戌	乙亥	丙子	丁丑	戊寅
8月	戊申	7日07時32分	己卯	庚辰	辛巳	壬午	癸未	甲申	乙酉	丙戌	丁亥	戊子	己丑	庚寅	辛卯	壬辰	癸巳	甲午	乙未	丙申	丁酉	戊戌	己亥	庚子	辛丑	壬寅	癸卯	甲辰	乙巳	丙午	丁未	戊申	己酉
9月	己酉	7日10時37分	庚戌	辛亥	壬子	癸丑	甲寅	乙卯	丙辰	丁巳	戊午	己未	庚申	辛酉	壬戌	癸亥	甲子	乙丑	丙寅	丁卯	戊辰	己巳	庚午	辛未	壬申	癸酉	甲戌	乙亥	丙子	丁丑	戊寅	己卯	
10月	庚戌	8日02時30分	庚辰	辛巳	壬午	癸未	甲申	乙酉	丙戌	丁亥	戊子	己丑	庚寅	辛卯	壬辰	癸巳	甲午	乙未	丙申	丁酉	戊戌	己亥	庚子	辛丑	壬寅	癸卯	甲辰	乙巳	丙午	丁未	戊申	己酉	庚戌
11月	辛亥	7日05時54分	辛亥	壬子	癸丑	甲寅	乙卯	丙辰	丁巳	戊午	己未	庚申	辛酉	壬戌	癸亥	甲子	乙丑	丙寅	丁卯	戊辰	己巳	庚午	辛未	壬申	癸酉	甲戌	乙亥	丙子	丁丑	戊寅	己卯	庚辰	
12月	壬子	6日22時53分	辛巳	壬午	癸未	甲申	乙酉	丙戌	丁亥	戊子	己丑	庚寅	辛卯	壬辰	癸巳	甲午	乙未	丙申	丁酉	戊戌	己亥	庚子	辛丑	壬寅	癸卯	甲辰	乙巳	丙午	丁未	戊申	己酉	庚戌	辛亥

2033年（令和15年）癸丑

月	月干支	節入り	1日	2日	3日	4日	5日	6日	7日	8日	9日	10日	11日	12日	13日	14日	15日	16日	17日	18日	19日	20日	21日	22日	23日	24日	25日	26日	27日	28日	29日	30日	31日
1月	癸丑	5日10時08分	壬子	癸丑	甲寅	乙卯	丙辰	丁巳	戊午	己未	庚申	辛酉	壬戌	癸亥	甲子	乙丑	丙寅	丁卯	戊辰	己巳	庚午	辛未	壬申	癸酉	甲戌	乙亥	丙子	丁丑	戊寅	己卯	庚辰	辛巳	壬午
2月	甲寅	3日21時41分	癸未	甲申	乙酉	丙戌	丁亥	戊子	己丑	庚寅	辛卯	壬辰	癸巳	甲午	乙未	丙申	丁酉	戊戌	己亥	庚子	辛丑	壬寅	癸卯	甲辰	乙巳	丙午	丁未	戊申	己酉	庚戌			
3月	乙卯	5日15時32分	辛亥	壬子	癸丑	甲寅	乙卯	丙辰	丁巳	戊午	己未	庚申	辛酉	壬戌	癸亥	甲子	乙丑	丙寅	丁卯	戊辰	己巳	庚午	辛未	壬申	癸酉	甲戌	乙亥	丙子	丁丑	庚寅	己卯	庚辰	辛巳
4月	丙辰	4日20時08分	壬午	癸未	甲申	乙酉	丙戌	丁亥	戊子	己丑	庚寅	辛卯	壬辰	癸巳	甲午	乙未	丙申	丁酉	戊戌	己亥	庚子	辛丑	壬寅	癸卯	甲辰	乙巳	丙午	丁未	戊申	己酉	庚戌	辛亥	
5月	丁巳	5日13時13分	壬子	癸丑	甲寅	乙卯	丙辰	丁巳	戊午	己未	庚申	辛酉	壬戌	癸亥	甲子	乙丑	丙寅	丁卯	戊辰	己巳	庚午	辛未	壬申	癸酉	甲戌	乙亥	丙子	丁丑	戊寅	己卯	庚辰	辛巳	壬午
6月	戊午	5日17時13分	癸未	甲申	乙酉	丙戌	丁亥	戊子	己丑	庚寅	辛卯	壬辰	癸巳	甲午	乙未	丙申	丁酉	戊戌	己亥	庚子	辛丑	壬寅	癸卯	甲辰	乙巳	丙午	丁未	戊申	己酉	庚戌	辛亥	壬子	
7月	己未	7日03時24分	癸丑	甲寅	乙卯	丙辰	丁巳	戊午	己未	庚申	辛酉	壬戌	癸亥	甲子	乙丑	丙寅	丁卯	戊辰	己巳	庚午	辛未	壬申	癸酉	甲戌	乙亥	丙子	丁丑	戊寅	己卯	庚辰	辛巳	壬午	癸未
8月	庚申	7日13時15分	甲申	乙酉	丙戌	丁亥	戊子	己丑	庚寅	辛卯	壬辰	癸巳	甲午	乙未	丙申	丁酉	戊戌	己亥	庚子	辛丑	壬寅	癸卯	甲辰	乙巳	丙午	丁未	戊申	己酉	庚戌	辛亥	壬子	癸丑	甲寅
9月	辛酉	7日16時20分	乙卯	丙辰	丁巳	戊午	己未	庚申	辛酉	壬戌	癸亥	甲子	乙丑	丙寅	丁卯	戊辰	己巳	庚午	辛未	壬申	癸酉	甲戌	乙亥	丙子	丁丑	戊寅	己卯	庚辰	辛巳	壬午	癸未	甲申	
10月	壬戌	8日08時13分	乙酉	丙戌	丁亥	戊子	己丑	庚寅	辛卯	壬辰	癸巳	甲午	乙未	丙申	丁酉	戊戌	己亥	庚子	辛丑	壬寅	癸卯	甲辰	乙巳	丙午	丁未	戊申	己酉	庚戌	辛亥	壬子	癸丑	候寅	乙卯
11月	癸亥	7日11時41分	丙辰	丁巳	戊午	己未	庚申	辛酉	壬戌	癸亥	甲子	乙丑	丙寅	丁卯	戊辰	己巳	庚午	辛未	壬申	癸酉	甲戌	乙亥	丙子	丁丑	戊寅	己卯	庚辰	辛巳	壬午	癸未	甲申	乙酉	
12月	甲子	7日04時44分	丙戌	丁亥	戊子	己丑	庚寅	辛卯	壬辰	癸巳	甲午	乙未	丙申	丁酉	戊戌	己亥	庚子	辛丑	壬寅	癸卯	甲辰	乙巳	丙午	丁未	戊申	己酉	庚戌	辛亥	壬子	癸丑	甲寅	乙卯	丙辰

2034年（令和16年）甲寅

月	月干支	節入り	1日	2日	3日	4日	5日	6日	7日	8日	9日	10日	11日	12日	13日	14日	15日	16日	17日	18日	19日	20日	21日	22日	23日	24日	25日	26日	27日	28日	29日	30日	31日
1月	乙丑	5日16時04分	丁巳	戊午	己未	庚申	辛酉	壬戌	癸亥	甲子	乙丑	丙寅	丁卯	戊辰	己巳	庚午	辛未	壬申	癸酉	甲戌	乙亥	丙子	丁丑	戊寅	己卯	庚辰	辛巳	壬午	癸未	甲申	乙酉	丙戌	丁亥
2月	丙寅	4日03時41分	戊子	己丑	庚寅	辛卯	壬辰	癸巳	甲午	乙未	丙申	丁酉	戊戌	己亥	庚子	辛丑	壬寅	癸卯	甲辰	乙巳	丙午	丁未	戊申	己酉	庚戌	辛亥	壬子	癸丑	甲寅	乙卯			
3月	丁卯	5日21時32分	丙辰	丁巳	戊午	己未	庚申	辛酉	壬戌	癸亥	甲子	乙丑	丙寅	丁卯	戊辰	己巳	庚午	辛未	壬申	癸酉	甲戌	乙亥	丙子	丁丑	戊寅	己卯	庚辰	辛巳	壬午	癸未	甲申	乙酉	丙戌
4月	戊辰	5日02時06分	丁亥	戊子	己丑	庚寅	辛卯	壬辰	癸巳	甲午	乙未	丙申	丁酉	戊戌	己亥	庚子	辛丑	壬寅	癸卯	甲辰	乙巳	丙午	丁未	戊申	己酉	庚戌	辛亥	壬子	癸丑	甲寅	乙卯	丙辰	
5月	己巳	5日19時09分	丁巳	戊午	己未	庚申	辛酉	壬戌	癸亥	甲子	乙丑	丙寅	丁卯	戊辰	己巳	庚午	辛未	壬申	癸酉	甲戌	乙亥	丙子	丁丑	戊寅	己卯	庚辰	辛巳	壬午	癸未	甲申	乙酉	丙戌	丁亥
6月	庚午	5日23時06分	戊子	己丑	庚寅	辛卯	壬辰	癸巳	甲午	乙未	丙申	丁酉	戊戌	己亥	庚子	辛丑	壬寅	癸卯	甲辰	乙巳	丙午	丁未	戊申	己酉	庚戌	辛亥	壬子	癸丑	甲寅	乙卯	丙辰	丁巳	
7月	辛未	7日09時17分	戊午	己未	庚申	辛酉	壬戌	癸亥	甲子	乙丑	丙寅	丁卯	戊辰	己巳	庚午	辛未	壬申	癸酉	甲戌	乙亥	丙子	丁丑	戊寅	己卯	庚辰	辛巳	壬午	癸未	甲申	乙酉	丙戌	丁亥	戊子
8月	壬申	7日19時09分	己丑	庚寅	辛卯	壬辰	癸巳	甲午	乙未	丙申	丁酉	戊戌	己亥	庚子	辛丑	壬寅	癸卯	甲辰	乙巳	丙午	丁未	戊申	己酉	庚戌	辛亥	壬子	癸丑	甲寅	乙卯	丙辰	丁巳	戊午	己未
9月	癸酉	7日22時14分	庚申	辛酉	壬戌	癸亥	甲子	乙丑	丙寅	丁卯	戊辰	己巳	庚午	辛未	壬申	癸酉	甲戌	乙亥	丙子	丁丑	戊寅	己卯	庚辰	辛巳	壬午	癸未	甲申	乙酉	丙戌	丁亥	戊子	己丑	
10月	甲戌	8日14時07分	庚寅	辛卯	壬辰	癸巳	甲午	乙未	丙申	丁酉	戊戌	己亥	庚子	辛丑	壬寅	癸卯	甲辰	乙巳	丙午	丁未	戊申	己酉	庚戌	辛亥	壬子	癸丑	甲寅	乙卯	丙辰	丁巳	戊午	己未	庚申
11月	乙亥	7日17時33分	辛酉	壬戌	癸亥	甲子	乙丑	丙寅	丁卯	戊辰	己巳	庚午	辛未	壬申	癸酉	甲戌	乙亥	丙子	丁丑	戊寅	己卯	庚辰	辛巳	壬午	癸未	甲申	乙酉	丙戌	丁亥	戊子	己丑	庚寅	
12月	丙子	7日10時36分	辛卯	壬辰	癸巳	甲午	乙未	丙申	丁酉	戊戌	己亥	庚子	辛丑	壬寅	癸卯	甲辰	乙巳	丙午	丁未	戊申	己酉	庚戌	辛亥	壬子	癸丑	甲寅	乙卯	丙辰	丁巳	戊午	己未	庚申	辛酉

2035年（令和17年）乙卯

月	月干支	節入り	1日	2日	3日	4日	5日	6日	7日	8日	9日	10日	11日	12日	13日	14日	15日	16日	17日	18日	19日	20日	21日	22日	23日	24日	25日	26日	27日	28日	29日	30日	31日
1月	丁丑	5日 21時 55分	壬戌	癸亥	甲子	乙丑	丙寅	丁卯	戊辰	己巳	庚午	辛未	壬申	癸酉	甲戌	乙亥	丙子	丁丑	戊寅	己卯	庚辰	辛巳	壬午	癸未	甲申	乙酉	丙戌	丁亥	戊子	己丑	庚寅	辛卯	壬辰
2月	戊寅	4日 09時 31分	癸巳	甲午	乙未	丙申	丁酉	戊戌	己亥	庚子	辛丑	壬寅	癸卯	甲辰	乙巳	丙午	丁未	戊申	己酉	庚戌	辛亥	壬子	癸丑	甲寅	乙卯	丙辰	丁巳	戊午	己未	庚申			
3月	己卯	6日 03時 21分	辛酉	壬戌	癸亥	甲子	乙丑	丙寅	丁卯	戊辰	己巳	庚午	辛未	壬申	癸酉	甲戌	乙亥	丙子	丁丑	戊寅	己卯	庚辰	辛巳	壬午	癸未	甲申	乙酉	丙戌	丁亥	戊子	己丑	庚寅	辛卯
4月	庚辰	5日 07時 53分	壬辰	癸巳	甲午	乙未	丙申	丁酉	戊戌	己亥	庚子	辛丑	壬寅	癸卯	甲辰	乙巳	丙午	丁未	戊申	己酉	庚戌	辛亥	壬子	癸丑	甲寅	乙卯	丙辰	丁巳	戊午	己未	庚申	辛酉	
5月	辛巳	6日 00時 54分	壬戌	癸亥	甲子	乙丑	丙寅	丁卯	戊辰	己巳	庚午	辛未	壬申	癸酉	甲戌	乙亥	丙子	丁丑	戊寅	己卯	庚辰	辛巳	壬午	癸未	甲申	乙酉	丙戌	丁亥	戊子	己丑	庚寅	辛卯	壬辰
6月	壬午	6日 04時 50分	癸巳	甲午	乙未	丙申	丁酉	戊戌	己亥	庚子	辛丑	壬寅	癸卯	甲辰	乙巳	丙午	丁未	戊申	己酉	庚戌	辛亥	壬子	癸丑	甲寅	乙卯	丙辰	丁巳	戊午	己未	庚申	辛酉	壬戌	
7月	癸未	7日 15時 01分	癸亥	甲子	乙丑	丙寅	丁卯	戊辰	己巳	庚午	辛未	壬申	癸酉	甲戌	乙亥	丙子	丁丑	戊寅	己卯	庚辰	辛巳	壬午	癸未	甲申	乙酉	丙戌	丁亥	戊子	己丑	庚寅	辛卯	壬辰	癸巳
8月	甲申	8日 00時 54分	甲午	乙未	丙申	丁酉	戊戌	己亥	庚子	辛丑	壬寅	癸卯	甲辰	乙巳	丙午	丁未	戊申	己酉	庚戌	辛亥	壬子	癸丑	甲寅	乙卯	丙辰	丁巳	戊午	己未	庚申	辛酉	壬戌	癸亥	甲子
9月	乙酉	8日 04時 02分	乙丑	丙寅	丁卯	戊辰	己巳	庚午	辛未	壬申	癸酉	甲戌	乙亥	丙子	丁丑	戊寅	己卯	庚辰	辛巳	壬午	癸未	甲申	乙酉	丙戌	丁亥	戊子	己丑	庚寅	辛卯	壬辰	癸巳	甲午	
10月	丙戌	8日 19時 57分	乙未	丙申	丁酉	戊戌	己亥	庚子	辛丑	壬寅	癸卯	甲辰	乙巳	丙午	丁未	戊申	己酉	庚戌	辛亥	壬子	癸丑	甲寅	乙卯	丙辰	丁巳	戊午	己未	庚申	辛酉	壬戌	癸亥	甲子	乙丑
11月	丁亥	7日 23時 23分	丙寅	丁卯	戊辰	己巳	庚午	辛未	壬申	癸酉	甲戌	乙亥	丙子	丁丑	戊寅	己卯	庚辰	辛巳	壬午	癸未	甲申	乙酉	丙戌	丁亥	戊子	己丑	庚寅	辛卯	壬辰	癸巳	甲午	乙未	
12月	戊子	7日 16時 25分	丙申	丁酉	戊戌	己亥	庚子	辛丑	壬寅	癸卯	甲辰	乙巳	丙午	丁未	戊申	己酉	庚戌	辛亥	壬子	癸丑	甲寅	乙卯	丙辰	丁巳	戊午	己未	庚申	辛酉	壬戌	癸亥	甲子	乙丑	丙寅

2036年（令和18年）丙辰

月	月干支	節入り	1日	2日	3日	4日	5日	6日	7日	8日	9日	10日	11日	12日	13日	14日	15日	16日	17日	18日	19日	20日	21日	22日	23日	24日	25日	26日	27日	28日	29日	30日	31日
1月	己丑	6日 03時 43分	丁卯	戊辰	己巳	庚午	辛未	壬申	癸酉	甲戌	乙亥	丙子	丁丑	戊寅	己卯	庚辰	辛巳	壬午	癸未	甲申	乙酉	丙戌	丁亥	戊子	己丑	庚寅	辛卯	壬辰	癸巳	甲午	乙未	丙申	丁酉
2月	庚寅	4日 15時 19分	戊戌	己亥	庚子	辛丑	壬寅	癸卯	甲辰	乙巳	丙午	丁未	戊申	己酉	庚戌	辛亥	壬子	癸丑	甲寅	乙卯	丙辰	丁巳	戊午	己未	庚申	辛酉	壬戌	癸亥	甲子	乙丑	丙寅		
3月	辛卯	5日 09時 11分	丁卯	戊辰	己巳	庚午	辛未	壬申	癸酉	甲戌	乙亥	丙子	丁丑	戊寅	己卯	庚辰	辛巳	壬午	癸未	甲申	乙酉	丙戌	丁亥	戊子	己丑	庚寅	辛卯	壬辰	癸巳	甲午	乙未	丙申	丁酉
4月	壬辰	4日 13時 46分	戊戌	己亥	庚子	辛丑	壬寅	癸卯	甲辰	乙巳	丙午	丁未	戊申	己酉	庚戌	辛亥	壬子	癸丑	甲寅	乙卯	丙辰	丁巳	戊午	己未	庚申	辛酉	壬戌	癸亥	甲子	乙丑	丙寅	丁卯	
5月	癸巳	5日 06時 49分	戊辰	己巳	庚午	辛未	壬申	癸酉	甲戌	乙亥	丙子	丁丑	戊寅	己卯	庚辰	辛巳	壬午	癸未	甲申	乙酉	丙戌	丁亥	戊子	己丑	庚寅	辛卯	壬辰	癸巳	甲午	乙未	丙申	丁酉	戊戌
6月	甲午	5日 10時 46分	己亥	庚子	辛丑	壬寅	癸卯	甲辰	乙巳	丙午	丁未	戊申	己酉	庚戌	辛亥	壬子	癸丑	甲寅	乙卯	丙辰	丁巳	戊午	己未	庚申	辛酉	壬戌	癸亥	甲子	乙丑	丙寅	丁卯	戊辰	
7月	乙未	6日 20時 57分	己巳	庚午	辛未	壬申	癸酉	甲戌	乙亥	丙子	丁丑	戊寅	己卯	庚辰	辛巳	壬午	癸未	甲申	乙酉	丙戌	丁亥	戊子	己丑	庚寅	辛卯	壬辰	癸巳	甲午	乙未	丙申	丁酉	戊戌	己亥
8月	丙申	7日 06時 48分	庚子	辛丑	壬寅	癸卯	甲辰	乙巳	丙午	丁未	戊申	己酉	庚戌	辛亥	壬子	癸丑	甲寅	乙卯	丙辰	丁巳	戊午	己未	庚申	辛酉	壬戌	癸亥	甲子	乙丑	丙寅	丁卯	戊辰	己巳	庚午
9月	丁酉	7日 09時 54分	辛未	壬申	癸酉	甲戌	乙亥	丙子	丁丑	戊寅	己卯	庚辰	辛巳	壬午	癸未	甲申	乙酉	丙戌	丁亥	戊子	己丑	庚寅	辛卯	壬辰	癸巳	甲午	乙未	丙申	丁酉	戊戌	己亥	庚子	
10月	戊戌	8日 01時 48分	辛丑	壬寅	癸卯	甲辰	乙巳	丙午	丁未	戊申	己酉	庚戌	辛亥	壬子	癸丑	甲寅	乙卯	丙辰	丁巳	戊午	己未	庚申	辛酉	壬戌	癸亥	甲子	乙丑	丙寅	丁卯	戊辰	己巳	庚午	辛未
11月	己亥	7日 05時 14分	壬申	癸酉	甲戌	乙亥	丙子	丁丑	戊寅	己卯	庚辰	辛巳	壬午	癸未	甲申	乙酉	丙戌	丁亥	戊子	己丑	庚寅	辛卯	壬辰	癸巳	甲午	乙未	丙申	丁酉	戊戌	己亥	庚子	辛丑	
12月	庚子	6日 22時 15分	壬寅	癸卯	甲辰	乙巳	丙午	丁未	戊申	己酉	庚戌	辛亥	壬子	癸丑	甲寅	乙卯	丙辰	丁巳	戊午	己未	庚申	辛酉	壬戌	癸亥	甲子	乙丑	丙寅	丁卯	戊辰	己巳	庚午	辛未	壬申

【著者略歴】

林 秀静（りん しゅうせい）

中国命理学研究家。1991年〜98年、 鮑黎明先生より専門的に五術を学ぶ。風水学、中国相法、八字、紫微斗数、卜卦などを修得。1999年〜2008年、玉川学園漢方岡田医院にて、命証合診を研究する。その後、2013年〜2016年、台湾に留学。張玉正先生より、風水学と紫微斗数をさらに深く学ぶ。1998年に独立以降は、執筆をはじめ、幅広くマスコミで活躍。著書は、『【秘訣】紫微斗数１ 命盤を読み解く』『【秘訣】紫微斗数２ 格局と開運法』（共著、以上、太玄社）のほか、国内外で約70冊を発刊。

●公式ホームページ＜https://www.lin-sunlight-fengshui.com/＞

装画——あわい
装幀——小口翔平＋奈良岡菜摘（tobufune）
本文イラスト——斉藤ヨーコ
本文デザイン・DTP——月岡廣吉郎

本書は、2009年10月にPHP研究所から刊行された『日本で一番わかりやすい四柱推命の本』を改題し、大幅に加筆・編集したものです。

［改訂版］日本で一番わかりやすい四柱推命の本

2021年８月10日　第１版第１刷発行
2024年６月３日　第１版第６刷発行

著　者　林 秀静
発行者　永田貴之
発行所　株式会社ＰＨＰ研究所
東京本部　〒135-8137　江東区豊洲5-6-52
ビジネス・教養出版部　☎03-3520-9615（編集）
普及部　☎03-3520-9630（販売）
京都本部　〒601-8411　京都市南区西九条北ノ内町11
PHP INTERFACE　https://www.php.co.jp/

印刷所
製本所　図書印刷株式会社

ISBN978-4-569-85000-9